Innovationsumgebungen gestalten

Philipp Plugmann
(Hrsg.)

Innovationsumgebungen gestalten

Impulse für Start-ups und etablierte Unternehmen im globalen Wettbewerb

Herausgeber
Philipp Plugmann
Dr. Dr. Plugmann Consulting
Leverkusen, Deutschland

ISBN 978-3-658-22126-3   ISBN 978-3-658-22127-0 (eBook)
https://doi.org/10.1007/978-3-658-22127-0

Die Deutsche Nationalbibliothek verzeichnet diese Publikation in der Deutschen Nationalbibliografie; detaillierte bibliografische Daten sind im Internet über http://dnb.d-nb.de abrufbar.

Springer Gabler
© Springer Fachmedien Wiesbaden GmbH, ein Teil von Springer Nature 2018
Das Werk einschließlich aller seiner Teile ist urheberrechtlich geschützt. Jede Verwertung, die nicht ausdrücklich vom Urheberrechtsgesetz zugelassen ist, bedarf der vorherigen Zustimmung des Verlags. Das gilt insbesondere für Vervielfältigungen, Bearbeitungen, Übersetzungen, Mikroverfilmungen und die Einspeicherung und Verarbeitung in elektronischen Systemen.
Die Wiedergabe von Gebrauchsnamen, Handelsnamen, Warenbezeichnungen usw. in diesem Werk berechtigt auch ohne besondere Kennzeichnung nicht zu der Annahme, dass solche Namen im Sinne der Warenzeichen- und Markenschutz-Gesetzgebung als frei zu betrachten wären und daher von jedermann benutzt werden dürften.
Der Verlag, die Autoren und die Herausgeber gehen davon aus, dass die Angaben und Informationen in diesem Werk zum Zeitpunkt der Veröffentlichung vollständig und korrekt sind. Weder der Verlag noch die Autoren oder die Herausgeber übernehmen, ausdrücklich oder implizit, Gewähr für den Inhalt des Werkes, etwaige Fehler oder Äußerungen. Der Verlag bleibt im Hinblick auf geografische Zuordnungen und Gebietsbezeichnungen in veröffentlichten Karten und Institutionsadressen neutral.

Springer Gabler ist ein Imprint der eingetragenen Gesellschaft Springer Fachmedien Wiesbaden GmbH und ist ein Teil von Springer Nature
Die Anschrift der Gesellschaft ist: Abraham-Lincoln-Str. 46, 65189 Wiesbaden, Germany

Grußwort

To innovate is the only way to convert change into opportunity.
Peter F. Drucker, Innovation and Entrepreneurship, 1993 und 2015

Deutschland hat eine lange und erfolgreiche Tradition sowohl in der Erfindung von neuen Ideen als auch in der Optimierung bestehender Produkte und Prozesse. Betrachtet man die drei aufeinanderfolgenden Phasen „Invention", „Innovation" und „Perfektion", zeigt sich allerdings, dass zwar in Deutschland eine Vielzahl von wichtigen Erfindungen vorgenommen wird, diese jedoch häufig zu keiner wirtschaftlich erfolgreichen Umsetzung in Deutschland führt. Die Phase der Innovation ist für den monetären Erfolg der Erfindung allerdings von entscheidender Bedeutung und muss in Deutschland dringend weiter ins Bewusstsein gerückt und gefördert werden.

Umso mehr ist es eine alarmierende Nachricht, dass deutsche Firmen in der weltweiten Rangliste der innovativsten Unternehmen wichtige Plätze einbüßen. In der von der Boston Consulting Group aktuell durchgeführten Studie „The Most Innovative Companies 2018 – Innovators Go All In On Digital"[1] zeigt sich, dass im vergangenen Jahr noch vier deutsche Unternehmen (Bayer, BMW, Daimler, BASF) unter den Top 20 waren. In diesem Jahr erreicht der Technologiekonzern Siemens mit Rang 21 die beste Platzierung und danach folgen BASF (Platz 23), Bayer (Platz 27), Daimler (Platz 33) sowie BMW (Platz 36).

Dabei stehen nicht nur die großen Konzerne im Mittelpunkt, sondern auch innovative und technologieorientierte Unternehmensgründungen durch Start-ups sind ein entscheidender Faktor im Kampf um die zukünftigen Rollen der Nationen. Im Spannungsfeld von „Exploitation" und „Exploration" sind die Manager und Gründer laufend gefordert, ihre Sichtweisen zu ändern und diese entsprechend dem jeweiligen Produkt-Lebenszyklus anzupassen. Erst diese auch als fraktale Ambidextrie bezeichnete Vorgehensweise beinhaltet die Gleichzeitigkeit von zwei sich bislang widersprechenden und ausschließenden Vorgehensmustern.

---

[1] Siehe http://bit.ly/inno-ranking-2018.

Insofern übernimmt das vorliegende Werk eine wichtige Funktion, da es wertvolle Beiträge und konkrete Hinweise für die Gestaltung von erfolgsfördernden Innovationsumgebungen liefert. Zukünftig wird insbesondere die digitale Innovation – in Form von Digital Management und Industrie 4.0 – von entscheidender Bedeutung im globalen Wettbewerb sein.

Prof. Dr. Richard Geibel

Vorwort

Wie entwickeln sich Innovationsmanagement und Digitalisierung? Welche Herausforderungen stehen uns im Themenfeld Cybersecurity bevor? Und wie können große Unternehmen zukünftig Business Model Innovation betreiben?

In zahlreichen Kapiteln zeigt dieses Buch Handlungsalternativen zum Themenfeld „Innovation Ecosystems" auf. Experten unterschiedlichster Fachrichtungen und Funktionen schildern dem Leser, wie unterschiedlich sich Innovationsumgebungen entwickeln und zugleich – trotz der unterschiedlichsten Ansätze – erfolgreich sein können. Das betrifft Start-ups, den Mittelstand und die Wirtschaft als Ganzes.

Das Buch liefert einen Beitrag dazu, unterschiedliche Innovationsumgebungen kennenzulernen und die zahlreichen Schwierigkeiten bei der Ausgestaltung funktionierender Innovationsprozesse in Unternehmen und bei Unternehmensgründungen zu verstehen. Gerade die Geschichten und Erfahrungen von Unternehmensgründern und Unternehmenslenkern sollen zukünftigen potenziellen Gründern und Innovatoren Mut machen. Es gibt nicht das perfekte Gründungsmuster oder die richtige Innovationsumgebung: Jede Erfolgsstory ist einzigartig.

Bei der Entwicklung des Buchkonzeptes wurden viele Vorgespräche geführt, um zu entscheiden, wie die Zusammensetzung der Autoren und Inhalte strukturiert werden könnte. Dabei kamen letztlich zwei Konzepte infrage: Eine sehr wohlüberlegte Grundhypothese des Herausgebers, an der sich die Autoren orientieren sollen, um eben diese Grundhypothese zu untermauern, oder das gewollte Chaos. Wir haben uns für das Chaos entschieden und zwar aus folgendem Grund: Die Welt der Ideen, Innovationen und Unternehmensgründungen ist so unterschiedlich wie die Menschen selbst. Jeder, der sich mit Unternehmensgründern oder Unternehmern unterhalten hat, sei es auf einer beruflichen Veranstaltung oder bei einem privaten Treffen, wird bestätigen, dass die Storys zum Unternehmen völlig unterschiedlich waren und doch – durch ihre Authentizität und direkte Kommunikation – von bleibendem Wert sind. Ich kann mich an kein Gespräch erinnern, bei dem ich das Gefühl hatte, Zeit verloren zu haben, oder dass ich für meine eigenen Unternehmensgründungen nichts von Nutzen hätte mitnehmen können.

Genau das soll das Buch dem Leser an Nutzen liefern: Storys, Erfahrungen und Insights von bleibendem Wert, die das Thema Innovation aus einer weiteren, anderen Perspektive darstellen. Anwendungsorientiert, aus dem echten Unternehmerleben und mit authentischen Geschichten. Ich spreche aus eigener Erfahrung. In meinen Regalen habe ich weit über dreihundert Bücher aus zahlreichen Fachdisziplinen, jedoch hat mich bei vielen Büchern Jahre später die Erkenntnis eingeholt, dass ich selten hineingeschaut habe, weil der Nutzen für mich als Leser gering war. Das soll – so der Ansatz – in diesem Buch anders sein, dadurch, dass jeder Co-Autor eine begrenzte Zahl an Seiten für sein Kapitel hat und der Inhalt dem Leser direkten Nutzen bieten soll. In der Kürze liegt die Würze.

Besonderer Dank gilt Herrn Prof. Dr. Richard Geibel von der Hochschule Fresenius Köln, der als Studiengangsleiter des „Master Digital Management English" und Vizepräsident des Massachussets Institute of Technology (MIT) Alumni Club Germany den Gedankenaustausch gefördert und schließlich die Entscheidung bestärkt hat, jedem Autor seinen Freiraum zu geben.

Jeder Autor hatte somit die absolute Freiheit, ein Kapitel zum Themenbereich „Innovation Ecosystems" zu schreiben, der zum Buchkonzept und zur Zielgruppe dieses Buches, Studenten und Doktoranden, aber auch potenzielle Unternehmensgründer oder Innovatoren in Unternehmen aller Altersklassen und aller Fachbereiche, passt.

Über ein Feedback jeglicher Art freue ich mich und wünsche viel Spaß beim Lesen.

Dr. Dr. Philipp Plugmann MBA M.Sc. M.Sc.
Herausgeber

Inhaltsverzeichnis

1 **Einleitung – 15 Jahre Lernkurve „Innovationsumgebung"** 1
   Philipp Plugmann

2 **Innovationsmanagement und Digitalisierung – bleibt alles anders?** 19
   Volker Nestle

3 **Innovationsumgebungen außerhalb des Unternehmens – der Lead-User-Ansatz am Beispiel der Medizintechnikindustrie** 37
   Philipp Plugmann

4 **Innovativer Unternehmer versus Start-up-Gründer – Unterschiede und Gemeinsamkeiten** 57
   Achim Denkel

5 **Künstliche Intelligenz – die nächste Revolution (The Artificial Intelligence Revolution)** 67
   Patrick Glauner

6 **Führung im Wandel – wohin in digitalen Zeiten?** 79
   Dana Goldhammer

7 **Business Model Innovation im digitalen Zeitalter** 93
   Hamidreza Hosseini

8 **Aufbau innovativer Ökosysteme und Einführung digitaler Smart Services an Beispielen der Wertschöpfungskette vom Bauinvestor bis hin zum Facility Management** 111
   Christoph Jacob

9 **Wie können im Zeitalter von Start-ups Forschungseinrichtungen immer noch Innovationsmotoren sein?** 133
   Kathleen Schröter

10	**Start-up meets Mittelstand – Innovationshemmnisse reduzieren durch Kooperationen**	149
	Michael B. Krause	
11	**Querdenker – Impulsgeber für unkonventionelle Lösungswege**	165
	David Lopatta	
12	**Investoren-Pitch für Start-ups – Kommunikationsstrategien**	179
	Dirk Ludwig	
13	**Zukunftsbild „Digitales Lernen": Das lernende Unternehmen 2025**	191
	Rainer Mauth	
14	**Digitale Plattformen als Innovationstreiber**	207
	Philip Meier	
15	**IT-Innovation – eine persönliche Zeitreise von Impulstechnik bis zum Digital Workplace**	219
	Heiko Naß	
16	**Europas Gründer unter Druck – Resilienz und Coworking Spaces als neue Herausforderungen**	239
	Philipp Plugmann	
17	**Expatriates – im Ökosystem zu Hause in der Ferne**	255
	Alexander Ruthemeier	
18	**Zusammenfassung und Ausblick**	269
	Philipp Plugmann	

Über den Herausgeber

Herr Dr. Dr. Philipp Plugmann ist Zahnmediziner mit einer eigenen Praxis in Leverkusen, mehrfacher Unternehmensgründer und Fortbildungsreferent für die Medizintechnikindustrie. Parallel dazu hat er eine wissenschaftliche Laufbahn eingeschlagen. Er unterrichtet seit 2017 an der Hochschule Fresenius Köln. Davor lehrte er von 2007 bis 2016 an der Hochschule Karlsruhe „Innovationsmanagement for technical products" und wurde vom Rektor für herausragende Lehre ausgezeichnet. Zusätzlich ist er seit 2013 Research Fellow an der Universitätszahnklinik Marburg.

Im Zuge seiner akademischen Laufbahn präsentierte er Forschungsergebnisse im Bereich Innovationen auch in den USA und Asien. Business Model Design und Innovationsmanagement sind seine Kernthemen. Sein Buch „Zukunftstrends und Marktpotentiale in der Medizintechnik" wurde 2012 vom NASDAQ gelisteten Global Player CISCO positiv reviewt. Seine Kenntnisse gibt er als Advisor weiter.

Einleitung – 15 Jahre Lernkurve „Innovationsumgebung"

Philipp Plugmann

Inhaltsverzeichnis

1.1	Persönliche Anfänge in der Innovationswelt	2
1.2	Maßnahmen ergreifen	3
1.3	Die Suche nach der idealen Innovationsumgebung	4
1.4	Theorie trifft Praxis – alte und neue Konzepte	8
1.5	Relevanz der Anerkennung von Leistungsträgern	11
1.6	Komplexität versus Ideenüberlebensrate – der Einfluss positiver Grundhaltung	12
1.7	Bewertung von Ideen	14
1.8	Teilnahme an Wettbewerben	14
1.9	Umgeben Sie sich mit positiv denkenden Menschen	15
1.10	Zusammenfassung	16

Dieses Buch soll Studenten, Doktoranden, Unternehmensgründern und Mitarbeitern in Unternehmen, die sich mit den Entwicklungen innovativer Produkte und Dienstleistungen beschäftigen, aufzeigen, dass jede Innovationsumgebung individuell ist. Das Buch soll dem Leser insofern Nutzen bringen, als es ihm Erfahrungen weitergibt. Erfahrungen entstehen durch analysierte Resultate von Umsetzungskonzepten theoretischen Wissens. Jemand hat zu einem Zeitpunkt X etwas gelernt und zu einem Zeitpunkt Y umgesetzt. Dies geschieht immer zeitgleich mit der individuellen Lebensgeschichte, beruflich und privat. Die Auswertung der Resultate zu einem Zeitpunkt Z ist der Erfahrungswert, auf dem sich zukünftige Entscheidungen gründen können. Diese Erfahrungswerte möchten wir an die Leser weitergeben.

P. Plugmann (✉)
Dr. Dr. Plugmann Consulting, Leverkusen, Deutschland
E-Mail: plugmann@gmx.de

© Springer Fachmedien Wiesbaden GmbH, ein Teil von Springer Nature 2018
P. Plugmann (Hrsg.), *Innovationsumgebungen gestalten*,
https://doi.org/10.1007/978-3-658-22127-0_1

Nach mehreren persönlichen Unternehmensgründungen in verschiedenen Bereichen (Gesundheitswesen/Medizintechnik/Consulting/Health Care IT), erstmals 1995 parallel zum Studium, konzentriere ich mich ab dem Jahr 2007 berufsbegleitend als Lead-User (führender Anwender) der Medizintechnikindustrie, Referent im Bereich „Health Care & Innovation" auf internationalen Konferenzen, an verschiedenen Hochschulen in Lehre & Forschung und bei ehrenamtlichen Aktivitäten darauf, meine Erfahrungen weiterzugeben.

1.1 Persönliche Anfänge in der Innovationswelt

Im Jahr 2000, während meiner Zeit als Assistenzzahnarzt und in Vorbereitung auf die Neugründung meiner Zahnarztpraxis in Leverkusen, war es notwendig, verschiedene medizintechnische Geräte miteinander zu vergleichen: Behandlungsstühle, Röntgengeräte, Sterilisationsgeräte, Lasergeräte, Ultraschallgeräte, Operationsmotoren und -lampen, Computersysteme, Softwarepakete, Monitore, Kompressoren, Turbinen- und Winkelstücke, Implantationssysteme und das entsprechende Arbeitsinstrumentarium. Da ich auch ein praxiseigenes Zahntechniklabor integrieren wollte, mussten auch diese Geräte verglichen werden: Metallgussvorrichtungen, Keramiköfen, Poliermotoren, Teleskopfräsvorrichtungen, Sandstrahlgeräte, Dampfstrahlgeräte, Gips- und Einbettmassenanmischgeräte, Absauganlagen, Arbeitsplatz- und Lichtsysteme. Auch die Innenarchitektur der Praxis, samt der Raumaufteilung, wurde zu einer Herausforderung. Damals waren weder 3D-Drucker noch Themen wie digitaler Workflow an der Tagesordnung. In der Innovationswelt begann ich somit zuerst auf der Kundenseite.

Bereits während meines Studiums der Zahnmedizin, und zeitweise der Humanmedizin, an der Universität Köln, war ich mit innovativen technischen Produkten und Dienstleistungen in Kontakt gekommen. Nun, als zukünftiger Unternehmensgründer im Gesundheitswesen, musste ich die Produkte detailliert miteinander vergleichen und bezahlen. Was kann welches Gerät, was kann welches Gerät nicht? Wie hoch sind die Anschaffungs- und Finanzierungskosten? Die laufenden Kosten für Wartung, Service, technischen Support, Ersatzteile, Schulungskosten, Erreichbarkeit der Dienstleister, Schnelligkeit bei technischen Problemen, Sicherheitsprüfungen und die Garantieleistungen gingen in die Gesamtbewertung mit ein. Auch die rechtlichen Aspekte mussten studiert werden, da technische Sicherheitsprüfungen, Brandschutzvorschriften, Lagerungsvorschriften, Aufbewahrungsrichtlinien von Dokumenten und Röntgenbildern und Fortbildungspflichten in die Gesamtüberlegungen frühzeitig einfließen mussten.

Glücklicherweise konnte ich mich durch meine zeitgleich beginnende berufsbegleitende Promotion in der Abteilung für Mund-, Kiefer- und Gesichtschirurgie und orale Implantologie/Chirurgie der Universitätsklinik Köln mit dem Vorgehen bei der Literaturrecherche und weiteren wissenschaftlichen Forschungsmethoden beschäftigen, welche ich auf die Analyse der anzuschaffenden medizintechnischen Geräte teilweise übertragen konnte. Da beispielsweise moderne Behandlungseinheiten, je nach Ausstattungsgrad und Hersteller, zwischen 15.000 und 60.000 EUR kosten können, hat man bei drei Behandlungsräumen theoretisch nur dafür bereits ein zu erwartendes Investitionsvolumen von 45.000 bis 180.000 EUR. Umso mehr muss bei der Auswahl der Medizintechnik ein Kosten-Nutzen-Verhältnis berechnet werden. Da ich zu diesem Zeitpunkt nur zum Teil gesundheitsökonomische Kenntnisse hatte, entschied ich mich nach meiner eigenen Geräteanalyse dafür, zu den verschiedenen Herstellern zu fahren und mich beraten zu lassen.

Kurz nach der Praxisgründung im Jahr 2002 konnte ich nach den Besuchen einiger Dentalmessen bei einem Medizintechnikhersteller als Referent und Mitglied eines Innovationsteams mitwirken. Dort habe ich interessante Erfahrungen sammeln können. So wurde ich in diesen Arbeitskreisen mehr als Lead-User (führender Anwender) verstanden, weniger als Inputgeber für neue Ideen. Als ich neben den Verbesserungsvorschlägen bei der täglichen Anwendung eines Gerätes eine mir wichtig erscheinende Idee äußerte, sagte man mir sinngemäß: „Lieber Herr Plugmann, wenn Sie wüssten, wie aufwendig, kostspielig und projektplanerisch komplex solche sogenannten tollen Ideen am Ende sind. Seien Sie froh, dass Sie nicht mit Innovationsprozessen beschäftigt sind." Dieses Erlebnis vor 16 Jahren hat mich sprachlos gemacht. Ich fühlte mich in einer Innovationsumgebung gefangen, in der ich keine weiteren Ideen einbringen wollte.

Es war für mich an der Zeit, meine Kundenperspektive, mit dem Fokus innovative Produkte und Dienstleistungen zu kaufen, um die Produzentenperspektive zu erweitern, um zu verstehen, wie diese Produkte entwickelt, produziert und vertrieben werden. Da ich in meiner Praxis wochentags und samstags bei Beratungsprojekten für die Medizintechnikindustrie eingespannt war, konnte ich hervorragend beides zeitlich miteinander kombinieren und mehr darüber lernen.

1.2 Maßnahmen ergreifen

Diese Erfahrung habe ich in positive Handlungsenergie umgesetzt, indem ich auf der einen Seite im Jahr 2004 begonnen habe, mich im Bereich Gesundheitsökonomie und Innovationsmanagement weiterzubilden, später aber auch in Finanzökonomie und Private Equity. Dadurch habe ich meine Position verbessert, mit Verantwortlichen medizintechnischer Unternehmen einen erfolgreicheren und effizienteren Austausch hinsichtlich der Entwicklung neuer Ideen und deren Implementierung in Unternehmensprozesse anzustoßen und zu begleiten. An dieser Stelle kann ich alle Leser nur ermuntern, sich stetig weiterzuqualifizieren. Das Wissensrad dreht sich bereits schnell und trotz Fort- und Weiterbildungen kann man den Wissenssprüngen nicht folgen. Ohne Fortbildung hat man keine Chance, dran zu bleiben. Diese berufsbegleitende Weiterqualifizierung und die Teilnahme an den Arbeitskreisen führte dazu, dass 2005 aufgrund der zunehmenden Beratungsleistung dieser MedTech-Unternehmen eine Kapitalgesellschaft gegründet wurde, eine Consulting GmbH. Als geschäftsführender Gesellschafter konnte ich in den 10 Jahren mit meinem angeschlossenen Netzwerk über 20 Unternehmen aus den Branchen Medizintechnik und Medizinprodukte beraten. Es ging um Operationsplanungssoftware und -hardware,

Market-Entry-Strategien, Brandingstrategien, Opinion Leader Management, Kundenzufriedenheitsanalysen, Staff-Satisfaction-Analysen bei der Kommunikation neuer Ideen, Qualitätsmanagement, Outcome-Standards, der Organisation von Workshops für das mittlere und Top-Management, Wettbewerbsanalysen und Pricing-Strategien. Herzstück war jedoch immer das Innovationsmanagement für technische Produkte. Dazu habe ich auch knapp zehn Jahre eine Vorlesung an der Hochschule Karlsruhe – Technik und Wirtschaft, gehalten. Zusätzlich konnte ich in einigen Start-ups der MedTech- und MedProdukte-Industrie als externer Berater unterstützend mitwirken und wertvolle Erfahrungen sammeln. Die Start-ups waren Hochschulausgründungen oder Management-buy-Outs.

1.3 Die Suche nach der idealen Innovationsumgebung

Aufgrund der Erfahrungen der letzten zwanzig Jahre mit Unternehmensgründungen und Weiterbildungen möchte ich hier einen weiteren Punkt ansprechen. Vor zehn Jahren habe ich begonnen, mir neben den privatwirtschaftlichen Innovationsumgebungen auch solche international anzuschauen, die primär akademisch organisiert sind. Es ging mir dabei um – wie ich es nannte – „die Reise der Erkenntnis".

Die Fragen zu Beginn dieser Reise waren:

1. Wo ist das geheime Wissen zu neuen Produkten und Dienstleistungen?
2. Was können die anderen, was wir nicht können?
3. Welche Erfolgsfaktoren gibt es?

Dazu hatte ich mir im Internet eine Top-20-Liste der „Hottest Start-Up Ecosystems in the World" angeschaut und begonnen, diese „Global Hubs" systematisch zu besuchen. Erst als Konferenzteilnehmer oder Executive Education Participant und später mit Kurzpräsentationen eigener wissenschaftlicher Forschungsergebnisse.

Ganz oben auf meiner Liste stand die Harvard Business School in Boston, USA. Im September 2007 besuchte ich den einwöchigen Executive-Education-Kurs „Jump Start Innovation – Launching New Ventures". Geführt wurde der Kurs von Prof. Lynda Applegate. Dabei lernte ich eine neue Lehrmethode kennen, die Case Study. Bei der Case-Study-Methode kommen die Teilnehmer vorbereitet in den Kursraum. Man erhält einige Wochen nach der Zulassung zum Programm einige Cases (Fälle) zum Lesen. Das können gerne auch bis zu 15 Seiten pro Fall sein, über ein Unternehmen und dessen Entwicklung in der Vergangenheit. Der Fall ist gefüllt mit einer Unternehmensbeschreibung, der Darstellung der Verantwortlichen, Zahlenmaterial zu Umsatz, Kosten, Rentabilität („Number Crunching") und dann wird eine Unternehmenssituation dargelegt, die zu einer Entscheidung führen soll oder bei der eine Handlungsempfehlung zu erarbeiten ist. Die Klasse, meist 60–70 internationale Executives unterschiedlicher Branchen und Hierarchielevel, ist aufgeteilt in Arbeitsgruppen von je acht Teilnehmern. Diese Gruppen sind in Living Rooms untergebracht, kleine Einzelzimmer mit einem großzügigen gemeinsamen Arbeits- und Essbereich. Man schläft als Kursteilnehmer die gesamte Woche auf dem Campus der Harvard Business School. Morgens gegen 7.15 Uhr trifft sich die Arbeitsgruppe und geht innerhalb einer Stunde gemeinsam die für diesen Tag vorgesehenen Fälle durch und diskutiert darüber. Später, ab 8.30 Uhr im Hörsaal diskutieren dann die Gruppen miteinander. Dabei verstehen die Dozenten ihre Funktion darin, das bei den Kursteilnehmern vorhandene Wissen abzurufen und es dann anwendungsorientiert allen Kursteilnehmern zugänglich zu machen. Zu den besprochenen Problemen im Fall bringt jeder seine Sichtweise, seine Erfahrungen und seine Ideen ein. Somit findet ein umfassender Lerneffekt für alle statt. Es geht um Problemlösungen. Und da die Teilnehmer aus unterschiedlichen Ländern, Kulturen und Branchen kommen, ergibt sich zwangsläufig ein Mix ganz unterschiedlicher Lösungsansätze. Dabei ist die Strategie der Wissensteilung ein elementarer Bestanteil des Lern- und Wissensmanagements in dieser Lern- und Innovationsumgebung. Genauso kann man in einem Unternehmen die Prozesse managen. Diese Entscheidung muss die Geschäftsführung treffen. Wird Wissen maximal miteinander geteilt oder wählt man Prozesse der selektiven Wissensteilung? Das wiederum beeinflusst direkt das Ideen- und Innovationsmanagement.

Zusätzlich zu dem Lerneffekt bei der Besprechung der Arbeitsgruppen spielen das Networking und die abendlichen Aktivitäten der Teilnehmer miteinander eine elementare Rolle. So wird auf die „social activity" unter den Teilnehmern großen Wert gelegt, wobei es keinen Zwang gibt, man kann sich auch abends zurückziehen. Das Networking ist eine Chance. Man lernt Gleichgesinnte kennen und tauscht sich aus. Langfristig baut man sich ein Netzwerk auf. Davon haben beide Seiten etwas. Genauso kann man in Unternehmen entscheiden, ob die sozialen Aktivitäten statusgebunden sein sollen, quasi leitende Angestellte unter sich, oder ob man eine vollständige Durchmischung aller Hierarchiestufen zulässt.

Im Jahr 2008 stand u. a. das MIT (Massachussets Institute of Technology, Cambridge/USA) auf dem Programm. Dort habe ich neben einer Konferenz den Kurs „Managing Technical Organisations and Professionals" besucht. Prof. Ralph Katz und Prof. Thomas Allen sind international bekannt und haben verschiedene Themenblöcke vorgetragen. Entscheidungshierarchien und die Konsequenzen wurden ausführlich diskutiert. Dabei wurde für die Verwertung von Mitarbeiterideen eine sehr konservative Hierarchiestruktur in Unternehmen als hinderlich beschrieben, wenn dadurch in der Line-Report-Kette einzelne Personen Ideen liquidieren und die Geschäftsführung nicht die Möglichkeit hat, die Ideen der Mitarbeiter zu prüfen. Auf der anderen Seite ist ein direkter Zugang zur Geschäftsführung ineffizient, wenn ungefiltert – ständig über Ideen diskutierend – und unstrukturiert die Zeit der Geschäftsführung verbraucht wird. Hier bedarf es eines strukturierten Prozesses. Diese Hierarchie übergreifende Kommunikationsform ist auch immer eine Alternative für Firmen, um mit Ideen (geistiges Kapital) von Mitarbeitern effizienter umzugehen. Soll man die Bewertung der Idee einem Line Report unterwerfen oder geht es direkt an die Führungsebene?

Das zweite große Thema war „Architektur meets Innovation". Als damals aktuelles Beispiel wurde das Forschungs- und Innovationszentrum (FIZ) des Autoherstellers BMW in München herangezogen. Hier wurde darauf verwiesen, dass die Großraumbüros ein neuer Ansatz sind, Kommunikationswege zwischen Mitarbeitern abzukürzen und den sogenannten „kurzen Dienstweg" zu fördern. Hat ein Mitarbeiter eine Idee und überlegt er sich, mit wem er seine Idee besprechen könnte, so bräuchte er sich nur im Großraumbüro umzuschauen und könnte dann den entsprechenden Kollegen direkt identifizieren und ansprechen. Damit würden Ideen schneller angesprochen werden und es gäbe eine höhere Wahrscheinlichkeit, diesen Ideenimpuls einer Projektierung zuzuführen. Insbesondere im Multiprojektmanagement kann sich dadurch eine höhere Effizienz ergeben.

Weitere Details im Rahmen architektonischer Überlegungen sind die Platzierung von Kaffeeautomaten, Stehtischen und Sitzmöglichkeiten außerhalb der Büros, um informelle Gespräche zwischen den Mitarbeitern zu ermöglichen. Als Anekdote wurde ein Schuhfabrikant aus Osteuropa genannt, der in den 1920ern den Gebäudelastenaufzug in ein Büro umgestalten ließ, innerhalb des Gebäudes rauf und runter fuhr und so auf jeder Etage mit seinen Teams kommunizierte. Hört sich nach einem Vorläufermodell der Großraumbüroarchitektur an. Das Konzept klingt plausibel. Auf der Fortbildung waren ca. 160 Teilnehmer aus der ganzen Welt anwesend. Bei den Gesprächen mit Teilnehmern, die in solchen Großraumbüros internationaler Unternehmen arbeiten, wurden auch Probleme solcher Architekturstrategien benannt. So war ein Unternehmen anfangs dazu übergegangen, die Controlling- und Innovationsabteilung zum Teil in einem großen gemeinsamen Büro unterzubringen. Auf der einen Seite arbeiteten die einen in Anzug und Krawatte, an sehr aufgeräumten Arbeitsplätzen und überwiegend ruhig, während die Kollegen, die sich mit kreativen Produktinnovationen beschäftigten, teilweise die Füße auf den Tischen liegen hatten, laut waren, lachten und sich gelegentlich bunte Bälle zuwarfen. Es dauerte nicht lange, bis die ersten Konflikte entstanden. Manche aus der Innovationsabteilung setzten daraufhin Besprechungstermine in den verfügbaren zusätzlichen Konferenzräumen an, um ungestört kreativ arbeiten zu können. Als die Geschäftsführung diesen Konflikt ignorierte, begann der Krankenstand in der Abteilung zu steigen und vereinzelt verließen Kollegen das Unternehmen. Schließlich ging in diesem Unternehmen die Geschäftsführung dazu über, die Abteilungen zu trennen.

Ein anderer Konferenzteilnehmer berichtete, dass durch die Großraumbüros der Abteilungsleiter, der sonst eine Etage höher in seinem Büro saß, nun die gesamte Abteilung überblicken konnte und sofort sah, wer wann nach Hause geht. Das hätte dazu geführt, dass viele Mitarbeiter nicht mehr nach Hause gingen, wenn sie fertig waren, sondern deutlich länger blieben, um beim Vorgesetzten keinen schlechten Eindruck zu hinterlassen.

Diese Gespräche zeigten mir, dass jede Medaille zwei Seiten hat. Es gibt Vor- und Nachteile. Jedes Unternehmen ist resultatgetrieben und muss für sich entscheiden, welche Strategie individuell zum Erfolg führt. Was in einem Unternehmen ein Erfolgsfaktor ist, muss nicht zwingend für andere Unternehmen ein Erfolgsinstrument sein.

1 Einleitung – 15 Jahre Lernkurve „Innovationsumgebung"

Die Erfolgsfaktorenforschung kann helfen, grundsätzliche Muster darzulegen, welche positiven Einfluss auf Unternehmensentwicklungen und -resultate haben können.

Im Mai 2009 nahm ich an dem einwöchigen Executive-Education-Kurs „The Oxford Scenario Programme" der Oxford University in Großbritannien teil. Der verantwortliche Kursleiter Prof. Rafael Ramirez und seine Kollegen haben die 50 Kursteilnehmer aus der ganzen Welt mit der Methode der Szenarioplanung vertraut gemacht. Kombiniert wurde die Theorievermittlung mit einem Real-case, u. a. einer Entscheidungsfindung der Führung eines großen englischen Krankenhauses. Dieses Krankenhaus, gebaut 1960, hatte nun aufgrund umfassender Gebäude- und Techniksanierungen zu entscheiden, ob es mit einem Konkurrenzkrankenhaus fusioniert und das Gebäude dann saniert, oder das Gebäude abreißt und neu baut ohne zu fusionieren. Die Anteilseigner des Krankenhauses machten ihre zukünftige Entscheidung von der einstimmigen Empfehlung des medizinischen Direktors und der kaufmännischen Direktorin abhängig.

Neben den Lehreinheiten und Gruppenarbeiten war für mich die wichtigste Lektion die der Relevanz der Gruppendynamik. Wir hatten am ersten Abend den medizinischen Direktor und die kaufmännische Direktorin direkt vor Ort in der Oxford University Business School für ein einstündiges Interview für die gesamte Gruppe. Sofort wurde sichtbar, dass beide sich nicht mögen, denn sie saßen zwar nebeneinander, aber voneinander eher weggedreht und würdigten sich 60 min kaum eines Blickes. Es war klar, nur wenn dieser Konflikt auf der höchsten Führungsebene gelöst werden würde, gäbe es die Chance, eine gemeinsame Entscheidung treffen zu können. In unserer Gruppe, bestehend aus 8 Kursteilnehmern, waren ein weiterer Teilnehmer und ich die einzigen aus dem Gesundheitswesen, die anderen waren Unternehmensberater, Ingenieure und Geschäftsführer aus anderen Branchen. In den folgenden Tagen regten wir an, uns neben dem Sachproblem, wie es mit dem Krankenhaus weitergehen könnte, auch mit dem menschlichen Problem auf der Führungsebene zu beschäftigen.

Interessanterweise entwickelte sich die Gruppendynamik in eine für mich völlig unerwartete Richtung. Ausgehend von der Annahme, aufgrund meiner Tätigkeit im Gesundheitswesen und der meines Mitstudenten auf offenes Gehör zu stoßen, mussten wir schnell feststellen, dass zwei Teilnehmer das Sagen in der Gruppe an sich rissen und eine Richtung vorgaben. Sie waren der Meinung, eine Sanierung des Krankenhausgebäudes sei zu teuer und ein Abriss mit Neubau die einzig realistische Alternative. Insbesondere einer der beiden hatte aufgrund seiner 60 Jahre und dem sehr dominanten Auftreten kaum Gegenwind in der Gruppe. Jeder zögerliche Versuch in der Gruppe am ersten Tag, eigene Argumente und Sichtweisen einzubringen, wurde mit wohlwollenden Worten zur Kenntnis genommen, aber einen Einfluss auf die Grundrichtung der Gruppenarbeit hatten sie nicht. Ein Teil der Teilnehmer hörte auf, eigene Ideen einzubringen, und fokussierte sich darauf, den Zielen der selbsternannten Gruppenleiter substanzielle Argumente zu liefern. Dabei verließen sie ihre eigenen ursprünglichen Ideen und Sichtweisen vollständig. Mein Mitstudent und ich waren so vor den Kopf gestoßen, dass wir uns gänzlich aus der Zusammenarbeit verabschiedeten, indem wir schwiegen und gelegentlich den Ausführungen der Gruppe zustimmten.

Diese Erfahrung war für mich bei weiteren eigenen Unternehmensgründungen und im Beratungsgeschäft Gold wert. Mir wurde klar, dass vor jeder Projektarbeit und Teambesprechung bestimmte Rahmenbedingungen definiert werden müssen in der Kommunikation miteinander. Die Regeln besagen nun, dass jede Stimme zählt, jedes Argument Gehör finden muss und dass dies im Interesse des Unternehmens steht. Man stelle sich vor, in einem mittelständischen Unternehmen würde es der Laune des Projektleiters obliegen, welche Ideen Gehör finden und welche nicht. Es ist im Interesse des Unternehmens, alle Ideen zu dokumentieren. Das bedeutet, auch wenig durchsetzungsstarke, leise sprechende und schüchterne Unternehmensmitarbeiter können aufgrund ungünstiger Gruppendynamikentwicklungen trotzdem von der Chefetage gehört werden. Dafür muss die Geschäftsführung sorgen, indem transparent und klar formuliert Regeln aufgestellt werden, die garantieren, dass alle zu Wort kommen und durch vollständige Dokumentation keine Idee verloren geht.

Die Dokumentation von Ideen hat auch einen weiteren Hintergrund. So kann es sein, dass eine Idee im Jahr 2018 nicht in die engere Wahl kommt oder als nicht umsetzbar eingestuft wird, jedoch einige Jahre später bei einer zweiten Überprüfung technisch machbar oder attraktiv erscheint. Umso wichtiger sind Dokumentationen von Ideen in Unternehmen und die Gewährleistung, dass jeder Mitarbeiter seine Ideen kommunizieren kann.

Zusätzlich wird klar, dass Innovationsmanagement auch Konfliktmanagement bedeutet. Gerade bei einem Start-up oder neuen Innovationsprojekt in einem etablierten Unternehmen haben Individuen unterschiedliche Standpunkte. Dies führt zu Konflikten, die verbal ausgetragen werden, manchmal schreiend, um letztlich die beste Lösung auszudiskutieren. Natürlich schweißen erfolgreich durchlebte Konfliktphasen Teams zusammen. Man muss für diese Phase im Innovationsprozess widerstandsfähig genug sein, um nicht aufzugeben.

1.4 Theorie trifft Praxis – alte und neue Konzepte

Nachdem ich im Rahmen von Weiterbildungen in den Jahren 2003–2013 neben führenden englischen und amerikanischen akademischen Innovationsumgebungen auch das S.P. Jain Institute for Management Research (Mumbai, Indien), die Thammasat University (Bangkok, Thailand), die Stellenbosch Business School und Stellenbosch Medical School (Kapstadt, Südafrika), die Private Universität im Fürstentum Liechtenstein (UFL), das Harvard University Asia Center und die Fudan University (beide Shanghai, China) besucht habe, widmete ich mich ab 2014 der Präsentation eigener wissenschaftlicher Forschungsergebnisse auf internationaler Ebene.

Bei der mehrtägigen „12th Open and User Innovation (OUI) Conference" im Jahr 2014 und der „14th OUI Conference" 2016, an der Harvard Business School (Boston, USA), geleitet von Prof. Karim Lakhani (HBS) und Prof. Eric von Hippel (MIT), konnte ich insgesamt drei Studienergebnisse vor versammeltem Auditorium vorstellen, aus den Bereichen „Crowdfunding", „User Innovation in Health Care" und „Contests", u. a. die Studie „Willingness of Small and Midsize Technology Company Founders in the Health Care Industry and of Physicians Reinvesting in Medical Technology to use Crowdfundig".

Grundsätzlich versteht sich diese Konferenz selbst als eine der führenden akademischen Konferenzen weltweit im Bereich Innovation und deckt unterschiedlichste Bereiche ab, die unmittelbar Einfluss auf Innovationsprozesse in privatwirtschaftlichen und akademischen Organisationen haben. Für mich als langjährigem Lead-User (führender Anwender) für mittelständische Unternehmen im Bereich Operationsplanungssoftware und -hardware in der zahnärztlichen Chirurgie, Medizinprodukte-Entwicklungen dentaler Implantate, Membranen und Knochenaufbaumaterialien und Lasersysteme, war es spannend, einen der führenden wirtschaftswissenschaftlichen Forscher zu diesem Thema, Prof. Eric von Hippel (MIT), zu hören und persönlich kennenzulernen. Auf der Konferenz im Jahr 2014 begleitete mich meine Frau, die als Ärztin (Innere Medizin) am Akademischen Lehrkrankenhaus in Mönchengladbach-Rheydt in der Inneren Medizin und Kardiologie tätig ist. Geräte zur Echokardiografie, Blutanalysegeräte für die Labordiagnostik, radiologische Geräte und ein hochmodernes Katheterlabor sind innovative Technologien, mit denen sie als Krankenhausärztin täglich zu tun hat. Auch die Implementierung von IT-Systemen für die Dokumentation und Kommunikation für den Arbeitsalltag macht den „Arbeitsplatz Krankenhaus" zu einem Technik- und Innovationsort.

Alles was ich intuitiv als Lead-User seit über zehn Jahren zur Entwicklung neuer Produkte und Dienstleistungen beitragen konnte, fand ich in den Forschungsergebnissen strukturiert und wissenschaftlich fundiert wieder. Es hat großen Spaß gemacht, sich selbst als Forschungsobjekt zu betrachten und die Seite vom Forschungsobjekt zum Forscher zu wechseln. Diese Strategie von Unternehmen, neben der eigenen Forschungs- und Entwicklungsabteilung mit führenden Anwendern zusammenzuarbeiten, kann erfolgreich sein. Führende Anwender entwickeln gerne eigene Applikationen, die sie am Markt für ihre Bedürfnisse noch nicht finden können. Sie sind quasi dem Markt voraus.

Bei dieser Gelegenheit haben meine Frau und ich sowohl das an die Harvard Business School angrenzende Harvard Innovation Lab als auch das nahegelegene MIT Media Lab besuchen können. Am MIT Media Lab hatte ich das Gefühl, das kalkulierte Chaos vor mir zu sehen, alles bunt, durcheinander und, wie man selbst auf der eigenen Webseite hervorhebt, absolut antidisziplinär. Am MIT Media Lab geht es um Problemlösungen losgelöst von einzelnen abgetrennten Fachdisziplinen. Am Harvard iLab ist es sichtbar strukturierter, aufgeräumter, eigentlich völlig anders im Vergleich und trotzdem sind beide Innovationszentren sehr erfolgreich. Letztlich scheint es mehr darauf anzukommen, welches Individuum in welche Innovationsumgebung passt, denn die technische Ausstattung, die finanziellen Möglichkeiten und das Potenzial der Studenten scheinen recht ähnlich zu sein.

Im November 2015 stellte ich an der US-amerikanischen Westküste in Santa Clara/Silicon Valley, auf der von der UC Berkeley organisierten „World Open Innovation

Conference (WOIC) 2015" die wissenschaftlichen Forschungsergebnisse meiner an der Hochschule Karlsruhe erarbeiteten Studie vor: „Users (Patients) willingness to transfer personal data to a future-IT-service of Open Innovation driven IT Health Care companies to receive an efficient service". Diese mehrtägige Konferenz wurde u. a. von Prof. Henry Chesbrough (UC Berkeley) organisiert. Die Konferenz hatte den Untertitel „Where theory meets practice". Neben Vorträgen wissenschaftlicher Forschungsergebnisse standen Gruppenarbeiten und der Besuch der FUJITSU-Zentrale im Silicon Valley auf dem Programm. Vor dem offiziellen Beginn der Konferenz hatte man die Möglichkeit, gemeinsam Google zu besuchen und sich über die Innovationsmanagementstrategien vor Ort zu informieren.

Die Gruppenarbeit gestaltete sich so, dass im großen Saal etwa 100 Teilnehmer an Tischen für je 8–10 Personen saßen, während ein CEO eines international tätigen Unternehmens ein aktuelles Problem oder eine Herausforderung in einem strategischen Geschäftsfeld kommunizierte. Die Tische hatten 30 min Zeit, um eine Lösungsidee zu entwickeln. Das wurde einige Male mit immer anderen CEOs internationaler Unternehmen (z. B. IBM, Pfizer) durchgeführt. Jeder Tisch bestimmte einen Gruppensprecher, der die Lösungsideen vortrug, und es war eine wertvolle Erfahrung zu erleben, welche tollen Ideen erarbeitet wurden, obwohl viele der Gruppenteilnehmer aus anderen Branchen stammten. Diese Erfahrung zeigte mir sowohl die Power einer Teamarbeit als auch die Relevanz von Diversität innerhalb von Arbeitsgruppen.

Zusätzlich zur „WOIC 2015" besuchte ich an der Stanford University eine Veranstaltung des „Stanford Technology Ventures Programme (STVP)", geleitet von Frau Prof. Tina Seelig, die mich bereits zwölf Jahre zuvor in Deutschland im Rahmen des Masterstudiums in Business Innovation in einem Modul ausgebildet hatte. Bei den regelmäßigen STVP-Veranstaltungen besucht ein Entrepreneur die Stanford Universität und erzählt den Studenten seinen ganz persönlichen Weg, von der Idee bis zur Gegenwart, auch von den privaten Lebensumständen, den Widerständen, Krisen und Herausforderungen. Abschließend werden einige Fragen beantwortet. Im Prinzip finden sich in diesem Buch ähnliche Erzählungen, sie sind praktisch, anwendungsorientiert und authentisch. Was einem ein Buch nicht vermitteln kann, ist die Power, die beim Face-to-Face-Event spürbar ist. Das gibt noch mal eine Portion Zusatzmotivation.

Im August 2017 stellte ich auf der „Singapore Economic Review Conference (SERC) 2017" wissenschaftliche Forschungsergebnisse zum Vergleich der Unternehmensgründungsbereitschaft zwischen europäischen und asiatischen MINT-Studenten vor. Die Konferenz hatte verschiedene Schwerpunkte, ich stellte im Sektor 7 „Innovation" vor und wie immer auf internationalen Konferenzen waren die zahlreich vorgestellten Studien spannend. Besonders beeindruckt war ich vom Vortrag zu Beginn von Prof. Edward Lazear von der Stanford Graduate School of Business (USA), bei der auch der volkswirtschaftliche Aspekt von „Working Hours" dargestellt wurde. Es wurden Länder verglichen, auch Deutschland und die USA. Übertragen kann man das auf Unternehmensgründer weniger, denn da ist man 24/7 „on fire". Wahrscheinlich träumt man noch von seinem Vorhaben beim Schlafen, sodass die Arbeitszeit nie aufzuhören scheint. Diese Dauerbelastung ist nicht jedermanns Sache.

1.5 Relevanz der Anerkennung von Leistungsträgern

Jeder von uns kennt das herzerfrischende Gefühl nach einer Phase der Leistungserbringung verbunden mit einem guten Ergebnis, anerkannt zu werden. Das Gefühl macht einen stolz und – was noch viel wichtiger ist – es liefert Ansporn und Zuversicht, weitere Leistungspakete abzuliefern. Die Alternative, Leistungsträger nicht anzuerkennen, ist mit dem Risiko verbunden, deren Intensitätslevel kontinuierlich abzusenken. Denn wenn gute Leistung keine Rolle spielt und nicht anerkannt wird, obwohl über eine lange Zeitperiode Vollgas gegeben wurde und dabei ein gutes Ergebnis entstand, wird es umgekehrt auch keine Relevanz haben, wenn die Leistung in einem Korridor bleibt, wo man besser ist als viele anderen und dabei unauffällig bleibt, jedoch nie an sein Leistungsmaximum geht.

Für ein Unternehmen wäre das negativ. Denn ähnlich wie im Fußball, wenn mir diese Analogie gestattet sei, sind es immer auf hohem Niveau die berühmten „100 % Einsatz" die den Wettbewerbsvorsprung und damit den Sieg ausmachen. Man hört es immer in den Interviews nach dem Spiel, bei denen die Trainer nach einer Niederlage sagen: „Wir waren nicht 100 % konzentriert", „Es hat die letzte Konsequenz gefehlt" oder „Einige Spieler waren geistig abwesend". Warum sollte es im Business-Alltag anders sein? So kannte ich aus meinem Erststudium den Jahrgangsbesten, dieser wurde aber nicht ausgezeichnet. Wir Mitstudenten waren schon sehr stolz auf ihn, denn er war ein wandelndes Lexikon und zusätzlich sehr hilfsbereit. Inzwischen scheinen sich diese Umgangsformen zu verändern, so wurde ein zahnärztlicher Kollege im Herbst 2013 zum Abschluss eines mehrjährigen Masterstudiums als Jahrgangsbester ausgezeichnet und nicht nur der Ausgezeichnete war stolz, sondern unsere ganze Masterstudiengruppe von über dreißig Teilnehmern fühlte mit und diese Zeremonie hat alle noch mehr zusammengeschweißt. Möglicherweise könnte die aus meiner persönlichen Sicht teilweise sehr rudimentäre Alumni-Kultur an deutschen Hochschulen neuen Schwung erhalten, wenn man das Auszeichnen und Zelebrieren zu verschiedenen Anlässen wieder in den Fokus nimmt.

Auch auf Konferenzen, bei denen die besten Poster, Papers oder Fallberichte ausgezeichnet werden, motiviert man neben den Preisträgern auch andere Teilnehmer, es beim nächsten Mal noch besser zu machen.

Motiviert durch diese Erfahrungen haben meine Frau und ich uns Ende 2013 entschlossen, an der Hochschule Karlsruhe – Technik und Wirtschaft, an der ich seit vielen Jahren Lehrbeauftragter war, zuletzt die englischsprachige Vorlesung „Innovation Management for Technical Products" mit bis zu 50 Studenten aus 12 Ländern, als Initiatoren und Stifter einen Innovationspreis ins Leben zu rufen. Damit gingen zahlreiche Vorgespräche einher, die für mich auch eine Lernkurve darstellten. So musste definiert werden, welches Institut infrage kommt und welche Kriterien bei der Auswahl und Festlegung der

Kandidaten transparent und nachvollziehbar gestaltet werden. Das war gar nicht so einfach, wie gedacht. Denn es besteht auch immer die Gefahr, durch eine Preisverleihung andere Institute unberücksichtigt zu lassen. Da wir gerne ein Forschungsfeld in dem Spannungsfeld „Gesundheitswesen, Technologie und Innovation" fördern wollten, schien uns die Verbesserung bzw. Neukonzeption einer miniaturisierten und schnelleren Blutanalysemöglichkeit das richtige Fördergebiet zu sein. So fiel die Entscheidung auf das Institut für Optofluidik und Nanophotonik (Institute for Optofluidics and Nanophotonics = IONAS). In den Jahren 2014 und 2015 wurden die Preisträger bei der Absolventenabschlussfeier der Fakultät für Elektro- und Informationstechnik (EIT) der Hochschule Karlsruhe ausgezeichnet. Die Preisträger erhielten eine Urkunde und später einen Geldbetrag.

Die Resonanz war sehr positiv. Die zahlreichen Gespräche während dieser Absolventenfeiern mit Studenten, Eltern und Lehrenden, aber auch die Vorauswahlmeetings zur Entscheidungsfindung, welche wissenschaftlichen Arbeiten in die engere Wahl kommen, haben mich mitgeprägt. Nach zwei Jahren als Initiator und Stifter des „IONAS Innovationspreis Hochschule Karlsruhe" war es Zeit für neue Aktivitäten. So bereiten wir für 2018 ein ähnliches Projekt vor, mit Unternehmen aus dem Mittelstand für den Bereich Gesundheitswesen in NRW. Grundsätzlich kann ich mir kaum vorstellen, dass ein Unternehmen, welches Mitarbeiter nicht für gute Leistungen auszeichnet und fördert, in Zeiten von zunehmendem Fachkräftemangel dauerhaft diese Menschen an sein Unternehmen binden kann. Human Ressource Management ohne Anerkennung wird scheitern. Für Unternehmen in der Gründungsphase, in denen das Geld knapp ist, bedeutet das eben, dass einzelne Prozesse, die ein Teammitglied super gelöst hat, mit einem gemeinsamen Abendessen belohnt werden oder mit einem Tagesausflug in eine andere Stadt. Es zählt die Anerkennung und Motivation von Leistungsträgern. Team-Building geht eben nur kontinuierliche und nicht durch seltene Maßnahmen.

1.6 Komplexität versus Ideenüberlebensrate – der Einfluss positiver Grundhaltung

Im Dezember 2016 präsentierte ich Forschungsergebnisse auf dem „Crowdfunding Symposium 2016" in München, am Max-Planck Institut (MPI) für Innovation und Wettbewerb, und hatte die Möglichkeit, mich mit internationalen Forschern auszutauschen. In der Mittagspause waren Poster von zahlreichen Dissertationen am MPI der letzten Jahre ausgehängt. Jede einzelne Arbeit war an Komplexität kaum zu übertreffen, mal ging es um Cluster-Building in Deutschland und den Einfluss auf die Innovationsfähigkeit von Regionen, dann um Finanzierungsrahmenbedingungen von neuen aufstrebenden Unternehmen oder um die Einflussfaktoren bei Regulierungen von Patenten. Vergleiche ich diese Höchstebene an Wissenschaftlichkeit und Komplexität mit der zarten Pflanze einer Idee, so muss es zwangsläufig zu Konflikten kommen.

1 Einleitung – 15 Jahre Lernkurve „Innovationsumgebung"

Man kennt es aus US-Fernsehsendungen wie „Tank of Sharks" oder die deutsche Version „Die Höhle der Löwen". Die Unternehmensgründer werden bombardiert mit den klassischen Standardfragen nach Geschäftsmodelldesign, Umsatzzahlen, Skalierbarkeit, Cash-Flow, Krediten, Steuern, Strategien, Marketing, Alleinstellungsmerkmalen, Eigentümerrechten und Überlebensfähigkeit gegen Großkonzerne, die dieses Geschäftsmodell im Erfolgsfall angreifen könnten. Wenn ich mir jetzt einen potenziellen Unternehmensgründer vorstelle, der vor dem Fernseher sitzt und sich mental selbst zerlegt, weil er sich im Frühstadium seiner Ideenumsetzung befindet und zunehmend an sich selbst zweifelt, kann ich nur folgenden Rat mitgeben, den ich bei den verschiedenen Unternehmensgründungen bereits 1994 befolgt habe und als External Advisor eines deutsch-amerikanischen Fintech-Start-ups und Beiratsmitglied des Innovationsclubs der AIF FTK e. V. immer sage: Umgib dich nur mit positiv denkenden Menschen! Man muss sich selbst und seiner Idee eine Überlebenschance geben. Stellen Sie sich ein Kind vor, das seinen Eltern voller Begeisterung einen Regenbogen zeigt und als Reaktion eine abwertende Antwort bekommt. Oder einen Jugendlichen, der seinen besten Freunden von einer coolen Idee erzählt und daraufhin gnadenlos ausgelacht wird. Als Ideengeber oder Unternehmensgründer ist es meiner Erfahrung nach wichtig, sich von Pessimisten und Bedenkenträgern großräumig fernzuhalten, weil sie negativ auf die persönliche Motivation wirken. Nicht nur, dass die Bedenkenträger oft selbst nichts unternehmen wollen, sie demotivieren die, die es versuchen wollen.

Innovationsökosysteme erinnern mich an biologische Systeme. Ein Eisbär und ein sibirischer Tiger werden nie dauerhaft die gleiche Umgebung teilen können, da jedes biologische System seine entsprechende Umgebung benötigt, um sich wohlzufühlen. Daher bin ich ein großer Fan von Co-Working-Umgebungen, wie z. B. STARTPLATZ in Köln oder Mindspace in München. Dort trifft man auf andere Unternehmensgründer, ein meist voll entwickeltes Netzwerk an Mentoren, Business Angels und Risikokapitalgebern. Das gibt positive Energie, die positive Grundhaltung ist authentisch und somit für Unternehmensgründer eine gute Umgebung. Bedenkenträger müssen draußen bleiben. Das bedeutet nicht, dass zu allen Ideen unreflektiert Ja gesagt wird, aber wenn kritisch diskutiert wird, ist die Atmosphäre produktiv, fördernd und hat das gemeinsame Ziel, einen Schritt weiter zu kommen. Risiko ist eben nicht jedermanns Sache. Unternehmensgründung ist immer ein persönliches Risiko, in finanzieller Hinsicht, vom Zeit- und Kraftaufwand und in dem Reputationsverlustrisiko nach außen. Man geht das Risiko ein, in ein finanzielles Desaster zu stürzen und sich in seinem Umfeld noch lange Zeit nach dem Projektabbruch kluge Sprüche anhören zu müssen. Hier kommt ein zweiter Aspekt ins Spiel, die Resilienz, also die persönliche psychologische Widerstandsfähigkeit, die einem das Rüstzeug gibt, mental die unterschiedlichen Phasen der Unternehmensgründung und -entwicklung durchzustehen und Innovationsprozesse durchzusetzen. Gerade auf diesen Themenkomplex werde ich später im Buch detaillierter eingehen. Eine weitere Möglichkeit, in dieses Innovationsökosystem einzutauchen, bieten die zahlreichen Messen und Konferenzen bundesweit, wie z. B. STARTUPCON (Köln), Bits and Pretzels (München) oder Startup Night (Berlin).

1.7 Bewertung von Ideen

Die retrospektive Bewertung von Ideen zeigt die Problematik der Einstufung von Ideen auf ihre Zukunftsfähigkeit. Die Google-Gründer wollten am Anfang einfach Webseiten bewerten helfen, der Facebook-Gründer Studenten miteinander in Kontakt bringen und die YouTube-Gründer Videos hochladen. Wie hätte man zu einem solch frühen Zeitpunkt erkennen können, was viele Jahre später für ein Kundennutzen entstehen würde und welch gigantische Marktkapitalisierung erreicht werden kann? Es ist für den betreffenden Unternehmensgründer und für die mitwirkenden Risikokapitalgeber höchstwahrscheinlich in dieser Frühphase eben nicht absehbar. Jedoch gehen beide Seiten hohe Risiken ein und der gemeinsame Wille, einen hohen Kundennutzen verbunden mit einem effizienten Business Modell zu erzeugen, kann enorme Resultate bewirken, wie man nun Jahre später sieht. Das gleiche Entscheidungsproblem tritt auf, wenn in Unternehmen über förderwürdige Projekte und Budgets entschieden werden soll. Hier muss man ins Risiko gehen und investieren.

Trotz dieser vorgenannten Superstars der Gründerszene empfinde ich erfolgreiche Unternehmensmitarbeiter und -gründer nicht nur als diejenigen, die disruptive Geschäftsmodelle entwickeln, die in der Presse gefeiert werden, sondern auch klassische Unternehmensgründer, ob Neugründer oder Firmenübernehmer, die die digitale Transformation, exzellenten Service und die Integration von Innovationsmanagement erfolgreich implementieren und so zur Unternehmensentwicklung und zum Fortbestehen am Markt in diesen neuen Wettbewerbszeiten beitragen.

Das Buch soll ermutigen, eine Aufbruchsstimmung vermitteln und positive Energie transportieren. Die perfekte Innovationsumgebung existiert nicht und genauso wenig gibt es den geborenen Unternehmer. Jeder kann etwas unternehmen und somit kann jeder sein Unternehmen gründen.

1.8 Teilnahme an Wettbewerben

Um seine Produkte und Dienstleistungen auf den Prüfstand zu stellen, kann man auch an Wettbewerben teilnehmen. Die Interaktion mit anderen Teilnehmern kann zu Verbesserungsvorschlägen führen und man wird Teil der Community. So habe ich mit meiner „Dr. Dr. Plugmann APP" an nationalen und internationalen Wettbewerben teilgenommen, u. a. beim APP-Wettbewerb der MEDICA-Messe in Düsseldorf oder der „Harvard Catalyst -Good Questions Meet Big Data- Ideation Challenge" der Harvard Medical School (Boston, USA). Gewonnen habe ich nichts, aber der Austausch mit anderen Teilnehmern und das Feedback der verschiedenen Jurys – gewiss, manchmal muss man selber nachfragen – unterstützt, die Verbesserung des Produktes voranzutreiben. So gibt es die App nun auch in englischer und russischer Sprache, und der Text wurde reduziert. Zusätzlich hat man durch die Teilnahme an solchen Wettbewerben ein kostenloses Training beim Verbessern der eigenen Produkte und Dienstleistungen.

1.9 Umgeben Sie sich mit positiv denkenden Menschen

In der Tat geht es hier um positive Energie. Damit meine ich keinen streng wissenschaftlich dokumentierbaren Energietransfer. Es geht um Motivation. Meine erste Erfahrung mit positiver Energie, außerhalb des Elternhauses, machte ich als Jugendspieler beim Basketball. Ich spielte 1985 in der B-Jugend des BSC Saturn Köln (die Herrenmannschaft spielte in der Bundesliga) und hatte einen Trainer, der viel verlangte. Mit meinen 175 cm Körpergröße war ich für den Sport klein, aber mein damaliger Trainer, unter dem ich ausgebildet wurde, war die pure Motivationsquelle. Er forderte Disziplin, Fleiß, Pünktlichkeit und Engagement. Ich weiß es noch, als wäre es gestern gewesen: Wenn er mir beim Spiel zurief „Good Pass", war ich stolz wie Oscar. Dieses Lob euphorisierte mich noch Tage später. Meine Schulleistungen wurden deutlich besser, obwohl ich durch die Doppelbelastung Schule und Leistungssport ständig müde war. Eine hohe Motivation kombiniert mit Einsatzbereitschaft und Belastbarkeit ist das Rezept gewesen. Im Mittelpunkt steht aber die Motivation für mich. Wer das einmal leibhaftig erlebt hat, der weiß, dass das richtige Umfeld entscheidend ist.

Eine weitere prägende Erfahrung hatte ich Jahre später, als ich mein erstes Herausgeberwerk „Zukunftstrends und Marktpotenziale in der Medizintechnik" vorbereitete. Erschienen ist es 2011, jedoch hatte ich bereits während meines berufsbegleitenden MBA-Studiums 2009 mit ersten Gesprächen in meinem Umfeld begonnen. Ich sagte, ich hätte da eine Idee zu einem Buch mit mehreren Autoren zu diesem Thema und würde auch mal andere Perspektiven einfließen lassen. Ich war überrascht, wie negativ die Antworten waren. Es wurden alle möglichen Argumente aufgezählt, warum das Buch Zeitverschwendung wäre, z. B. weil darüber bereits geschrieben wurde oder es zu diesem Thema schon Hunderte Bücher gibt. Man muss berücksichtigen, dass das Befragen des persönlichen Umfeldes einem gewissen spieltheoretischen Aspekt unterliegt. Die Befragten im persönlichen Umfeld kennen einen seit Jahren oder Jahrzehnten. Es besteht eine hohe Bindungsstärke. Für den Befragten besteht ein Risiko darin, auf die Frage des fragenden Freundes oder Familienmitgliedes mit purem Optimismus zu antworten, da im Falle eines Scheiterns das Risiko besteht zu hören, man hätte den Fragenden geradezu euphorisch ermutigt und die Risiken verharmlost, was zu einer Schwächung der Bindungsstärke oder im Extremfall zum persönlichen Bruch führen könnte. Daher antworten die Befragten lieber zögerlich, denn damit meiden sie das Risiko, die Freundschaft langfristig zu schädigen, in die sie schon so lange Energie gesteckt haben.

Ich war phasenweise unschlüssig, ob ich den Zeitaufwand betreiben soll oder nicht. Es blieb nur ein Weg, es herauszufinden: Das Projekt wurde umgesetzt. Das Buch erschien im November 2011 und ich schaute natürlich auf Amazon, wie es so läuft. Ein Bestseller war es nicht. Um die Weihnachtszeit erhielt ich dann von den ersten

Bedenkenträgern nachträglich noch mal tolle Kommentare wie „Mach dir nichts draus, ich habe es dir ja gesagt", „Das war doch klar" oder „So ist das eben". Ende Januar 2012, drei Monate nach Erscheinen meines Buches, rief in meiner Praxis in Leverkusen ein ehemaliger Mitschüler an und ließ sich mit mir verbinden. Er fragte, ob ich Zahnarzt geworden bin und als Zahnarzt arbeite. Mich wunderte die Frage, denn wir hatten uns seit der Oberstufe über 20 Jahre nicht mehr gesehen oder gehört. Er sagte, er arbeite bei CISCO, einem Global-Player-Unternehmen, gelistet an der US-NASDAQ-Börse mit über 70.000 Mitarbeitern weltweit und 40 Mrd. US$ Jahresumsatz. Er habe im quartalsmäßigen Unternehmensnewsletter CISCONNECT eine sehr positive Buchbesprechung meines Herausgeberwerkes gelesen und das Buch liege da in der Abteilung bei ihm rum. Ich war begeistert und sprachlos.

Was mich jedoch noch sprachloser machte, war die Reaktion der Menschen, die das Buchprojekt vor der Projektierung negativ beäugt hatten und nun immer noch eine negative Haltung hatten. Statt zu gratulieren, kamen sehr zögerliche und distanzierte Kommentare. Für diese Erfahrung bin ich sehr dankbar, es führte dazu, dass ich vor Projekten mit niemandem mehr spreche, außer eventuell mit positiven Weggefährten, und meine Projekte durchziehe. Denn wenn ich meine Projekte sowieso durchziehe, warum sollte ich die Zeit verschwenden, um mit Bedenkenträgern darüber zu kommunizieren? Natürlich ist die Grenze zwischen Erfolg und Misserfolg sehr dünn. Hätte CISCO das Buch nicht positiv besprochen, wäre der Geschmack des Misserfolgs hängen geblieben, wir leben in einer rein resultatgetriebenen Leistungsgesellschaft. Nichts scheint zu zählen außer den Resultaten. Diese Erkenntnis macht mich bei all den technologischen Innovationen und den damit verbundenen pressebekannten Unternehmensgründungen der letzten zehn Jahre nachdenklich, denn soziale Innovationen, die das Element der Gemeinschaft, Fürsorge und Miteinanders im Kern haben, sollten im Auge behalten werden. Zukünftige Geschäftsmodelle im Bereich Soziales und Gesundheit werden zusätzlichen Nutzen für unsere Gesellschaft bringen können.

1.10 Zusammenfassung

Nach fünfzehn Jahren der „Reise der Erkenntnis", in akademischen und privatwirtschaftlichen Innovationsumgebungen, komme ich zu dem Schluss, dass in einer rein resultatgetriebenen Leistungsgesellschaft alleine das Ergebnis zählt. Wie man in seinem Unternehmen die Innovationsprozesse organisiert, die Ideen verwertet, Mitarbeiter aktiviert, Regeln aufstellt, Freiheiten einräumt und sich strukturiert, ist der jeweiligen Organisation überlassen und ist einzigartig. Die ideale Innovationsumgebung existiert nicht, weil sie so einzigartig ist wie die Menschen und Unternehmen selbst es sind und letztlich eine Kombination von „People & Processes" widerspiegelt. Das sind gleichzeitig auch gute Nachrichten, denn es bedeutet, dass jede Organisationsform zum Erfolg führen kann und alleine das Resultat lässt rückblickend eine Bewertung zu, ob die Organisation der Innovationsumgebung erfolgreich war.

Ich bin fest davon überzeugt, dass nicht das Fachwissen alleine ausreicht, um Innovationen voranzutreiben, sondern dass es zusätzlich der Geschichten und Erfahrungen anderer Menschen bedarf, kombiniert mit einer positiv motivierenden Umgebung, damit aus Neugier, Spieltrieb und Leistungsbereitschaft innovative Produkte und Dienstleistungen entwickelt werden können. Es zeigt sich auch, dass alle Erfahrungen, die man im Laufe seines Lebens macht, wie unscheinbar manche Aktivitäten auch erscheinen mögen, langfristig ihren Nutzen entfalten, insbesondere für einen Unternehmer. Das Lernen hört nie auf – warum auch.

Die Zeit für Innovationen und Unternehmensgründungen ist sehr gut, denn durch niedrige Eintrittsbarrieren, geringe Kosten und einen hohen virtuellen Vernetzungsgrad kann man schnell und günstig Teams bilden, Ideen austauschen und ausprobieren. Die Rahmenbedingungen sind meines Erachtens hier in Deutschland, nachdem ich viele Innovationszentren weltweit besucht und mit den Menschen dort gesprochen habe, sehr gut. Rahmenbedingungen alleine machen jedoch noch kein Start-up und keine digitale Transformation etablierter Unternehmen. Die Hidden Champions von heute werden auch die Champions von morgen bleiben, doch wir sollten langfristig Übermorgen im Auge behalten.

Herr Dr. Dr. Philipp Plugmann ist Zahnmediziner mit einer eigenen Praxis in Leverkusen, mehrfacher Unternehmensgründer und Fortbildungsreferent für die Medizintechnikindustrie. Parallel dazu hat er eine wissenschaftliche Laufbahn eingeschlagen. Er unterrichtet seit 2017 an der Hochschule Fresenius Köln. Davor lehrte er von 2007 bis 2016 an der Hochschule Karlsruhe „Innovationsmanagement for technical products" und wurde vom Rektor für herausragende Lehre ausgezeichnet. Zusätzlich ist er seit 2013 Research Fellow an der Universitätszahnklinik Marburg.

Im Zuge seiner akademischen Laufbahn präsentierte er Forschungsergebnisse im Bereich Innovationen auch in den USA und Asien. Business Model Design und Innovationsmanagement sind seine Kernthemen. Sein Buch „Zukunftstrends und Marktpotentiale in der Medizintechnik" wurde 2012 vom NASDAQ gelisteten Global Player CISCO positiv reviewt. Seine Kenntnisse gibt er als Advisor weiter.

Innovationsmanagement und Digitalisierung – bleibt alles anders?

2

Volker Nestle

Inhaltsverzeichnis

2.1	Innovationsmanagement im Wandel der Zeit	20
2.2	Ein bisschen Theorie schadet nie	24
2.3	Innovationsmanagement und Ambidextrie	25
2.4	Wie beherrscht man Ambidextrie?	26
2.5	Den kulturellen Wandel begleiten	29
2.6	Neue Prozesse für neue Produkte	30
2.7	Der Innovationsmanager als Kommunikator	32
2.8	Zusammenfassung: Ambidextres Innovationsmanagement	33
Literatur		34

> Innovationsmanagement ist die bewusste Gestaltung von Innovationsprozessen und deren Rahmenbedingungen. Eine Kernerkenntnis der Innovationsforschung ist, dass Innovationsmanagement etwas substanziell anderes ist als das Management von wiederholten Routineentscheidungen (Fichter 2015).

Solche – oder ähnlich lautende – Definitionen zum Innovationsmanagement finden sich vielfach in der Innovationsliteratur. Und so einfach und logisch diese auf den ersten Blick erscheinen mögen, umso komplexer sind die tatsächlichen Sachverhalte, die sich hinter ihnen verbergen und die insbesondere in der zunehmend beschleunigten digitalisierten Welt zutage treten. Denn sollten bis 2020 tatsächlich mehr als 20 Mrd. Objekte im Internet der Dinge vernetzt sein (vgl. Gartner 2017), lässt sich leicht nachvollziehen, dass einschneidende Veränderungen auf die heutigen Hersteller von „Dingen" zukommen werden.

V. Nestle (✉)
TRUMPF, Neuhausen, Deutschland
E-Mail: Volker.nestle@de.trumpf.com

Über die Innovation von rein physikalischen Produkten hinaus werden die dezentrale Erfassung und Vorverarbeitung von Maschinendaten, die Vernetzung von Maschinen und Anlagen und die intelligente Auswertung von Daten die Grundlage für völlig neue Geschäftsmodelle, aber als erste Konsequenz – und damit unmittelbar präsent – für völlig neue „digitalisierte" Produkte liefern.

Entscheidend für eine erfolgreiche Innovationstätigkeit ist neben der Gestaltung von Innovationsprozessen insbesondere die adäquate Berücksichtigung von Rahmenbedingungen für Innovation. Zwar können diese zum Teil von Unternehmen mitgestaltet werden, sind aber weitgehend durch exogene Einflussfaktoren vorgegeben. Heute liegt es nahe zu sagen, dass die fortschreitende Digitalisierung eine nie dagewesene Veränderung der Rahmenbedingungen für Innovation in der produzierenden Industrie darstellt – aber ist das wirklich der Fall?

Dieser Frage soll in diesem Kapitel nachgegangen werden. Zunächst wird dazu anhand einer retrospektiven Betrachtung rekapituliert, welchen exogenen Veränderungen produzierende Unternehmen seit Mitte des 20ten Jahrhunderts unterworfen waren und mit welchen Methoden das Innovationsmanagement darauf reagiert hat. Im Anschluss daran werden die durch fortschreitende Digitalisierung implizierten Herausforderungen für das Innovationsmanagement diskutiert und methodische Ansätze vorgeschlagen, um diesen Herausforderungen begegnen zu können.

2.1   Innovationsmanagement im Wandel der Zeit

Ein grundsätzliches Verständnis von Innovation als Prozess prägt die Art und Weise, wie Innovation initiiert, gesteuert und umgesetzt wird. Dieses Verständnis hat sich im Laufe der Zeit immer wieder stark verändert.

In frühen Prozessmodellen wurde Innovation als lineare Abfolge von funktionalen Aktivitäten verstanden und durchgeführt. Leider sind diese Technology-Push- und Market-Pull-Prozesse auch heute noch weit verbreitet und zeigen die mentale Prägung und das hinterlegte Verständnis von Innovation im Unternehmen. Die Limitationen solcher Ansätze liegen aber auf der Hand: In der Praxis ist Innovation immer eine Kopplung und Anpassung von Lösungen an Bedarfe, bei der die Interaktion das entscheidende Element ist. Neuere wissenschaftliche Arbeiten und auch die Praxiserfahrung erkennen diese Grenzen linearer Modelle an und versuchen, der hohen Komplexität als Produkt einer Vielzahl von endogenen und exogenen Einflussfaktoren durch flexible Vorgehensmodelle mit einem hohen Maß an Interaktion zu begegnen.

Rothwells 5G

Der britische Soziologe Roy Rothwell gilt mit seinen Arbeiten zum Verständnis des Innovationsmanagements als einer der Pioniere der industriellen Innovation. Anhand eines historischen Überblicks über das industrielle Innovationsmanagement ab den 1950er Jahren extrahierte Rothwell fünf Generationen der Innovationsgenerierung (vgl. Rothwell 1994). Dabei stellte er fest, dass jede neue Generation eine Reaktion auf signifikante Veränderungen der Rahmenbedingungen für Innovationen ist, z. B. auf Wachstum, Wettbewerb, Inflation, Stagflation oder Ressourcenknappheit. Rothwells fünf Generationen sind damit ein anschauliches Modell dafür, wie produzierende Unternehmen ihre Innovationsprozesse im Lauf der Zeit strukturiert haben. Der Schwerpunkt seiner Forschung lag dabei auf technologischen Innovationen in multinationalen Konzernen und Hightech-Gründungen.

Erste Generation (1950 – Mitte 1960er): Technology Push
Technology Push bedeutet einfach lineare und sequenzielle Innovation mit Schwerpunkt auf Forschung und Entwicklung, mit dem Markt als reinem Empfänger der generierten Ergebnisse. Das schnelle Wirtschaftswachstum in der Zeit von 1950 bis Mitte der 1960er Jahre basierte auf einem kräftigen Technologieschub und industrieller Expansion in der westlichen Welt und in Japan. Wissenschaftliche Durchbrüche und ein Verständnis von „more R&D in, more new products out" wurden als probates Mittel zur Lösung gesellschaftlicher Probleme angesehen. Forschung und Entwicklung waren Teil der Gemeinkosten des Unternehmens und hatten wenig Interaktion mit anderen Unternehmensbereichen: Dieses Bild von Forschung und Entwicklung im Elfenbeinturm wurde in dieser Generation geprägt und hat sich leider bis heute in vielen Unternehmen gehalten. Durch den – wenn überhaupt – späten Einbezug von Marktinformationen waren die Ergebnisse häufig rein technisch getriebene Inventionen, die oft nicht in den Markt gebracht werden konnten.

Zweite Generation (Mitte 1960er bis Mitte 1970er): Market Pull
Aufgrund eines sich ab Mitte der 1960er Jahre verschärfenden Wettbewerbs im Kampf um Marktanteile schwächte sich die vorher betriebene stetige Expansion des technischen Wandels zunehmend ab und wich einer Rationalisierung mit starker Fokussierung auf die tatsächlichen Bedürfnisse des Marktes (vgl. Mensch et al. 1980). Damit entwickelten sich Marktbedürfnisse zur Quelle für neue Ideen und verdrängten Forschung und Entwicklung in eine reaktive Rolle. Der resultierende lineare, sequenzielle Prozess war gekennzeichnet durch eine intensive Interaktion von Forschung und Entwicklung mit anderen Unternehmensbereichen. Produktmanager bekamen die Aufgabe, marktgerechte Verbesserungen schnell im Unternehmen umzusetzen, was zu einer Vielzahl von Projekten mit hohem Koordinationsaufwand führte.

Dritte Generation (Mitte 1970er bis Mitte 1980er): Kopplung von F&E und Marketing
Ziel der engen Kopplung von F&E und Marketing war die Senkung der Betriebskosten von Unternehmen als Reaktion der Unternehmen auf einen stetig steigenden Rationalisierungsdruck im Umfeld von Inflation und Stagflation der Märkte. Im integrativ-prozessualen Marketingansatz ist Innovation nur selten das Ergebnis von Technologie Push oder Market Pull, sondern in der Regel das Ergebnis des Austauschprozesses zwischen Anbieter und Nachfrager und der davon abzuleitenden Integrationserfordernisse (vgl. Mattmüller 2012). Modelle dieser dritten Generation werden auch heute

noch verwendet und können – obwohl prinzipiell sequenziell aufgebaut – aufgrund der vorgesehenen Rückkopplungsschleifen erstmals als eher offene Modelle bezeichnet werden (vgl. Berkhout et al. 2006). Im Fokus liegen allerdings Produkt- und Prozessinnovationen und (noch) nicht organisationale oder Geschäftsmodellinnovationen.

Vierte Generation (1980er bis Mitte 1990er): Integrierte Geschäftsprozesse
Mit der Erholung der westlichen Wirtschaft war eine deutliche Verkürzung von Produktlebenszyklen bei Konsumgütern und in Konsequenz auch bei Investitionsgütern festzustellen. Im Mittelpunkt des Innovationsmanagements standen zunehmend integrierte Prozesse und die Entwicklung von Gesamtkonzepten. Die vierte Generation wird auch als Modell der parallelen Linien bezeichnet: Der Innovationsprozess wird nicht mehr als sequenzielle Verlagerung von Funktion zu Funktion verstanden, sondern als paralleler Entwicklungsprozess über verschiedene Unternehmensbereiche, der insbesondere auch vor- und nachgelagerte Wertschöpfungsstufen in Form von Schlüssellieferanten und führenden Kunden berücksichtigt, die es erlauben, schnell zu lernen und die Generierung von Innovation gezielt zu verbessern (vgl. Graves 1987).

Fünfte Generation (ab 1990): Systemintegration und Vernetzung
Der Prozess der fünften Generation ergänzt die vierte Generation um drei wesentliche Merkmale:

- Erstens wird der Zeit-Kosten-Kompromiss bei weiter verkürzten Produktlebenszyklen und beschleunigtem technologischen Wandel immer wichtiger. Reine „Fast Innovators" stellen sich als nicht mehr adäquat heraus, da bei zunehmender Ressourcenknappheit die Beschleunigung der Innovationstätigkeit genauso zu erhöhten Kosten führt wie eine Verzögerung von Projekten.
- Zweitens wurden Geschäftsprozesse zunehmend durch Warenwirtschafts- und Fertigungsinformationssysteme automatisiert. Diese erlauben eine effiziente Abwicklung der parallelen Linien der vierten Generation.
- Drittens wurden die bereits aus der vierten Generation bekannten strategischen Partnerschaften mit vor- und nachgelagerten Wertschöpfungspartnern ausgebaut, verstetigt und Forschungskooperationen als „Open Innovation"-Ansätze initiiert, um im vorwettbewerblichen Umfeld weitere Lerneffekte zu ermöglichen (vgl. Chesbrough 2006).

Rothwell betont insbesondere die Rolle der IT in der fünften Generation (Rothwell 1994):

> Many of the features of 5G are already in place in innovators that have mastered the 4G process; parallel and integrated operations, flatter structures, early and effective supplier linkages, involvement with leading customers and horizontal alliances. The most radical feature of 5G is the use of a powerful electronic toolkit to enhance the efficiency of these

operations. While electronic measuring and computational devices and analytical equipment have for many years been important aspects of industrial innovation, 5G represents a more comprehensive process of the electronification of innovation across the whole innovation system.

Bezüglich der beiden letzten Prozessmodelle (4G und 5G) stellte Rothwell fest, dass technologische Innovation kein sequenzieller Prozess, sondern von Natur aus funktionsübergreifend und rekursiv ist. Diese Erkenntnisse aus Rothwells Forschung sind deshalb so wichtig, weil sie helfen, ein adäquates Verständnis der Innovation als solche und in Konsequenz für effektives und effizientes Innovationsmanagement zu finden. Begrenzte mentale Modelle bezüglich des Innovationsprozesses werden auch die Möglichkeiten des Innovierens begrenzen. Beispiele hierfür sind z. B. (vgl. Tidd et al. 2005):

- Innovation wird als linearer Technology-Push- (Schwerpunkt auf der Finanzierung von F&E, verbunden mit Vernachlässigung der Kundeninteressen) oder Market-Pull-Prozess (Schwerpunkt einseitig auf Kundeninteressen unter Vernachlässigung der F&E-Perspektive) begriffen.
- Innovation wird nur als Durchbruchinnovation verstanden, wodurch das signifikante Potenzial inkrementeller Innovation ausgeblendet wird (Beispiel Glühbirne: Das Design der Glühbirne galt als Durchbruchinnovation, aber zu teuer, und wurde erst in den 16 Jahren nach seiner Erfindung durch inkrementelle Produkt- und Prozessinnovationen massentauglich, weil eine Preisreduktion von 80 % erreicht worden war).
- Innovation wird nur als einzelne isolierte Veränderung gesehen, ohne Komplementäreffekte und Auswirkungen auf übergeordnete Systeme.
- Innovation wird als reine Produkt- oder Prozessinnovation verstanden, ohne dass die Wechselbeziehung zwischen den beiden erkannt wird.

Die empirischen Untersuchungen Rothwells endeten mit 5G in den späten 1990ern, aber bis heute befinden sich noch alle diskutierten Innovationsmuster in Verwendung. Mit der rasch fortschreitenden Digitalisierung zu Beginn des 21. Jahrhunderts wurde in der Folge nicht nur der Einsatz von IT-gestützten Innovationsmanagementwerkzeugen intensiviert, sondern zunehmend auch das Wachstumspotenzial für bestehende und neue Geschäftsfelder auf Basis der Digitalisierung erkannt. Unter dem Begriff „Industrie 4.0" werden z. B. für die durchgängig vernetzte digitalisierte Produktion ähnliche Potenzialsprünge in Aussicht gestellt, wie sie durch Einführung der Massenproduktion (Industrie 2.0) oder durch den Einsatz der Informations- und Kommunikationstechnologie IKT (Industrie 3.0) nachweisbar realisiert werden konnten (vgl. Geissbauer et al. 2014; Heinze et al. 2016). Neben Produktinnovationen in Form cyber-physischer Komponenten werden Prozessinnovationen und neue digitale oder hybride Wertschöpfung entlang der horizontalen Integration über Unternehmensgrenzen hinweg oder in der vertikalen Integration mit vernetzten Produktionssystemen ermöglicht. Damit findet die fortschreitende

Vernetzung nicht nur zwischen „Dingen" statt, sondern bindet auch den Menschen entlang der Wertschöpfung auf verschiedene Art und Weise ein. Durch die Kombination von innovativen Produkten und Prozessen entstehen völlig neue Dienstleistungsansätze und Geschäftsmodelle, die Kundenbedürfnisse und damit auch die Interaktion mit dem Kunden in den Mittelpunkt rücken (Gleich et al. 2015). Innovationsmanagement im Umfeld der Digitalisierung muss daher zunehmend interorganisationale Schnittstellen und die Kooperation mit externen Partnern fokussieren – wo aber beginnt und wo endet eigentlich ein Unternehmen? Diese Frage nach der effektiven Unternehmensgrenze ist im modernen Innovationsmanagement von fundamentaler Bedeutung.

2.2 Ein bisschen Theorie schadet nie …

Im kontingenztheoretischen Ansatz wird die Entstehung einer Organisation und deren Struktur als reaktive Maßnahme zur Bewältigung von Unsicherheiten, die z. B. aus der Umweltheterogenität, der Komplexität des Fertigungsprozesses oder der Betriebsgröße entstehen können, betrachtet (vgl. Schreyögg 1978). Auch in der Transaktionskostentheorie findet sich diese Annahme einer gegebenen Unternehmensstrategie und steht im direkten Bezug zur Bestimmung der Unternehmensgrenzen. Legt man den Transaktionskostenansatz zugrunde, wird zur Erzielung des (gegebenen) Gewinnpotenzials diejenige Organisationsstruktur gewählt, die die geringsten Koordinationskosten verursacht (vgl. Williamson 1996). Die Koordinationskostendeterminanten Häufigkeit, Spezifität, Unsicherheit und Risiko bestimmen daher, welche Aktivitäten der Wertschöpfung innerhalb des Unternehmens ausgeführt (Hierarchie) und welche außerhalb des Unternehmens zugekauft werden (Koordination). Die Unternehmensgrenzen befinden sich also dort, wo bei gegebener Strategie die geringsten Koordinationskosten entstehen.

Die Annahme einer rein reaktiven Organisation entspricht allerdings kaum dem Bild der Realität, da davon ausgegangen werden kann, dass Unternehmen bestrebt sind, in irgendeiner Form proaktiv eine Unternehmensstrategie zu entwickeln und umzusetzen. Diesbezüglich hat Chandler bereits in den 1960er Jahren gezeigt, dass Organisationsstruktur und Strategie eng miteinander verbunden sind und jede Strategieänderung oder -implementierung neue Koordinations- und/oder Organisationsstrukturen zur Ausnützung des Gewinnpotenzials erfordert (vgl. Chandler 1962).

Die Strategie eines Unternehmens muss über die Reduzierung von Koordinationskosten hinaus auch die erzielbaren Gewinnpotenziale berücksichtigen. Entscheidend sind dabei firmenspezifische Ressourcen, die Grundlage für Ricardianische Renten sind (vgl. Peterraf 1993). Darüber hinaus werden Schumpetersche Innovationsrenten ermöglicht, wenn auf Basis einer größeren Ressourcendynamik die Innovationsfähigkeiten des Unternehmens verbessert werden (vgl. Teece et al. 1997).

Abb. 2.1 zeigt die wechselseitige Abhängigkeit von Strategie und Organisation, die zugleich einen umfassenden Ansatz zur Definition der Unternehmensgrenze bereitstellt: Die Strategie der Unternehmung ist dann effizient, wenn die Differenz aus strategischen Renten

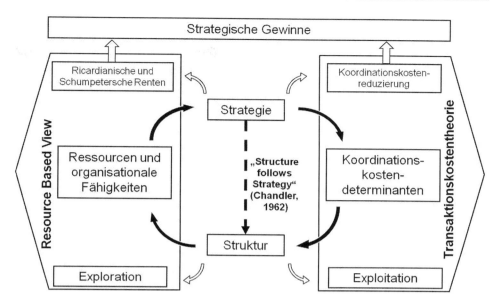

Abb. 2.1 Unternehmensgrenzen. (Quelle: Nestle 2011, S. 15)

und Koordinationskosten maximiert wird oder anders ausgedrückt: Die effiziente Unternehmung strebt nach Rentenmaximierung einerseits und Minimierung der Koordinationskosten andererseits und nimmt deshalb eine duale Struktur an (vgl. March 1991).

2.3 Innovationsmanagement und Ambidextrie

Nicht nur in High-Tech-Industrien lässt sich beobachten, dass aufgrund der fortschreitenden Digitalisierung die Geschwindigkeit des Wandels und der Wettbewerb stetig zunehmen (vgl. D'Aveni 1994). Unternehmen sind dazu gezwungen, neben der Nutzung vorhandener Kompetenzen neue Kompetenzen aufzubauen (vgl. Floyd und Lane 2000).

Allerdings scheinen Unternehmen eine Vorliebe für kurzfristige Erfolge zu haben: Die erzielbaren Renditen auf Basis existierender Geschäftstätigkeit sind mit weniger Risiko behaftet, kurzfristig erschließbar und liegen damit näher als explorative Aktivitäten (vgl. Levinthal und March 1993, S. 106). Darüber hinaus macht Erfahrungswissen in Wissensdomänen die zukünftige Ausbeutung in derselben Domäne zunehmend effizienter (vgl. Rosenkopf und Nerkar 2001). Daher tendieren Unternehmen dazu, ihre Kompetenzen fortschreitend zu spezialisieren und zunächst zu Kernkompetenzen und später zu Kernrigiditäten (auch bekannt als Lock-In-Effekt) weiterzuentwickeln (vgl. Leonard-Barton 1992): Unternehmen entwickeln sich so selbst in eine Kompetenzfalle, die es nicht mehr erlaubt, adäquat auf Umweltveränderungen zu reagieren.

Die Konzentration auf explorative Tätigkeiten unterstützt die Fähigkeit eines Unternehmens, sich kontinuierlich zu erneuern. Diese Eigenschaft scheint insbesondere im sich schnell ändernden Umfeld der Digitalisierung von großem Vorteil zu sein. Allerdings besteht dabei auch die Gefahr, zu schnell auf Umweltveränderungen zu reagieren und schnelle Fehler zu machen, die keine Vorteile mit sich bringen (vgl. Volberda und Lewin 2003). Eine permanente organisatorische Veränderung kann zudem zur Destabilisierung des Kerngeschäfts führen (vgl. Levinthal und March 1993, S. 106). Die nachhaltige Existenz von Organisationen hängt daher von deren Fähigkeit ab, kontinuierliche Ausbeutung und Weiterentwicklung des Kerngeschäfts einerseits und genügend Exploration andererseits zu betreiben, um den zukünftigen Erfolg sicherzustellen (Levinthal und March 1993, S. 105). Es lässt sich empirisch nachweisen, dass Firmen, die Exploration und Exploitation gleichzeitig betreiben, erfolgreicher sind als andere (vgl. Gibson und Birkinshaw 2004). Solche ambidextren Unternehmen nutzen duale Strukturen, um Initiierungs- und Implementierungsphasen des Innovationsprozesses zu flexibilisieren und zu beschleunigen. Demnach kann Ambidextrie auch als die Fähigkeit von Unternehmen verstanden werden, gleichzeitig sowohl inkrementelle als auch diskontinuierliche Innovation voranzutreiben (vgl. Tushman und O'Reilly 1996, S. 24). Ambidextre Unternehmen bringen widersprüchlich erscheinende Anforderungen aus revolutionärem und evolutionärem Wandel oder Exploration und Exploitation in Einklang.

So konnten sich zum Beispiel große Unternehmen wie ABB oder Hewlett-Packard mit inkrementellen Innovationen in etablierten und gereiften Märkten nachhaltig durchsetzen und halten und gleichzeitig neue Marktsegmente mit diskontinuierlichen Innovationen erfolgreich erschließen (vgl. Tushman und O'Reilly 1996). Aktuell kann am Beispiel Siemens nachvollzogen werden, wie sich Unternehmen, getrieben durch die Digitalisierung, trotz großer Erfolge im heutigen Kerngeschäft großen strukturellen Änderungen der Organisation und der zukünftigen Zielmärkte unterwerfen, um nachhaltig wettbewerbsfähig zu bleiben. Siemens soll „zum agilen Flottenverband werden" (Handelsblatt 09.11.2017).

2.4 Wie beherrscht man Ambidextrie?

Die obige Argumentation zeigt, dass zwar viel wissenschaftliche Forschung zur Ambidextrie betrieben wurde und wird, jedoch bisher wenig konkrete Lösungsansätze entwickelt wurden. Unternehmen haben zwischenzeitlich jedoch gelernt, mit dem Phänomen der Ambidextrie umzugehen. Dabei konnten verschiedene Strategien beobachtet werden (vgl. Jansen 2005):

- das Paradoxon akzeptieren und lernen, damit zu leben, ohne konkret geplante Aktivitäten
- Ambidextrie durch räumliche Trennung begegnen
- Ambidextrie durch zeitliche Trennung begegnen
- Ambidextrie ausbalancieren und auflösen

Was heißt das konkret?

Ambidextrie akzeptieren und lernen, damit zu leben, ohne konkret geplante Aktivitäten
Unternehmen können Ambidextrie begegnen, indem sie das Paradoxon zwar akzeptieren, eine offene Diskussion darüber aber vermeiden. Innovationsmanagement bedeutet in diesem Umfeld, potenziell spaltende Konfrontationen zu vermeiden und für Toleranz zu werben, wenn sich alle Beteiligten intensiv auf die ihnen zugeteilten Aufgaben konzentrieren.

Die Akzeptanz des Paradoxons zwischen Exploration und Exploitation resultiert auf dem Commitment aller Beteiligten verbunden mit der Erkenntnis, dass die eigene Organisationsstruktur weniger effektiv und/oder effizient ist als eine Struktur, die eine der beiden Lösungen anstrebt. Alternativ dazu kann das Paradoxon zwischen Exploration und Exploitation als Entweder-Oder verstanden werden, sodass entweder mechanistische oder organische Strukturen aufgebaut werden mit dem Ziel, die entsprechende Strategie umzusetzen. Solche Unternehmen akzeptieren also Ambidextrie, glauben aber nicht daran, das Paradoxon innerhalb des Unternehmens auflösen zu können. Was nicht im eigenen Unternehmen abgedeckt werden kann, wird ausgelagert und von Dritten eingekauft (vgl. Baden-Fuller und Volberda 1997). Innovationsmanager sind also gefordert, geeignete Open-Innovation-Aktivitäten zu implementieren, die die fehlenden Ressourcen extern erschließbar machen.

Ambidextrie durch räumliche Trennung begegnen
Anstatt Ambidextrie reaktiv zu akzeptieren, Diskussionen darüber zu vermeiden und ggf. durch die Integration externer Partner aufzulösen, können Unternehmen auch proaktiv vorgehen, indem sie strukturelle Bezüge und Verbindungen zwischen Exploration und Exploitation klären. Dem Paradoxon wird also proaktiv begegnet, indem Exploration und Exploitation gleichzeitig in verschiedenen Teilen der Organisation betrieben werden. Eine solche räumliche Trennung kann nach Organisationsebene, Funktion und/oder Ort erfolgen (vgl. Volberda 1998). Wird nach Organisationsebenen getrennt, können die Prozesse der strategischen Erneuerung (z. B. im Bereich Kompetenzanpassung) mit den zuständigen Führungskräften korreliert werden. Die Bereiche Kompetenzdefinition, Kompetenzveränderung bzw. -anpassung und Kompetenzeinsatz werden dabei unterschiedlichen Führungsebenen zugewiesen: Führungskräfte operativer Bereiche experimentieren mit neuen Lösungen für aufkeimende Problemstellungen und sind damit explorativ unterwegs. Im mittleren Management werden auf Basis eines tieferen Verständnisses des strategischen Kontextes langfristige Konsequenzen einer Kompetenzveränderung abgeschätzt. Das Top-Management verabschiedet auf der so erarbeiteten Basis schließlich dauerhafte Kompetenzanpassungen, balanciert die erweiterte Wissensbasis des Unternehmens aus und fokussiert damit die Exploitation (vgl. Floyd und Lane 2000, S. 161).

Allerdings gibt es auch Ansätze im Top-Management, Exploration und Exploitation gleichzeitig zu verfolgen. Bei der gelenkten strategischen Erneuerung setzt das Top-Management entsprechende Ziele, beobachtet die Unternehmensumwelt und Trends, sucht Alternativen und versucht, Ambidextrie durch gezielte Kompetenzergänzung in einzelnen Bereichen bei gleichzeitiger Ausnutzung der vorhandenen Kompetenzen in anderen zu bewältigen.

Die Trennung von Exploration und Exploitation kann auch entlang von Funktionen oder über räumliche Separation vorgenommen werden. In beiden Fällen werden neue organisatorische Einheiten geschaffen, die inkonsistent mit bisherigen Einheiten sind. Dabei sind Einheiten, die Exploration verfolgen, tendenziell kleiner und dezentralisiert sowie mit hoher Autonomie und loser Kultur und Prozessen ausgestattet. Exploitation wird eher in größeren, zentralisierten Bereichen mit eng geführten kulturellen und prozessualen Randbedingungen erfolgreich sein (vgl. Benner und Tushman 2003). Eine solche Trennung entlang von Funktionen ist insbesondere in größeren Unternehmen weit verbreitet. Zentralisierte und standardisierte Produktionskompetenzen sind auf Exploitation ausgerichtet, während andere Unternehmensbereiche wie F&E oder Marketing den Auftrag haben, neue Technologien und Märkte zur nachhaltigen Sicherstellung des Unternehmenserfolgs zu entwickeln.

Ambidextrie durch zeitliche Trennung begegnen
Bei der zeitlichen Trennung verfolgen identische Unternehmensbereiche während eines Zeitraums explorative Tätigkeiten und wechseln dann in anderen Zeiträumen zur Exploitation. Solche zeitabhängig duale Organisationsstrukturen nutzen mechanistische Strukturen für Routineentscheidungen und wechseln zu organischen Strukturen für nicht routinemäßige Entscheidungen. Dadurch kann sich das Unternehmen schnell auf wechselnde Rahmenbedingungen einstellen. Diese Strategie scheint gut mit empirischen Erkenntnissen zu korrelieren, da Studien belegen, dass der technologische Fortschritt evolutionären Charakter hat und zyklisch durch diskontinuierliche Veränderungen unterbrochen wird (vgl. Widmaier 2000). In evolutionären Phasen verändern Organisationen dagegen bestehende Produkte und Dienstleistungen schrittweise, um den Rahmenbedingungen der Märkte begegnen zu können (vgl. Tushman und Anderson 1986).

Große diskontinuierliche technologische Durchbrüche sind selten, aber inzwischen besteht Einigkeit darüber, dass mit Industrie 4.0 noch größere Veränderungen bewältigt werden müssen als in den vorausgegangenen Phasen der Industrialisierung, Massenproduktion oder IKT. So benennt beispielsweise die Deutsche Akademie der Technikwissenschaften Acatech folgende weitreichende Auswirkungen einer fortschreitenden Digitalisierung nicht nur auf technologische Themen (vgl. Acatech 2015, S. 8):

- Standardisierung und offene Standards für eine Referenzarchitektur zur firmenübergreifenden Vernetzung und Integration über Wertschöpfungsnetzwerke
- Beherrschung komplexer Systeme und Nutzung von Modellen zur Automatisierung von Tätigkeiten und der Integration der digitalen und realen Welt

- Flächendeckende Breitband-Infrastruktur für die Industrie zur Sicherstellung der Erfüllung von Anforderungen an den Datenaustausch bzgl. Volumen, Qualität und Zeit
- Gewährleistung der Betriebssicherheit, des Datenschutzes und der IT-Sicherheit
- Arbeitsorganisation und Arbeitsplatzgestaltung: Klärung der Implikationen für den Menschen und Arbeitnehmer als Planer und Entscheider in den Industrie-4.0-Szenarien
- Formulierung der Inhalte und innovativer Ansätze für die Aus- und Weiterbildung.
- Rechtliche Rahmenbedingungen zur rechtssicheren Gestaltung der neuen Produktionsprozesse und horizontalen Geschäftsnetzwerke
- Verantwortungsvoller Umgang mit allen Ressourcen (personelle und finanzielle Ressourcen sowie Roh-, Hilfs- und Betriebsstoffe) als Erfolgsfaktor für die zukünftige industrielle Produktion

Diese Auflistung zeigt, dass die Digitalisierung eine diskontinuierliche Veränderung mit so bedeutenden Fortschritten darstellt, dass langfristig ältere Technologien nicht mehr wettbewerbsfähig sein werden. In solchen Phasen der Veränderung sind Unternehmen besonders gefordert, die Innovationstätigkeit temporär zu verstärken, um wettbewerbsfähig zu bleiben.

Ambidextrie ausbalancieren und auflösen
Die vierte Option zur Bewältigung von Ambidextrie versucht, das entstehende Paradoxon zwischen Exploitation und Exploration aufzulösen, indem scheinbar widersprüchliche Spannungen ausgeglichen werden (vgl. Gibson und Birkinshaw 2004). Dazu müssen Strukturen und Steuerungsmechanismen geschaffen werden, welche Exploration und Exploitation gleichzeitig und innerhalb ein und derselben Organisationseinheit beherrschbar machen. Solche Organisationseinheiten kombinieren organische und mechanistische Merkmale und müssen dazu einen kollektiven organisatorischen Kontext entwickeln. Dieser kann aus widersprüchlichen organisatorischen Elementen bestehen und vermeidet in der Regel eine feste Struktur zugunsten einer Kombination von strukturellen Dimensionen (vgl. McDonough und Leifer 1983).

2.5 Den kulturellen Wandel begleiten

Häufig erweisen sich die über die zurückliegenden Jahrzehnte aufgebauten Innovationsmuster zunehmend als Umsetzungshürde in den Unternehmen. „[Are you] prisoners of your past?", hinterfragt beispielspeise Pisano (2015) die dynamischen Fähigkeiten von Unternehmen, auf Basis radikal neuer Innovationsmuster und -prozesse neue Produkte, Dienstleistungen oder Geschäftsmodelle zu etablieren (vgl. Pisano 2015). Interessant ist, dass gerade bei erfolgreichen Unternehmen solche Umsetzungshürden tief in der Unternehmenskultur verankert sind. Schein (2004) beschreibt die Unternehmenskultur als „a pattern of shared basic assumptions that was learned by a group as it solved its problems of external adaptation and internal integration, that has worked well enough to be considered valid and, therefore, to be taught to new members as the correct way to perceive, think, and feel in relation to those problems" (Schein 2004, S. 17). Für erfolgreiche Innovationstätigkeit ist es daher wichtig, dass das Innovationsmanagement im Sinne von Schumpeters Definition der kreativen Zerstörung (vgl. Schumpeter 1931) das intensive Hinterfragen von etablierten Produkten und Prozessen initiiert und moderiert und den Wandel der Unternehmenskultur begleitet. Nach der Definition von Schein (2004) sind die Kompetenzen, Eigenschaften und sozialen Fähigkeiten der Mitarbeiter kulturelle Grundvoraussetzungen für das Verständnis von Innovation. Eine positive Grundhaltung gegenüber Veränderungen kann sich erst dann einstellen, wenn die entstehenden Herausforderungen wahrgenommen und bewertet werden können sowie geeignete Maßnahmen die Mitarbeiter in die Lage versetzen, die notwendigen Veränderungen auch bewältigen zu können. Auf Basis dieser Grundwerte der Innovationskultur entstehen langfristige Verhaltensnormen und Muster, die die Prozesseffektivität und -effizienz nachhaltig beeinflussen und damit große Umsetzungshebel für erfolgreiche Innovationstätigkeit darstellen.

2.6 Neue Prozesse für neue Produkte

Für die Bewältigung der Herausforderungen durch Digitalisierung hebt die Deutsche Akademie der Technikwissenschaften Acatech den Aspekt der Arbeitsorganisation und Prozessgestaltung explizit hervor (Acatech 2013, S. 57):

> Gefragt ist in diesem Zusammenhang eine sozio-technische Gestaltungsperspektive, in der Arbeitsorganisation, Weiterbildungsaktivitäten sowie Technik und Software-Architekturen in enger wechselseitiger Abstimmung „aus einem Guss" mit dem Fokus darauf entwickelt werden, intelligente, kooperative, selbstorganisierte Interaktionen zwischen den Beschäftigten und /oder den technischen Operationssystemen entlang der gesamten Wertschöpfungskette zu ermöglichen.

Einen empirischen Befund zu 278 befragten Unternehmen der produzierenden Industrie liefert eine durch VDMA, ZVEI und Bitcom durchgeführte Umfrage zur Perspektive von Industrie 4.0, in der das Thema der Prozess- und Arbeitsorganisation als zweitgrößte Herausforderung zur Umsetzung von Industrie 4.0 gesehen wird, wie Abb. 2.2 zeigt (vgl. Acatech 2013, S. 29).

Im Management von Innovationsprojekten ersetzen immer häufiger agile Methoden die bekannten Stage-Gate- und Wasserfallmodelle. Obwohl agile Methoden ursprünglich aus der Softwareerstellung kommen, haben sie inzwischen viele Branchen für die Entwicklung spezifischer Produkte und Services adaptiert. Die Begründung dafür liegt auf der Hand: In Zeiten fortschreitender Digitalisierung mit immer kürzeren Produktlebenszyklen und -entwicklungszeiten steht eine effiziente Entwicklung ganz oben auf

Abb. 2.2 Herausforderungen zur Umsetzung von Industrie 4.0. (Quelle: Acatech 2013, S. 29)

der Prioritätsliste, ein Anspruch, der durch die kollaborationsfördernde und effizienzsteigernde Wirkung agiler Methoden ideal erfüllt werden kann.

Agile Methoden sollten den Prozess der Softwareentwicklung vereinheitlichen und verbessern, indem Probleme schneller identifiziert werden und so auf eventuelle Fehler schneller reagiert werden kann. Anders als im bekannten Wasserfallmodell werden Entwickler und Teams mit agilen Methoden befähigt, entlang iterativer und interaktiver Sprints bessere, weil passendere Produkte abzuliefern. Die genannten traditionellen Methoden des Projektmanagements erfordern phasenbezogene Meetings, in denen komplette Teams zusammenkommen und Einzelziele diskutieren. Agile Methoden nutzen Anforderungsanalysen und funktionale Zerlegung, um mit kleineren, fokussierten Teams, die sich in regelmäßigen Abständen abstimmen, sehr spezifische Ziele unter klaren Zeitvorgaben verfolgen. Als Ergebnis können sehr schnell Aussagen über die Zielerreichung getroffen werden und Ziele entlang sich eventuell ändernder Kundenbedürfnisse im laufenden Projekt über Iterationsschleifen angepasst werden. Die Teams arbeiten also hinsichtlich Zeit, Kosten, Qualität und Kundenanforderungen agiler, flexibler und effizienter.

Agile Methoden sind inzwischen sehr populär geworden und haben sich rasant über die Softwarewelt hinaus in nahezu alle Branchen verbreitet. Die Methodik bietet als emergenter Ansatz Alternativen zu den wesentlichen Nachteilen des sogenannten „Big Design Up Front" (BDUF), der klassischen Neuheitenentwicklung anhand vorausgehender

Lasten- und Pflichtenhefte mit Wasserfallmodellen. Die Kritik am BDUF macht sich im Wesentlichen an folgenden Punkten fest (Oestereich 2012):

- Nicht alle wichtigen Entwurfsentscheidungen lassen sich vorweg sicher bestimmen ->BDUF ist mehr oder weniger spekulativ.
- Der Aufwand, Entwurfsentscheidungen vor der Realisierung abzusichern, wird häufig unterschätzt.
- Der Aufwand, fehlende oder mangelhafte Entwurfsentscheidungen nach einer ersten Realisierung zu korrigieren, wird häufig überschätzt.
- Testautomatisierung, testgetriebene Entwicklung, stetige direkte Kommunikation mit dem Kunden (bzw. Product Owner) und in kurzen Iterationen institutionalisiertes Feedback (Inkrementbegutachtungen) sowie weitere agile Techniken tragen erheblich dazu bei, Entwurfsentscheidungen viel kostengünstiger zu korrigieren und Entwurfsentscheidungen zu einem sehr frühen Zeitpunkt nach der Realisierung zu validieren.
- Erst nach der Überprüfung der Realisierung ist eine objektive Aussage über die Brauchbarkeit von Entwurfsentscheidungen möglich.
- Viele entscheidungsrelevante Erkenntnisse ergeben sich erst in der praktischen Auseinandersetzung mit dem Problemgegenstand, also während der Realisierung, und lassen sich nicht theoretisch vorwegnehmen bzw. antizipieren.

Die Implementierung von agilen Methoden stellt Innovationsmanager insbesondere in großen Unternehmen mit langjähriger Tradition und etablierten Verhaltensnormen vor große Herausforderungen. Über das Erlernen neuer Methoden hinaus ist es auch wichtig, notwendige Veränderungen der Unternehmenskultur zu begleiten und so die agile Transformation zu gestalten. In diesem Umfeld wird die unternehmensinterne Kommunikation immer wichtiger.

2.7 Der Innovationsmanager als Kommunikator

> Unternehmen brauchen ein Kommunikationssystem, das nicht nur Informationen und Wissen vermittelt, sondern alle Akteure motiviert, Innovationen zu generieren und deren Auswirkungen kognitiv wie auch emotional zu bewältigen (Vgl. Mast 2009, S. 271).

Obwohl Innovationskultur und Kommunikationsverständnis eng miteinander verknüpft sind, gewinnt die Forschung zur Innovationskommunikation erst in den letzten Jahren zunehmend an Bedeutung (vgl. Duwe 2016). Dabei wird Innovationskommunikation definiert als „die systematisch geplante, durchgeführte und evaluierte Kommunikation von Innovationen mit dem Ziel, Verständnis für und Vertrauen in die Innovation zu entwickeln sowie die dahinter stehende Organisation als Innovator zu positionieren" (Zerfass et al. 2004, S. 4). Als Querschnittsfunktion zwischen F&E, Unternehmensführung und Kommunikationsabteilung wird die Innovationskommunikation insbesondere bei großen und weitreichenden

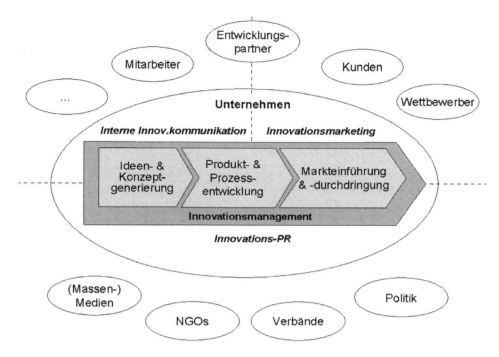

Abb. 2.3 Bereiche und Stakeholder der Innovationskommunikation. (Quelle: Zerfass et al. 2004, S. 9)

Veränderungen, wie sie mit der Digitalisierung verbunden sind, immer mehr zum Erfolgsfaktor von Unternehmen. Innovationsmanager sind zukünftig stark gefordert, die Kommunikationsschnittstellen zur unternehmensinternen Innovationskommunikation, zum Innovationsmarketing und zur Innovations-PR aufzubauen und inhaltlich zu füllen (vgl. Abb. 2.3). Nur so können fehlende oder falsche Informationen frühzeitig identifiziert und Handlungsoptionen entwickelt werden, um Interessenskonflikte auszuräumen (vgl. Zerfass et al. 2004, S. 9).

2.8 Zusammenfassung: Ambidextres Innovationsmanagement

Bleibt also alles anders im Innovationsmanagement? Die Antwort auf diese Frage ist genauso ambivalent wie die Frage selbst: Vieles bleibt (vorläufig), vieles wird (schnell) anders. Durch die fortschreitende Digitalisierung der Wirtschaft werden zunehmend neue Formen der Zusammenarbeit erforderlich. Die Acatech empfiehlt in den Handlungsempfehlungen für Industrie 4.0 deshalb einen „sozio-technischen Ansatz des Zukunftsprojekts" (Acatech 2013, S. 28). Dies betrifft in hohem Maße auch den Gestaltungsraum von und die Anforderungen an Innovationsmanager. Die erfolgreiche Integration von digitalen Zukunftstechnologien braucht die „intelligente[n] Einbettung in eine innovative (betriebliche) Sozialorganisation" (Acatech 2013, S. 56).

6G im Innovationsmanagement bedeutet aber zunächst und vor allem die Bewältigung scheinbar unlösbarer Konflikte von Ambidextrie. Dazu werden aber Fähigkeiten des Innovationsmanagers bei Aufbau und Nutzung der wichtigen Umsetzungshebel entlang der betrieblichen Sozialorganisation benötigt. Diese erweitern das klassische Rollenverständnis des Innovationsmanagers deutlich und beinhalten im Wesentlichen:

- Mitgestaltung der Erstellung von Unternehmens- und Bereichsstrategien
- Organisationsentwicklung durch iterative Anpassung des Organisationsdesigns
- Management der Ressourcenbasis des Unternehmens (intern versus extern)
- Neue Methoden- und Prozesskompetenz (agil versus klassisch)
- Aufbau und Erhalt der Innovationskultur
- Implementierung und Förderung der Innovationskommunikation

Die Bewältigung von Ambidextrie wird zum Erfolgsfaktor des Innovationsmanagers der sechsten Generation. Immer mehr Unternehmen erkennen bereits die Notwendigkeit der Veränderung hin zur Beherrschung der zwei Welten von Exploitation und Exploration und schaffen damit die prinzipielle Voraussetzung für die Sicherung der Wettbewerbsfähigkeit in einem fortschreitend digitalisierten Umfeld. Innovationsmanager sind gefordert, die eigenen Kompetenzen hinsichtlich der genannten soziotechnischen Anforderungen zu erweitern und so auch zukünftig ihre Rolle als Promotor und Makler der Innovation in Unternehmen zu entwickeln.

Literatur

Acatech (2013) Umsetzungsempfehlungen für das Zukunftsprojekt Industrie 4.0: Abschlussbericht des Arbeitskreises Industrie 4.0. Frankfurt a. M.
Acatech (2015) Umsetzungsstrategie Industrie 4.0: Ergebnisbericht der Plattform Industrie 4.0, April 2015. Frankfurt a. M.
Baden-Fuller C, Volberda HW (1997) Strategic renewal in large complex organizations: a competence based view. In: Heene A, Sanchez R (Hrsg) Competence-based strategic management. Wiley, Chichester, S 89–110
Benner MJ, Tushman ML (2003) Exploitation, exploration, and process management: the productivity dilemma revisited. Acad Manag Rev 28:238–256
Berkhout AJ, Hartmann D, van der Duin P, Ortt R (2006) Innovating the innovation process. Int J Technol Manag 34(3/4):390–404
Chandler AD Jr (1962) Strategy and structure. MIT Press, Cambridge
Chesbrough HW (2006) Open innovation. The new imperative for creating and profiting from technology. Harvard Business School Publishing, Boston
D'Aveni R (1994) Hypercompetition: managing the dynamics of strategic maneuvering. Free Press, New York

Duwe J (2016) Kommunikation als Mikrofundierung dynamischer Fähigkeiten im Innovationsmanagement ambidextrer Technologieunternehmen. Gabler, Wiesbaden

Fichter K (2015) Grundlagen des Innovationsmanagements. Carl-von-Ossietzky-Universität, Oldenburg

Floyd SW, Lane PJ (2000) Strategizing throughout the organization: managing role conflict in strategic renewal. Acad Manag Rev 25:154–177

Gartner Inc. (2017) „Gartner Says 8.4 Billion Connected "Things" Will Be in Use in 2017, Up 31 Percent From 2016" Pressemitteilung vom 7.2.2017. http://www.gartner.com/newsroom/id/3598917. Zugegriffen: 2. Jan. 2018

Geissbauer R, Schrauf S, Koch V, Kuge S (2014) Industrie 4.0? Chancen und Herausforderungen der vierten industriellen Revolution. PriceWaterhouseCoopers Aktiengesellschaft Wirtschaftsprüfungsgesellschaft, München

Gibson CB, Birkinshaw J (2004) The antecedents, consequences, and mediating role of organizational ambidexterity. Acad Manag J 47:209–226

Gleich R, Schwarz M, Munck JC, Deyle N (2015) Industrie 4.0 – zwischen Evolution und Revolution – Potenziale, neue Geschäftsmodelle und Auswirkungen auf das Controlling der Zukunft. In: Horváth P, Michel U (Hrsg) Controlling im digitalen Zeitalter. Schäffer-Poeschel, Stuttgart, S 101–121

Graves A (1987) Comparative trends in automotive research and development, DRC Discussion Paper No. 54, Science Policy Research Unit. Sussex University, Brighton

Handelsblatt (2017) Siemens will kein Konglomerat mehr sein. Pressemitteilung vom 9.11.2017. http://www.handelsblatt.com/my/unternehmen/industrie/konzernumbau-siemens-will-kein-konglomerat-mehr-sein-/20561756.html?ticket=ST-2160913-b9iNcZvYb3AeiIjbKBNb-ap3. Zugegriffen: 2. Jan. 2018

Heinze R, Manzei C, Schleuper L (2016) Industrie 4.0 im internationalen Kontext. Kernkonzepte, Ergebnisse, Trends. Beuth, Berlin

Jansen JJP (2005) Ambidextrous organizations: a multiple-level study of absorptive capacity, exploratory and exploitative innovation and performance. ERIM Ph.D. Series Research in Management 55. Erasmus Universiteit Rotterdam

Leonard-Barton DA (1992) Core capabilities and core rigidities: a paradox in managing new product development. Strateg Manag J 13:111–125

Levinthal DA, March JG (1993) The myopia of learning. Strateg Manag J 14(Winter):95–112

Mattmüller R (2012) Integrativ-Prozessuales Marketing. Gabler, Wiesbaden

March JG (1991) Exploration and exploitation in organizational learning. Organ Sci 2:71–87

Mast C (2009) Mitarbeiterkommunikation, Change und Innovationskultur: Balance von Informationen und Innovationen. In: Zerfass A, Möslein KM (Hrsg) Kommunikation als Erfolgsfaktor im Innovationsmanagement. Gabler, Wiesbaden, S 271–288

McDonough E, Leifer R (1983) Using simultaneous structures to cope with uncertainty. Acad Manag J 26:727–736

Mensch G, Kaash K, Kleinknecht A, Schnapps R (1980) Innovation trends and switching between full- and under-employment equilibrium, 1950–1978, International Institute of Management, Discussion Paper Series, Berlin

Nestle V (2011) Open innovation im cluster. Gabler, Wiesbaden

Oestereich B (2012) GPM-Blog. http://gpm-blog.de/bduf/. Zugegriffen: 2. Jan. 2018

Peteraf MA (1993) The cornerstones of competitive advantage: a resource-based view. Strateg Manag J 14:179–188

Pisano G (2015) You need an innovation strategy. Harvard Bus Rev 93(6):44–54

Rosenkopf L, Nerkar A (2001) Beyond local search: boundary-spanning, exploration, and impact in the optical disc industry. Strateg Manag J 22:287–306

Rothwell R (1994) Towards the fifth-generation innovation process. Int Mark Rev 11(1):7–31

Schein EH (2004) Organizational Culture and Leadership (3. Aufl). Josey Bass, San Francisco

Schreyögg G (1978) Umwelt, Technologie und Organisationsstruktur. P. Haupt, Bernt

Schumpeter JA (1931) Theorie der wirtschaftlichen Entwicklung: Eine Untersuchung über Unternehmergewinn, Kapital, Kredit, Zins und den Konjunkturzyklus. Duncker & Humblot, München

Teece DJ, Pisano G, Shuen A (1997) Dynamic capabilities and strategic management. Strateg Manag J 18:509–533

Tidd J, Bessant J, Pavitt K (2005) Managing innovation: integrating technological, market and organizational change (3. Aufl). Wiley, Hoboken

Tushman ML, Anderson P (1986) Technological discontinuities and organizational environments. Adm Sci Q 31:439–465

Tushman ML, O'Reilly CA (1996) Evolution and revolution: mastering the dynamics of innovation and change. Calif Manag Rev 38:8–30

Volberda HW (1998) Building the flexible firm: how to remain competitive. Oxford University Press, Oxford

Volberda HW, Lewin AY (2003) Co-evolutionary dynamics within evolution to co-evolution. J Manag Stud 40:2111–2136

Widmaier U (2000) Der deutsche Maschinenbau in den neunziger Jahren. Kontinuität und Wandel einer Branche. Campus, Frankfurt a. M.

Williamson OE (1996) The mechanisms of governance. Oxford University Press, New York

Zerfass A, Sandhu S, Huck S (2004) Innovationskommunikation: Strategisches Handlungsfeld für Corporate Communications. In: Bentele, PM & SG (Hrsg) Kommunikationsmanagement (Lose Blattsammlung Bd. 1.24). Luchterhand, Neuwied, S 1–30

Dr. Volker Nestle studierte Feinwerk- und Mikrosystemtechnik und war langjährig als Forschungsingenieur bei der Festo AG & Co. KG beschäftigt, bevor er sich zunächst zum Executive Master of Business Innovation weiterqualifizierte und dann zum Thema Technologiecluster promovierte. Bis Ende 2016 leitete Herr Dr. Nestle den Bereich Zukunftstechnologien bei der Festo AG & Co. KG. Seit 2017 ist Herr Dr. Nestle für den Zentralbereich Forschung und Entwicklung bei der TRUMPF GmbH+Co. KG verantwortlich. Seit 2014 ist Herr Dr. Nestle außerdem Vorsitzender des Vorstandes der Hahn-Schickard-Gesellschaft für angewandte Forschung, die mit drei anwendungsnahen Forschungsinstituten innovative Lösungen der Mikrosystemtechnik entwickelt. Über die Beobachtung von Technologietrends und deren Relevanz für die industrielle Produktion hinaus beschäftigt sich Herr Dr. Nestle aktuell insbesondere mit dem durch zunehmende Digitalisierung und Vernetzung verbundenen Strukturwandel im produzierenden Gewerbe.

Innovationsumgebungen außerhalb des Unternehmens – der Lead-User-Ansatz am Beispiel der Medizintechnikindustrie

Philipp Plugmann

Inhaltsverzeichnis

3.1 Einleitung... 38
3.2 Inländische Situation im Bereich Innovation – eine 10-Jahres-Betrachtung............ 38
3.3 Kooperationen mit Lead-Usern.. 42
    3.3.1 Definition und Begrifflichkeit „Lead-User"................................ 42
    3.3.2 Marktnähe und Zukunftsorientierung von Lead-Usern....................... 43
    3.3.3 Lead-User detektieren – Literaturrecherche 43
    3.3.4 Interaktion zwischen Lead-User und Unternehmen – Literaturrecherche........ 44
3.4 Studie: Innovationsprozessintegration von Lead-Usern in KMU der deutschen Medizintechnikindustrie 45
    3.4.1 Explorative Voruntersuchung... 45
    3.4.2 Material und Methode 46
    3.4.3 Fragebogen... 46
    3.4.4 Ergebnisse.. 47
    3.4.5 Diskussion und Zusammenfassung der Studie 47
3.5 Nutzergetriebene Fallbeispiele.. 50
    3.5.1 Patient Innovation – Sharing Solutions, Improving Life 50
    3.5.2 Der Herzkatheter-Selbstversuch 52
3.6 Eigene Erfahrungen als Lead-User 53
Literatur... 54

In diesem Kapitel wird eine erweiterte Innovationsumgebung außerhalb der eigenen Unternehmensgrenzen aufgezeigt, durch die strategische Entscheidung, mit Externen, in diesem Fall einem führenden Anwender (engl. Lead-User), als Inputgeber zusammenzuarbeiten. Zu diesem Themenschwerpunkt werde ich zuerst auf theoretische und

P. Plugmann (✉)
Leverkusen, Deutschland
E-Mail: plugmann@gmx.de

© Springer Fachmedien Wiesbaden GmbH, ein Teil von Springer Nature 2018
P. Plugmann (Hrsg.), *Innovationsumgebungen gestalten*,
https://doi.org/10.1007/978-3-658-22127-0_3

konzeptionelle Aspekte eingehen, eine eigene wissenschaftliche Studie mit den Forschungsergebnissen aufführen und abschließen mit nutzergetriebenen Fallbeispielen.

3.1 Einleitung

Technologische Unternehmen stehen im ständigen Wettbewerb – national und international. Neue Produkte und Dienstleistungen müssen in kurzen Zeitperioden innoviert werden. Dieser permanente Leistungsdruck erfordert strukturierte Prozesse. Innovationsprozesse werden innerhalb von Unternehmen verwendet, um einen strukturierten Prozess zu etablieren und zu optimieren. Demnach sollen Produkte und Dienstleistungen entwickelt werden, die den Nutzerbedürfnissen und somit der Marktnachfrage entsprechen.

Dabei gehen die Unternehmen auch gerne auf Hinweise und Ideen ihrer eigenen Kunden ein, insbesondere von besonders qualifizierten, fortschrittlichen Kunden, sogenannten Lead-Usern (Herstatt et al. 2007), die die Unternehmen dabei unterstützen, bereits bestehende Produkte und Services zu verbessern oder Neues zu entwickeln.

Der Lead-User-Ansatz ist ein organisatorischer Prozess, mit dem technologische Unternehmen ihre Ideengenerierung und die Verbesserung von Produkten und Dienstleistungen optimieren können. Dabei müssen auch Barrieren überwunden werden. Der Lead-User fungiert dabei als eine Art externe Forschungs- und Entwicklungsabteilung. In diesem Kapitel wird nicht erörtert, wie die Vergütungsvereinbarungen zwischen Lead-Usern und Unternehmen im Einzelnen organisiert werden. Die strategische Perspektive hinterfragt, wie der Lead-User-Ansatz als ein integraler Bestandteil der Unternehmensstrategie und der Innovationsprozesse dauerhaft etabliert werden kann. Und letztlich stellt sich auch die Frage nach der Innovationsumgebung und der Zufriedenheit seitens der Lead-User selbst, um den Interaktionsfluss dauerhaft und erfolgreich aufrechterhalten zu können.

Die in diesem Kapitel vorgestellte empirische Studie hat wissenschaftlich untersucht, ob die KMU der deutschen Medizintechnikindustrie für die Interaktion mit Lead-Usern ein festes Format erarbeitet haben oder ob das nur temporär (mehr oder weniger informal) und somit unstrukturiert geschieht. Des Weiteren wurden Fragen erhoben, die sich aus der explorativen Voruntersuchung kurzfristig ergeben haben.

3.2 Inländische Situation im Bereich Innovation – eine 10-Jahres-Betrachtung

Deutschlands gegenwärtige wirtschaftliche Position und Zukunft hängen direkt von der Leistungsfähigkeit der Industrie ab (DIW-Studie, Deutsches Institut für Wirtschaftsforschung e. V. 2008). Insbesondere die Innovationsfähigkeit der Unternehmen kann im internationalen Wettbewerb durch die Entwicklung neuer Produkte und Dienstleistungen einen wichtigen Beitrag dafür leisten, diesen Status quo im Jahr 2018 und für die

Zukunft aufrechtzuerhalten und auszubauen. Weissenberger-Eibl et al. (2017) bemerken in ihrem Buch „Innovationsindikator 2017: Schwerpunkt digitale Transformation" aus der Reihe „ZEW-Gutachten und Forschungsberichte", welches in Zusammenarbeit mit der Deutschen Akademie der Technikwissenschaften (acatech), dem Bundesverband der Deutschen Industrie (BDI), dem Fraunhofer ISI und dem Zentrum für Europäische Wirtschaftsforschung GmbH (ZEW) entstanden ist, Bildung, Forschung und Wissenstransfer sollten stärker auf zukünftige Herausforderungen ausgerichtet werden. Es wird in diesem Buch aufgeführt, dass es in allen Teilbereichen Länder gibt, die vor Deutschland liegen. Die Innovationsleistung der deutschen Wirtschaft falle beispielsweise hinter die Südkoreas oder der USA zurück. Das Bildungssystem hätte, so die Autoren, trotz Verbesserungen in den vergangenen Jahren immer noch einen erheblichen Abstand zu den bestplatzierten Ländern wie Südkorea oder Finnland. Interessanterweise wird Singapur besonders herausgehoben, es heißt im Innovationsindikator 2017:

> Die hohe Punktzahl von Singapur, das den zweiten Rang im Innovationsindikator 2017 belegt, ist insbesondere auf umfangreiche staatliche Förderaktivitäten zurückzuführen. Dazu zählen eine großzügige direkte staatliche Forschungsförderung, eine steuerliche Förderung von Forschung und Entwicklung in Unternehmen sowie eine hohe staatliche Nachfrage nach neuen Technologien, die Anreize für Innovationen setzt. Beim Anteil der Beschäftigten mit Hochschulabschluss und bei Indikatoren zur Qualität des Bildungssystems und den Bildungsergebnissen erreicht Singapur im internationalen Vergleich die höchsten Werte. Das Wissenschaftssystem wird als das zweitbeste hinter der Schweiz eingestuft.

Es gibt heute wie auch vor 10 Jahren Frühwarnzeichen, dass die Rahmenbedingungen, die Umgebung, die Bildung und die Finanzmittel hinsichtlich Innovationen in Deutschland besser werden müssten und Deutschland im internationalen Vergleich je nach Untersuchungsmethode fern von einer Spitzenposition ist. Bereits 2008 zeigte die vom renommierten DIW-Institut (Deutsches Institut für Wirtschaftsforschung e. V.), Berlin, herausgegebene Studie „Rückstand bei der Bildung gefährdet Deutschlands Innovationsfähigkeit" ein Stärken-Schwächen-Profil auf (Deutsches Institut für Wirtschaftsforschung e. V. 2008).

Während bei den Stärken die Umsetzung von neuen Produkten in die Märkte (DIW-Studie 2008, S. 717) und die Vernetzung der universitären mit der außeruniversitären Forschung genannt werden, wird als größte Schwäche der Bereich der Bildung (Platz 15 von 17 Industrieländern im Vergleich) angeführt. Die Autoren sehen hier die Gefahr, dass die zukünftige Innovationsfähigkeit erodiert, wenn es nicht gelingt, genügend gut ausgebildete Menschen für das Innovationssystem zur Verfügung zu stellen. Eine andere Schwäche liegt in der Finanzierung von Innovationen, insbesondere bei der Bereitstellung von Risikokapital für Unternehmensgründungen.

Besonders gravierend wird laut DIW-Studie (Deutsches Institut für Wirtschaftsforschung e. V. 2008) das kulturelle Innovationsklima beurteilt, darunter verstehen die Autoren die Einstellung der Menschen zu Veränderungen und Neuerungen, die Bereitschaft, Risiken einzugehen und gemeinsam an neuen Lösungen zu arbeiten. Die Risikobereitschaft bei Unternehmensgründungen in Deutschland belegte in diesem internationalen Vergleich sogar den letzten Platz. Abschließend bemängelt die Studie (Deutsches Institut für Wirtschaftsforschung e. V. 2008, S. 724) die mangelnde Versorgung mit sehr gut ausgebildetem Personal durch das Bildungssystem, welches in Deutschland zu wenige tertiär gebildete Absolventen produziert.

Hasso Plattner, SAP-Mitbegründer, zitiert in seinem Buch „Design Thinking" (Plattner et al. 2009) genau diese DIW-Studie und zählt auf mehreren Seiten die Ergebnisse auf. Auch die Aktivitäten des Bundesministeriums für Bildung und Forschung (BMBF) (Bundesministerium für Bildung und Forschung 2010) zeigen hinsichtlich Innovationsstrategie, High-Tech-Offensive (Bundesministerium für Bildung und Forschung 2012) und Forschungsstrategien (Bundesministerium für Bildung und Forschung 2014a, b) auf, dass die Innovationsstärke Deutschlands im internationalen Vergleich ausbaufähig ist, und es wurden bereits umfangreiche Maßnahmen eingeleitet.

Um die Schwäche im Bildungssystem zu verbessern, wird man Jahre benötigen. Und es wird Jahre dauern, bis diese gebildeten Akademiker den deutschen Unternehmen zur Verfügung stehen. Dies ist eine Zukunftsbetrachtung. Parallel ist es daher umso wichtiger, die vorhandenen Innovationskräfte in den Unternehmen noch besser einzuteilen, zu steuern und ihren Erfolg zu messen.

Mithilfe der später im Kapitel vorgestellten empirischen Studie soll am Forschungsobjekt der KMU der deutschen Medizintechnikindustrie ein theoretisches Konzept und eine praktische Handlungsempfehlung erarbeitet werden, um dem Management technologischer Unternehmen bei Entscheidungen hinsichtlich „Innovationsteams mit Lead-Usern" ein aktuelles wissenschaftliches Ergebnis vorzulegen, auf das es sich stützen kann.

Der Berliner Verband der High-Tech-Industrie Deutschlands Spectaris kritisierte im Jahr 2017 (Spectaris 2017b) die Medizinprodukte-Verordnung der EU. Spectaris äußerte sich, die deutsche Medizintechnik-Industrie sei „geschockt" und „zutiefst besorgt" über den Entwurf der „neuen Medizinprodukte-Verordnung des Europäischen Parlaments". Spectaris kritisierte, dass sich scheinbar viele der verantwortlichen Parlamentarier deren Auswirkung auf die mittelständischen Medizintechnik-Unternehmen nicht bewusst seien und dieser administrative Hürdenlauf durch zahlreiche Zulassungsausschüsse die Wettbewerbsfähigkeit der deutschen Medizintechnikindustrie gefährde. Auch in der Spectaris-Stellungnahme von März 2017 (Spectaris 2017a) wird diese aktuelle Kritik des Branchenverbandes um die erschwerten Rahmenbedingungen und den zunehmenden Verwaltungsaufwand, denen sich auch die Innovationsteams in den Unternehmen stellen müssen, unterstrichen.

Die Einschätzung des Fachverbandes Spectaris wurde seinerzeit untermauert durch die Studienergebnisse von Bundesministerium für Bildung und Forschung (2008) und Verband der Elektrotechnik, Elektronik und Informationstechnik und Bundesministerium für Bildung und Forschung (2009), bei der die „Identifizierung von Innovationshürden in der Medizintechnik" untersucht wurde, um Verbesserungspotenziale zu definieren. Diese Studien waren im Nachgang der Vorgängerstudien von 2002 und 2005 zur Aktualisierung der Situation in der Medizintechnik erarbeitet worden. Das gewählte Studiendesign sah u. a. vor, 45 Experten aus unterschiedlichen Bereichen der Medizintechnik zu befragen. Bei diesen Experteninterviews wurde ein Fragebogen mit 6 Frageebenen mit je 5–6 Unterfragen verwendet. Somit kam man auf etwa 30–35 Fragen. Es wurden auch Fallbeispiele dargestellt, u. a. die „Dental-Navigation, Fallbeispiel Nr. 9" (Bundesministerium für Bildung und Forschung und Verband der Elektrotechnik, Elektronik und Informationstechnik 2009, S. 119), um die Innovationshürden in unterschiedlichen Bereichen der Medizintechnik besser veranschaulichen zu können.

Bei der Zusammenfassung wird dargelegt (Bundesministerium für Bildung und Forschung und Verband der Elektrotechnik, Elektronik und Informationstechnik 2009, S. 4–8), dass die Entwicklung neuer technischer Produkte und Dienstleistungen in der Medizintechnik sehr kostenintensiv und komplex ist. Die Unternehmen sehen, dass der Gesamtprozess von der Idee bis zur Refinanzierung eines Medizinproduktes im deutschen Markt immer länger wird. Es wird angeführt, dass insbesondere kleinere Unternehmen dieser Entwicklung lediglich mit begrenzten finanziellen Möglichkeiten begegnen können und diese Hemmnisse im medizintechnischen Innovationsprozess stärker zunehmen. Die Expertenbefragung dieser Studie ergab auch, dass einerseits der gesamte Finanzierungsaspekt mit den Erstattungsproblemen durch die gesetzliche Krankenversicherung (GKV) und andererseits die Verfügbarkeit von hoch und vor allem interdisziplinär qualifiziertem Personal in nahezu allen Phasen des Innovationsprozesses zukünftig große Herausforderungen darstellen.

Die DIW-Studie (Deutsches Institut für Wirtschaftsforschung e. V. 2008) und die VDE-/BMBF-Studie (Bundesministerium für Bildung und Forschung und Verband der Elektrotechnik, Elektronik und Informationstechnik 2008) belegten, dass deutsche Unternehmen in der Zukunft noch stärker bei der Zusammenstellung, Führung und Erfolgsmessung von Innovationsteams gefordert werden, um Performance zu liefern. Hierbei wird die fortlaufende Integration von Lead-Usern ein Erfolgsfaktor sein. Dabei wird die Refinanzierungsstrategie dieser Unternehmen parallel zum Personalproblem eine große Herausforderung bleiben. Schlussfolgernd wird die Leistungsfähigkeit der Innovationsteams in den Unternehmen ein wesentlicher Faktor für das Überleben der Unternehmen am internationalen Markt, und Lead-User können ihren Beitrag leisten. Mit der später vorgestellten empirischen Studie sollen am Forschungsobjekt kleiner und mittlerer Unternehmen der deutschen Medizintechnikindustrie mittels Befragung theoretische Erkenntnisse und praktische Handlungsoptionen erarbeitet werden. Dabei sollen auch die in der neueren Literatur diskutierten „Radical Innovation" (Gemünden et al. 2007) und „Breakthrough Innovation" (Herstatt et al. 2007) thematisiert werden, wobei die Interaktion mit Lead-Usern und deren Zufriedenheit im Mittelpunkt stehen werden.

Modelle von Innovationsprozessen
Standardisierte Innovationsprozesse erleichtern die Abläufe in Unternehmen und regeln Arbeitsschritte. So gibt es für die Gestaltung von Innovationsprozessen in Unternehmen verschiedene Modelle, die historisch gewachsen sind. Die Bezeichnungen scheinen

endlos, folgend Auszüge der Modell-Nomenklatur bezogen auf Innovationsprozesse in Unternehmen und deren Integration:

Phase-Review-Prozess (Hughes und Chafin 1996), Prozessmodell von Ulrich und Eppinger (Ulrich et al. 1995), Stage-Gate-Prozess der dritten Generation (Cooper 1994), Innovationsprozess durch simultane Aktivitäten (Crawford 1994), Value Proposition Cycle (Hughes und Chafin 1996), Phasenmodell für betriebliche Innovationsprozesse (Thom 1992), Phasenmodell von Brockhoff (Brockhoff 1999), Innovationsprozess nach Witt (Witt 1996), Innovationsprozess nach Vahs (Vahs und Burmester 2002), Gesamtprozess der Pflichtenheftarbeit (Ebert et al. 1992) und Innovationsprozess nach Herstatt (1999).

Die o. g. Modelle für Innovationsprozesse werden als Flussdiagramme in Lehrbüchern oder Fachartikeln abgebildet und zeigen die aufeinander aufbauenden Prozesse von der Ideengenerierung, über die Ideenbewertung, Entwicklung, Produktion bis hin zum Vertrieb. Die Integration des Lead-Users ist in diesen historischen Prozessabbildungen kaum vorhanden. Das ist eine Möglichkeit für Forschungsfragen, die die gängigen Prozessabbildungen ergänzen können: Wie interagieren technologische Unternehmen heute mit Lead-Usern? Wie sind Lead-User ihrerseits mit der Interaktion zufrieden? Sehen sie ihre eingebrachten Ideen umgesetzt? Sind sie mit der Betreuung durch die Unternehmen zufrieden? Ist die Interaktion temporär, strukturiert oder teilweise formal?

Die Umsetzung eines oder mehrerer solcher Modelle (Cooper 1983, 1994; Cohen et al. 1998; Herstatt 1999) gibt jedoch keine Erfolgsgarantie für Produkte oder Dienstleistungen, die am Markt erfolgreich sein werden. Die Modelle beschreiben lediglich mögliche Abläufe. Hier kann der Lead-User-Ansatz angewendet und implementiert werden. Lead-User sind oft Kunden des Unternehmens und erleben täglich das vom Unternehmen zum Verkauf angebotene Produkt im Einsatz. Keiner ist näher am Kunden als der Kunde selbst.

3.3 Kooperationen mit Lead-Usern

3.3.1 Definition und Begrifflichkeit „Lead-User"

Lead-User werden in der wirtschaftswissenschaftlichen Literatur bereits seit den 70er Jahren beschrieben. Von Hippel (1976, 1977a, b); Allen (1986) beschreiben bereits damals die Relevanz von führenden Anwendern, die durch Verbesserungsvorschläge zu bestehenden Produkten und Dienstleistungen den Innovationsprozess positiv beeinflussen. Dabei beschreibt von Hippel auch, dass Lead-User sowohl Unternehmen als auch Einzelpersonen sein können. Einzelpersonen können aus den unterschiedlichsten Gründen innovative Lösungen entwickeln und umsetzen. Das kann auch aus der Notwendigkeit heraus entstehen, einem geliebten Menschen zu helfen, der an einer Erkrankung, körperlichen Einschränkung oder anderen Problemen leidet.

Zu Beginn dieses Innovationsprozesses probiert der Lead-User so lange an einer Lösung herum, bis er einen Prototypen oder ein Verfahren entwickelt hat, welches so weit funktioniert, dass es mit anderen Betroffenen oder Anwendern geteilt werden kann. Dieses „peer-to-peer"-Prinzip führt dazu, dass in der betreffenden Community weitere Individuen die neu entwickelten Produkte oder Verfahren anwenden und ihrerseits einsetzen und verbessern. Erreicht die Nutzerzahl eine kritische Masse, die es einem Produzenten (Fabrikanten) möglich machen würde, in die Massenproduktion zu gehen, kann die Innovation in einer großen Stückzahl produziert und vertrieben werden.

3.3.2 Marktnähe und Zukunftsorientierung von Lead-Usern

Lead-User werden oft als besonders qualifizierte Nutzer bezeichnet (von Hippel 1978, 1982, 1986; von Hippel und Finkelstein 1979). Zusätzlich gibt es auch Nutzer, die zwar nicht über die notwendige technische oder handwerkliche Expertise verfügen, jedoch durch eine Mischung aus hoher intrinsischer Motivation und Hartnäckigkeit innovative Ideen umsetzen können. Auch das Element der Autodidaktik findet hier seinen Platz. Des Weiteren zeichnen sich Lead-User dadurch aus, dass sie innerhalb des Marktes anderen Nutzern voraus sind. Sie orientieren sich an zukünftigen Bedürfnissen und Orientierungen und möchten ihre Ideen durchgesetzt sehen. Die Lösung eines den Lead-User direkt oder indirekt betreffenden Problems steht dabei an vorderster Stelle. Das sonst in der Industrie favorisierte Element der Marktforschung kann mit den Aktivitäten von Lead-Usern nicht konkurrieren, da die Befragung von Kunden oft zur Definition von Problemen beiträgt, jedoch die Generierung von Ideen, vergleichbar einem Innovationsprozess, nicht unbedingt fördert.

3.3.3 Lead-User detektieren – Literaturrecherche

Lead-User können Individuen oder Unternehmen sein. Bei den Individuen kann es sich um Anwender handeln oder um eigene Mitarbeiter. Lüthje (2000) haben in einer Studie, bei der Outdoorprodukte untersucht wurden, gezeigt, dass die Anwender federführend bei der Entwicklung von Ideen und Verbesserungen waren. Shah (2001) kamen bei der Untersuchung von Skate- und Snowboardingprodukten zu demselben Schluss. Shaw (1985) erarbeiteten den Nachweis für den Bereich der Medizintechnik, bei dem Mediziner als Lead-User von den technischen Unternehmen in den Innovationsprozess integriert wurden. Herstatt (1994) konnten die Relevanz von Lead-Usern im Baugewerbe (Beispiel HILTI) nachweisen. Riggs und Von Hippel (1994), Von Hippel und Riggs (1996) und von Hippel, Thome und Sonach (1999) konnten nachweisen, dass Durchbrüche im Innovationsprozess auch in Zusammenarbeit mit Lead-Usern erfolgt sind, und zwar in unterschiedlichen Industrien.

Eine weitere Möglichkeit sind im Unternehmen selbst eingebettete Lead-User. Schweisfurth und Raasch (2014) definieren dabei eingebettete Lead-User („Embedded lead users = ELUs") als Angestellte im Unternehmen, die Lead-User der von ihrem

Unternehmen hergestellten Produkte und Services sind. Oliveira und von Hippel (2011) konnten Nutzer anhand eines Fallbeispieles aus dem Bankenservicesektor als Serviceinnovatoren beschreiben. Hienerth et al. (2012) verglichen im Haushaltssektor die Effizienz von Konsumenteninnovationen mit Produzenteninnovationen. Von Hippel, Ogawa und de Jong (2011) veröffentlichten im MIT Sloan Management Review einen Artikel über das Zeitalter der Konsumenten-Innovationen. Morrison et al. (2000) untersuchten die Determinanten von Nutzerinnovationen und das Teilen von Innovationen in lokalen Märkten. Die wirtschaftswissenschaftliche Forschung untersucht somit seit Jahrzehnten sehr umfangreich die Innovationsprozesse verschiedener Industrien, deren Champions und den Einfluss der Nutzer. Somit kann man auf ein sehr breites wissenschaftliches Fundament zurückgreifen. Die veränderten Rahmenbedingungen durch die globale digitale Transformation bieten für die nächsten Jahrzehnte ein sehr breites und tiefes Forschungsfeld.

3.3.4 Interaktion zwischen Lead-User und Unternehmen – Literaturrecherche

Die Innovation durch Nutzer durchläuft verschiedene Phasen, in denen einzelne oder mehrere Nutzer gemeinschaftlich (Collaborative Evaluation) entwickeln und testen, nachbauen (Replication) und verbessern (Improvement). Schließlich, in der Phase „Peer-to-peer diffusion", spricht sich das Projekt unter ähnlichen Nutzern herum und wird dort zunehmend etabliert. Ist es soweit, kann es dann für einen Produzenten interessant werden, die inzwischen unter den Nutzern etablierte Innovation in die Massenproduktion zu übernehmen. Dieser Kreislauf zwischen dem Nutzer (Innovation Designs) und Produzenten (Innovation Support) kann zur wechselseitigen Zufriedenheit führen (Raasch und von Hippel 2012a).

Raasch und von Hippel (2012b) beschreiben Interaktionen zwischen Innovationen von (Lead-)Usern und Produzenten. Dabei führen sie vier unterschiedliche Formen des Innovationsprozesses in diesem Zusammenhang auf: die von Nutzern gemachten Designveränderungen und Vorschläge, die Innovation mittels Unterstützung durch Produzenten, durch Komplementarität oder Wettbewerb. Des Weiteren legen sie dar, dass es zwei Wege gibt, Innovationen zu entwickeln und verbreiten, entweder über den kostenfreien „Peer-to-Peer"-Kanal oder den kostenintensiven Weg über Marktkanäle. In dieser Studie wird ein spannender Aspekt beleuchtet, nämlich, dass aus der Produzentenperspektive in der Wettbewerbsanalyse plötzlich der Nutzer als optionaler Wettbewerber auftaucht, wenn er selbst produziert.

Es wird aufgezeigt, wie ein „User-contested Market", also ein von Nutzern umkämpfter Markt, die Preise senken und dabei positive Auswirkungen auf das soziale Gemeinwohl haben kann. Wenn die Diffusion von Nutzerideen nicht mehr kontinuierlich in den Entwicklungsprozess der Produzenten einfließt, sondern innerhalb der Nutzerumgebung bleibt, die aus diesen eigenen Ideen Produkte entwickelt und vertreibt, haben die Produzenten möglicherweise einen härteren Wettbewerber vor sich als durch andere Produzenten bisher. Dies unterstreicht die Relevanz der Zufriedenheit von Lead-Usern mit Produzenten bei der Innovationskooperation und deshalb haben wir diesen Aspekt unter anderem mit in die nun im Folgenden aufgeführte Studie integriert.

3.4 Studie: Innovationsprozessintegration von Lead-Usern in KMU der deutschen Medizintechnikindustrie

Während große Unternehmen aufgrund ihrer Größe und Mitarbeiterzahl auf strukturierte, formalisierte Innovationsprozesse zurückgreifen müssen, können kleine und mittlere Unternehmen (KMU) der deutschen Medizintechnikindustrie (DMTI) bei der Wahl ihrer Innovationsprozesse auch unstrukturierte, spontan entstehende oder formenindividuelle Innovationsprozesse verfolgen.

KMU des deutschen Mittelstandes werden laut IfM (IfM Institut Bonn 2018) entweder definiert als kleine Unternehmen, die mit bis zu 9 Beschäftigten arbeiten und weniger als 1 Mio. € Jahresumsatz erwirtschaften, oder bei bis zu 499 Beschäftigten und einem Jahresumsatz von unter 50 Mio. € als mittlere Unternehmen.

Inwiefern die KMU der DMTI die Innovationsprozesse Lead-Usern öffnen und wie intensiv diese eingespannt werden, soll diese Studie aufzeigen. Die Hypothesenbildung bei dieser wissenschaftlichen empirischen Studie war, dass Lead-User einen wichtigen Beitrag zur Herstellung neuer innovativer Produkte und Dienstleistungen leisten und fester Bestandteil von Innovationsprozessen bei KMU der deutschen Medizintechnikindustrie darstellen.

3.4.1 Explorative Voruntersuchung

Bevor die Erstellung des Fragebogens durchgeführt werden konnte, haben wir durch eine explorative Voruntersuchung bei etwa 150 Geschäftsführern kleiner und mittlerer Unternehmen (KMU) der Medizintechnikindustrie aus unserem Netzwerk in Deutschland, Österreich und der Schweiz per E-Mail angefragt, ob wir ein 15-minütiges Telefoninterview mit ihnen führen könnten. 18 Geschäftsführer standen letztlich bereit und diese Schwerpunkte bildeten sich heraus, die wir folgend als „Top Ten" ohne Priorisierung aufführen:

1. 7 von 16 Unternehmen führen standardisierte Interaktionen mit Lead-Usern durch.
2. 9 von 16 Unternehmen führen unstrukturierte, sporadische Interaktionen mit Lead-Usern durch und verlassen sich schwerpunktmäßig auf die eigene Forschungs- und Entwicklungsabteilung.
3. Feste und unstrukturierte Formate werden bei der Interaktion mit Lead-Usern kombiniert.

4. Die Projektmanagement-IT hat oft den Punkt „Lead-User-Integration" einprogrammiert, wird aber nur projektspezifisch aktiviert.
5. Messen, Kongresse und Branchenveranstaltungen waren oft Orte für den Erstkontakt mit Lead-Usern.
6. Viele Lead-User nehmen proaktiv von sich aus Kontakt zu den Unternehmen auf.
7. Manche Lead-User stehen nach einigen Jahren für einen Wissensaustausch nicht mehr zur Verfügung.
8. Es werden nationale und internationale Lead-User einbezogen.
9. Es werden mit Lead-Usern gemeinsame Produkte und Dienstleistungen entwickelt.
10. Es wurden vereinzelt mit langjährigen Lead-Usern Tochtergesellschaften gegründet.

Die vorgenannten 10 Punkte stellten erste Anhaltspunkte dar, womit sich die Geschäftsführer der KMU der Medizintechnikindustrie in Zusammenhang mit Lead-Usern beschäftigen.

3.4.2 Material und Methode

Die explorative Voruntersuchung hatte gezeigt, dass die Innovationsprozesse standardisiert und unstrukturiert bestehen, Interaktionen mit Lead-Usern ebenfalls mal ein festes Format haben, mal nicht. Die Innovationsideen von Lead-Usern unterstützten Innovationsprojekte und wurden teilweise in der Projektmanagement-IT eingesetzt. Nach der explorativen Voruntersuchung zeigte sich, dass eine größere Fallzahl an Unternehmen notwendig ist, um aussagekräftige Daten zu erhalten. Diese können nach der Datenerhebung mit dem Statistikprogramm IBM SPSS Statistics ausgewertet werden.

Wir befragten zwischen März 2015 und Oktober 2017 114 Unternehmen aus der Medizintechnikindustrie in Deutschland, Österreich und der Schweiz. Die definierten Einschlusskriterien waren kleine und mittelständische Unternehmen, deutschsprachiger Wirtschaftsraum, Medizintechnikunternehmen mindestens 5 Jahre am Markt, Interaktion mit Lead-Usern und maximal 499 Mitarbeiter. Den 114 befragten Unternehmen, die an der Studie teilnahmen, ging eine E-Mail zu, mit einer Erinnerungsmail 14 Tage später. Dabei wurden 357 Unternehmen einbezogen, von denen 186 antworteten und letztlich 114 teilnahmen.

3.4.3 Fragebogen

Der endgültige Fragebogen enthielt folgende 10 Fragen:

1. Ist die Integration von Lead-Usern in die Innovationsprozesse Ihres Unternehmens relevant für Ihre Wertschöpfung?
2. Hängt die Wertschöpfung zu mehr als 25 % von der erfolgreichen Innovationsprozessintegration von Lead-Usern ab?

3. Findet die Integration mit Lead-Usern formal oder eher unstrukturiert statt?
4. Sind Ihrer Meinung nach die Lead-User mit der Umsetzung ihrer eingebrachten Ideen zufrieden?
5. Wie oft konferieren Sie mit Lead-Usern?
6. Konnten Sie von Lead-Usern eingebrachte Ideen in neue innovative Produkte und Dienstleistungen transferieren?
7. Kam es zu Konflikten zwischen der Geschäftsführung und der eigenen Forschungs- und Entwicklungsabteilung bei der Innovationsprozessintegration von Lead-Usern?
8. Haben die digitalen Technologien wie Skype, WhatsApp oder die sozialen Netzwerke die Interaktion mit Lead-Usern verändert?
9. Sie kennen die in der Literatur beschriebenen strukturierten, aufeinander aufbauenden Innovationsmodelle. Würden Sie sagen, dass diese im digitalen Zeitalter so noch aktuell sind?
10. Sind unter Ihren externen Inputgebern auch klassische Standardanwender („keine Lead-User")?

Der Fragebogen wurde im Januar 2017 an die teilnehmenden Unternehmen verschickt, mit der Bitte um Antwort innerhalb von 3 Monaten. Anfang April 2017 fassten wir noch mal nach mit einer Zeitvorgabe von 4 Wochen, sodass ab Mai 2017 die statistische Auswertung beginnen konnte.

3.4.4 Ergebnisse

Bei den Häufigkeitsverteilungen der 10 Fragen ergaben sich die in Tab. 3.1 dargestellten Ergebnisse.

Uns interessierte des Weiteren, ob die Nutzung digitaler Technologien zur Kommunikation mit Lead-Usern (Frage 8) bei der Innovationsprozessintegration auch am Wochenende oder wochentags abends stattfindet. Dies stellen wir in Tab. 3.2 in Form einer Kreuztabellen-Statistik dar.

3.4.5 Diskussion und Zusammenfassung der Studie

40.35 % (n = 46) der befragten Unternehmen in dieser Studie gaben an, dass die Integration von Lead-Usern in ihre Innovationsprozesse relevant für ihre Wertschöpfung ist. Daraus kann man sehr gut ableiten, dass der Wettbewerb zwischen den Medizintechnikherstellern nicht nur über die Leistung der eigenen Forschungs- und Entwicklungsabteilung stattfindet, sondern auch über die Kompetenz am Markt, Lead-User für die Zusammenarbeit mit seinem Unternehmen gewinnen und dauerhaft binden zu können. Dass dabei der Wertschöpfungsanteil durch die Kooperation mit Lead-Usern 25 % übersteigt, wird nur mit 47.37 % (n = 54) bejaht.

Tab. 3.1 Häufigkeitsverteilungen bei den 10 Fragen (n = 114)

	Frage	Ergebnisse (Gesamt n = 114)
1	Ist die Integration von Lead-Usern in die Innovationsprozesse Ihres Unternehmens relevant für Ihre Wertschöpfung?	Ja 40.35 % (n = 46)
2	Hängt die Wertschöpfung zu mehr als 25 % von der erfolgreichen Innovationsprozessintegration von Lead-Usern ab?	Ja 47.37 % (n = 54)
3	Findet die Integration mit Lead-Usern strukturiert formal statt?	Ja 66.67 % (n = 76)
4	Sind Ihrer Meinung nach die Lead-User mit der Umsetzung ihrer eingebrachten Ideen zufrieden?	Ja 89.47 % (n = 102)
5	Konferieren Sie regelmäßig mit Lead-Usern?	Ja 79.82 % (n = 91)
6	Konnten Sie von Lead-Usern eingebrachte Ideen in neue innovative Produkte und Dienstleistungen transferieren?	Ja 82.46 % (n = 94)
7	Kam es zu Konflikten zwischen der Geschäftsführung und der eigenen Forschungs- und Entwicklungsabteilung bei der Innovationsprozessintegration von Lead-Usern?	Ja 13.16 % (n = 15)
8	Haben die digitalen Technologien wie Skype, WhatsApp oder die sozialen Netzwerke die Interaktion mit Lead-Usern verändert?	Ja 92.11 % (n = 105)
9	Sie kennen die in der Literatur beschriebenen strukturierten aufeinander aufbauenden Innovationsmodelle. Würden Sie sagen, dass diese im digitalen Zeitalter so noch aktuell sind?	Ja 88.60 % (n = 101)
10	Sind unter Ihren externen Inputgebern auch klassische Standardanwender („keine Lead-User")?	Ja 15.79 % (n = 18)

Tab. 3.2 Kreuztabellenverteilungen bei den Fragen 11 und 12

11	Kommunizieren Sie mit ihren Lead-Usern bei der Anwendung digitaler Technologien auch abends oder am Wochenende?	Ja 82.86 % (n = 87) bezogen auf n = 105 aus Frage 8
12	Ist das Ihrer Einschätzung nach ein Problem für die Lead-User?	Nein 96.55 % (n = 84) bezogen auf n = 87 aus Frage 11

66.67 % (n = 76) der befragten Unternehmen gaben an, für die Zusammenarbeit mit Lead-Usern einen strukturiert-formalen Prozess zu haben. 89.47 % (n = 102) gaben an, dass sie meinen, die Lead-User wären mit der Umsetzung der von ihnen eingebrachten Ideen zufrieden. Die Zufriedenheit der Lead-User mit der Umsetzung der eingebrachten Ideen seitens der Unternehmen bei der Entwicklung neuer innovativer Produkte und Dienstleistungen ist ein entscheidender Faktor, um diese dauerhaft an das Unternehmen binden zu können. Oft steckt hinter den eingebrachten Ideen der Lead-User ein anstrengender Denk- und Arbeitsprozess. Sie wollen bestehende Produkte und Dienstleistungen deutlich verbessern oder Neues erschaffen. Sie strengen sich an, um dem Unternehmen, mit dem sie kooperieren, einen durchdachten und sinnvollen Vorschlag zu unterbreiten. Wird dies nicht gewürdigt oder eben kaum umgesetzt, führt das langfristig zur Demotivation des Lead-Users im Hinblick darauf, dass seine Kooperationsbereitschaft sinkt, mit dem betreffenden Unternehmen weiter zusammenzuarbeiten. Der Lead-User wird weiter an seinen Ideen arbeiten, aber eben alleine oder mit Wettbewerbern. Das Problem ist, dass bei dem Lead-User-Ansatz auch ein Stück weit Open Innovation im Spiel ist, da das kooperierende Unternehmen sich dem Lead-User gegenüber auch öffnen muss bei der Innovationsprozessintegration. Hier spielen Vertrauen und Integrität eine herausragende Rolle.

79.82 % (n = 91) konferieren regelmäßig mit ihren Lead-Usern und 82.46 % (n = 94) konnten die Ideen der Lead-User in innovative Produkte und Dienstleistungen überführen. Diese Conversion-Rate ist auch relevant, denn sie sagt etwas über den Effizienzgrad der Kooperation und der Leistungsfähigkeit des Unternehmens aus. Die Entscheidung der Geschäftsführung medizintechnischer Unternehmen für die Integration von Lead-Usern in die bestehenden Innovationsprozesse kann zu Konflikten zwischen der Geschäftsführung und Mitarbeitern der Forschungs- und Entwicklungsabteilung führen. Dies bestätigen in dieser Studie jedoch nur 13.16 % (n = 15) der befragten Unternehmen. Natürlich muss eine solche Geschäftsführungsentscheidung bei der Implementierung der Lead-User so begleitet und gestaltet werden, dass die F&E-Abteilung nicht vor den Kopf gestoßen wird. Damit wird eine höhere Akzeptanz erreicht und somit eine reibungslose Kooperation ermöglicht.

92.11 % (n = 105) geben an, mittels digitaler Technologien (Skype, WhatsApp und soziale Medien) mit Lead-Usern zu kommunizieren und dass sich die Interaktion dadurch verändert hat. Sicher kann man heute „auf dem kurzen Dienstweg" Texte, Bilder, Videos und Nachrichten versenden. Das beschleunigt den Prozess und der Austausch wird effizienter. 88.60 % (n = 101) geben an, die aus der Literatur bekannten strukturierten Innovationsmodelle wären im Unternehmen auch im digitalen Zeitalter weiterhin relevant. Das spricht für die Stabilität und Beständigkeit dieser Modelle als Grundmuster von Innovationsprozessen und der Zusammenarbeit in Unternehmen. Die Frage nach dem Input klassischer Anwender wird mit 15.79 % (n = 18) als eher gering angegeben und hebt die Relevanz von Lead-Usern hervor. Uns hat dann noch interessiert, wie viele der Unternehmen auch abends und an Wochenenden mit den Lead-Usern kommunizieren und mit 82.86 % (n = 87/bezogen auf n = 105 aus Frage 8), kam ein recht hoher Anteil heraus. Des Weiteren gaben die meisten Unternehmen an, 96.55 % (n = 84/bezogen auf n = 87 aus Frage 11), dass das ihrer Einschätzung nach kein Problem für die Lead-User sei. Das könnte für die überdurchschnittliche Belastbarkeit und hohe Einsatzbereitschaft an Arbeitsstunden von Lead-Usern sprechen.

Zusammenfassend zeigt diese Studie auf, dass die Interaktion von Produzenten und Lead-Usern, hier am Beispiel der KMU der deutschen Medizintechnikindustrie, einen wichtigen Bestandteil für die Wertschöpfung der Unternehmen bedeutet. Die Diffusion von Ideen für innovative Produkte und Dienstleistungen aus dem Bereich der Nutzer in den Bereich der Produzenten unterstützt die Industrie im internationalen Wettbewerb. Auch die Zufriedenheit der Lead-User wird von der Industrie angestrebt, was einerseits die Bindung zum Lead-User festigt und andererseits den Lead-User nicht zu einem Wettbewerber macht, so wie es Raasch und von Hippel (2012b) beschreiben.

3.5 Nutzergetriebene Fallbeispiele

Im Folgenden führe ich zwei interessante nutzergetriebene Projekte aus dem Gesundheitsbereich auf, die durch die Kraft der Nutzerinnovation realisiert worden sind. Gerade die Plattform Patient Innovation fasziniert mich und diese möchte ich mit dem Leser teilen. Das danach folgende Beispiel zur Entstehung des Herzkatheter-Verfahrens ist eher exotisch und risikoreich, soll aber trotzdem, auch aus historischer Sicht, genannt werden.

3.5.1 Patient Innovation – Sharing Solutions, Improving Life

Zwei Worte und eine riesige soziale Innovation. Patient Innovation beschreibt sich auf der eigenen Webseite (Patient Innovation 2018) wie folgt:

> Eine offene Plattform für Patienten und Begleiter, für alle Arten von Erkrankungen, weltweit. Über die Plattform können sie selbstentwickelte Lösungen für Gesundheitsprobleme teilen. Sie bietet Patienten somit eine Hilfestellung, krankheitsbedingte Herausforderungen besser anzunehmen.

Erstmals kennengelernt habe ich Patient Innovation im August 2014 an der Harvard Business School, Boston (USA), als ich an der von Prof. Dr. Eric von Hippel (Massachussets Institute of Technology) und Prof. Dr. Karim Lakhani (Harvard Business School) organisierten „12th Open and User Innovation Conference (OUI)" teilnehmen durfte, um eigene wissenschaftliche Forschungsergebnisse im Innovationsbereich kurz zu präsentieren.

Prof. Eric von Hippel (MIT, Sloan School of Management) ist auch einer der Berater von Patient Innovation. Er forscht seit Jahrzehnten im Innovationsbereich über Nutzerinnovation, Lead-User und die sozialen Auswirkungen der sich verändernden Innovationsprozesse. Da ich zu diesem Zeitpunkt selber bereits langjährig berufsbegleitend zu meiner Praxis in Leverkusen bei verschiedenen deutschen Medizintechnikunternehmen als Lead-User und Berater tätig war, wurde ich bei zahlreichen Literaturrecherchen immer wieder auf Prof. Dr. Eric von Hippel aufmerksam. Nun war es für mich und meine Frau sehr aufregend, ihn in den USA auf der OUI-Konferenz persönlich kennenzulernen. Auf der OUI-Konferenz waren etwa 200 internationale Forscher, viele auch aus Deutschland, Österreich und der Schweiz, aus den Forschungsbereichen Innovation, Entrepreneurship und Management.

Ein weiterer Berater von Patient Innovation, auch vom Massachussets Institut of Technology (MIT), ist Prof. Dr. Robert Langer, der das im Bereich biomedizinisches Engineering weltweit größte Forschungslabor („Langers research lab at MIT") mit über 100 Forschern führt. Des Weiteren ist Sir Richard Roberts, Nobelpreisträger für Physiologie oder Medizin 1993, wissenschaftlicher Leiter der New England Biolabs in Beverly/Massachussets (USA), ebenso als Berater an Bord.

Geleitet wird Patient Innovation von Prof. Dr. Pedro Oliveira (Católica Lisbon School of Business and Economics, Lissabon/Portugal) und der Ärztin Prof. Dr. Helena Canhao (Nova Medical School, Nova University, Lissabon/Portugal).

Der weitergedachte Gedanke des Lead-Users mündet hier im motivierten „User", der aus intrinsischer Motivation ohne finanzielles Interesse, aber mit einer gigantischen Motivation eine innovative Idee umsetzt. Die Motivation kann aus der Erkrankung des Users selbst, seiner Familienmitglieder oder anderen ihm nahestehenden Personen entstehen. Es kann aber auch der innere unbändige Antrieb sein, der Gesellschaft mit dieser Idee Nutzen zu bringen, die zu mehr Prävention und Gesundheit führen kann. Patient Innovation ist eine Plattform für diejenigen, die geben und helfen wollen. Mich haben diese Idee und die Plattform sofort fasziniert. Für die besten umgesetzten Ideen wird jährlich ein Preis verliehen. Ziel „ist eine Plattform sowie ein soziales Netzwerk, welches es Patienten, Angehörigen und medizinischem Personal erlaubt, ihre Lösungen für Gesundheitsprobleme mit anderen zu teilen" (Patient Innovation 2018) und das trifft es auf den Punkt.

Es gibt auf dieser Webseite Patientengruppen, dort kann man nach alphabetisch sortierten Erkrankungen suchen, schauen, welche Ideen oder Lösungen von anderen Usern eingestellt wurden, man kann Ideen teilen und ist Mitglied einer Gemeinschaft. Die Funktionsweise der Plattform ist selbsterklärend, so findet man z. B. unter dem Schlagwort „Diabetes" 64 Vorschläge, über innovative Geräte bis hin zu Online-Videos über Ernährung und Lebensqualitätssteigerung. Auch die entsprechenden Untergruppen der betreffenden Erkrankungsform sind schon differenziert zugeordnet und machen es dem User einfacher, zu seiner spezifischen Erkrankung passende Ideen oder Lösungsansätze zu finden.

Auszugsweise möchte ich hier eine tolle Idee, die Patient Innovation ausgezeichnet hat, vorstellen: Einer der vergangenen Preisträger des „Patient Innovation Award" erfand den sprechenden Stock für Sehbehinderte. Der Erfinder, Pavel Kurbatsky, beschreibt in seinem Interview (Patient Innovation 2015), er habe den Stock für die Welt entworfen, für Sehende und Sehbehinderte, um ihnen das Leben zu erleichtern. „Ich sah, daß, obwohl blinde oder taube Menschen genau wie alle anderen sind, sie große Probleme haben, sich in einer Umgebung zu bewegen, die nicht für sie entworfen ist." Zu seiner Motivation, diese Idee zu entwickeln und umzusetzen, sagte er: „Ich entschied, daß ich ihnen in irgendeiner Form helfen könnte". Auf der Webseite von Patient Innovation (2015) kann das Interview nachgelesen werden, in dem es weiter heißt:

Schon einige Jahre davor hatte das junge Genie angefangen, nach Möglichkeiten zu forschen, Technologie einzusetzen, um Menschen mit Behinderungen zu helfen. Im Alter von 9 Jahren erfand Pavel Kurbatsky ein spezielles Thermometer für Sehbehinderte. Jetzt, mit 18 Jahren, hat er einen speziellen Stock und eine spezielle Brille entworfen. Der Stock ist mit Sensoren auf drei Ebenen ausgestattet: Kopf, Hüfte und Füsse. Die Sensoren scannen die Umgebung, und sobald man sich einem Hindernis nähert, bekommt man eine akustische Warnung. Die Brille verfügt über ein eingebautes Kopftelefon und GPS, womit man Informationen über bestimmte Orte für zukünftige Gelegenheiten speichern kann. Dies ist besonders hilfreich an Orten wie Krankenhäusern, Behörden und in öffentlichen Verkehrsmitteln.

Viele weitere Ideen und Lösungsansätze kann man auf der Seite nachlesen und sich inspirieren lassen. Ich habe nach dieser Inspiration in 2015 meine „Dr. Dr. Plugmann APP" auf eigene Kosten entwickelt und kostenlos für jeden verfügbar ins Netz gestellt. Immerhin kenne ich inzwischen einige Arzt- und Zahnarztpraxen, die diese App als spielerische Möglichkeit einsetzen, Patienten in ihrem Alltagsverhalten unterstützend zur Seite zu stehen. Die App wurde sehr nutzerfreundlich gestaltet und die Verbindung von Gesundheitswesen und Gamification hat aus meiner Sicht zukünftig ein großes Potenzial, wenn sie nutzerfreundlich und sicher gestaltet wird. Für mich war es auch eine Form der Lernkurve, eine App-Idee zu realisieren, um auch besser nachfühlen zu können, womit sich App-Entwickler befassen – über die Kommunikation mit Informatikern, über rechtliche Grundlagen, Datenschutz und Cybersecurity, bis hin zur Gestaltung der Nutzerfreundlichkeit.

3.5.2 Der Herzkatheter-Selbstversuch

Über die Entwicklung des Herzkatheters hörte ich während meines Studiums der Zahnmedizin an der Universität Köln im 1. klinischen Semester im Fach „Geschichte der Medizin". Der 1904 in Berlin geborene Werner Forßmann, der für seine Herzkatheterisierung im Selbstversuch den Nobelpreis erhielt, schrieb ein Kapitel der Medizingeschichte (Ärzte Zeitung 2004):

> Im Sommer 1929 beschloß der 25jährige Assistenzarzt Werner Forßmann, sich mit eigener Hand als erster Mensch einen Katheter über die Ellenbeugenvene ins rechte Herz vorzuschieben. Forßmanns Chef in Eberswalde verbot ihm aus ethischen Gründen dieses Experiment. Daraufhin führte Forßmann den Katheter heimlich in der Mittagspause mit Hilfe einer Krankenschwester 30 Zentimeter weit in die Armvene ein, stieg mit liegendem Katheter die Treppen zur Röntgenabteilung in den Keller hinunter, schob die Sonde weitere 30 Zentimeter vor und ließ eine Aufnahme anfertigen, die die Katheterspitze im rechten Vorhof zeigte.

Beachtung fand sein Selbstversuch nicht und er musste, wie wohl viele Pioniere, die ihrer Zeit voraus sind, mehrere Jahrzehnte auf Anerkennung warten, bis er mit zwei amerikanischen Kollegen im Jahr 1956 den Nobelpreis für Medizin bekam. Natürlich können medizinische Selbstversuche auch ein negatives Ergebnis nach sich ziehen und es soll bitte niemanden zu solchen Dingen animieren. Das extreme Beispiel, das auch Medizinstudenten zu hören bekommen, bietet sich aber an, um in der Nomenklatur der Lead-User, User und Innovationen einfach unterschiedliche Beispiele für ein erweitertes Verständnis aufzuführen.

3.6 Eigene Erfahrungen als Lead-User

Bereits in der Einleitung habe ich von meinen anfänglichen Erfahrungen vor 15 Jahren berichtet, bei denen ich als beginnender Lead-User verschiedenen Referentenpools angehörte und an Projekten beteiligt war. Das Gefühl, in einem Projektteam zu arbeiten, das keine Idee von einem hören möchte, ist für den Betroffenen unangenehm, aber für das Unternehmen ist es noch viel schlimmer. Denn heutzutage sind Unternehmen auf interne und externe Ideen angewiesen, um im globalen Wettbewerb innovativere Produkte und Dienstleistungen zu produzieren als die Konkurrenz.

Ob als Lead-User oder User mit tollen Ideen: Das Handlungsmuster ist ähnlich, man ist geleitet von intrinsischer Motivation, etwas besser machen zu wollen, was letztlich zum Wohle der Patienten ist. Das kann ein Verfahren sein, eine App, ein Gerät, ein Instrument, ein Werkstoff, eine Kombination aus allem oder einfach ein Gedanke, der in einer Gemeinschaft von anderen weiterentwickelt werden kann.

Die berufsbegleitende Lead-User-Tätigkeit ist ein Zeitfresser und man muss bereit sein, die eigene Freizeit zu opfern. Ins Kino gehen und Popcorn essen kann auch schön sein. Die Ideen, die ich persönlich einbringen konnte und die umgesetzt wurden, waren emotional sehr befriedigend. Und natürlich gab es auch viele Ideen, die nicht umgesetzt wurden, aber das darf man nicht persönlich nehmen. Es ist klar, dass, wenn man zehn Ideen an ein Unternehmen der Medizintechnikindustrie kommuniziert, vielleicht eine oder zwei davon in den engeren Kreis der Projektierung rücken. Da muss man entspannt drauf reagieren können. Schließlich soll das Lead-User-Engagement Spaß machen.

Das ist auch die richtige Stelle im Buch, um mich bei meiner langjährigen Praxismanagerin Frau Bettina Zirwes herzlichst zu bedanken, die mir seit über 15 Jahren in unserer Zahnarztpraxis in Leverkusen den Rücken freihält, indem sie auf der einen Seite das Patienten- und Praxismanagement herausragend zuverlässig führt und auf der anderen Seite die Kommunikation zwischen mir, unserem eigenen Praxisdentallabor und den Medizintechnikunternehmen koordiniert. Ohne ein starkes und motiviertes Team kann kein Lead-User berufsbegleitend aktiv sein. Der Erfolg ist immer eine Gemeinschaftsleistung.

Literatur

Allen T (1986) Managing the flow of technology: technology transfer and dissemination of technology information within the R&D organization. MIT Press, Cambridge

Ärzte Zeitung (2004) Der Herzkatheter-Selbstversuch: Dichtung und Wahrheit. https://www.aerztezeitung.de/panorama/article/315957/herzkatheter-selbstversuch-dichtung-wahrheit.html. Zugegriffen: 23. Febr. 2018

Brockhoff K (1999) Forschung und Entwicklung: Planung und Kontrolle. Walter de Gruyter, Berlin

Bundesministerium für Bildung und Forschung (2008) Identifikation von Innovationshürden in der Medizintechnik. Bundesministerium für Bildung und Forschung, Berlin. https://www.bmbf.de/publikationen/

Bundesministerium für Bildung und Forschung und Verband der Elektrotechnik, Elektronik und Informationstechnik (2009) Identifizierung von Innovationshürden in der Medizintechnik. Bundesministerium für Bildung und Forschung (BMBF), Bonn

Bundesministerium für Bildung und Forschung (2010) Ideen. Innovation. Wachstum. Hightech-Strategie 2020 für Deutschland. http://www.ibbnetzwerk-gmbh.com/fileadmin/Content/Foerderprogramme%20und%20pdfs/BMBF%20-%20Ideen.Innovation.Wachstum%20Hightec2020%202010.pdf. Zugegriffen: 28. März 2018

Bundesministerium für Bildung und Forschung (2012) Referat Grundsatzfragen der Innovationspolitik. High-Tech-Strategien. Bundesministerium für Bildung und Forschung (BMBF), Berlin

Bundesministerium für Bildung und Forschung (2014a) Horizont 2020 im Blick. Informationen zum neuen EU-Rahmenprogramm für Forschung und Innovation. https://www.bmbf.de/pub/Horizont_2020_im_Blick.pdf. Zugegriffen: 28. März 2018

Bundesministerium für Bildung und Forschung (2014b) Die neue Hightech-Strategie Innovationen für Deutschland. https://www.bmbf.de/pub_hts/HTS_Broschure_Web.pdf. Zugegriffen: 28. März 2018

Cohen LY, Kamienski PW, Espino RL (1998) Gate system focuses industrial basic research. Res Technol Manage 41(4):34–37

Cooper RG (1983) A process model for industrial new product development. IEEE Trans Eng Manage 30(1):2–11

Cooper RG (1994) Third-generation new product processes. J Prod Innov Manage 11:3–14

Deutsches Institut für Wirtschaftsforschung e. V. (2008) Rückstand bei der Bildung gefährdet Deutschlands Innovationsfähigkeit. DIW-Studie 2008. http://www.diw.de/de/diw_01.c.90383.de/themen_nachrichten/rueckstand_bei_der_bildung_gefaehrdet_deutschlands_innovationsfaehigkeit.html. Zugegriffen: 28. März 2018

Ebert G, Pleschak F, Sabisch H (1992) Aktuelle Aufgaben des Forschungs- und Entwicklungscontrolling in Industrieunternehmen. In: Gemünden HG, Pleschak F (Hrsg) Innovationsmanagement und Wettbewerbsfähigkeit. Gabler, Wiesbaden

Gemünden HG, Hölzle K, Salomo S (2007) Role models for radical innovations in times of open innovation. J Creativity Innov Manage 16(4):408–421

Herstatt C (1994) Realisierung der Kundennähe in der Innovationspraxis. In: Tomczak T, Belz C (Hrsg) Kundennähe realisieren. Verlag Thexis, St. Gallen, S 291–307

Herstatt C (1999) „Theorie und Praxis der frühen Phasen des Innovationsprozesses". io Management 68(10):72–81

Herstatt C, Lüthje C, Lettl C (2007) Fortschrittliche Kunden zu Breakthrough-Innovationen. In: Herstatt C, Verworn B (Hrsg) Management der frühen Innovationsphasen. Grundlagen – Methoden – Neue Ansätze. Springer, Heidelberg, S 61–75

Hienerth C, Hippel E von, Jensen MB (2012) "Efficiency of Consumer (Household Sector) Vs. Producer Innovation." SSRN eLibrary. MIT Sloan School of Management. Elsevier Verlag, Cambridge. https://www.sciencedirect.com/science/article/pii/S0048733313001261

Hippel EA von (1976) The dominant role of users in the scientific instrument innovation process. Res Policy 5(3):212–239. https://doi.org/10.1016/0048-7333(76)90028-7

Hippel EA von (1977a) "The dominant role of the user in semiconductor and electronic subassembly process innovation." IEEE Trans Eng Manage EM-24 2(May):60–71

Hippel EA von (1977b) Transferring process equipment innovations from user-innovators to equipment manufacturing firms. R&D 8(1):13–22

Hippel EA von (1978) Successful industrial products from customer ideas. J Mark 42(1):39–49

Hippel E von (1982) Appropriability of innovation benefit as a predictor of the source of innovation. Res Policy 11(2):95–115

Hippel EA von (1986) Lead users: a source of novel product concepts. Manage Sci 32(7):791–805

Hippel EA von, Finkelstein SN (1979) Analysis of innovation in automated clinical chemistry analyzers. Sci Public Policy 6(1):24–37

Hippel E von, Riggs W (1996) A lead user study of electronic home banking services: lessons from the learning curve sloan working paper. Sloan School of Management, Massachusetts Institute of Technology, Cambridge, June 1996

Hippel E von, Ogawa S, Jong JPJ de (2011) The age of the consumer-innovator. MIT Sloan Manag Rev 53(1):27–35

Hippel E von, Thomke S, Sonnack M (1999) Creating breakthroughs at 3M. Harvard Bus Rev 77(5):47–57

Hughes GD, Chafin DC (1996) Turning new product development into a continuous learning process. J Prod Innov Manage 13:89–104

IFM Institut für Mittelstandsforschung Bonn (2018) https://www.ifm-bonn.org/ueber-uns/forschungstaetigkeit/. Zugegriffen: 28. März 2018

Lüthje C (2000) Kundenorientierung im Innovationsprozess: Eine Untersuchung zur Kunden-Hersteller-Interaktion auf Konsumgütermärkten. Gabler, Wiesbaden

Morrison PD, Roberts JH, Hippel E von (2000) "Determinants of user innovation and innovation sharing in a local market". Manage Sci 46(12):1513

Oliveira P, Hippel E von (2011) Users as service innovators: the case of banking services. Res Policy 40(6):806–818

Patient Innovation (2015) Der sprechende Stock für Sehbehinderte. https://patient-innovation.com/post/732?language=de. Zugegriffen: 22. Febr. 2018

Patient Innovation (2018) Homepage. https://patient-innovation.com/?locale=de&language=de. Zugegriffen: 22. Febr. 2018

Plattner H, Meinel C, Weinberg U (2009) Design Thinking: Innovation lernen, Ideenwelten öffnen. mi-Verlag, Landsberg am Lech

Raasch C, Hippel E von (2012a) "Innovation Effort as ‚Productive Consumption:' The Power of Participation Benefits to Amplify Innovation" MIT Sloan School of Management Working Paper, Cambridge, (October) (SMR forthcoming)

Raasch C, Hippel E von (2012b) "Modeling interactions between user and producer innovation: user-contested and user-complemented markets." SSRN elibrary (June 7, 2012)

Riggs W, Hippel E Von (1994) Incentives to innovate and the sources of innovation: the case of scientific instruments. Res Policy 23(4):459–469

Schweisfurth TG, Raasch C (2014) Embedded lead users – the benefits of employing users for corporate innovation. Res. Policy 44(1):168–180

Shah S (2001) "Sources and patterns of innovation in an consumer products field: Innovations in sporting equipment", Working Paper, WP 4105; Sloan School of Management, Massachusetts Institute of Technology, Cambridge

Shaw B (1985) The role of the interaction between the user and the manufacturer in medical equipment innovation. R&D Manage 15(4):283–292

Spectaris (2017a) SPECTARIS-Stellungnahme: Kommissionsvorschlag für eine neue EU-Dual-Use-Verordnung. http://www.spectaris.de/uploads/tx_ewscontent_pi1/SPECTARIS-Stellungnahme_DualUseVO_03.pdf. Zugegriffen: 23. Febr. 2018

Spectaris (2017b) Überblick zur neuen europäischen Medizinprodukteverordnung. http://www.spectaris.de/medizintechnik/der-fachverband/regulatory-affairs/ueberblick-zur-neuen-eu-medizinprodukteverordnung.html. Zugegriffen: 28. März 2018

Thom N (1992) Innovationsmanagement. Schweizerische Volksbank, Bern

Ulrich KT, Eppinger SD (1995) Product design and development. McGraw-Hill, New York

Vahs D, Burmester R (2002) Innovationsmanagement. Schäffer-Poeschek

Weissenberger-Eibl et al (2017) Innovationsindikator 2017: Schwerpunkt digitale Transformation. ZEW-Gutachten und Forschungsberichte. acatech – Deutsche Akademie der Technikwissenschaften e. V., Berlin. http://www.innovationsindikator.de/fileadmin/2017/PDF/Innovationsindikator_2017.pdf

Witt J (1996) Grundlagen für die Entwicklung und die Vermarktung neuer Produkte. In: Witt J (Hrsg) Produktinnovation. Vahlen, München

Herr Dr. Dr. Philipp Plugmann ist Zahnmediziner mit einer eigenen Praxis in Leverkusen, mehrfacher Unternehmensgründer und Fortbildungsreferent für die Medizintechnikindustrie. Parallel dazu hat er eine wissenschaftliche Laufbahn eingeschlagen. Er unterrichtet seit 2017 an der Hochschule Fresenius Köln. Davor lehrte er von 2007 bis 2016 an der Hochschule Karlsruhe „Innovationsmanagement for technical products" und wurde vom Rektor für herausragende Lehre ausgezeichnet. Zusätzlich ist er seit 2013 Research Fellow an der Universitätszahnklinik Marburg.

Im Zuge seiner akademischen Laufbahn präsentierte er Forschungsergebnisse im Bereich Innovationen auch in den USA und Asien. Business Model Design und Innovationsmanagement sind seine Kernthemen. Sein Buch „Zukunftstrends und Marktpotentiale in der Medizintechnik" wurde 2012 vom NASDAQ gelisteten Global Player CISCO positiv reviewt. Seine Kenntnisse gibt er als Advisor weiter.

4   Innovativer Unternehmer versus Start-up-Gründer – Unterschiede und Gemeinsamkeiten

Achim Denkel

Inhaltsverzeichnis

4.1	Der Weg zur Selbstständigkeit	57
4.2	Start-up-Gründer oder innovativer Unternehmer?	58
4.3	Handelnde Personen	59
4.4	Das Konzept	60
4.5	Das Netzwerk	61
4.6	Die Kunden	62
4.7	Der Businessplan	62
4.8	Die PowerPoint-Präsentation	63
4.9	Die Bewertung	64
4.10	Fazit	65
Literatur		66

4.1 Der Weg zur Selbstständigkeit

Die grundsätzlichen Voraussetzungen, um ein Unternehmen aufzubauen, sind für alle Gründer gleich. Es braucht einen Markt, den es zu erschließen gilt, Mut, die Komfortzone eines geregelten Lebens zu verlassen, und Kapital für die ersten Investitionen. Was anfänglich eher banal zu sein scheint, entpuppt sich nicht selten als Herausforderung, die manchen Gründer zur vorzeitigen Aufgabe treibt und Freundschaften sowie Beziehungen auf die Probe stellt. Das gilt im Besonderen dann, wenn der Markt, den man erschließen möchte, ein neuer und nicht jedem potenziellen Investor bekannt ist und das neue Geschäftsmodell wenig Vergleichsmöglichkeiten bietet.

A. Denkel (✉)
Salesheads AG, Hamburg, Deutschland
E-Mail: ad@capitalinside.com

© Springer Fachmedien Wiesbaden GmbH, ein Teil von Springer Nature 2018
P. Plugmann (Hrsg.), *Innovationsumgebungen gestalten*,
https://doi.org/10.1007/978-3-658-22127-0_4

Ist der Entschluss jedoch gefasst und die Idee nimmt Form und Gestalt an, muss das Umfeld, dass es maßgeblich zu beeinflussen gilt, von der zündenden Idee begeistert werden, um den positiven Geist in einem selbst nicht zu verlieren. Das ist eine der größten Herausforderungen auf dem Weg ins Unternehmertum, sei es beim innovativen Unternehmer oder beim Start-up-Gründer.

Alles, was man bis dahin als Angestellter im Berufsleben als Hürde oder Problem empfand, beginnt recht schnell zu verblassen vor der Herausforderung, sich auf Gespräche und Diskussionen von Sinnhaftigkeit der Unternehmung einzulassen. In diesen Gesprächen findet sich alles wieder, von totaler Begeisterung bis zur vernichtenden Skepsis. Aber aus ganz persönlicher Sicht muss ich sagen: Man braucht alle diese Gespräche. Sie helfen einem, das Konzept immer wieder zu hinterfragen und sie bereiten einen auf alle zukünftigen Unternehmenspräsentationen vor.

Liest man bei Wikipedia die Definition von „Start-up" durch, versteht sich ein solches als eine normale Unternehmensgründung mit der Idee, hohe Einnahmen in den nächsten Jahren zu erzielen (Wikipedia 2018):

> Start-up-Unternehmen (auch Startup-Unternehmen; kurz: das Startup bzw. Start-up, von englisch to start up = „gründen, in Gang setzen") ist ein wirtschaftsgeschichtlich recht neuer Begriff, der ein junges Unternehmen bezeichnet, das vor allem durch zwei Besonderheiten gekennzeichnet wird: Es hat eine innovative Geschäftsidee bzw. Problemlösung – und die Unternehmensgründung erfolgt mit dem Ziel, stark zu wachsen und einen hohen Wert zu erreichen.

Allerdings kann man dem innovativen Unternehmer und Erfinder selbstreinigender Waschbecken das Ziel, hohe Einnahmen zu erzielen, ebenso wenig absprechen wie dem Start-up-Gründer und Suchmaschinenerfinder, seine Absatzkanäle sind jedoch deutlich limitierter.

Man kann besser durch die Finanzierungsart, die Kapitalbeschaffung der Unternehmensgründer unterscheiden. Die Suchmaschinenerfinder benötigen Investoren, die wie Unternehmer denken, der Waschbeckenerfinder benötigt zu Beginn einen soliden Bankkredit für die erste Produktion. Vergleichen lässt sich das mit dem Schubladendenken bei der ersten Begegnung mit nicht bekannten Personen: Findet der Betrachter keine Schublade für das, was er sieht, findet er das entweder sehr interessant oder schreckt davor zurück. Letzteres ist das typisch deutsche Phänomen bei Start-ups mit bahnbrechenden Erstideen.

4.2 Start-up-Gründer oder innovativer Unternehmer?

Man stelle sich die beiden Google-Erfinder Larry Page und Sergey Brin in der Sendung „Die Höhle der Löwen" vor, bevor sie BackRub gründen, mit folgendem Plan: „Wir möchten eine Suchmaschine fürs Internet programmieren, die für jeden kostenlos benutzbar ist und dabei einen Algorithmus auf Backlinks anwendet. Es bedarf einer

Investition von 1.100.000 US$, damit es auch reibungslos funktioniert. Einnahmen gibt es erst mal keine."

Daneben einen Erfinder, der seine Innovation vorstellt: „Ich habe ein Waschbecken erfunden, das sich ganz von selbst reinigt, und im ersten Jahr plane ich, 1000 Stück zu verkaufen. Ich benötige dafür 750.000 US$." Spätestens nach der Frage, wie viele Einnahmen in den nächsten Jahren kommen sollen, würde der innovative Waschbeckenerfinder mit einem Scheck nach Hause gehen, Page und Brin hätten nur ein paar lobende Worte erhalten: „Eine wirklich tolle Idee, aber dieses Mal sind wir nicht dabei." Mangelndes Verständnis und risikoaverses Handeln sind zusammengefasst die Probleme, mit denen sich Start-up-Gründer besonders in Deutschland auseinandersetzen müssen. Je komplexer die Idee, desto schwieriger wird es, Investoren zu finden. Ein über Generationen angelerntes sicherheitsorientiertes Denken und Handeln zeichnen den deutschen Investor aus. Es wird in nahen Erfolgen gedacht und in kurzgesetzte Ziele eingeordnet, nicht in Möglichkeiten bahnbrechender Geschäftsideen überlegt. Obwohl Deutschland doch einst als Land der Dichter und Denker bekannt geworden ist und hier immer noch viele Patente angemeldet werden, betreffen diese meist nicht die Ideen, die mit wirtschaftlicher Optimierung zu tun haben, sondern mit medizinischer Forschung.

Bei Neugründung disruptiver Wirtschaftsunternehmen ist es ein Zusammenspiel aus mangelndem Vertrauen in die handelnden Personen, Konzeptverständnis, Netzwerk, potenziellen Kunden, erwartetem Turn-Around und der grundsätzlichen Markteinschätzung, die es dem Gründer so schwer machen, an Seed-Capital (siehe deutsche startups 2018 für eine detaillierte Begriffserklärung) zu gelangen. Denn alle diese Punkte müssen dem potenziellen Investor klar vor Augen geführt werden und Bedenken bis auf ein Minimum reduziert werden.

4.3 Handelnde Personen

Auf den Punkt gebracht muss der Investor vom Projekt überzeugt werden. Er braucht die Vision, die Goldgräberstimmung. Also liegt alles am Marketing?

Hätte sich Unternehmer Elon Musk nicht in den Kopf gesetzt, batteriebetriebene Autos auf die Straße zu setzen, würde der Automobilmarkt wahrscheinlich noch immer einzig und allein mit Verbrennungsmotoren werben. Was Elon Musk jedoch in Perfektion versteht, ist gutes Marketing für sich selbst und seine Projekte. Sind seine Ideen profitabel? Nicht notwendigerweise. Er benötigt immer wieder Kapital für seine Unternehmen, aber dabei sind seine Präsentationen so auf den Punkt gebracht, dass seine Ideen von den Medien aufgenommen werden wie Wasser von einem trockenen Schwamm. Er präsentiert ein Elektroauto für alle und es gibt eine Reihe von Investoren, die ihr neues Auto anzahlen, ohne es getestet zu haben. Es gibt Lieferschwierigkeiten der Autos, und Musk präsentiert einen neuen Elektro-LKW mit besserer Windschutzscheibe und stärkerer Leistung, als sie herkömmliche Zugmaschinen haben. Er setzt auf Marketing, nicht auf Cash-Flow-Modelle.

Man glaubt an den Erfinder, den Revolutionär Elon Musk – ohne große Einwände. Er präsentiert, sammelt Kapital und setzt um. Viele gläubige Anhänger tätigen personenbezogene Investitionen. Keine weiteren Fragen zu seinem zweiten Managementteam? Zu seinen Cash-Flow-Plänen? Nein. Wie reagiert der Handel an der Börse? Tesla wird zeitweise höher bewertet als BMW, ein weltweit agierender Konzern mit höheren Absatzzahlen und einer über Jahre hinweg weltweit aufgebauten Infrastruktur. Elon Musks Biografie ist auf der Bestsellerliste des Spiegels. Seine Investoren kaufen sich ein Stück Elon Musk.

Investoren zu überzeugen durch Persönlichkeit und ein perfektioniertes Marketing – das ist im Bereich der Start-up-Szene eine gern verwendete Technik. Jedoch wird nicht jeder Gründer zum Idol einer Bewegung, was aber nicht bedeutet, das erfolgreiche Start-ups nicht auch von vielen anderen Faktoren abhängen können. Unter anderem dem Konzept.

4.4 Das Konzept

Die aktuelle Lage ist perfekt für das Investment in neue Ideen. In Zeiten von Niedrigzinsen und Investitionsstau ist es möglich, Investoren zu finden und eine zukunftsträchtige Unternehmung mit Kapital umzusetzen. Es gelingt damit vielen Venture Capital Fonds, Summen an Kapital einzusammeln, die man vor 20 Jahren nur am *Neuen Markt* (ein Begriff, der von 1997–2001 geprägt wurde) gesehen hat. Man möchte profitable Investments, stark steigende Renditen, vor Börsengang und Marktdurchdringung – bleibt die Frage, ob mit einem Start-up oder mit einer innovativen Idee für einen bestehenden und klar definierten Markt.

In Hamburg gibt es ein Unternehmen mit dem Namen Deposit Solutions, das folgendes Problem löst: Sie bringen Barbestand an Banken, die ihn benötigen, und nehmen Barbestand von Privatkunden und Banken, welche im Besitz von Barbestand sind. Sie fahren dabei nicht mit Geldtransportern durch die Gegend – das wäre wirklich wenig innovativ – sondern sie nehmen Giralgeld und transferieren es. Verrückt, denn das hört sich nach einer normalen Bank an, ist es aber nicht. Deposit Solutions beschreibt es auf der eigenen Website folgendermaßen (Deposit Solutions 2018):

> Seit 2011 revolutioniert die von uns entwickelte Technologie die Wertschöpfungskette für Banken und Sparer. Unsere bahnbrechende Open Banking-Plattform ermöglicht es Banken, ihren Kunden über die bestehende Kontoverbindung attraktive Einlagenprodukte Dritter anzubieten. So erhalten Banken, die Einlagen aufnehmen möchten, Zugang zu Einlagen aus neuen Kundengruppen und zusätzlichen Märkten, ohne ihre eigene Retail-Infrastruktur aufbauen und betreiben zu müssen. Sparer wiederum haben Zugriff auf die besten Einlagenprodukte im Markt, ohne bei einer anderen Bank ein neues Konto eröffnen zu müssen.

Für den Laien bedeutet das, dass seine Bank sein Bargeld zwar nicht mehr gebrauchen kann, folglich auch keine Zinsen auf Einlagen zahlt, andere Banken dies aber tun, und diese gilt es zu vernetzen: ein Resultat der EZB-Politik, aber eine Lücke in der Wertschöpfungskette, die geschlossen wurde. Der Durchbruch kam, als ein sehr bekannter Investor an Board kam, nämlich Peter Thiel. So schreibt das manager magazin (2016): „Peter Thiel, Mitgründer von PayPal und erster institutioneller Investor bei Facebook, weitet sein Engagement in deutschen Fintech-Unternehmen aus. Er investiert in das Hamburger FinTech-Unternehmen Deposit Solutions, das die Plattform „Zinspilot" betreibt."

Nun ist es also eher eine Innovation als ein Start-up? Dr. Tim Sievers bekam für das Konzept den Gründerpreis und startete im April 2011 mit Deposit Solutions. Den Durchbruch und die volle Aufmerksamkeit erreichte das Unternehmen mit der Beteiligung von Peter Thiel.

In diesem Fall hat also das überzeugende Konzept für den Durchbruch gesorgt und nicht das Marketing und die Präsentation einer einzelnen Person.

4.5 Das Netzwerk

Der Gründer eines Start-ups hat im Vergleich zu einem innovativen Unternehmer keinerlei bestehende Kundenbasis. Es wird je nach Komplexität des Start-ups auch noch eine Weile dauern, bis die ersten Kunden einen Vertrag unterschreiben oder das Produkt kaufen. Denn vorab muss, neben den üblichen Gründungsmodalitäten, etwas zum Verkauf hergestellt werden und das in einem Format, das die potenziellen Käufer überzeugt.

Trotz fehlender Kundenbasis muss man früh anfangen, das Vorhaben bekannt zu machen. Das größte Verständnis findet man zu Beginn bei Gleichgesinnten. Menschen, die ebenfalls eine Idee haben, Menschen, die schon einmal in einer solchen Phase steckten, Menschen, die die Begeisterung für die Idee teilen. Denn wenn eine Idee im Kopf eines Menschen platziert ist, wächst sie heran und er teilt sie mit seinem Netzwerk, was die Durchschlagskraft erhöht. Idealerweise sollten diese Menschen von der Idee begeistert sein, sodass sie zu Influencern werden können, wenn es das Resultat der Unternehmung zu kaufen gibt. Vorab sind sie eine Feedbackschleife. Sie bringen Ideen und ihre eigenen Gedanken mit.

Ein Gründer mit innovativen Ansätzen braucht natürlich auch ein Netzwerk, aber ein anderes. Seine Absatzwege sind klar, er muss sich allerdings mit den handelnden Personen der Absatzketten vernetzen, also zu bestehenden Beziehungen Zutritt erlangen. Das macht ein gut funktionierendes Beziehungsmanagement notwendig. Wie der Zielkunde aussieht, ist dabei mehr oder weniger vorgegeben, also ganz anders als im Vergleich zum Start-up-Gründer.

4.6 Die Kunden

Das Bild des Kunden bei der Entwicklung von Produkten vor Augen zu haben, ist in den meisten Fällen notwendig.

Welche Menschen kaufen ein selbstreinigendes Waschbecken? Werden es gut verdienende, vielbeschäftige Privatpersonen sein oder z. B. Restaurantbesitzer? Mit welchem Preiskonzept geht das Produkt an den Markt? Was kommt danach, wird die Zielgruppe sich verändern, wird das Produkt in jedem Baumarkt stehen? So nähert sich der Erfinder selbstreinigender Waschbecken über bestehende Verkaufsstrukturen und die bestimmte Anzahl verarbeiteter Waschbecken seinem Verkaufspotenzial.

Die Suchmaschinengründer hatten zu Beginn keine bestimmte Zielgruppe vor Augen, sie hatten ein Entwicklungsziel. Die Zielgruppe veränderte sich mit der Anzahl von Hardwaregeräten und der zunehmenden Digitalisierung. Wer nutzt Suchmaschinen heute? Jeder Mensch mit Smartphone, Tablet, Smart TV, Laptop und Rechner am Arbeitsplatz oder zu Hause. Es stellt sich die Frage, ob die Entwicklung von Endgeräten in dieser Geschwindigkeit vorangegangen wäre, hätte es keine Suchmaschinen gegeben. Aus unserem Sprachgebrauch ist „Ich google mal!" heute nicht mehr wegzudenken. Den heutigen Wert des Unternehmens Google hätte damals niemand vorausahnen können: Zum 31.03.2017 stand das Unternehmen bei einer Marktkapitalisierung von 579.000.000.000 US$.

Hätte eine Gruppe mittelständischer Unternehmen das Erfolgskonzept so betrachtet? Würde eine Bank den Suchmaschinengründern gegenüber so viel Weitsicht mitbringen? Ich behaupte: Niemals.

4.7 Der Businessplan

Der klassische Betriebswirt klammert sich an Zahlen und Tabellen. Alles, was er Schwarz auf Weiß vor sich sieht, kann schnell verstanden und zur Not auch zerpflückt werden. Deshalb ist Vorsicht geboten bei den Zahlenwerken, die man präsentiert. Ein Standard sind 5-Jahres-Szenarien. Auch wenn jeder mit Excel-Kenntnissen ausgestattete Betriebswirt einen Excel-Plan in alle Richtungen durchrechnen kann und Jahr 3, 4 und 5 in der Anfangsphase eines Unternehmens so weit weg sind wie Mars und Jupiter, so wird trotz alledem über diese Zeiträume diskutiert. Jeder, der schon einmal von Beginn an eine Firma aufgebaut hat, weiß, dass vieles anders kommt als geplant. Aber die Seedinvestoren benötigen einen Richtwert zu Kosten und zu Einnahmen.

Am Beispiel der Erfindung selbstreinigender Waschbecken wird es klarer: Mit jedem verkauften Waschbecken entsteht Umsatz, abzüglich Herstellungskosten in der Produktion, durch Marketing und Personal. Man muss den Sweet Spot finden und das gelingt nur durch viele Probegespräche. Bei der Erfindung einer Suchmaschine verhält sich die Preisbetrachtung deutlich schwieriger. So wurden Google Adwords und Google Adsense zur transparenten Geldeinnahme des Unternehmens, Produkte, die mithilfe eines Bieterverfahrens selbstständig Preisregulierungen vornehmen. Hätten die Gründer dies damals Investoren vorgestellt, hätte niemand daran geglaubt.

Zu viel Information verunsichert einen typischen Investor. Er hält sich an Dingen fest, von denen unerfahrene Gründer im Dialog eiskalt erwischt werden: angenommene Personenanzahl im Betrieb, Supportverpflichtungen, Haftungen, Räumlichkeiten, Produktionsausfall und vieles mehr. Der Investor muss nicht alles verstehen an einem zahlenbasierten Businessplan, sondern entscheidend ist, auszudrücken, dass der Gründer von sich und dem Vorhaben komplett überzeugt ist, wirtschaftliche Zusammenhänge versteht und keinerlei Zweifel am eigenen Projekt hat.

Die Vorstellung des Businessplans ist die Fragestunde der potenziellen Geldgeber. Ist man an diesen Punkt gekommen, liegt es nur noch an dem zu vermittelnden Bauchgefühl.

4.8 Die PowerPoint-Präsentation

Wirklich kein schwieriges Thema ist die Präsentation der Idee. Eine Regel, die nahezu immer gilt, lautet: Zehn Slides und den Rest in den Anhang. Es können auch ein paar Slides weniger oder mehr sein, die tiefergehenden Slides kommen aber auf jeden Fall in den Anhang, auch, wenn es 100 sind.

Anhand der Präsentation werden die zukünftigen Wege durch die Ansprechpartner vorbestimmt. Während der junge, angestellte Erstprüfer des Venture Fonds bei der Vorauswahl die eigenen Maßstäbe an eine Präsentation relativ weit oben ansetzt, ist der Kreditspezialist wenig beeindruckt von bunten Marketingunterlagen. Für ihn muss sich die Idee rechnen, er muss sie verstehen und vergleichen können. Umsatz, Gewinn und die sichergestellte Zinszahlung an die Bank sind für ihn interessant. Die Präsentation dient bei ihm eher als Lektüre in Schriftgröße 12, DIN-A4-Querformat. Dabei sollten auf mindestens fünf von zehn Seiten Excel-Tabellen auftauchen, in denen gleichzeitig klar wird, dass auf eine noch größere Excel-Tabelle zurückgegriffen werden kann, falls notwendig. Benötigt werden im Prinzip Unterlagen für die Bank, die dokumentieren, welches Unternehmenskonzept finanziert wird. Es ist nicht mehr und nicht weniger als das.

Es besteht die Notwendigkeit, die Präsentation auf die Gesprächspartner anzupassen, was auch der Grund dafür ist, dass fast jedes junge Unternehmen gleich mehrere Varianten seiner Präsentation gespeichert hat. Die Kernaussage und die Argumentationskette bleiben jedoch immer gleich.

4.9 Die Bewertung

Gerade bei Venture Fonds werden junge Angestellte, die ins Bild der Start-up-Szene passen, beauftragt, auf Messen zu stöbern und mit ihrem Blick auf die Dinge einen Business Case zu beurteilen. Nicht, dass dies völlig aus dem Nichts heraus entsteht, hier werden konkrete Bewertungsvergleiche anderer ihnen bekannter Unternehmen herangezogen. Aber die Erstgespräche finden nicht mit den Geldgebern statt, sondern nur mit denjenigen, die die Vorauswahl treffen. Es geht hierbei um den ersten Eindruck und das Ziel, aus einem großen Angebot etwas Passendes herauszufiltern. Man möchte etwas finden, was die Investition schnell im Wert vervielfacht. Klares Ziel eines Ventures ist der Ausstieg durch Verkauf der Anteile an andere Käufer innerhalb von 5–10 Jahren, weshalb unter anderem die Preise von Unternehmen erstaunlich hoch sind.

100-Millionen-, 200-Millionen-Bewertungen nach kurzer Zeit sind nicht selten. Gibt es schon ein ähnliches Unternehmen am Markt, dann hilft es auch bei der Bewertung eines zu gründenden Unternehmens. Es wird einfach ein Vergleich gezogen. Der Betrachter hat seine Vergleichsgröße und kann damit herleiten, wie er den Case bewertet. Eine einfache Herangehensweise, aber sie führt zu guten Beteiligungsquoten, sodass die Investoren nicht gleich den größten Anteil des Unternehmens in Besitz nehmen und der Gründer noch weiter motiviert weiterentwickelt.

Zum Verständnis: Je höher die Summe der Bewertung, desto schwächer ist die prozentuale Beteiligung mit Kapital am Unternehmen. Werden also noch ein paar mehr Kapitalrunden gebraucht, um die Firma in den positiven Cash-Flow zu bringen, so wird der Gründer nicht gleich zu Beginn zum Minderheitsbeteiligten.

Das ist eine völlig logische Herangehensweise und für alle nachvollziehbar, was allerdings die Renditeerwartungen eines Venture Capital Fonds in die Höhe treibt. Denn der Fonds ist daran interessiert, in einer möglichst frühen Phase einzusteigen, um seine Investoren mit guten Rückzahlungen zu belohnen. Er hat folglich eine ganz andere Motivation.

Bei einem innovativen Unternehmen mit traditioneller Herkunft würden sich hier keine Fragen ergeben über eine weitere Beteiligung und damit verbundene Bewertungsmethoden, denn die Bank zahlt ein Darlehen und partizipiert nicht am Unternehmenswert. Was sie möchte, ist Eigenkapital als Voraussetzung zur Fremdfinanzierung. Die Unternehmensbewertung darf natürlich nicht zu weit weg von Vergleichsunternehmen sein, wie im Fall der selbstreinigenden Waschbecken zum Beispiel. Das müssen der Bankbetreuer und der Kreditspezialist der Bank nachvollziehen können. Es sollte klar sein, dass es sich hier um eine Markteinschätzung handelt, die wie folgt aussehen könnte:

Der Fachmarkt für Waschbecken im Umkreis des Gründers hat im letzten Jahr 700 Stücke verkauft. Die selbstreinigenden Waschbecken kennt noch niemand, also wird der Abverkauf viel geringer ausfallen. Folglich nimmt der Kreditspezialist eine kritische Bewertung anhand eines möglichen, aber noch nicht realisierten Umsatzes vor und kommt mit viel Mühe auch noch auf die Idee, Fördermittel in Anspruch zu nehmen, um das Risiko der Bank zu verteilen. Die Frage bei der Kreditvergabe nach den Beleihungsmöglichkeiten der Häuser von Eltern und Großeltern und womöglich eigenen Werten dokumentiert dann auch jegliche Enthaltung unternehmerischer Risiken.

Jetzt fragt man sich, was das mit der Bewertung zu tun hat? Stimmt. Nichts. Denn bewertet wird hier nur das Risiko des möglichen Ausfalls der Darlehen. Folglich eine völlig andere Herangehensweise als bei den jungen BWLern der Venture Fonds.

4.10 Fazit

Was einem Investor vertraut zu sein scheint, das kann er einordnen, und somit verläuft auch jedwedes Gespräch hinsichtlich Investition oder Finanzierung in eine völlig andere Richtung, als wenn es um eine völlig neue, disruptive Idee geht.

Den Weg in die Selbstständigkeit zu gehen, ist für beide Arten von Gründern gleichbedeutend und verändert das Leben im Moment der Entscheidung. Ob zum Positiven oder zum Negativen, stellt sich dann im Verlauf der Kapitalbeschaffung heraus. Beflügeln die Gespräche mit Investoren durch positives Feedback, fühlt sich jeder Schritt positiv an. Verliert man die Präsentationsrunde bei der Vorstellung der eigenen Unternehmung, wird es mühsam, den nächsten Schritt zu machen.

Ein Netzwerk ist notwendig in jedweder Ausgestaltung für beide Arten von Gründern. Aber hier beginnen die ersten Unterschiede. Während der innovative Gründer in eine bestehende Infrastruktur einbricht, baut sich der Start-upper sein neues Umfeld Stück für Stück auf. Auf potenzielle Kunden kann nur der innovative Unternehmer blicken, da er seine Zielgruppe genauestens kennt. Der Start-upper glaubt nur, seine Kunden zu kennen.

Der Businessplan und die damit einhergehende Präsentation unterscheiden sich maßgeblich in den Themen Erklärung und Erläuterung. Beim Waschbeckenhersteller zählen hauptsächlich Zahlen und Fakten, der Start-up-Gründer zeichnet die große Vision.

Die Finanzierung macht einen beweisbaren Unterschied zwischen den beiden Unternehmern. Während der innovative Unternehmer und sein Potenzial anhand anderer Beispiele bewertet werden können, liest sich der Businessplan des Start-up-Gründers wie eine Vision aus der Zukunft.

Der Produzent hat Maschinen, die beliehen werden können, Umsatzzahlen, die verglichen werden können und meist einen existierenden, bekannten Markt, in den er hinein möchte. Hier stellt sich im Wesentlichen nur die Frage bei der Finanzierung, ob man ihm den Markteintritt zutraut und er die Umsätze erreichen wird.

Der Start-up-Gründer braucht Personen, die seine Vision teilen. Er muss sie mit auf eine Reise nehmen. Es handelt sich also um eine sehr personengebundene Beteiligung, besonders während der ersten Jahre.

So kann man anhand der Finanzierungsart eine recht plausible Unterscheidung machen, ob man eine innovative Unternehmung vor sich hat oder ob es sich um ein Start-up handelt.

Literatur

Deposit Solutions (2018) Unsere Lösung. http://www.deposit-solutions.com/de/unsere-losung/. Zugegriffen: 22. Febr. 2018

deutsche startups (2018) Seed capital. https://www.deutsche-startups.de/lexikon/seed-capital/. Zugegriffen: 22. Febr. 2018

manager magazin (2016) PayPal-Mitgründer Peter Thiel beteiligt sich an Zinspilot. Geld für Fintech-Firma Deposit Solutions. Artikel vom 08.01.2016. http://www.manager-magazin.de/unternehmen/it/fintech-peter-thiel-beteiligt-sich-an-zinspilot-a-1071109.html. Zugegriffen: 22. Febr. 2018

Wikipedia (2018) Begriff: Start-up-Unternehmen. https://de.wikipedia.org/wiki/Start-up-Unternehmen. Zugegriffen: 22. Febr. 2018

Achim Denkel ist 1977 in Koblenz geboren und wohnt seit nunmehr 12 Jahren in seiner Wahlheimat Hamburg. Nach der ersten Ausbildung als Versicherungskaufmann studierte er Versicherungslehre, Finanzökonomie, BWL und Jura. Den Master of Law and Business absolvierte er an der WHU und Bucerius Law School. Nach diversen Führungspositionen gründete er 2014 die salesheads AG, deren Marke unter anderem Capitalinside.com führt.

Künstliche Intelligenz – die nächste Revolution (The Artificial Intelligence Revolution)

Patrick Glauner

Inhaltsverzeichnis

5.1	Aufbau eines KI-Innovationsökosystems	68
5.2	Zur Geschichte der KI	68
5.3	Moderne KI	70
5.4	Forschungsprojekt zur Erkennung von Elektrizitätsdiebstahl durch KI	71
5.5	Aktuelle Fragestellungen und Ausblick	74
5.6	Zusammenfassung	77
Literatur		77

Es vergeht mittlerweile kein Tag, an welchem wir nicht von künstlicher Intelligenz (KI) (Artificial Intelligence (AI)) hören: autonom fahrende Autos, Spamfilter, Siri, Schachcomputer, Killerroboter und vieles mehr. Was genau steckt jedoch hinter KI? Peter Norvig, Forschungsdirektor von Google, beschreibt KI in einem Satz:

> AI is the science of knowing what to do when you don't know what to do (Computer History Museum and KQED television 2012).
> („KI ist die Wissenschaft, zu wissen, was man tun muss, wenn man nicht weiß, was man tun muss.")

Zugegebenermaßen ist diese Beschreibung auf den ersten Blick etwas verwirrend, auf den zweiten Blick jedoch vernünftig: KI hat das Ziel, komplexe Probleme der Informatik zu lösen, welche oft mit zufälligen Ereignissen und Unsicherheit verbunden sind.

In diesem Kapitel beschreiben wir zuerst den Aufbau eines KI-Innovationsökosystems. Wir bieten dann einen Überblick zu KI, ihrem geschichtlichen Verlauf und stellen moderne

---

P. Glauner (✉)
Universität Luxemburg, Luxemburg, Luxemburg
E-Mail: patrick@glauner.info

KI-Anwendungen vor. Anschließend stellen wir ein Innovationsökosystem vor, in welchem wir momentan ein Forschungsprojekt zur Erkennung von Elektrizitätsdiebstahl mit Hilfe von KI betreiben. Abschließend behandeln wir aktuelle Fragestellungen der KI in Forschung und Praxis und bieten einen Ausblick auf zukünftige Entwicklungen und deren potenziellen Auswirkungen.

5.1 Aufbau eines KI-Innovationsökosystems

Eine Idee ist ein Problemlösungsansatz, welcher das Ziel hat, den Ist-Zustand zu verbessern. Ein Großteil aller Innovationen im Bereich der künstlichen Intelligenz startet ursprünglich in der Wissenschaft. Die Durchführung dieser Forschungsarbeiten wird zum Großteil aus Drittmitteln gefördert, was daher eine aktive Zusammenarbeit mit der Forschungsförderung bzw. der Industrie voraussetzt. Damit sich neue Forschungsergebnisse auch in der Realität und nicht nur in Fachartikeln durchsetzen, müssen diese Ergebnisse früh einer Interaktion mit der Industrie ausgesetzt werden. In der Industrie sind jedoch überwiegend Praktiker und selten Wissenschaftler tätig. Eine moderne Hochschullehre muss somit sicherstellen, dass die Informatikabsolventen von heute entsprechend auf die Herausforderungen von morgen vorbereitet werden. Die Interaktion zwischen Wissenschaft und Industrie ist sowohl mit bestehenden Unternehmen, als auch durch Ausgründungen möglich. Für die schnelle und wettbewerbsfähige Transformation von Forschungsergebnissen in wertschöpfende Produkte ist eine enge Verzahnung mit Venture Capital unabdingbar. Ein gutes Innovationsökosystem besteht zusammenfassend aus einem funktionierenden und dynamischen Verbund aus Lehre, Wissenschaft, Forschungsförderung, Industrie und Venture Capital, wie in Abb. 5.1 illustriert.

5.2 Zur Geschichte der KI

Erste theoretische Grundlagen der KI wurden in der Mitte des 20. Jahrhunderts gelegt, insbesondere in den Werken des britischen Mathematikers Alan Turing (1950). Als eigentliches Geburtsjahr der KI gilt heute das Jahr 1956, in welchem die sechswöchige

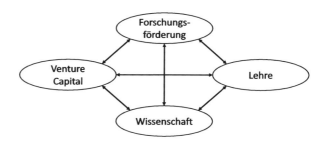

Abb. 5.1 Ein gutes KI-Innovationsökosystem aus Sicht des Autors. (Quelle: Eigene Darstellung 2018)

Konferenz Summer Research Project on Artificial Intelligence am Dartmouth College stattfand. Hierzu wurde im vorhergehenden Jahr ein Förderungsantrag gestellt. Die darin enthaltenen Forschungsfragen erwiesen sich als richtungsweisend für viele langfristige Forschungsziele der KI (McCarthy et al. 1955). Diese Konferenz wurde von John McCarthy organisiert und neben ihm nahmen daran weitere bekannte Wissenschaftler teil, wie zum Beispiel Marvin Minsky, Nathan Rochester und Claude Shannon.

Im Laufe der folgenden Jahrzehnte gliederte sich ein Großteil der KI-Forschung in zwei diametral verschiedene Bereiche: Expertensysteme und maschinelles Lernen. Expertensysteme basieren auf regelbasierten Beschreibungen von Wissen und treffen abhängig von Eingaben/Daten Vorhersagen oder Entscheidungen. Im Gegensatz dazu basiert das maschinelle Lernen auf dem Erkennen von Mustern aus Daten, welche auch Trainingsdaten genannt werden. Diese Muster werden dann ebenfalls genutzt, um abhängig von Eingaben Entscheidungen zu treffen.

Beide Ansätze haben ihre jeweiligen Vor- und Nachteile: Expertensysteme haben auf der einen Seite den Vorteil, dass sie verständlich und interpretierbar sind und ihre getroffenen Entscheidungen somit nachvollziehbar sind. Auf der anderen Seite bedarf es oft sehr großer Anstrengungen oder es erweist sich teils sogar als unmöglich, komplexe Probleme detailliert zu verstehen und zu beschreiben. Zur Verdeutlichung dieser Schwierigkeit ist ein Beispiel aus dem maschinellen Übersetzen (Machine Translation), dem automatischen Übersetzen von einer Sprache in eine andere, sehr hilfreich: Erstens bestehen Sprachen aus einem komplexen Regelwerk von Wörtern und Grammatik, welches nur sehr schwer in mathematischer Form beschrieben werden kann. Zweitens benutzen wir Sprachen nicht notwendigerweise korrekt, wodurch Ungenauigkeiten und Mehrdeutigkeiten entstehen können. Drittens sind Sprachen dynamisch, da sie sich im Laufe von Jahrzehnten und Jahrhunderten ändern. Das Erstellen eines Systems zur maschinellen Übersetzung von Sprachen ist somit eine Herausforderung. Die drei Faktoren Komplexität, Ungenauigkeit und Dynamik treten in einer Vielzahl von Fachgebieten auf und erweisen sich als allgemeiner Nachteil der Expertensysteme.

Das maschinelle Lernen hat den Vorteil, dass oft deutlich weniger Fachwissen zu einem Problem benötigt wird und die Algorithmen Muster aus Daten erlernen können. Dieser Prozess wird oft auch als Trainieren einer KI bezeichnet. Im Gegensatz zu Expertensystemen führt das maschinelle Lernen jedoch in vielen Fällen zu einer Black Box, deren Entscheidungen oft weder nachvollziehbar noch interpretierbar sind.

Nichtsdestotrotz hat das maschinelle Lernen im Laufe der Jahrzehnte an Popularität gewonnen und Expertensysteme größtenteils verdrängt. Von besonderer geschichtlicher Bedeutung sind sogenannte (künstliche) neuronale Netze ((Artificial) Neural Networks). Diese sind lose vom menschlichen Gehirn inspiriert und bestehen aus mehreren Schichten von Einheiten – auch „Neuronen" genannt. Ein beispielhaftes neuronales Netz ist in Abb. 5.2 dargestellt. Die erste Schicht (auf der linken Seite) dient zur Eingabe von Daten und die letzte Schicht (auf der rechten Seite) zur Ausgabe von Vorhersagen oder Entscheidungen. Zwischen beiden Schichten liegen null bis mehrere verdeckte Schichten, welche zur Entscheidungsfindung beitragen. Neuronale Netze haben im Laufe der

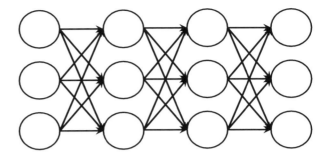

Abb. 5.2 Ein (künstliches) neuronales Netz aus (von links nach rechts) einer Eingabeschicht, zwei verdeckten Schichten und einer Ausgabeschicht, die jeweils aus drei Einheiten bestehen. (Quelle: Eigene Darstellung 2018)

vergangenen 60 Jahre mehrere Popularitätsphasen erlebt, welche detailliert von Deng und Dong (2014) erläutert werden. Neben neuronalen Netzen gibt es eine Vielzahl von weiteren Methoden des maschinellen Lernens, wie zum Beispiel Entscheidungsbäume, Support-Vector-Maschinen oder Regressionsmodelle, die ausführlich von Bishop (2006) behandelt werden.

Über die Jahrzehnte ist eine Vielzahl innovativer und wertschöpfender Anwendungen entstanden, welche oft aus KI-Forschungsergebnissen hervorhingen. Als Beispiel seien exemplarisch autonom fahrende Autos, Spracherkennung und autonome Handelssysteme genannt. Nichtsdestotrotz gab es auch viele Rückschläge. Diese sind meist aus zu hoch angesetzten und anschließend unerfüllten Erwartungen entstanden. In diesem Kontext sei der Begriff eines KI-Winters (AI Winter) genannt, mit welchem Perioden von großen Rückschlägen in den vergangenen Jahrzehnten, dem Verlust an Optimismus und den daraus folgenden Kürzungen von Förderungsmitteln bezeichnet werden. Selbstverständlich kann dieses Unterkapitel nur einen zusammenfassenden Überblick zur Geschichte der KI bieten. Der interessierte Leser sei für eine detaillierte Abhandlung auf Russell und Norvig (2009) verwiesen.

5.3 Moderne KI

Auch wenn KI-Forschung schon seit über 60 Jahren betrieben wird, haben viele Menschen erst vor wenigen Jahren zum ersten Mal von KI gehört. Dies ist – neben der „Terminator"-Filmreihe – überwiegend den großen Fortschritten durch KI-Anwendungen in den vergangenen Jahren zu verdanken. Seit dem Jahr 2006 gab es eine Reihe von markanten Weiterentwicklungen, insbesondere im Bereich der neuronalen Netze, welche heute als Deep Learning bezeichnet werden (Hinton et al. 2006). Der Begriff zielt darauf ab, dass die (tiefen) neuronalen Netze über viele verdeckte Schichten verfügen. Diese Art von Architektur hat sich als besonders hilfreich erwiesen, Zusammenhänge in Daten zu erkennen. Diese Erkenntnis gab es zwar schon in den 80er Jahren, jedoch mangelte es damals erstens an praktischen und anwendbaren Verfahren, um diese Netze aus Daten lernen zu lassen, und zweitens an entsprechenden Rechenressourcen. Heutzutage steht jedoch eine deutlich leistungsfähigere Rechenstruktur zur Verfügung. Zudem wurden seit dem Jahr 2006 deutlich bessere Lernverfahren für diese Art von neuronalen Netzwerken hergeleitet (Hinton et al. 2006). Als Folge konnte eine Vielzahl von Fortschritten in der KI-Forschung erzielt werden, welche zum Teil auf Deep Learning basieren. Beispielhaft seien autonom fahrende Autos oder das Computerprogramm AlphaGo genannt. Go ist ein besonders im südostasiatischen Raum verbreitetes Brettspiel, bei dem sich für die Spieler im Vergleich zu Schach eine ungleich größere Anzahl möglicher Züge ergeben. Traditionelle Verfahren, mit denen zum Beispiel schon das IBM-Programm Deep Blue den damaligen Schachweltmeister Garri Kasparow im Jahr 1997 geschlagen hatte, skalieren nicht auf das Spiel Go, da das reine Vergrößern von Rechenkapazitäten aufgrund der hohen Komplexität dieses Problems nicht ausreichend ist. Es war bis vor wenigen Jahren die herrschende Meinung innerhalb der KI-Community, dass eine KI, welche Go auf Weltniveau spielt, noch Jahrzehnte entfernt sei. Das britische Unternehmen Google DeepMind stellte im Jahr 2015 unerwartet die KI AlphaGo vor, welche den südkoreanischen Go-Profi Lee Sedol unter Turnierbedingungen schlug (Silver et al. 2016). Dieser teilweise auf Deep Learning basierende Erfolg führte weltweit zu einem erhöhten Bekanntheitsgrad von KI. Neben den in diesem Unterkapitel erwähnten aktuellen Durchbrüchen von KI gab es selbstverständlich eine Vielzahl weiter Erfolge und wir sind uns sicher, dass weitere in Kürze folgen werden.

5.4 Forschungsprojekt zur Erkennung von Elektrizitätsdiebstahl durch KI

Bei Elektrizitätsdiebstahl handelt es sich um ein weltweit auftretendes Problem, welches besonders häufig in Entwicklungs- und Schwellenländern anzutreffen ist. Darunter wird der Entzug von elektrischer Energie mit dem Ziel, dass diese nicht von Stromzählern erfasst wird, verstanden. Beispiele des Diebstahls sind die Manipulation von Stromzählern oder das Abzweigen von Elektrizitätsleitungen vor Stromzählern. In einigen Ländern, wie zum Beispiel Brasilien, Indien, Pakistan oder Nigeria, kann diese Art des Diebstahls bis zu 40 % oder gar 50 % der insgesamt verteilten elektrischen Energie ausmachen. Elektrizitätsdiebstahl führt somit bei Energieversorgern zu erheblichen finanziellen Verlusten und hat darüber hinaus negative Auswirkungen auf die Zuverlässigkeit der Elektrizitätsversorgung. Die weltweit jährlich durch Elektrizitätsdiebstahl verursachten finanziellen Schäden werden auf 96 Mrd. US$ geschätzt (Smith 2004). Es sei jedoch angemerkt, dass Elektrizitätsdiebstahl ebenfalls ein – wenn auch prozentual gesehen geringeres – Problem in reichen Industrienationen darstellt. Beispielsweise wird in den USA der durch Elektrizitätsdiebstahl verursachte finanzielle Schaden auf ein bis sechs Milliarden US-Dollar pro Jahr geschätzt.

Darüber hinaus sind weitere Formen von Diebstahl denkbar, wie zum Beispiel das Nichtbezahlen von Elektrizitätsrechnungen oder Diebstahl von Elektrizität bei Nachbarn. Diese Formen werden im Folgenden nicht weiter betrachtet, da dieser Elektrizitätsverbrauch

Abb. 5.3 Charakteristik eines möglichen Elektrizitätsdiebstahls durch starken und dauerhaften Abfall des von einem Stromzähler gemessenen Elektrizitätsverbrauchs. (Quelle: Eigene Darstellung 2018)

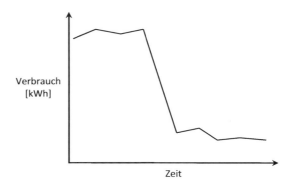

grundsätzlich Kunden in Rechnung gestellt werden kann. Daher grenzen wir im Folgenden den Diebstahl auf nicht durch Stromzähler gemessenen Verbrauch von Elektrizität ein. Die beispielhafte Entwicklung des von einem Stromzähler gemessenen Verbrauchs bei einem Diebstahl von Elektrizität ist in Abb. 5.3 dargestellt. Es sei angemerkt, dass ein starker und dauerhafter Abfall des gemessenen Elektrizitätsverbrauchs nicht notwendigerweise einen Diebstahl darstellt, da dieser auch andere Gründe, wie zum Beispiel den Auszug von Familienmitgliedern aus einem Haushalt oder den Einbau von energiesparenden Geräten, haben kann. Neben dem eigentlichen Diebstahl sind auch weitere Verluste von Elektrizität, wie zum Beispiel durch beschädigte oder nicht korrekt funktionierende Stromzähler, denkbar. Wir bezeichnen die Summe dieser Verluste allgemein als nichttechnische Verluste (Non-Technical Losses (NTL)). Im Folgenden sprechen wir aus Gründen der Lesbarkeit von Elektrizitätsdiebstahl, verweisen damit jedoch stets allgemein auf die nichttechnischen Verluste. Angemerkt sei, dass es auch technische Verluste (Technical Losses (TL)) gibt. Diese werden überwiegend durch elektrischen Widerstand verursacht.

Als exemplarisches KI-Innovationsökosystem stellen wir nun ein Forschungsprojekt zwischen dem Interdisciplinary Centre for Security, Reliability and Trust (SnT)[1] der Universität Luxemburg und dem Unternehmen CHOICE Technologies[2] vor. Das Ziel dieser Kollaboration ist der Einsatz von KI zur Erkennung von Elektrizitätsdiebstahl, um die finanziellen Schäden für Energieversorger zu reduzieren und um die Zuverlässigkeit der Elektrizitätsversorgung zu erhöhen (Glauner et al. 2017a). Das Unternehmen CHOICE Technologies operiert seit über 20 Jahren überwiegend im lateinamerikanischen Markt, um dort Elektrizitätsdiebstahl mit Hilfe von KI zu erkennen. Um am Markt wettbewerbsfähig bestehen zu können, hat sich das Unternehmen dafür entschieden, modernste Verfahren der KI in seine Produkte zu integrieren. Heutzutage beginnt jedoch ein Großteil der Innovationen im Bereich der KI an Universitäten. Aus diesem Grund hat sich das

---

[1] http://snt.uni.lu.
[2] http://www.choiceholding.com.

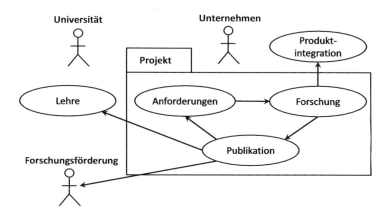

Abb. 5.4 Akteure und Aktivitäten innerhalb des Innovationsökosystems. (Quelle: Eigene Darstellung 2018)

Unternehmen dazu entschlossen, mit dem SnT zusammenzuarbeiten, das sich auf die Durchführung praxisorientierter Forschungsprojekte mit Industriepartnern spezialisiert hat. Diese Projekte haben das Ziel, nicht nur Forschungsergebnisse zu publizieren, sondern auch konkrete, von den Industriepartnern verwendbare Ergebnisse zu entwickeln. Als dritter Projektpartner ist der Luxembourg National Research Fund[3] als Forschungsförderungsorganisation beteiligt, welcher durch ein Public-Private-Partnership-Projekt unter der Förderungsnummer AFR-PPP 11508593 zur Finanzierung dieses Forschungsprojekts beiträgt.

Der Ablauf innerhalb dieses Innovationsökosystems ist in Abb. 5.4 dargestellt, welche wir im Folgenden erläutern. Zu Beginn eines Projektzyklus stimmen die Mitarbeiter der Universität und die des Unternehmens die umzusetzenden Anforderungen ab. Hierzu bereiten die Mitarbeiter der Universität eine umfangreiche Literaturrecherche vor, welche detailliert den aktuellen Forschungsstand beschreibt. Basierend auf der Literaturrecherche und den Anforderungen des Unternehmens werden Projektziele vereinbart, um sowohl neue Forschungsergebnisse, als auch konkrete, von dem Unternehmen verwertbare Ergebnisse zu liefern. Anschließend führen die Mitarbeiter der Universität die Forschungsaufgaben durch und erhalten hierzu von dem Unternehmen Kundendaten, welche unter anderem aus Stromverbrauchsmessungen und den Ergebnissen von Inspektionen bestehen. Während des gesamten Forschungsprojektzyklus halten beide Seiten regelmäßig Rücksprache miteinander und passen die Anforderungen gegebenenfalls an. Nach Abschluss der Forschungen präsentieren die Mitarbeiter der Universität dem Unternehmen die Forschungsergebnisse, wobei auch ein Softwareprototyp übergeben

---

[3] http://www.fnr.lu.

wird. Die Verwendung der Ergebnisse teilt sich nun in zwei verschiedene Richtungen auf: Erstens werden die Ergebnisse von den Mitarbeitern der Universität in passenden Journals publiziert und auf Konferenzen präsentiert. In den Publikationen wird auch auf die Unterstützung durch die Forschungsförderungsorganisation verwiesen, welche diese Publikationen ebenfalls zur Vermarktung ihrer Forschungsförderung nutzen kann. Zudem können die Mitarbeiter der Universität ihre neuen Forschungsergebnisse in die Lehre integrieren und somit die nächste Generation von Forschern und Entwicklern mit modernsten Vorlesungsinhalten auf zukünftige Herausforderungen vorbereiten. Zweitens integriert das Unternehmen die relevanten und verwertbaren Forschungsergebnisse in seine Produkte. Als Ergebnis kann es so neueste Forschungsergebnisse nutzen, um seine Wettbewerbsfähigkeit nicht nur zu erhalten, sondern auch auszubauen. Im Anschluss beginnt der nächste Projektzyklus, in welchem neue Anforderungen identifiziert werden. Diese beinhalten idealerweise auch Rückmeldungen aus (Kunden-)Projekten, welche die neuen, aus den Forschungsergebnissen entstandenen Produktfunktionen einsetzen.

Der interessierte Leser kann weiterführende Informationen zu den Ergebnissen dieses Forschungsprojekts in einer Auswahl unserer Publikationen finden (Glauner et al. 2016, 2017a, b).

5.5 Aktuelle Fragestellungen und Ausblick

Wir möchten nun einige aktuelle Fragestellungen zu KI behandeln und einen Ausblick auf eine mögliche Zukunft der KI bieten. Wir haben in Abschn. 5.3 einige jüngste Erfolge der KI vorgestellt. Zwar basieren viele dieser Erfolge teilweise auf Deep Learning, dennoch ist diese neue Art von neuronalen Netzen nur eines von vielen modernen Verfahren, zu denen beispielsweise auch Gradient Boosted Trees oder Gauß-Prozesse zählen. Es ist zunehmend festzustellen, dass ein Hype um Deep Learning entsteht und immer mehr unrealistische Versprechen zu dessen Möglichkeiten gemacht werden (LeCun et al. 2015). Es ist daher unabdingbar, die Erfolge von Deep Learning und dessen grundsätzlichen Möglichkeiten in Relation zu setzen. Das – sowohl in der Industrie, als auch in der Wissenschaft überwiegend unbekannte – No-Free-Lunch-Theorem besagt, dass alle Verfahren des maschinellen Lernens über alle möglichen Probleme gemittelt genau gleich erfolgreich sind (Wolpert 1996). Selbstverständlich sind einige Verfahren für einige Probleme besser geeignet als andere, schneiden jedoch bei anderen Problemen schlechter ab. Deep Learning eignet sich besonders für Probleme der Bild-, Audio- und Videoverarbeitung und für Probleme, bei denen sehr viele Trainingsdaten vorliegen. Hingegen eignet sich Deep Learning zum Beispiel schlecht für Probleme mit kleinen Trainingsdatensätzen. In Abschn. 5.2 haben wir den Begriff eines KI-Winters – einer Periode von großen Rückschlägen, dem Verlust an Optimismus und den daraus folgenden Kürzungen von Förderungsmitteln – eingeführt. Es ist zu befürchten, dass durch die momentan gemachten und auf einem Hype basierenden Versprechen ein neuer KI-Winter ausgelöst werden könnte. Es ist daher unabdingbar, Deep Learning und dessen Potenziale

Abb. 5.5 Unterschiedliche Verteilungen von Trainings- und Testdaten. (Quelle: Eigene Darstellung 2018)

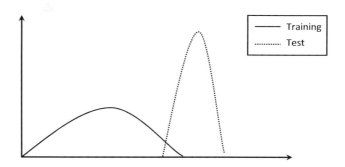

besser zu verstehen, sowie andere Verfahren in der Forschung nicht zu vernachlässigen. Ein großes Problem von Deep Learning – und neuronalen Netzen im Allgemeinen – ist, dass diese Black-Box-Verfahren sind. Als Konsequenz sind die von ihnen getroffenen Entscheidungen meist nicht nachvollziehbar. Insbesondere in diesem Bereich besteht großes Forschungspotenzial, auch um die gesellschaftliche Akzeptanz von KI zu erhöhen. Beispielsweise sollen bei autonom fahrenden Autos unter anderem auch aus rechtlichen sowie versicherungstechnischen Gründen die von einer KI getroffenen Entscheidungen nachvollziehbar sein.

Da moderne KI-Ansätze – aus verständlichen Machbarkeitsgründen – kaum noch auf Expertensystemen basieren, muss auch besonders auf die Qualität und repräsentative Eigenschaften von Daten geachtet werden. Insbesondere der letztere Punkt fand bisher wenig Beachtung. Im Gegensatz dazu wird mit einem Big-Data-Ansatz versucht, primär viel mehr Daten zu gewinnen. Dieser Ansatz ist jedoch nicht notwendigerweise sinnvoll und erfolgsversprechend. In vielen praktischen Anwendungen tritt ein Bias auf, da die zur Verfügung stehenden Trainingsdaten nicht repräsentativ für die späteren Produktivdaten, auch Testdaten genannt, sind. Beide Datensätze folgen in diesem Fall oft verschiedenen Verteilungen (Glauner et al. 2017b). Dieses Problem ist in Abb. 5.5 visualisiert.

Das folgende, in der Statistik viel zitierte Beispiel zu der Vorhersage des Wahlergebnisses der Präsidentschaftswahl in den Vereinigten Staaten im Jahr 1936 dient zur besseren Verständlichkeit dieses Problems und dessen Auswirkungen (Bryson 1976). Nachdem der Demokrat Franklin D. Roosevelt im Jahr 1932 erstmalig zum Präsidenten gewählt wurde, kandidierte er im Jahr 1936 für eine zweite Amtszeit und traf auf den republikanischen Mitbewerber Alfred Landon. The Literary Digest war eine wöchentliche Zeitschrift, welche, basierend auf Umfragen, die Ergebnisse der Präsidentschaftswahlen der Jahre 1916, 1920, 1924, 1928 und 1932 korrekt vorhergesagt hatte. Auch im Jahr 1936 führte The Literary Digest eine Umfrage durch. Hierzu wurden zehn Millionen Bürger angeschrieben, worauf 2,3 Mio. antworteten. The Literary Digest sagte voraus, dass Alfred Landon mit großem Vorsprung die Wahl gewinnen würde. Hatten Sie zuvor schon von Alfred Landon gehört? Nein? Der aufmerksame Leser erinnert sich, dass Roosevelt bis 1945 US-Präsident war und somit (nicht nur) diese Wahl gewonnen hat. Es stellen sich daher die folgenden zwei Fragen:

1. Wie konnte trotz 2,3 Mio. Teilnehmern die Vorhersage komplett falsch sein?
2. Wie konnte The Literary Digest zu dieser Zeit überhaupt zehn Millionen Adressen sammeln?

The Literary Digest sammelte diese Adressen überwiegend aus Telefonverzeichnissen und Fahrzeugregistern von Zulassungsbehörden. Dieser Bevölkerungsanteil stellte im Jahre 1936 jedoch überwiegend Bürger aus der gehobenen Mittelschicht dar, die jedoch nicht repräsentativ für die Gesamtbevölkerung waren und bevorzugt für den republikanischen Kandidaten Landon stimmten. Im Gegensatz dazu konnte George Gallup durch die Befragung von 3000 repräsentativ ausgewählten Bürgern das Ergebnis der Wahl sehr präzise vorhersagen.

Obwohl das zuvor genannte Beispiel heutzutage in der Statistik sehr gut verstanden ist, tritt es täglich in Big-Data-orientiertem maschinellen Lernen auf. Die Auswirkungen davon sind weitreichend, so wurde z. B. Softwareherstellern unter anderem mehrfach Diskriminierung von Bevölkerungsgruppen vorgeworfen (Hargittai 2015). Es handelt sich dabei jedoch schlichtweg um eine Konsequenz aus den nichtrepräsentativ ausgewählten Trainingsdaten. Eine aktuelle Fragestellung der KI ist somit, wie möglichst repräsentative Daten zum Trainieren einer KI ausgewählt werden können, um den Bias von Vorhersagen oder Entscheidungen möglichst gering zu halten.

Darüber hinaus stellt sich die Frage, wie sich das Gebiet der KI langfristig weiterentwickeln wird, ob eines Tages eine KI die Intelligenz eines Menschen übersteigen wird und somit auch potenziell die Menschheit überflüssig machen könnte. Der Zeitpunkt, zu dem Computer intelligenter als Menschen werden, wird in der Literatur als die technologische Singularität (Technological Singularity) (Shanahan 2015) bezeichnet. Es gibt verschiedene Vorhersagen, wann – oder gar ob – die Singularität überhaupt eintreten wird. Sie umfassen eine große Spannbreite: angefangen von einem Zeitraum in den nächsten zwanzig Jahren, über Vorhersagen, die den Eintritt gegen Ende des Jahrhunderts als realistisch ansehen, bis hin zur Vorhersage, dass die technologische Singularität nie eintreten werde. Da jede dieser Vorhersagen diverse Annahmen macht, ist eine zuverlässige Einschätzung schwierig. Insgesamt kann heute kaum vorhergesagt werden, wie weit die Singularität genau entfernt ist. Der interessierte Leser sei auf eine erstklassige und umfangreiche Analyse zu diesem Thema und eine Diskussion der aus der technologischen Singularität entstehenden Konsequenzen in Shanahan (2015) hingewiesen.

In den vergangenen Jahren wurde von verschiedenen Persönlichkeiten vor sogenannten „Killerrobotern" als Folge von KI-Fortschritten gewarnt. Wie steht es um diese Gefahr? Andrew Ng, einer der führenden Wissenschaftler im Bereich des maschinellen Lernens, hat hierzu einen viel beachteten Vergleich aufgestellt (Williams 2015): Ngs Ansicht ist, dass die Wissenschaft noch sehr weit von dem Szenario einer Bedrohung durch Killerroboter entfernt ist. Seiner Meinung nach kann der Forschungsstand der KI mit einer geplanten bemannten Reise zum Mars verglichen werden, welche momentan durch Forscher vorbereitet wird. Ng gibt weiter an, dass einige Forscher auch darüber nachdenken, wie der Mars langfristig besiedelt werden kann, jedoch kein Forscher sich bisher schon Gedanken macht, wie eine mögliche Überbevölkerung auf dem Mars verhindert werden könnte. Das Szenario der Überbevölkerung setzt Ng mit dem Szenario einer Bedrohung durch Killerroboter gleich. Diese Gefahr läge ebenfalls so weit entfernt in der Zukunft, dass er zurzeit nicht produktiv daran arbeiten könnte, diese zu verhindern, da er zuerst viel grundlegendere Arbeit in der KI-Forschung angehen müsse. Ng weist zudem mit einem möglichen Arbeitsplatzverlust auf eine viel konkretere, in der nahen Zukunft eintretende Gefahr für Menschen durch KI hin.

5.6 Zusammenfassung

In diesem Kapitel haben wir das Fachgebiet der künstlichen Intelligenz (KI) vorgestellt, welches in den 50er Jahren innerhalb der Informatik mit dem langfristigen Ziel, menschenähnliches Verhalten nachzubauen, entstanden ist. Moderne KI-Anwendungen basieren überwiegend auf dem maschinellen Lernen, dessen Verfahren sich Muster aus Trainingsdaten aneignen. Diese Muster können anschließend auf neue Daten angewendet werden, um beispielsweise Vorhersagen oder Entscheidungen zu treffen. In den vergangenen Jahren gab es eine Reihe von Durchbrüchen im Bereich der KI-Forschung, die wir erläutert haben. Als sehr einprägsame Beispiele sind autonom fahrende Autos oder das Computerprogramm AlphaGo zu nennen. Gemeinsam haben viele dieser neuen KI-Innovationen, dass sie oft zum Teil auf Deep Learning, einer modernen Variante von künstlichen neuronalen Netzen, basieren. Als exemplarisches KI-Innovationsökosystem haben wir ein Forschungsprojekt zwischen einer Universität und einem Unternehmen zur Erkennung von Elektrizitätsdiebstahl durch KI vorgestellt. Dieses Projekt hat zum Ziel, neueste Forschungsergebnisse sowohl zu publizieren, als auch in Produkte des Unternehmens zu integrieren, damit dieses am Markt wettbewerbsfähig bestehen bleiben kann. Wir haben zudem aktuelle Fragestellungen und Herausforderungen der KI beleuchtet, welche ein hohes Innovationspotenzial bieten. Diese beinhalten die Notwendigkeit, moderne Verfahren des maschinellen Lernens besser verstehen und interpretieren zu können. Als langfristigen Ausblick haben wir die in der Literatur vorgeschlagene technologische Singularität – den zukünftigen Zeitpunkt, zu welchem Computer intelligenter als Menschen sein werden – vorgestellt, sowie deren Realisierbarkeit und potenziellen Auswirkungen auf unsere Gesellschaft diskutiert. Selbstverständlich kann dieses Kapitel nur einen Überblick zu einigen relevanten Fragen der KI geben. Der interessierte Leser hat durch das abschließende Literaturverzeichnis die Möglichkeit, weitergehende Literatur zu finden.

Literatur

Bishop CM (2006) Pattern recognition and machine learning. Springer, New York
Bryson MC (1976) The literary digest poll: making of a statistical myth. Am Stat 30(4):184–185
Computer History Museum and KQED television: CHM Revolutionaries: The Challenge & Promise of Artificial Intelligence (2012) https://www.youtube.com/watch?v=rtmQ3xlt-4A. Zugegriffen: 19. Febr. 2018

Deng L, Yu D (2014) Deep learning: methods and applications. Found Trends® Sig Process 7(3–4):197–387

Glauner P, Boechat A, Dolberg L, State R, Bettinger F, Rangoni Y, Duarte D (2016) Large-scale detection of non-technical losses in imbalanced data sets. Innovative Smart Grid Technologies Conference (ISGT), 2016 IEEE Power & Energy Society. IEEE

Glauner P, Meira J, Valtchev P, State R, Bettinger F (2017a) The challenge of non-technical loss detection using artificial intelligence: a survey. Int J Comput Intell Syst 10(1):760–775

Glauner P, Migliosi A, Meira J, Valtchev P, State R, Bettinger F (2017b) Is big data sufficient for a reliable detection of non-technical losses? Proceedings of the 19th International Conference on Intelligent System Application to Power Systems (ISAP)

Hargittai E (2015) Is bigger always better? Potential biases of big data derived from social network sites. Ann Am Acad Polit Soc Sci 659(1):63–76

Hinton GE, Osindero S, Teh Y-W (2006) A fast learning algorithm for deep belief nets. Neural Comput 18(7):1527–1554

LeCun Y, Bengio Y, Hinton G (2015) Deep learning. Nature 521(7553):436–444

McCarthy J, Minsky ML, Rochester N, Shannon CE (1955) A proposal for the dartmouth summer research project on artificial intelligence.

Russell S, Norvig P (2009) Artificial Intelligence: a modern approach, 3. Aufl. Prentice Hall, New Jersey

Shanahan M (2015) The technological singularity. MIT Press, Cambridge

Silver D, Huang A, Maddison CJ, Guez A, Sifre L, van den Driessche G, Schrittwieser J, Antonoglou I, Panneershelvam V, Lanctot M, Dieleman S, Grewe D, Nham J, Kalchbrenner N, Sutskever I, Lillicrap T, Leach M, Kavukcuoglu K, Graepel T, Hassabis D (2016) Mastering the game of go with deep neural networks and tree search. Nature 529(7587):484–489

Smith TB (2004) Electricity theft: a comparative analysis. Energy Policy 32(18):2067–2076

Turing AM (1950) Computing machinery and intelligence. Mind 59(236):433–460

Williams C (2015) AI guru Ng: fearing a rise of killer robots is like worrying about overpopulation on Mars. https://www.theregister.co.uk/2015/03/19/andrew_ng_baidu_ai/. Zugegriffen: 19. Febr. 2018

Wolpert DH (1996) The lack of a priori distinctions between learning algorithms. Neural Comput 8(7):1341–1390

Patrick Glauner ist Doktorand im Bereich der künstlichen Intelligenz an der Universität Luxemburg. Er beschäftigt sich innerhalb eines IT-Innovationsökosystems in Zusammenarbeit mit einem Unternehmen mit der Erkennung von Elektrizitätsdiebstahl in Brasilien. Er ist zudem Lehrbeauftragter für künstliche Intelligenz an den Hochschulen Karlsruhe und Trier. Parallel dazu führt er momentan ein MBA-Studium bei Smartly durch. Zuvor war er beruflich bei der Europäischen Organisation für Kernforschung (CERN) in Genf tätig. Er studierte Informatik am Imperial College London und an der Hochschule Karlsruhe – Technik und Wirtschaft. Er ist Alumnus der Studienstiftung des deutschen Volkes.

Führung im Wandel – wohin in digitalen Zeiten?

Dana Goldhammer

Inhaltsverzeichnis

6.1	Einführung	79
6.2	Strategische Ausrichtung finden	80
6.3	Operationalisierung erreichen	83
6.4	Neue Arbeitswelten schaffen	85
6.5	Eigene Führungsrolle entwickeln	88
6.6	Wir brauchen digitale, kreative und lösungsorientierte Führungskräfte	91
Literatur		92

6.1 Einführung

Was macht die Digitalisierung – unsere digitale Zeit – eigentlich aus? Neue Technologien versprechen uns neue innovative Geschäftsmodelle. Durch neue Technologien und den damit verbundenen geringeren Einsatz von Assets wird eine größere Skalierung ermöglicht. Das wiederum birgt entweder die Gefahr oder die Chance eines größeren Einflusses auf unser aktuelles Geschäftsmodell, je nachdem, ob das eigene Modell angegriffen wird oder wir selbst agieren. Außerdem schaffen neue Technologien völlig neue Wertschöpfungsketten und damit auch interne Prozesse. Bestehende Prozesse können neu gestaltet und automatisiert werden oder auch komplett entfallen. Die Ziele sind jeweils Kostenreduzierung, optimierte Assets und/oder die Reduzierung von menschlichen Eingriffen durch Automatisierung (Wissensspeicherung), kurz gesagt: Effektivität und Effizienz erhöhen.

D. Goldhammer (✉)
TÜV Rheinland AG, Köln, Deutschland
E-Mail: Dana.goldhammer@de.tuv.com

© Springer Fachmedien Wiesbaden GmbH, ein Teil von Springer Nature 2018
P. Plugmann (Hrsg.), *Innovationsumgebungen gestalten*,
https://doi.org/10.1007/978-3-658-22127-0_6

Die Veränderungen bilden neue Jobprofile. Bestehende Rollen verändern sich oder fallen komplett weg. Die Digitalisierung verändert die Zusammenarbeit innerhalb von und zwischen Unternehmen. Neue Arbeitsmodelle müssen mit bestehenden Modellen in Einklang gebracht werden. Mitarbeiter fordern individuelle Lösungen und verändern ihren Anspruch an ihre Führungskraft. Brauchen diese Mitarbeiter noch den Manager oder doch mehr Führung?

Neue Technologien ermöglichen neue Mechanismen. Innovative Geschäftsmodelle skalieren schnell und zumeist global. Sie wirken in Ökosystemen und werden ermöglicht durch die Bildung von Ökosystemen. Die Entwicklung und die Auswirkungen der Technologien und der neuen Geschäftsmodellarten lassen sich für die meisten Führungskräfte nur schwer bewerten. Sind sie Bedrohung oder Chance? Wie muss und kann ich reagieren? Welche Fähigkeiten und Mitarbeiter brauche ich? Wie führe ich mein Unternehmen oder meinen Bereich in digitale(n) Zeiten?

6.2 Strategische Ausrichtung finden

Digitale Zeiten sind komplex und deren Auswirkungen für viele Unternehmen schwer einzuschätzen. Noch zu viele Führungskräfte fragen sich, was das alles mit ihnen zu tun hat und ob sie es vielleicht doch schaffen, die sogenannte digitale Transformation auszusitzen, bis es endlich in die Rente geht. Eine verständliche Frage, wenn wir den menschlichen Wunsch nach möglichst wenig Veränderung zugrunde legen. Allerdings ist die Hoffnung vergebens. Der Titel dieses Kapitels wiegt uns etwas in Sicherheit, denn wir sind bereits mitten in digitalen Zeiten und müssen uns den Auswirkungen stellen. Das soll keinesfalls Angst machen. Denn wie bei allen Veränderungen zählt, wie wir damit umgehen möchten.

Digitalisierung vor allem im Kontext von Innovation bedeutet für viele die Frage nach dem Umgang mit Daten und Informationen. Schnell wird über Big Data, Data Analytics und das Geldverdienen mit datenbasierten Geschäftsmodellen gesprochen. Neue digitale Innovationseinheiten werden gegründet, alle verfügbaren Daten gesammelt und ausgewertet, viel Geld wird in Technologie investiert und auf vielversprechende Antworten aus all den Analysen gewartet. Zumeist setzt irgendwann die Ungeduld ein, weil irgendwie noch kein Geld verdient wird, den großen Marketingankündigungen nun langsam mal zeigenswerte Produkte folgen sollten und der Plan noch nicht erkennbar ist. So werden derzeit schon die ersten Innovationslabs, Digital Hubs oder ähnlich gut klingende Einheiten wieder geschlossen oder deren Ressourcen gekürzt.

Bitte verstehen Sie mich nicht falsch. Selbst wenn bei vielen Unternehmungen noch kein nennenswerter Erfolg zu verzeichnen ist, so ist der Versuch immer noch besser, als gar nichts getan zu haben. Der goldene Weg liegt vielleicht irgendwo in der Mitte.

Wenn es Führungskräfte in traditionellen Unternehmen gibt, die schon vor mehr als fünf Jahren die große Vision entwickelt haben und heute sehr erfolgreich die digitale Transformation durchführen, gehören sie sehr wahrscheinlich zu einer kleinen Zahl von

6 Führung im Wandel – wohin in digitalen Zeiten?

Führungskräften insgesamt, die in dieser Lage sind. Für die meisten anderen erscheint die digitale Welt zunächst überwältigend und undurchdringbar. Wo fangen wir an? Heerscharen von Beratern haben sich im Markt aufgetan. Auch hier gilt, dass jede Beratung ihren Schwerpunkt hat und nicht *die* heilsbringende Antwort von außen ins Unternehmen bringen kann.

Es war schon immer ein guter Ratschlag, in der Geschäftsentwicklung vom Kunden her zu denken. In der Digitalisierung ist das nicht anders, aber zumeist noch viel schwerer. Was wollen die Kunden zukünftig? Die Strategieentwicklung im stillen Kämmerlein bringt uns nicht weiter. Wir brauchen Informationen über den Kunden. Hier steht schon die erste Herausforderung für Führungskräfte im Raum. Es reicht nicht mehr die klassische Strategieentwicklungsabteilung oder der Chef allein, um die nächsten fünf Jahre vorherzusagen und zu planen. Und funktioniert eine Planung für diesen langen Zeitraum überhaupt noch?

Führungskräfte sollten eine Vision für ihr Unternehmen/ihren Bereich entwickeln. Wo wollen wir hin und welche Rolle nehmen wir für uns in der Zukunft in Anspruch? Um diese Rolle einnehmen zu können, braucht es Rahmenbedingungen oder sogenannte Guiding Principles (Leitplanken), die Orientierung für die Strategieentwicklung und spätere Umsetzungsmaßnahmen geben. Das kann zum Beispiel eine Abgrenzung sein, etwa wenn ein Serviceunternehmen festlegt, dass es sich weiterhin auf den Service konzentrieren möchte und für informationsbasierte Geschäftsmodelle zukünftig auf Partnerschaften für den Betrieb von Plattformen setzt, anstatt diese selbst zu entwickeln. Diese Frage muss dann in der späteren Strategieentwicklung nicht mehr bei jeder einzelnen Serviceentwicklung diskutiert werden. Durch die Orientierungshilfen wird sowohl der Prozess beschleunigt, als auch die Autonomie der verantwortlichen Mitarbeiter und damit die Innovationswahrscheinlichkeit erhöht.

Im Strategieentwicklungsprozess kommt es darauf an, mit Kunden zu sprechen, sie in den Prozess einzubeziehen. Das gleiche gilt für die Mitarbeiter, die Experten im Unternehmen, die tagtäglich mit den Kunden zusammenarbeiten. Im besten Fall haben wir zusätzlich schon Kundendaten, die uns Ableitungen auf die Bedürfnisse ermöglichen. Wenn wir nicht vom Kunden ausgehen und unsere künftigen Services und die Strategie ableiten, könnten große Entwicklungen auf bloßen Mutmaßungen basierend erfolgen und am Erfolg vorbeigehen. Anstelle von allumfänglichen Systemen analysieren wir besser die richtigen Daten aus den richtigen Datenquellen. Die Zeit, diese basierend auf unseren Ableitungen zu identifizieren, ist gut investiert.

Um das Zielbild des eigenen Unternehmens/des eigenen Bereichs zu bilden, müssen wesentliche Fragen beantwortet werden. Welche Technologien haben eine Auswirkung auf mein Geschäft/meine Leistung? Wie stellt sich der Markt auf? Muss ich meine Leistungen anpassen, ergänzen, einstellen oder komplett neu entwickeln? Und was bedeutet das für meine Services, wie in Abb. 6.1 dargestellt? Können mir Partner oder bestehende Lösungen dabei helfen?

Bei diesen Fragen kann uns sowohl die Sicht von externen Experten als auch die unserer Mitarbeiter unterstützen. Viele Führungskräfte glauben, alle Antworten selbst

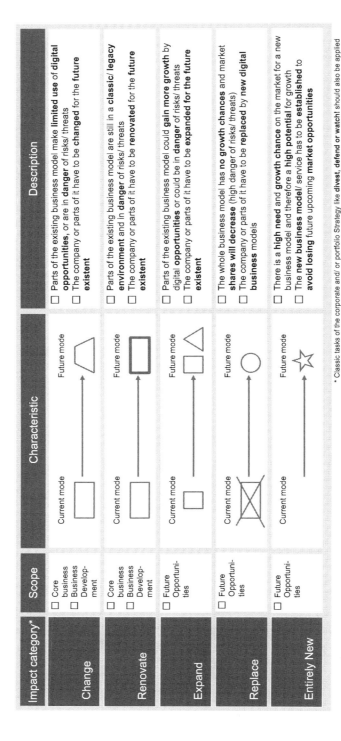

Abb. 6.1 Characteristics of the business impact categories. (Quelle: TÜV Rheinland AG, ECODYNAMICS GmbH 2016)

geben zu müssen. In Zeiten sich schnell ändernder Märkte, vieler Möglichkeiten und Spezialisierungen ist das ein Anspruch, der nur noch schwer zu erreichen ist. Es ist ein Spagat zwischen dem Mut, Bestehendes zu hinterfragen und gegebenenfalls zu ändern, und der Einbeziehung von Mitarbeitern, mit der vermeintlichen Gefahr, dass der sogenannte Drang zum Bestandsschutz verhindert, dass zu große Veränderungen angegangen werden. Hier kommt die zweite wichtige Aufgabe der Führungskraft zum Tragen: Die eigene Vision muss vermittelt und das Vertrauen der Mitarbeiter durch Transparenz gewonnen werden. Vor allem in traditionelleren Unternehmen schwingt schnell die Unsicherheit mit, ob die Digitalisierung nicht nur ein Vorwand für einen Stellenabbau ist. In einigen Bereichen können Technologien sicher durch eine Automatisierung zu einer Stellenreduzierung beitragen. Auch das gehört zur Effizienzsteigerung. Im Gegenzug gibt es in vielen Unternehmen ausreichend viele offene Stellen und Fachkräftemangel und somit auch Aufträge, die aufgrund von mangelnden Kapazitäten nicht angenommen werden können. Der Abbau von nicht wertschöpfenden Tätigkeiten und das Wachstum von wertschöpfenden Anteilen sollten im Zuge der Vorstellung der Vision und der künftigen Unternehmensrolle für die Mitarbeiter nachvollziehbar transparent erläutert werden. Zudem hat die Digitalisierung nicht nur Auswirkungen auf die Prozesse und wirkt durch Automatisierung. Digitale Technologien eröffnen auch Möglichkeiten für neue Märkte oder gar neue (innovative) Geschäftsmodelle. Die Vision und die vielen neuen Chancen sollten aktuelle und potenzielle Mitarbeiter inspirieren, sich selbst im besten Maße einzubringen.

Sind die wesentlichen Fragen der Auswirkungen von digitalen Technologien und Anforderungen auf die aktuellen und potenziellen neuen Services geklärt, kann die eigentliche strategische Roadmap abgeleitet werden. Dazu gehören unter anderem die notwendigen digitalen Fähigkeiten, „die ein Unternehmen benötigt, um digitale Wertschöpfung zu gestalten, zu erzeugen und an Kunden zu vermitteln. Immer mit Blick auf die Organisation, Menschen & Kompetenzen, Prozesse und Technologien" (Hentrich und Pachmajer 2016). Zu den übergeordneten digitalen Fähigkeiten zählen beispielsweise Smart Manufacturing, Sales & Customer Analytics, IoT, Agile Collaboration und viele mehr. Sie werden entweder vom Unternehmen selbst oder von externen Partnern erbracht.

6.3 Operationalisierung erreichen

Haben wir erst einmal die Vision und die strategische Roadmap für unsere digitale Zukunft erstellt, können wir uns an die Umsetzung begeben. Wie setzen wir Strategien in sich schnell verändernden Zeiten der digitalen Welt um? Sind klassische Ansätze für strategische Projekte oder operative Entscheidungen innerhalb von Hierarchien noch alltagstauglich und zielführend? Führungskräfte müssen sich an dieser Stelle wieder entscheidende Fragen beantworten: Welches Umfeld muss ich für exzellente operative

Prozesse schaffen? Und auf welcher Basis kann ich tagtäglich meine Entscheidungen möglichst risikominimierend treffen?

Wenden wir uns zunächst noch einmal der Big-Data-Diskussion zu. Wir glauben vielleicht, dass wir gute Entscheidungsvorlagen erhalten, wenn wir nur möglichst viele Daten aus vielen Datenquellen und am liebsten ad hoc „auf Knopfdruck" vorliegen haben. Nicht selten möchten Führungskräfte erst einmal Daten sammeln, bevor sie wissen, welche Fragen sie beantwortet haben möchten – Big Data als der heilige Gral, der Fragen beantworten soll, die wir noch nicht einmal kennen. Es mag irrwitzig klingen, ist in Unternehmen jedoch gängige Praxis, die große Datenanalyseprojekte hervorgebracht hat. Im anderen Extrem werden lieber nur die finanziellen Kennzahlen gemessen, die die Grundlage für die jährliche Erfolgsbewertung bilden. Für eine effektive operative Steuerung ist es unabdingbar, die wesentlichen Steuerungsgrößen zu identifizieren und messbar zu machen. Es kommt nicht auf die Anzahl, wohl aber auf die Sinnhaftigkeit an. Statt dem Big-Data- und Kennzahlenwahn zu erliegen, können wir uns vielmehr getreu den logistischen Grundprinzipien überlegen, wie die richtigen Daten zu den richtigen Entscheidern gelangen.

Wer sind die richtigen Entscheider in digitalen Zeiten? Hier lauert die nächste Herausforderung für Führungskräfte. Wenn sich Marktbedingungen schnell verändern und die Komplexität steigt, kann eine einzelne Führungskraft dann immer noch alle Entscheidungen in einem Unternehmen/in einem Bereich persönlich treffen? Wer entscheidet auf der Kundenseite? Wie schnell müssen Entscheidungen auf unserer Seite getroffen und Ergebnislieferungen entsprechend daraus abgeleitet und umgesetzt werden? Tendenziell gibt es nicht mehr nur den einen Ansprechpartner auf der Kundenseite. Durch die Vernetzung und Veränderung der Prozessketten bilden sich unterschiedliche Verantwortlichkeiten auf verschiedenen Ebenen in Unternehmen heraus. Für digitale Lösungen ist zum Beispiel nicht mehr nur die IT-Abteilung verantwortlich. Mehr und mehr werden Fachabteilungen aktiv tätig und arbeiten mit Lösungsanbietern zusammen. Dadurch potenziert sich die Anzahl der Ansprechpartner auf Kundenseite. Und alle wollen bedient werden. Ein weiteres Beispiel ist, dass durch übergreifende Prozesse vielleicht nicht mehr nur einzelne Abteilungen für sich entscheiden, sondern wertschöpfungsverändernde Angebote auch auf Unternehmensführungs- oder Einkaufsebene adressiert werden müssen. Schnell reagieren und vor allem agieren kann nur ein Unternehmen, das sich auf diese neuen Strukturen einlässt und sich ebenfalls umstellt.

Traditionelle Unternehmen reagieren in dieser Situation gern mit neuen Kundenbetreuern, neuen Bereichen und neuen Bereichsleitern, die gern eine neue Hierarchieebene einläuten. Mit Prozessbeschleunigung hat das nicht immer etwas zu tun. Um Entscheidungen situativ dort zu treffen, wo sie anfallen, und direkte Handlungen zu erzeugen, müssen Mitarbeiter nah am Kunden autonom und agil agieren können. Wer könnte das besser, als die bestehende Mannschaft? Für Führungskräfte bedeutet das, ein entsprechendes Umfeld und Rahmenbedingungen zu schaffen. Häufig ist der erste Gedanke: „Ich soll die Verantwortung an meine Mitarbeiter übertragen? Dazu sind sie doch gar nicht in der Lage." Nun, sicher nicht von heute auf morgen. Transformation ist ein Prozess. Das gilt auch für die Übertragung von Verantwortung und neue Arbeitsweisen. Dazu braucht es Vertrauen, das auf beiden Seiten wachsen muss. Einerseits lernt die Führungskraft, darauf zu vertrauen, dass Mitarbeiter die richtigen Entscheidungen treffen und Ergebnisse in der gewünschten Qualität an den Kunden liefern. Andererseits lernen die Mitarbeiter, dass ihnen nachhaltig vertraut wird. Sie übernehmen Verantwortung für ihre Entscheidungen und lernen, auch mit unerwarteten Ergebnissen und Fehlern umzugehen. Dieses Vertrauensumfeld benötigt Kommunikation, Transparenz, agile Methoden und vor allem Geduld. Es wird auf diesem Entwicklungspfad Rückschläge geben. Die Entscheidungen werden nicht denen entsprechen, die die Führungskraft getroffen hätte. Der Umgang mit einer Reklamation ist vielleicht zu kulant gewesen. Es wurden Ideen ausprobiert, die kein Kunde gekauft hat. All das ist als Führungskraft, die es gewohnt ist, selbst zu entscheiden, nicht leicht auszuhalten.

Verantwortung abzugeben ist kein einfacher Job. Wollen wir künftig gute Mitarbeiter gewinnen und im Unternehmen halten, ist das allerdings unerlässlich. Neue Generationen fordern Verantwortung und Freiräume. Sie sind es eher gewohnt, mit dem Kunden und durch neue Technologien vernetzt zu arbeiten. Diese Mitarbeiter müssen wir als Führungskräfte fördern und versuchen, ihnen den Weg freizuräumen. Sie werden sich auf die Guiding Principles berufen und durch Ausprobieren Erfahrungen sammeln. Sie können als Vorbild für die aktuellen Mitarbeiter im Unternehmen dienen. Ohne jahrelang im Unternehmen antrainierte Denkmuster werden neue Mitarbeiter unbefangen davon handeln und neue Werte und Methoden vorleben. Bestehende Mitarbeiter werden sich viel leichter auf neue Vorgehensweisen einlassen, wenn sie sie live erleben, anstatt in Meetings und Konferenzen viel über Change-Programme zu hören. Machen statt Reden. Lange Pläne und Diskussionen über eventuelle Hindernisse helfen nicht weiter. Agile Arbeitsweisen können nicht perfekt geplant und im Unternehmen ausgerollt werden. Es ist leichter, in einem Bereich zu starten, zu lernen und das Vorgehen wenn nötig anzupassen. Jede einzelne Führungskraft kann also den Startschuss geben und loslegen. Innovationsverantwortliche dürften sich über diese Entwicklungen freuen. Denn diese Arten der (Zusammen-)arbeit sind für sie keine Neuigkeit. Die digitale Transformation verbreitet die Mechanismen der Innovationswelt in das gesamte Unternehmen.

6.4 Neue Arbeitswelten schaffen

Neue Technologien haben zu einer großen Diskussion um neue Arbeitswelten, Arbeiten 4.0 oder auch New Work geführt. Digitale Welten bedeuten für mich auch agile Welten. Wir wollen gern Lösungen finden, um für die Ansprüche unserer Mitarbeiter neue standardisierte Angebote für neue Arbeitswelten und neue Arbeitsmodelle zu kreieren. Das ist besonders schwer für Führungskräfte, die Kontrolle und Anwesenheit gewohnt sind. Mikromanagement lässt sich nun mal nur schwer remote durchführen.

Häufig wird an dieser Stelle in schwarz und weiß gedacht. Wenn wir über neue Arbeit sprechen, denken wir häufig an Homeoffice. Sofort wird über Vorgaben durch Gesetze und Betriebsräte diskutiert und vermutet, dass das alles nur schwer zu realisieren ist. Und überhaupt kommt doch dann die Kommunikation im Team zu kurz? Selten gibt es allerdings Mitarbeiter, die gern zu 100 % im Homeoffice sitzen wollen. Was ist mit Co-Working Spaces, Cafés oder anderen Firmenstandorten? Es wäre auch zu einfach, in diesem Zusammenhang nur über die Generation Y zu reden. Je nach Charakter und Lebenssituation ist eine andere Art des Arbeitens passend.

In der zukünftigen Arbeitswelt könnten wir eher mit Guiding Principles arbeiten, anstatt uns feste Modelle zu überlegen. Arbeitsmodelle werden vor allem bei sogenannten Wissensarbeitern individuell gestaltet sein müssen. Müssen neue und geänderte Jobprofile die gleichen Bedingungen erfüllen wie die altbekannten? Von der Strategie und den benötigten Fähigkeiten ausgehend, können wir ableiten, welche Anforderungen an die Arbeitsmodelle zum Beispiel im Sinn von zeitlicher und physischer Verfügbarkeit zwingend erfüllt sein müssen. Damit schaffen wir die Grundlagen und haben gleichzeitig viel Spielraum, in dem Führungskräfte auf die individuellen Bedürfnisse der Mitarbeiter eingehen können. Das setzt viel Offenheit für die Menschen voraus. Als Führungskraft stehen die Ziele im Vordergrund und gern neigen wir dazu, die Anzahl der Köpfe zu zählen. Am liebsten in Vollzeit, weil das besser in die klassische Budgetplanung passt. Mit Sitz vor Ort, weil wir dann nicht nur die Ergebnisse sondern auch das Vorgehen jedes einzelnen Mitarbeiters im Detail überprüfen können. Und am besten kommen auch keine Sonderwünsche wie Sabbatical, weiterführendes Studium, Elternzeit, Homeoffice, persönliche Weiterentwicklung und so weiter dazu. Das Dilemma ist nur, dass Mitarbeiter heute viel eher bereit sind, sich von Unternehmen zu trennen, wenn sich ihre Wünsche nicht mit deren Anforderungen vereinbaren lassen. Ganz zu schweigen von innerer Kündigung, die, wie wir wissen, unseren Zielen auch nicht zuträglich ist. Sondervereinbarungen zu treffen ist mittel- und langfristig gesehen wirtschaftlicher.

Wenn Arbeitsmodelle individuell gestaltet und angepasst werden, halten wir Mitarbeiter im Unternehmen, sind attraktiver für neue Mitarbeiter, tragen zu diversifizierten Teams bei und reduzieren den Recrutingaufwand. Vernetztes Arbeiten, verteilte Teams, unterschiedliche Arbeitszeiten sind steuerbar, verlangen aber nach Spielregeln im Team. Es gibt unendliche Möglichkeiten, die jedes Team für sich selbst festlegen kann. Sind die Ziele für alle klar, helfen vereinbarte Regeln beim tagtäglichen, selbstgesteuerten Arbeiten. Wesentliche Punkte sind zum Beispiel Verantwortungsbereiche und Entscheidungskompetenzen. Es muss z. B. klar sein, in welchen Fällen der Vorgesetzte entscheiden muss, wann er zur Entscheidungsfindung beitragen möchte und wann er lediglich informiert werden sollte. Einmal festgelegt, können die Teammitglieder in allen Situationen sicher entscheiden, wie sie vorgehen. Der Vorgesetzte vermittelt transparent alle wesentlichen Informationen und den Kontext, in dem das Team arbeitet und den es für die Aufgaben benötigt. Die Steuerung der notwendigen Aufgaben und die Aktivitäten zur Zielerreichung werden vom Team selbst festgelegt und vorgenommen. Um die Aktivitäten im Team jederzeit für alle sichtbar zu machen, unterstützen beispielsweise Werkzeuge wie Kanban-Boards. Auf diesen Boards werden die Aufgaben auf einzelnen

Karten den Status „in Planung", „in Arbeit" und „erledigt" zugeordnet. Damit lassen sich der aktuelle Fortschritt und kritische Punkte transparent nachverfolgen. Geografisch verteilte Teams nutzen gern digitale Varianten, wie zum Beispiel Slack oder Jira.

Braucht es dann noch regelmäßigen Austausch im gesamten Team? Oft werden Projektstatus berichtet, kommentiert, ausschweifende Hintergrundinformationen geteilt und vielleicht sogar Rechtfertigungen hervorgebracht. Der Vorgesetzte gibt unzusammenhängend und ungefiltert Informationen über aktuelle Entscheidungen seiner Vorgesetzten und Entwicklungen aus dem Unternehmen weiter, eventuell etwas angereichert mit eigenen Kommentaren über die gefühlte Sinnhaftigkeit dieser. Für das Gesamtteam ist weder das eine, noch das andere wirklich wertstiftend. Lars Vollmer, Unternehmer und Mitbegründer von intrinsify.me, spricht sich gegen reglementierte Jours fixes aus (Vollmer 2017):

> Konkret heißt das, dass Sie, wenn Sie zeitraubende Meetings und kräftezehrende Reglements loswerden wollen, nicht an den Meetings selbst rumdoktern sollten, sondern im Unternehmen eine entsprechende Struktur erzeugen müssten. Eine Struktur, die ritualisierte Meetings überflüssig macht. Selbstverständlich würden die Mitarbeiter dann nach wie vor miteinander sprechen und diskutieren. Vielleicht sogar mehr als vorher, aber eben nicht mehr im starren Rahmen eines Jour fixe oder Projektstatus-Meetings, weil sie die nicht mehr brauchen.

Leichter gesagt, als getan. Wer nicht auf regelmäßigen Austausch im Team, ob täglich oder wöchentlich, verzichten möchte, sollte die wertvolle Zeit im Gesamtteam steuern. Der Austausch von aktuellen Erfahrungen sowie Unterstützungsbedarf durch den Vorgesetzten oder das Team sollten im Vordergrund stehen. Wichtige Kontextinformationen werden berichtet, Diskussionen geführt. Statusberichte und allgemeine Informationen gehören in die (Online-)Tools.

Zur Entwicklung und Pflege der Teamkultur ist es neben dem regelmäßigen Austausch während der Arbeit, den Teammeetings und Teamevents auch sinnvoll, sich regelmäßig Zeit zu nehmen, um auf die errungenen Erfahrungen zurückzublicken und daraus zu lernen. In sogenannten Retrospektiven blickt das Team gemeinsam mit der Führungskraft auf einen bestimmten Zeitraum zurück. Besonders zu Beginn von Veränderungsprozessen ist eine Frequenz von einem Monat empfehlenswert. Für mehr Abwechslung können unterschiedliche Methoden gewählt werden, je nach Ziel oder Vorliebe des Teams. Eine Auswahl bietet zum Beispiel Fun Retrospectives (2018) online.

Neben dem gemeinsamen Lernen im Team macht auch die Entwicklung des einzelnen Mitarbeiters im Zuge der Digitalisierung eine andere Perspektive notwendig. Wenn sich die Märkte, die Kunden, die Technologien und das Arbeitsumfeld in kürzeren Abständen verändern, wie ist die Personalentwicklung in der Zukunft zu planen und zu gestalten? Welche Rolle kann die Personalabteilung spielen und welche Rolle muss die Führungskraft einnehmen? Wie können notwendige Maßnahmen identifiziert werden? Ein interessanter Ansatz wird von Netflix gelebt. Die Firma legt Wert darauf, nur die besten Experten auf deren jeweiligem Gebiet einzustellen. Basierend auf der Annahme, dass sie die besten sind und daher kein Training und keine Anweisung besser sein können, als ihr eigenes Wissen, werden keine Seminare oder Trainings angeboten. Sicher ein Extrembeispiel. Aber sind standardisierte Weiterbildungsangebote künftig das Mittel der Wahl in Zeiten von neuen Jobprofilen, bei denen es zum Teil keine standardisierte Ausbildung gibt? Können wir davon ausgehen, dass alle, inklusive Quereinsteiger, denselben Kenntnisstand haben, um das gleiche Training besuchen zu können? Sind nicht Teile eines Seminars dem einen schon bekannt, während dem anderen noch Grundvoraussetzungen fehlen? Und trotzdem können einzelne Inhalte für beide spannend sein. Die Zukunft des Lernens wird individueller. Führungskräfte werden gemeinsam mit dem einzelnen Mitarbeiter im Dialog erarbeiten, was er gern tun würde und welche Fähigkeiten für künftige Aufgaben benötigt werden. Neues Wissen wird ad hoc in Projekten, durch Online-Lerneinheiten, auf Thementreffen, in (firmenübergreifenden) Netzwerken generiert. Es bieten sich zahlreiche Lernchancen, online und physisch vor Ort.

Es stellt sich für viele Führungskräfte die Frage nach der eigenen Rolle. Wenn ich nicht mehr den Weg vorgebe, kontrolliere und meine Mitarbeiter entscheiden, was wie zu tun ist, was ist dann meine Daseinsberechtigung?

6.5 Eigene Führungsrolle entwickeln

Neue Schwerpunkte, neue Umfelder gehen einher mit neuer persönlicher Ausrichtung. Ist es für jede Führungskraft möglich, sich und die eigenen Fähigkeiten anzupassen? Nicht jeder Führungsstil passt in neue digitale und schnellere Welten. Wir agieren vor allem nicht mehr nur im eigenen Unternehmen, sondern in Ökosystemen, die sich im Zuge von Innovations- und Digitalisierungsansätzen bilden. Damit sehen sich die Führungskräfte Änderungen ausgesetzt, die sie im schlimmsten Fall nicht bewältigen können. Das schürt Ängste. Nun kann sich jeder von uns entscheiden, ob wir uns der Angst ergeben, alle Änderungen negieren und krampfhaft am Hier und Jetzt festhalten oder ob wir uns intensiv mit unserem Umfeld beschäftigen und damit, wie wir uns darauf einstellen können. Mitarbeiter erwarten nicht unbedingt den perfekten Vorgesetzten, sondern honorieren durchaus den authentischen Chef, der sich seinen Ängsten offen stellt und versucht, gemeinsam mit dem Team Veränderungen anzugehen und zu lernen.

Jahrzehntelang von Unternehmen gewünschte und in Führungskräfteentwicklungsprogrammen trainierte Prägungen sind nicht einfach zu ändern. Sie sind lange Zeit erfolgreich gewesen. Das kann doch nicht alles auf einmal nichts mehr wert sein, oder? Mitarbeiter in neuen (Zusammen-)Arbeitsmodellen erwarten eine neue Führung. Sie fordern von einer Führungskraft mehr Führung als Management ein. In Gesprächen mit Mitarbeitern wurden mir häufig zwei Bilder genannt: der Leuchtturm und der Fels in der Brandung. Beides hat gleichermaßen seine Berechtigung.

Der Leuchtturm gibt die Richtung, also die Ziele vor. Er schafft Orientierung während der Reise, ohne das Ruder zu führen. Das kann der Kontext sein, der immer wieder transparent dargestellt wird. Was wollen die Stakeholder? Warum müssen wir uns neu ausrichten? Was ist der Hintergrund von Entscheidungen? Es wird sozusagen nicht nur das Ziel beleuchtet, sondern auf dem Weg dahin auch Hindernisse auf der Karte eingezeichnet. So kann das Team entscheiden, ob es auf direktem Weg in den Hafen laufen kann oder ob gegebenenfalls Kurskorrekturen notwendig sind, weil Felsen umschifft werden müssen.

Gleichzeitig wurde die Führungskraft als Fels in der Brandung beschrieben. Das Bild wird eher von Mitarbeitern verwendet, die in der selbstständigen Navigation noch nicht ganz sicher sind. Sie brauchen das Gefühl, dass jemand für ruhigeres Fahrwasser sorgt. Dass jemand da ist, wenn Fehler passieren. Sie brauchen neben dem Leuchtturm auch stärker Leitplanken, an denen sie sich orientieren können. Mitarbeiter kämpfen genau wie ihre Führungskräfte mit Ängsten. Sie sind unsicher in Zeiten des digitalen Wandels. Auch ihr Aufgabenfeld und die Anforderungen an die eigenen Fähigkeiten ändern sich. Hier ist der Chef als Coach gefordert. Er soll, wie oben beschrieben, die Entwicklung des Mitarbeiters individuell ausgestalten und aktiv begleiten. Dazu muss er Empathie zeigen und das Individuum in jedem einzelnen Mitarbeiter sehen. Das passt vielleicht nicht mehr zu dem Mitarbeitergespräch einmal im Jahr, dem großen Weiterbildungskatalog, der in intensiver Arbeit durch die Personalentwicklungsabteilung zusammengestellt wird, der Führungskraft, die dem Mitarbeiter noch fachliche Unterstützung geben kann oder in Bewerbungsgesprächen schwierige Praxisfragen stellt. Wenn wir die besten Experten einstellen wollen, bedeutet das im Umkehrschluss, dass sie eine größere Expertise haben als der Vorgesetzte. Das gedanklich zu akzeptieren ist die eine Seite. Verstehen ist die Voraussetzung, um die strategischen, operativen Arbeitsmodell- und Führungsfragen – wie in diesem Kapitel beschrieben – überhaupt erfolgreich beantworten zu können. Dafür ist der offene Umgang mit den eigenen Ängsten und Ansprüchen notwendig. Die andere Seite ist der praktische Umgang damit. Nach welchen Skills suche ich und wie muss die Stelle beschaffen sein? Wie erfolgt die Zusammenarbeit mit der Recruitingabteilung? Findet sie die Experten per klassischer Stellenausschreibung? Welche Fragen können wir im Vorstellungsgespräch stellen? Wenn wir künftig in selbststeuernden Teams arbeiten wollen, welche Rolle spielt das Team im Recruitingprozess? Wenn sich die Technologie so schnell entwickelt und permanentes Lernen die Regel ist, spielt das abgefragte Wissen zum Zeitpunkt der Einstellung vielleicht keine dominante Rolle mehr. Neben den passenden Grundvoraussetzungen achten wir künftig vielmehr auf Werte, Anpassungsfähigkeit, persönliche Netzwerke, persönliches Vorgehen, um stets aktuelles Wissen zu erlangen, die Meinung der anderen Teammitglieder und so weiter. „Hire great people" (Management 3.0 is a Happy Melly Brand 2018), ein Management-3.0-Modul des Autors Jürgen Appelo, beschreibt eben diesen Findungsprozess und gibt unter anderem mit dem „behavioural interview" konkrete Praxistipps, wie wir mehr über tatsächliche Kompetenzen erfahren, anstatt hypothetische Fragen zu stellen.

Ob Mitarbeiter zu den Werten eines Unternehmens passen, ist ein entscheidender Punkt für die Auswahl und für den Erfolg der gemeinsamen Arbeit. Unternehmen arbeiten intensiv an der Definition ihrer Unternehmens- und Führungswerte. Leider passen die niedergeschriebenen Werte selten zu den gelebten und erlebten Werten im Unternehmen. Wie können wir die Übereinstimmung erreichen? Nico Rose, Vice President Employer Branding & Talent Acquisition, Bertelsmann SE & Co. KGaA, beschreibt in einem Artikel die Leadership Value Chain des Management-Professors Robert Quinn, wie in Abb. 6.2 dargestellt. „In diesem Modell steht und fällt alles mit den Werten und Glaubenssätzen der Führungsebene, also beispielsweise: „Wenn Menschen sich genug anstrengen und die Rahmenbedingungen stimmen, können sie fast alles lernen" (oder eben nicht). Ein weiterer Grundgedanke des Modells: „Die höheren Ebenen sind durch die tieferen Ebenen bedingt und können somit auch von diesen blockiert werden in Bezug auf (positive) Veränderungen"" (Rose 2018).

Damit Führungskräfte, wie schon erwähnt, gedanklich akzeptieren, dass ihre Teammitglieder ein höheres Expertenwissen vorweisen, müssen sie ihre Rolle als Coach, Leuchtturm, Fels in der Brandung nicht nur im Sinne der notwendigen Aufgaben verstehen, sondern vielmehr die dahinterstehende Haltung und die Werte begreifen. Wenn wir das (Vor-)Leben dieser Werte als Weg zum Erfolg des Unternehmens annehmen, können wir authentisch das Zielbild und die Guiding Principles vermitteln und damit ein motivierendes Umfeld entwickeln. Netflix bietet uns auch hier ein schönes Beispiel für eine niedergeschriebene, gelebte und äußerst pragmatische Unternehmenskultur. Die Kernaussage ist, dass Menschen immer vor Prozessen stehen. So wenig Regeln und gleichzeitig so viel Kreativität wie möglich: Damit soll eine hohe Flexibilität und Effektivität erreicht werden (Netflix 2018). Die Werte sind sehr klar beschrieben, um deutlich zu machen, was das Unternehmen erwartet. Das macht es Mitarbeitern und Führungskräften theoretisch sehr einfach, danach zu leben. Voraussetzung ist, dass

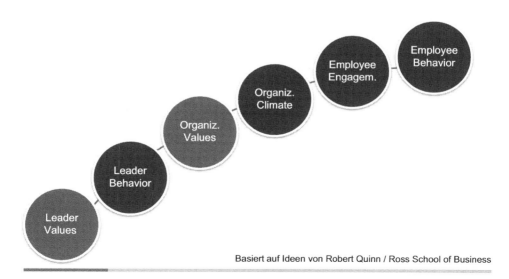

Abb. 6.2 Leadership Value Chain – Radikaler Wandel von der Wurzel her. (Quelle: Rose 2018)

jeder persönlich dieselben Werte verfolgt. Nicht jeder passt zu jedem Wert. Insofern ist es wichtig, dass sich auch jede Führungskraft strikt hinterfragt, ob sie wirklich die notwendigen Werte verinnerlichen und vorleben kann.

In vielen Unternehmen sind Kollaboration, Kreativität und Unternehmergeist bedeutende Werte geworden. Gerade in vielen größeren Unternehmen sind Führungskräfte allerdings derart in interne Prozesse und Abstimmungen eingebunden, dass häufig die Zeit für externe Vernetzung und Inspiration zu kurz kommt. Führungskräfte können zwar nicht die Experten für alle Themen sein, sollten sich aber dennoch die Zeit nehmen, sich über aktuelle Themen und innovative Trends zu informieren. Wenn wir uns eine Meinung bilden wollen, wie sich der Markt entwickelt und wie unser Bereich/unser Unternehmen sich aufstellen muss, ist die externe Vernetzung eine unerlässliche Aufgabe für Führungskräfte. Das Kunststück ist die Identifikation der richtigen Mischung aus formellen und informellen Netzwerken. Welche Konferenzen besuche ich gezielt und wo engagiere ich mich in sinnvollen Ökosystemen aus Vertretern meiner Branche und meiner Kunden, Vordenkern, potenziellen Partnern und wesentlichen Stakeholdern? Für die Auswahl kann die Erstellung einer Stakeholder Map eine gute Basis bilden. Und ich spreche hier nicht von altgedienten Klüngelbildungen, sondern von Meetups, intrinsischen Treffen von Innovationsbegeisterten, Demodays und ähnlichen Veranstaltungen.

Ich sprach davon, dass Führungskräfte in jedem Bereich mit dem Wandel beginnen können. Besonders Führungskräfte im mittleren Management können jedoch im Zuge der digitalen Transformation vor der Herausforderung von traditionellen Vorgesetzten stehen. Neben Kunden und Mitarbeitern sind sie ein wesentlicher Part in der Stakeholder Map. Als Schlüsselfaktor zum Erfolg der digitalen Transformation und Innovation wird häufig das Commitment der Geschäftsführung auf Platz 1 genannt. Das erleichtert das Vorhaben zwar ungemein, ist aber kein Ausschlusskriterium oder gar eine Entschuldigung dafür, die digitalen Zeiten zu verschlafen. Führungskräfte übernehmen an dieser Stelle die Rolle des notwendigen Übersetzers zwischen Anforderungen seitens des Marktes und der Mitarbeiter und den Entwicklungsschritten der Unternehmensführung.

6.6 Wir brauchen digitale, kreative und lösungsorientierte Führungskräfte

Benötigt werden also Führungskräfte, die fundierte Geschäftskenntnisse und -erfahrung mit der Fähigkeit vereinbaren, digitale Strategien zu entwickeln, die vollständig auf die vereinbarten Geschäftsziele ausgerichtet sind und diese unterstützen. Führungskräfte mit kreativen Fähigkeiten, um sich eine digitale Zukunft vorzustellen. Und, nicht zuletzt, Führungskräfte mit den persönlichen Fähigkeiten und dem Selbstvertrauen, die organisatorische Transformation voranzutreiben.

Das ist es, wonach wir unabhängig von der Hierarchie suchen sollten, um unsere Teams und Unternehmen zu führen. Denn der Einsatz von lösungsorientiertem Denken, die Schaffung von Bedeutung und der sie unterstützenden Führung ist der Schlüssel, um zu finden, was neu ist, was besser ist, was als nächstes kommt und – am wichtigsten – was uns dorthin bringt.

Literatur

Fun Retrospectives (2018) http://www.funretrospectives.com/category/retrospective/. Zugegriffen: 7. Jan. 2018

Hentrich C, Pachmajer M (2016) d.quarks – Der Weg zum digitalen Unternehmen. Murmann Publishers, Hamburg

Management 3.0 is a Happy Melly Brand (2018) Management 3.0 Module: Hire Great People. https://management30.com/modules/hire-great-people/. Zugegriffen: 7. Jan. 2018

Netflix (2018) Netflix Culture. https://jobs.netflix.com/culture. Zugegriffen: 7. Jan. 2018

Rose N (2018) https://www.xing.com/news/insiders/articles/von-krawatten-im-kopf-und-radikalem-wandel-1098581?sc_p=da863_bn&xing_share=news. Zugegriffen: 7. Jan. 2018

TÜV Rheinland AG, ECODYNAMICS GmbH (2016) – Auszug aus Digitalisierungsstrategie TÜV Rheinland AG

Vollmer L (2017) Theater deluxe. Reglements – für wen eigentlich? https://www.foerderland.de/organisieren/news/artikel/reglements-fuer-wen-eigentlich/?utm_content=bufferc70d9&utm_medium=social&utm_source=twitter.com&utm_campaign=buffer. Zugegriffen: 7. Jan. 2018

Dana Goldhammer hat langjährige Erfahrung im Aufbau von Innovations- und Digitalisierungsbereichen. Seit 2016 ist sie für die Digitalisierung und Innovation bei TÜV Rheinland verantwortlich und leitet ein bereichsübergreifendes Team aus Innovations- und Digitalisierungsmanagern. Den kulturellen Wandel hin zu einer lernenden, innovativen und zukunftsfähigen Organisation unterstützt sie unter anderem in Form einer Digitalisierungs- und Datenstrategie und eines Intrapreneurshipprogramms. Sie ist gefragte Speakerin für die Themen Corporate Innovation und Digitale Transformation.

Business Model Innovation im digitalen Zeitalter

7

Hamidreza Hosseini

Inhaltsverzeichnis

7.1	Einleitung.	93
7.2	Digitale Geschäftsmodelle und Trends mit möglichen Auswirkungen auf bestehende Geschäftsmodelle.	95
7.3	Die Evolution der Digitalisierung: Die fünfte Welle.	97
7.4	Aktueller Stand der Digitalisierung und Hiobsbotschaften.	99
7.5	Es gibt keine „digitale Strategie" – sie ist ein essenzieller Bestandteil der Unternehmensstrategie.	100
7.6	Grundlagen der Digitalisierung und Nutzung von Frameworks.	100
7.7	Welche Auswirkungen kann die Digitalisierung auf mein Geschäftsmodell haben?	101
7.8	Hoffnung ist keine Strategie: Ermittlung der Auswirkungen auf das Geschäftsmodell und Ableitung von Handlungsfeldern.	104
7.9	Ausblick.	107
Literatur.		107

7.1 Einleitung

Die Digitalisierung ist aktueller denn je – überall in den Nachrichten, der Fachpresse oder Literatur ist das Thema allgegenwärtig und wird aus unterschiedlichen Perspektiven und mit unterschiedlichen Schwerpunkten behandelt. Innerhalb weniger Jahre hat die Digitalisierung soziale, betriebswirtschaftliche und ökonomische Interaktionsmuster (Brynjolfsson und Mcafee 2016) und das Kooperations- und Kommunikationsverhalten

H. Hosseini (✉)
ECODYNAMICS GmbH, Düsseldorf, Deutschland
E-Mail: h.hosseini@ecodynamics.de

© Springer Fachmedien Wiesbaden GmbH, ein Teil von Springer Nature 2018
P. Plugmann (Hrsg.), *Innovationsumgebungen gestalten*,
https://doi.org/10.1007/978-3-658-22127-0_7

von Menschen, Gesellschaft, Industrie, Wirtschaft und Ökonomie dauerhaft verändert (Naam 2015a).

Vernetzte Produkte, Geräte, Gebäude, Industrien, Städte u. a. mit Big Data, Internet of Things (IoT), Virtual & Augmented Reality, Artificial Intelligence, Smart Factory, Smart Building, Smart Home, Smart Metering & Energy, Smart Bridge, Smart Traffic, Smart Shopping, Smart Products usw. sind binnen kürzester Zeit zu einem Bestandteil der Wirtschaft, der Industrie und der Ökonomie geworden. Mit ihrer Hilfe sind Unternehmen in der Lage, sich besser zu informieren, bessere Prognosen zu erhalten, souveräner zu entscheiden, effizienter zu werden (Carniege 2012), mehr Zeit für wichtigere Themen zu gewinnen und vor allem ihren Wettbewerbsvorteil bzw. die Marktpositionierung zu verbessern.

Weitere zukünftige Trends, wie z. B. Plattformökonomie, Blockchain oder Smart Business Models, werden diese Entwicklungen in den nächsten Jahren noch weiter beschleunigen. Hierbei gibt es für alle Industrien sowohl Chancen als auch Risiken. Dabei können auch neue Märkte, Möglichkeiten und Geschäftsmodelle entstehen. Die Digitalisierung ist nur dann erfolgreich, wenn sie idealerweise fehlerfrei ist, eine hohe Qualität besitzt und einem hohen (anerkannten) Präzisionsstandard entspricht. Einige Trends der Digitalisierung werden die Geschäftsmodelle maßgeblich beeinflussen: Geschäftsfelder werden möglicherweise erweitert, ergänzt, erneuert, ersetzt oder vollkommen neu erfunden.

Wir befinden uns in einer weit fortgeschrittenen Evolutionsstufe der Digitalisierung und haben die Chance der aktuellen Situation, sowohl in Europa als auch international wieder an die Spitze zu gelangen. Doch viele Unternehmenslenker und Entscheider fragen sich seit einigen Jahren: Welche Auswirkungen hat die Digitalisierung auf mein Geschäftsmodell? Welche Chancen bieten sich an und wie kann ich sie für mein Unternehmen nutzen? Welche Risiken existieren und wie kann ich dagegen (idealerweise prophylaktisch) vorgehen?

Anstatt wie das Kaninchen vor der Schlange zu sitzen und zu bangen, sich zu fragen: „Sitzen wir auf einem Eisberg, und wann schmilzt er?" oder zu rätseln, was mit dem eigenen Geschäftsmodell in zwei bis drei Jahren passiert, gibt es einfache, praxisnahe und pragmatische Ansätze, um diese Fragestellung analytisch zu untersuchen, zu bewerten, die Auswirkungen abzuleiten und Handlungsoptionen (Carniege 2012) und Maßnahmen für die Umsetzung zu entwickeln.

Mein Beitrag soll dazu einen ersten Überblick vermitteln, wie die Entscheider und Unternehmenslenker mit diesen Fragestellungen umgehen können. Daher liegt der Schwerpunkt des Beitrags darin, die möglichen Auswirkungen der Digitalisierung auf das Geschäftsmodell eines Unternehmens zu eruieren, Chancen zu nutzen, Risiken abzuwehren und Handlungsoptionen abzuleiten und diese umzusetzen. Generell empfehle ich allen Entscheidern und Unternehmenslenkern, diese Chancen (und mögliche Risiken) zu prüfen und zu nutzen bzw. die Maßnahmen vorzubereiten und umzusetzen, um auf diese Veränderungen exzellent vorbereitet zu sein.

7.2 Digitale Geschäftsmodelle und Trends mit möglichen Auswirkungen auf bestehende Geschäftsmodelle

Bevor wir uns inhaltlich mit den Methoden und Vorgehensweisen auseinandersetzen, schauen wir uns einige digitale Geschäftsmodelle und Trends an, die bereits seit einigen Jahren auffallen und in Zukunft Auswirkungen auf Geschäftsmodelle von Unternehmen haben werden (Christensen und Raynor 2013). Einige Beispiele für solche digitalen oder innovativen Geschäftsmodelle sind u. a.:

- **Internet of Things Business Models and Platforms**
  Vernetzte und intelligente Geräte, Maschinen, Anlagen und Gebäude sorgen für immer effizienteren Austausch von Daten und tragen zu einer deutlichen Verbesserung der Interaktionen bei. Durch die Verwendung von Sensordaten und die Vernetzung von unterschiedlichen Geräten und Komponenten können Abläufe, Aufgaben und bestimmte Geschäftsprozesse standardisiert, automatisiert und vollständig intelligent zwischen den Geräten und Maschinen (Mcafee und Brynjolfsson 2017) ablaufen. Durch den Einsatz von künstlicher Intelligenz (Naam 2015b) können im Rahmen solcher vernetzten Geschäftsmodelle die Daten für Prognosen, prädiktive Maßnahmen oder Ableitung von informationsökonomischen und datengetriebenen Produkten, Services und Geschäftsmodellen eingesetzt werden. Solche Geschäftsmodelle haben große Auswirkungen auf die Geschäftsbereiche oder Geschäftsmodelle (u. a. auch Produkte oder Services) eines Unternehmens, die diese Aufgaben manuell erledigen oder einfache, klassische, nicht intelligente Maschinen zur Bewältigung dieser Aufgaben einsetzen.
- **Smart and Connected Business Models**
  Die „Internet of Things Business Models and Platforms" bilden in der Regel die Grundlage für Smart and Connected Business Models. Die wesentlichen Charakteristiken der Smart-Business-Modelle, wie z. B. Smart Factory, Smart Building, Smart Home, Smart Metering & Energy, Smart Bridge, Smart Traffic, Smart Shopping, Smart Products usw., basieren auf einer engen Verzahnung und Vernetzung der Interaktionen, Kommunikationen (Brynjolfsson und Mcafee 2016) und Transaktionen, sodass entsprechend durch die Vernetzung solcher Geschäftsmodelle die Ökosysteme untereinander effektiver und intelligenter (durch Nutzung von Daten und KI-Mechanismen) interagieren können (Mcafee und Brynjolfsson 2017). Es bilden sich dadurch immer mehr massive digitale Netzwerke (Smart-Modelle), die massenhaft Daten und Informationen gemeinsam verwenden und miteinander kommunizieren (Smart-Plattformen). Unternehmen, die mit ihren Geschäftsmodellen weder Smart Business Models noch ein Teil von solchen automatisierten und intelligenten Smart Ecosystems sind, werden auf lange Sicht einen deutlichen Wettbewerbsnachteil haben.
- **Big Data, Deep bzw. Machine Learning und künstliche Intelligenz**
  Die Geschäftsmodelle rund um Big Data, Deep bzw. Machine Learning und künstliche Intelligenz basieren auf der Nutzung bestehender Daten und Informationen in den Unternehmen, in Kombination mit den externen Datenquellen. Hierbei werden

unterschiedliche Algorithmen, Systeme und Tools eingesetzt, um auf der einen Seite aus den historischen Informationen Erkenntnisse zu erzielen und auf der anderen Seite mögliche Prognosen für die Zukunft zu treffen. Die Kombination der Daten- und Informationsanalyse mit den wichtigsten informationsökonomischen Kriterien (u. a. Informationen sammeln, Informationen u. a. deskriptiv und prädiktiv analysieren und auswerten, daraus neue informationsgetriebene Geschäftsmodelle, Produkte oder Services ableiten (Evans 2015) und damit mehr Umsatz erzielen oder die Effizienz steigern) führen zu neuen Geschäfts- und Wachstumsfeldern, u. a. durch die Entwicklung und Etablierung von neuen informationsgetriebenen Geschäftsmodellen. Die Unternehmen sollten generell einen Plan aufstellen, wie sie mit ihren bestehenden Daten und Informationen (u. a. in der Kombination mit externen Daten und Informationen) neue Geschäftsmodelle, Produkte und/oder Services entwickeln und etablieren können. Die Analyse und Nutzung von Daten und die Etablierung von informationsgetriebenen Geschäftsmodellen (Westerman et al. 2014) sind bzw. werden ein wesentlicher Wettbewerbsfaktor sein.

- **Virtual & Augmented Reality (VR/AR)**
Immer mehr Industriezweige im Geschäftskundenumfeld, aber auch im Konsumentenumfeld forcieren Produkte, Lösungen und Services auf Basis von VR und AR. Dieser Trend ist nicht neu. Schon in den letzten Jahrzehnten gab es unterschiedliche Ansätze und Ideen, die für bestimmte Industrien oder Verbraucher eingesetzt werden sollten und dann meist aufgrund der benötigten Rechenkapazitäten nur für die industrielle Anwendung zugänglich waren oder sich selten für einen professionellen Einsatz eigneten. Die heutigen Technologien und die steigende Rechenkapazität haben eine neue Epoche der VR-/AR-Anwendungen eingeläutet. Sowohl in Industriezweigen (Remote Coaching, Gebäudeplanung und -engineering, Remote Inspection usw.) als auch im Verbraucherumfeld (begehbare Wohnwelten mit VR-Brillen) finden sich immer mehr Geschäftsvorfälle, die neue Chancen für Produkte, Services und Geschäftsmodelle aufzeigen (Macafee und Brynjolfsson 2017). Solche Geschäftsmodelle eignen sich z. B. als ideale Komplementärlösungen für die Erweiterung oder Erneuerung bestehender Services oder für den Aufbau neuer Geschäftsfelder.

- **Platform Economy**
Seit einigen Jahren sind plattformökonomische Geschäftsmodelle und die Plattformökonomie dabei, Interaktionsmuster und das Kooperations- und Kommunikationsverhalten von Menschen, Industrie, Wirtschaft und Ökonomie dauerhaft zu verändern (Laffont und Tirole 1988) sowie Handelsplätze und damit Kapital (z. B. gemessen an GDP) zu verlagern. Diese Veränderung wird in der aktuellen Generation der Plattformgeschäftsmodelle beschleunigt (Galloway 2017). Die Gründe liegen in den wesentlichen Charakteristiken der Plattformen, u. a.:
  a) Im Gegensatz zu den klassischen, linearen Geschäftsmodellen basieren die Plattformgeschäftsmodelle auf Interaktionen zwischen Nachfrager und Anbieter (Evans 2016) bzw. Produzent und Kunde (Parker et al. 2016).

b) Plattformmodelle analysieren entlang der informationsökonomischen Kriterien die Interaktionsdaten und leiten daraus neue Ansätze für die zwei-/mehrseitigen Märkte (Laffont und Martimort 2001) (und Netzwerkeffekte) (Choudary 2015) ab.
c) Plattformmodelle verändern die Märkte durch die Etablierung von Allianzen in den dynamischen Ökosystemen und fokussieren auf die Elemente der Transaktion, Innovation und Interaktion (Tiwana 2013).
d) Plattformmodelle analysieren dynamische Ökosysteme (Park 2017) und definieren auf Basis von komplementären Allianzen (Tirole 2014a) neue Werteströme und Netzwerkeffekte (Parker et al. 2016).
e) Durch die Nutzung der dynamischen Ökosysteme (Parker et al. 2016) und Allianzen sind Plattformen in der Lage, neue Märkte zu modellieren und bestehende Mechanismen zu verändern (Tirole 2014b).
f) Die Etablierung neuer Marktmechanismen führt zu einer neuen, plattformbasierenden Marktmetastruktur, die Handelsplätze und damit Werte- und Kapitalflüsse auf die Plattformgeschäftsmodelle verlagert (Parker et al. 2016).

Hierbei gibt es für nahezu alle Industriezweige sowohl Chancen als auch Risiken. Dabei können auch neue Märkte, Möglichkeiten und Geschäftsmodelle entstehen. Die Plattformökonomie wird nahezu alle Branchen maßgeblich verändern: Geschäftsfelder werden möglicherweise ersetzt, verändert oder erneuert (Wang 2015).

- **Blockchain Business Models**
Blockchain-Geschäftsmodelle werden aufgrund ihres dezentralen Ansatzes die zentralen Instanzen eines Geschäftsmodells und sogar eines Marktmechanismus grundlegend verändern (Tapscott und Tapscott 2016). Durch den Einsatz von Distributed Ledgers werden vor allem die Elemente eines Geschäftsmodells (Morley 2017), wie Governance, Geschäftslogik und Transparenz, durch das verteilte Blockchain-Netz gesteuert (Diedrich 2016). Je nachdem, wie die Konsens-Algorithmen etabliert und umgesetzt werden, kann es hier u. a. durch den Einsatz von Smart Contracts unterschiedliche Auswirkungen auf die bestehenden Geschäftsmodelle (Mougayar et al. 2016) und Marktmechanismen geben. Die Auswirkungen von Blockchain-Geschäftsmodellen führen meistens dazu, dass bestehende Geschäftsmodelle (und Marktmechanismen) ersetzt oder neu aufgebaut werden (Swan 2015). Allerdings sind derzeit kaum oder ganz wenige Geschäftsvorfälle bekannt, die auf Blockchain-Basis flächendeckend oder professionell im Einsatz sind.

7.3 Die Evolution der Digitalisierung: Die fünfte Welle

Die ersten Digitalisierungsansätze fingen bereits mit der Entwicklung der ersten Rechenmaschinen und Computer an. Wenn wir jedoch die neuzeitliche Entwicklung der Digitalisierung betrachten, werden wir feststellen, dass wir uns bereits in der fünften Evolutionsstufe der Digitalisierung befinden.

- **Die erste Stufe der Digitalisierung** begann mit der Entwicklung der ersten Computer (unter anderem vor und während des Zweiten Weltkriegs bis in die frühen 70er Jahre).
- **Die zweite Evolutionsstufe der Digitalisierung** setzte in den frühen 80er Jahren mit der Verbreitung der Großrechner und vor allem Personal Computern und ihrer Demokratisierung bis Mitte der 90er Jahre ein.
- **Die dritte Evolutionsstufe der Digitalisierung** fing mit der Entstehung und vor allem der Demokratisierung des World Wide Webs (WWW) Anfang bis Mitte der 90er Jahre an. Mit der Demokratisierung des WWW und der Verbreitung der Serversysteme und den Webseiten nahmen elektronische und damit digitale Kommunikation und Interaktion zwischen den Unternehmen zu. Zu dem Zeitpunkt entstanden die ersten Webseiten und Shopsysteme, die Interaktion fand weitestgehend über E-Mail statt. Diese Epoche, die im Zeitraum Ende der 90er Jahre bis Anfang 2000 stattfand, wurde unter dem Begriff New Economy bekannt. Mit dem Aufstieg und Fall der New Economy und den damit einhergehenden interessanten, aber auch fehlerhaften Geschäftsmodellen wurden sowohl positive als auch negative Erfahrungen in Verbindung gebracht. Reihenweise scheiterten die Geschäftsmodelle zu diesem Zeitpunkt aufgrund der fehlenden kritischen Masse der Kunden und Transaktionen und noch nicht ausgereifter Technologie, sodass die Aussage verbreitet wurde: Es gibt keine New Economy, sondern Old Economy. Dieser Leitsatz führte zu einer Schockstarre der deutschen unter anderem auch paneuropäischen Aktivitäten im Hinblick auf die Digitalisierung und digitale Geschäftsmodelle. Während wir uns von den E-Business- und New-Economy- bzw. digitalen Geschäftsmodellen abgewandt haben, wurde diese Entwicklung vor allem in den USA fortgesetzt.
- **Die vierte Evolutionsstufe der Digitalisierung** entstand zeitgleich mit dem Begriff Web 2.0, dem Aufkommen der sozialen Netzwerke und den ersten komplexeren Webseiten und Geschäftsmodellen. Zu diesem Zeitpunkt entstanden Subsegmente und Wirtschaftszweige, die sich im Wesentlichen mit sozialen Netzwerken und Web 2.0 auseinandersetzten. Was zu diesem Zeitpunkt einen spielerischen Charakter hatte und vor allem geprägt war durch bunte Bildchen und sonstige Medien, war quasi ein Grundstein der Entwicklung einer digitalen Ökonomie mit massiven Auswirkungen auf unterschiedliche Wirtschaftszweige.
- **Die fünfte Evolutionsstufe der Digitalisierung** (Zeitraum 2013 bis heute) ist geprägt durch die Auswirkungen der digitalen Geschäftsmodelle auf die Unternehmen und weltweiten ökonomischen Prinzipien, vor allem die Veränderung und Verlagerung der Handelsplätze durch plattformökonomische Modelle und innovative Geschäftsmodelle (Dyer et al. 2011), die grundlegend die Wirtschaftszweige komplett verändern, ersetzen oder erneuern. Seit 2016 könnten wir möglicherweise davon ausgehen, dass wir uns vor dem Schwellwert der nächsten Evolutionsstufe befinden (Christensen et al. 2016), in der sowohl Plattformökonomie (Galloway 2017), als auch weltweit Blockchain-Geschäftsmodelle unterschiedliche und weitere Auswirkungen auf Wirtschaftssysteme und ökonomische Zusammenhänge haben werden.

7.4 Aktueller Stand der Digitalisierung und Hiobsbotschaften

Seit ungefähr Ende 2012 bis Anfang 2013 gibt es ein Erwachen in der deutschen wie auch paneuropäischen Wirtschaft, sodass immer mehr Unternehmen und Gesellschaften die massiven Auswirkungen der Digitalisierung wahrnehmen und feststellen, dass sie etwas tun müssen. Hierzu gibt es verschiedene Publikationen von (auch selbsternannten) Fachexperten, die unterschiedliche Botschaften verbreiten, um einen Weckruf zu starten, dass hier dringend Handlungsbedarf besteht.

Grundsätzlich sind Maßnahmen und Initiativen begrüßenswert, die dazu führen, dass Unternehmen das Thema als Chance erkennen und entsprechende Handlungen ableiten, oder die Risiken erkennen und entsprechende Gegenmaßnahmen initiieren. In den letzten 3–4 Jahren haben viele Unternehmen unterschiedliche Maßnahmen aufgesetzt und initiiert. Es sind jedoch einige Hiobsbotschaften unterwegs, die durchaus Angstbildern und Weltuntergangsszenarien (Naam 2015c) entsprechen und somit einen Weckruf forcieren, um sowohl die Unternehmen aufzurütteln als auch die Auflage ihrer Bücher und Speaker-Slots zu erhöhen.

Generell ist es wichtig, dass das Thema seriös behandelt wird und Weckrufe immer wieder stattfinden, allerdings sollten den Unternehmen auch mögliche Wege und Methoden aufgezeigt werden, wie sie sich gegen die Risiken vorbereiten und die Chancen nutzen können (Schmidt und Cohen 2014). Es wird sicherlich Veränderungen in diversen Wirtschaftszweigen geben, Angst ist jedoch kein guter Begleiter.

Die meisten Unternehmen haben bereits diverse Digitalisierungsinitiativen geplant und umgesetzt und einige (vor allem große und mittelständische Unternehmen) haben immer noch keine entsprechende Agenda oder Maßnahmen geplant oder initiiert. Generell empfiehlt es sich, bestehende digitale Strategien hinsichtlich der Auswirkungen auf das Geschäftsmodell regelmäßig zu untersuchen. Denjenigen Unternehmen, die generell in dem Umfeld noch nichts unternommen haben, wird dringend empfohlen, sich einen Überblick zu verschaffen und eine entsprechende digitale Strategie als Bestandteil der Unternehmensstrategie auszuarbeiten (Kaplan 2012), um etwaige Auswirkungen auf ihr Geschäftsmodell zu erkennen und Handlungsmaßnahmen abzuleiten.

Daher ist es sinnvoll, analytisch zu untersuchen, welche Handlungsoptionen sich aus Chancen und Risiken ableiten, und diese Schritt für Schritt umzusetzen. Das betrifft vor allem die Auswirkungen auf das Geschäftsmodell eines Unternehmens und die daraus abgeleiteten Handlungsoptionen und Maßnahmen. Idealerweise sind diese Maßnahmen Bestandteil einer digitalen Strategie, die allerdings nicht als alleinstehende Strategie existiert, sondern immer ein Bestandteil der Unternehmensstrategie ist. Was das bedeutet, schauen wir uns jetzt im nächsten Abschnitt an.

7.5 Es gibt keine „digitale Strategie" – sie ist ein essenzieller Bestandteil der Unternehmensstrategie

Es ist erstaunlich zu beobachten, dass in den meisten Publikationen wie auch in der Fachliteratur immer wieder die Rede von einer digitalen Strategie ist. Die Entwicklung einer digitalen Strategie war ein Trend, der vor allem im Zeitraum 2012 bis 2013 immer wieder (vor allem von Digitalexperten) forciert wurde. Die meisten Digitalisierungsinitiativen in diesem Zeitraum fanden in der Regel in der IT-Abteilung der Unternehmen statt.

Einige wenige Unternehmen spürten die Tragweite der Digitalisierung, sodass die Unternehmensleitung oder die Entscheider das Thema für sich auf die Agenda genommen haben. Dies führte allerdings dazu, dass in der Regel eine alleinstehende digitale Strategie entstand, die teilweise oder auch vollkommen losgelöst von der Unternehmensstrategie entwickelt wurde (Pichler 2016). Entsprechend autark wurden auch die Maßnahmen entweder in digitalen Taskforces oder digitalen Units umgesetzt.

In der Regel fehlte ein digitales Ziel und meistens wurden die Maßnahmen nicht silo-übergreifend und ohne Abgleich mit der Unternehmensstrategie umgesetzt. In der heutigen Zeit ist die digitale Strategie ein essenzieller Bestandteil der Unternehmensstrategie, sollte im Einklang damit entwickelt werden, entsprechende Chancen und Risiken aufzeigen und einen Wertbeitrag für das Unternehmen liefern.

Weiterhin ist es wichtig, dass bei der Entwicklung der digitalen Strategie sowohl die Geschäftsbereiche als auch die Querschnittsfunktionen involviert und, wenn notwendig, auch externe Experten hinzugezogen werden. Bei der Entwicklung ist es notwendig (Rogers 2016), sowohl eine externe Untersuchung durchzuführen als auch auf internes Wissen und Know-how zurückzugreifen. Idealerweise beinhaltet die digitale Strategie klare Visionen und Missionen und entsprechend beherrschbare Maßnahmen, die in einzelnen Schritten umgesetzt werden.

In den letzten Jahren wurden unterschiedliche Blaupausen oder Frameworks (Westerman et al. 2014) als Referenzmodelle entwickelt, damit die Unternehmen einen Anhaltspunkt für die Entwicklung ihrer digitalen Strategie haben. Viele der aktuell verfügbaren Referenzmodelle für die Digitalisierung (Perkin und Abraham 2017) beinhalten ähnliche Themenschwerpunkte und wenn man diese Modelle miteinander vergleicht, stellt man fest, dass in der Regel jedes Thema Auswirkungen auf das Geschäftsmodell hat und immer eine wesentliche Rolle bei der Entwicklung der digitalen Strategie spielt, ebenso bei der Umsetzung der Maßnahmen.

7.6 Grundlagen der Digitalisierung und Nutzung von Frameworks

Es gibt unterschiedliche Referenzmodelle und Blaupausen (Rauser 2016) für die Digitalisierung. Beim Vergleich der unterschiedlichen digitalen Frameworks fallen immer wieder die gleichen oder ähnlichen Themenschwerpunkte auf: Customer Journey and Experience (Kundenerfahrung und -erlebnis), digitale operative Exzellenz, Auswirkungen auf das Geschäftsmodell und digitale Fähigkeiten und Kapazitäten.

Die wesentlichen Elemente dieser Themenfelder sind folgende (Westerman et al. 2014):

- Unter den Schwerpunkt Kundenerlebnis und -erfahrung fallen die Aspekte Kunden verstehen und kennen, die digitalen Absatzkanäle beherrschen, einheitliche Sales und Serviceprozesse einsetzen und alle Themen rund um Omni-Channel-Excellence (Multikanalfähigkeiten) beherrschen.
- Bei der operativen Exzellenz geht es unter anderem um die Themen Prozessdigitalisierung und Dematerialisierung, Befähigung der Mitarbeiter (unter anderem Kultur, Mindset und agile Organisation) und Performancemanagement.
- Bei den Auswirkungen auf das Geschäftsmodell geht es unter anderem um die Erweiterung der bestehenden Geschäftsführung, die digitalen Geschäftsmodelle, Entwicklung neuer digitaler Geschäftsmodelle (Finkel und Harkness 2017) und entsprechender Ansätze für eine Globalisierung und Ausweitung der erfolgreichen digitalen Geschäftsmodelle.
- Bei den digitalen Fähigkeiten und Kapazitäten geht es vor allem darum, dass ein Unternehmen mit agilen Methoden arbeitet, integrierte und moderne Plattform einsetzt, wie ein Software-Unternehmen denkt und handelt (Sacolick 2017) und eine entsprechende Digitalkultur und Skills auf- und ausbaut.

Grundsätzlich ist es ratsam, ein Referenzmodell oder ein entsprechendes Framework für die Entwicklung der Digitalisierungsstrategie (Westerman et al. 2014) und Festlegung, Planung und Umsetzung der Maßnahmen zu verwenden. Im Hinblick auf die Auswirkungen eines Geschäftsmodells ist es unter anderem wichtig, diese (Chancen und Risiken) in einzelnen Kategorien zu betrachten.

Die wesentlichen Auswirkungen sind in der Regel Veränderung, Erneuerung, Erweiterung, Ersetzen oder das Schaffen eines neuen Modells. Diese Auswirkungskategorien werden wir uns im nächsten Abschnitt genauer anschauen.

7.7 Welche Auswirkungen kann die Digitalisierung auf mein Geschäftsmodell haben?

Neben den im letzten Abschnitt genannten Aspekten, die in der Digitalisierung eine wesentliche Rolle spielen, ist die Fragestellung nach den Auswirkungen der Digitalisierung auf das Geschäftsmodell (Chernev 2017) der Unternehmen und die damit einhergehende Ungewissheit allgegenwärtig und umso aktueller. Die meisten Entscheider beschäftigen sich seit längerem u. a. mit folgenden Fragestellungen:

- Welche Auswirkungen hat die Digitalisierung auf mein Geschäftsmodell?
- Welche Chancen bieten sich an und wie kann ich sie für mein Unternehmen nutzen?
- Welche Risiken existieren und wie kann ich dagegen (idealerweise prophylaktisch) vorgehen?

Viele Unternehmen haben bereits eine digitale Agenda und entsprechende digitale Einheiten, die sich neben der Bewältigung der digitalen Transformation (Raskino und Waller 2015) und Entwicklung neuer Innovationen mit diesen Fragestellungen (u. a. unter Einbeziehung externer Experten) intensiv auseinandersetzen.

Und es gibt bedauerlicherweise einige Unternehmen, die ratlos wie das Kaninchen vor der Schlange sitzen und abwarten, bis ihnen etwas einfällt, und die dann handeln, wenn es meist schon zu spät ist. Generell ist es empfehlenswert sich im Vorfeld darüber im Klaren zu sein, welche Kategorien von Auswirkungen generell existieren und welche Charakteristiken (Baghai et al. 2000) diese haben.

Die Kategorien der Auswirkungen der digitalen Geschäftsmodelle auf das Geschäftsmodell der Unternehmen sind: Verändern, Erneuern, Erweitern, Ersetzen und Neu Aufbauen. In der Regel beschäftigen sich die Kategorien Verändern und Erneuern (und teilweise Erweitern) mit den grundlegenden Aufgaben, wie z. B. Verbesserung der Prozesse und Erweiterung des Geschäftsmodells oder des Portfolios (Viguerie et al. 2008).

Die Kategorien Ersetzen und Neu Aufbauen (teilweise auch Erweitern) hingegen betreten neues Terrain: Beim Ersetzen werden bestimmte Elemente oder das gesamte Geschäftsmodell ersetzt und beim Neu Aufbauen werden neue Services, Produkte und/ oder ein neues Geschäftsmodell aufgebaut.

Die beiden letzten Kategorien sorgen in der Regel in den Unternehmen für Zündstoff und es empfiehlt sich generell, hier die bestehenden oder betroffenen Geschäftseinheiten zu involvieren und nur im Falle von nicht veränderbaren Blockadehaltungen tatsächlich die existierenden Geschäftseinheiten zu überstimmen. Weitere Aspekte und Elemente der Charakterisierungen der jeweiligen Auswirkungen sind in Abb. 7.1 beschrieben.

Neben diesen Kategorien existieren weiterhin die klassischen Kategorien von Auswirkungen auf das Geschäftsmodell, die im Rahmen solcher Untersuchungen stets berücksichtigt werden sollten, wie z. B. Veräußern, Verteidigen oder Beobachten.

Anstatt zu bangen und zu rätseln, was mit dem eigenen Geschäftsmodell in zwei bis drei Jahren passiert, gibt es einfache, praxisnahe und pragmatische Ansätze, um diese Fragestellung analytisch zu untersuchen, zu bewerten, die Auswirkungen abzuleiten und Handlungsoptionen und Maßnahmen für die Umsetzung abzuleiten.

7 Business Model Innovation im digitalen Zeitalter

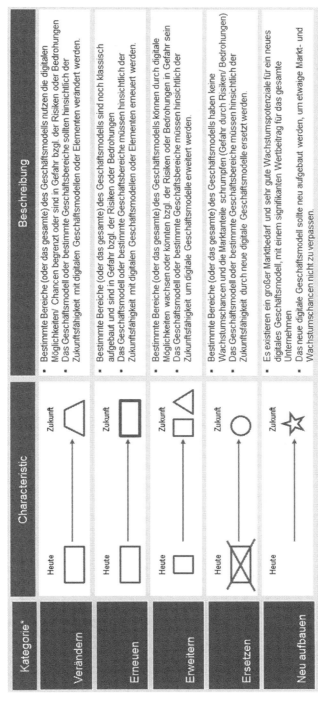

Abb. 7.1 Kategorien von Auswirkungen auf das Geschäftsmodell von ECODYNAMICS (u. a. auch im Einsatz bei der TÜV Rheinland AG). (ECODYNAMICS GmbH)

7.8 Hoffnung ist keine Strategie: Ermittlung der Auswirkungen auf das Geschäftsmodell und Ableitung von Handlungsfeldern

Generell ist Hoffnung keine Strategie – daher ist es ratsam, aufgrund von Analysen und Fakten diese Auswirkungen zu analysieren, die Auswirkungen auf das Geschäftsmodell zu adaptieren, entsprechende Handlungsfelder abzuleiten und diese im Rahmen eines strukturierten Projektplanes umzusetzen. Hierzu gibt es einfache, praxisnahe und pragmatische Ansätze (Van Der Pijl et al. 2016), die wir uns genauer anschauen.

Das Gesamtvorgehensmodell zeichnet sich durch eine durchgängige und analytische Struktur (Zweifel et al. 2013) aus. Die wesentlichen Schritte sind entsprechend:

a) **Recherchieren und untersuchen**
   Ziel ist es, im Vorfeld die wesentlichen Informationen in folgenden Dimensionen vollumfänglich zu sammeln, zu sichten, zu untersuchen und die wesentlichen Erkenntnisse zu dokumentieren:
   – Marktsicht: Was erwarten der Markt und mein Zielmarkt? Welche Trends der Digitalisierung oder digitalen Geschäftsmodelle beeinflussen und verändern diesen Markt und was bedeutet das für mein Geschäftsmodell?
   – Kundenerwartungen: Was erwarten die Kunden generell und speziell hinsichtlich der digitalen Geschäftsmodelle? Wie verändern sich die Kunden- und Nutzerbedürfnisse und was bedeutet das für mein Geschäftsmodell?
   – Wettbewerber: Wie sind die Wettbewerber mit digitalen Geschäftsmodellen aufgestellt? Wo sind sie erfolgreich und setzen Maßstäbe? Was bedeutet das für mein Geschäftsmodell?
   – Digitalisierung und Technologie: Welche digitalen und technologischen Lösungen (Venkatraman 2017) und Trends verändern Geschäftsmodelle und Märkte? Was bedeutet das für mein Geschäftsmodell?
   – Partnerschaften: Wie sind die Partner und die wichtigen Ökosysteme mit ihren digitalen Geschäftsmodellen aufgestellt? Welchen Einfluss nehmen sie auf die vernetzten Geschäftsmodelle? Was bedeutet das für mein Geschäftsmodell?
   – Start-ups: Welche Start-ups haben neue Geschäftsideen entwickelt, die durchaus Chancen und/oder Risiken für mein Geschäftsmodell aufzeigen? Was bedeutet das für mein Geschäftsmodell?

b) **Auswirkungen auf das Geschäftsmodell ermitteln**
   Nun werden die Erkenntnisse aus dem letzten Schritt mit dem gesamten Geschäftsmodell oder dem Geschäftsmodell einzelner Bereiche (bzw. dem Produkt- und/oder Service-Portfolio) abgeglichen und etwaige Auswirkungen, im Sinne von Verändern, Erneuern, Erweitern, Ersetzen und Neu aufbauen, ermittelt.

c) **Handlungsfelder ableiten**
Sofern die Auswirkungen auf das gesamte Geschäftsmodell oder auf das Geschäftsmodell der jeweiligen Bereiche ermittelt sind, können genaue Handlungsfelder abgeleitet werden, um entsprechende Maßnahmen zur Anpassung des gesamten Geschäftsmodells oder zur Umsetzung „chirurgischer" Eingriffe in das Geschäftsmodell der jeweiligen Geschäftsbereiche vorzunehmen.

d) **Maßnahmen festlegen und umsetzen**
Sofern die Handlungsfelder abgeleitet und idealerweise die Prioritäten der jeweiligen Handlungsfelder festgelegt worden sind, empfiehlt es sich, sich auf die wichtigsten Handlungsfelder mit der höchsten Priorität oder, je nach Bewertung, mit der höchsten Kritikalität bzgl. der Auswirkung auf das Geschäftsmodell zu konzentrieren und diese umzusetzen.

Vor der Umsetzung ist es ratsam, die benötigten Kapazitäten und Fähigkeiten (Westerman et al. 2014) im Rahmen eines Kapazitätsplanungsprozesses zu analysieren, um im Vorfeld die benötigten Kapazitäten (bzw. Fähigkeiten) zu allokieren oder zu planen. Dieser Schritt beugt unangenehmen Überraschungen vor, wenn die Maßnahmen umgesetzt werden sollen.

Abb. 7.2 bietet einen Überblick über das Gesamtvorgehensmodell.

Ein Beispiel für die Maßnahmenplanung und -umsetzung ist die Übersicht als „Heatmap" in Abb. 7.3, die alle wesentlichen Auswirkungen auf das Geschäftsfeld mit den entsprechenden Vorschlägen für die jeweiligen Regionen, Geschäftsbereiche oder Geschäftsfelder in einer Übersicht veranschaulicht. Sie kann u. a. dazu dienen, dass die Maßnahmen je nach individuellen Kriterien priorisiert und für die Maßnahmenplanung berücksichtigt werden.

Abb. 7.2 Das Gesamtvorgehensmodell zur Ermittlung von Auswirkungen von digitalen Geschäftsmodellen und Ableitung von entsprechenden Handlungsfeldern von ECODYNAMICS. (ECODYNAMICS GmbH)

Region	Geschäfts-bereich	Geschäfts-feld	Verändern	Erneuern	Erweitern	Ersetzen	Neu aufbauen	Klassische Aufgaben*
Region 1	Geschäfts-bereich 1	Geschäfts-feld 1	▪ Service/ Produkt		▪ Service/ Produkt	▪ Service/ Produkt	▪ Blockchain	
Region 2	Geschäfts-bereich 2	Geschäfts-feld 2	▪ Service/ Produkt	▪ Service/ Produkt	▪ Service/ Produkt	▪ Service/ Produkt	▪ M&A NewCo	
Region 3	Geschäfts-bereich 3	Geschäfts-feld 3	▪ Service/ Produkt	▪ Service/ Produkt			▪ Start-up X Venture	▪ Service beobachten
Region 4	Geschäfts-bereich 4	Geschäfts-feld 4		▪ Service/ Produkt				▪ Geschäfts-feld veräußern

Verändern, Erneuern (oder klassische Aufgaben)
Erweitern
Ersetzen
Neu aufbauen

*Klassische Aufgaben: veräußern, verteidigen oder beobachten

Abb. 7.3 Ableitung von Handlungsfeldern und Definition von spezifischen Aktivitäten von ECODYNAMICS. (ECODYNAMICS GmbH) (Online farbig)

7.9 Ausblick

Wie bereits erwähnt, ist das Rennen um die Spitzenposition in der digitalen Ökonomie noch nicht vorbei. Wir haben in Deutschland alle wesentlichen Voraussetzungen, um im Bereich der Digitalisierung unter die Top-Player zu kommen. Hierzu ist es allerdings notwendig, nicht in Panik zu verfallen. Angst war noch nie ein guter Begleiter: Selbst die dunkelste Nacht endet, und die Sonne wird steigen (Victor Hugo „Les Misérables"). Es ist also ratsam, analytisch die Chancen und Risiken für das jeweilige Geschäftsmodell zu untersuchen und entsprechende Handlungsmaßnahmen abzuleiten.

Hierbei ist es notwendig, sowohl externes Wissen als auch internes Wissen miteinander zu kombinieren und die Handlungsfelder so zu planen, dass sie beherrschbar und in kleinen Schritten (idealerweise agil) umzusetzen sind.

Weiterhin sollten die Entscheider und Unternehmenslenker entsprechende Scouts aufbauen, um die tatsächlichen Auswirkungen von bestimmten Geschäftsmodellen zu verifizieren und qualifizieren. Nicht jeder Trend, jede Innovation oder jedes Geschäftsmodell ist es wert, verprobt oder umgesetzt zu werden, solange es keine belastbaren Geschäftsvorfälle dafür gibt (z. B. Blockchain).

Bei einigen Geschäftsmodellen, wie z. B. Smart Business Models oder Plattformökonomie, ist es ratsam, dass im Rahmen der Untersuchung von Auswirkungen der digitalen Geschäftsmodelle auf das Kerngeschäft solche Themen mit Priorität oder Fokus behandelt werden, da die Effekte solcher Geschäftsmodelle bereits messbar sind.

Literatur

Baghai M, Coley S, White D, Coley S (2000) The alchemy of growth: practical insights for building the enduring enterprise. Basic Books, New York
Brynjolfsson E, Mcafee A (2016) The second machine age: work, progress, and prosperity in a time of brilliant technologies. Norton, New York
Chernev A (2017) The business model: how to develop new products, create market value and make the competition irrelevant. Cerebellum Press, Chicago
Choudary SP (2015) Platform scale: how an emerging business model helps startups build large empires with minimum investment. Platform Thinking Labs. https://www.amazon.com/Platform-Scale-emerging-business-investment-ebook/dp/B015FAOKJ6
Carnegie D (2012) How to win friends and influence people in the digital age. Simon & Schuster, New York
Christensen CM (2016) The innovator's dilemma: when new technologies cause great firms to fail. Harvard Business Review Press, Boston
Christensen CM, Raynor ME (2013) The innovator's solution: creating and sustaining successful growth. Harvard Business Review Press, Boston
Diedrich H (2016) Ethereum: blockchains, digital assets, smart contracts, decentralized autonomous organizations. CreateSpace Independent Publishing Platform, Seattle
Dyer J, Gregersen H, Christensen CM (2011) The Innovator's DNA: mastering the five skills of disruptive innovators. Harvard Business Review Press, Boston
Evans DS (2016) Matchmakers: The new economics of multisided platforms. Harvard Business Review Press, Boston

Evans JR (2015) Business analytics. Pearson, Harlow

Finkel D, Harkness S (2017) Build a business, not a job: grow your business & get your life back. Bradstreet and Sons. https://www.amazon.com/Build-Business-Not-Job-Grow-ebook/dp/B0733J5S65/ref=sr_1_1?s=digital-text&ie=UTF8&qid=1529672159&sr=1-1&keywords=Build+a+business%2C+not+a+job%3A+grow+your+business+%26+get+your+life+back

Galloway S (2017) The four: the hidden DNA of Amazon, Apple, Facebook, and Google. Portfolio, New York

Kaplan S (2012) The business model innovation factory: how to stay relevant when the world is changing. Wiley, New Jersey

Laffont J-J, Martimort D (2001) The theory of incentives: the principal-agent model. Princeton University Press, New Jersey

Laffont J-J, Tirole J (1988) The dynamics of incentive contracts. The Econometric Society, Cleveland

Mcafee A, Brynjolfsson E (2017) Machine, platform, crowd: harnessing our digital future. Norton, New York

Mougayar W, Buterin V (2016) The business blockchain: promise, practice, and application of the next internet technology. Wiley, New Jersey

Morley JB (2017) That book on blockchain: a one-hour intro. Amazon Digital Services LLC, Seattle

Naam R (2015a) Nexus: nexus arc book 1. Angry Robot, Nottingham

Naam R (2015b) Crux: nexus arc book 2. Angry Robot, Nottingham

Naam R (2015c) Apex: nexus trilogy book 3. Angry Robot, Nottingham

Park YW (2017) Business architecture strategy and platform-based ecosystems. Springer, Singapore

Parker G, Alstyne MW van, Choudary SP (2016) Platform revolution: how networked markets are transforming the economy and how to make them work for you. Norton, New York

Perkin N, Abraham P (2017) Building the agile business through digital transformation: how to lead digital transformation in your workplace. Kogan Page, London

Pichler R (2016) Strategize: product strategy and product roadmap practices for the digital age. Pichler Consulting, Hampden

Raskino M, Waller G (2015) Digital to the core: remastering leadership for your industry, your enterprise, and yourself. Routledge, Abingdon

Rauser A (2016) Digital strategy: a guide to digital business transformation. CreateSpace Independent Publishing Platform, Seattle

Rogers D (2016) The digital transformation playbook: rethink your business for the digital age. Columbia Business School Publishing, New York

Sacolick I (2017) Driving digital: the leader's guide to business transformation through technology. AMACOM, Nashville

Schmidt E, Cohen, J (2014) The new digital age: transforming nations, businesses, and our lives. Vintage, New York

Swan M (2015) Blockchain: blueprint for a new economy. O'Reilly Media, Sebastopol

Tapscott D, Tapscott A (2016) Blockchain revolution: how the technology behind bitcoin is changing money, business, and the world. Portfolio, Toronto

Tirole J (2014a) Market failures and public policy. Prize Lecture, France: Toulouse School of Economics

Tirole J (2014b) Market power and regulation. Economic Sciences Prize Committee of the Royal Swedish Academy of Sciences

Tiwana A (2013) Platform ecosystems: aligning architecture, governance, and strategy. Morgan Kaufmann, Burlington

Van Der Pijl P, Lokitz J, Solomon LK, Pluijm E van der, Lieshout M van (2016) Design a better business: new tools, skills, and mindset for strategy and innovation. Wiley, New York

Venkatraman V (2017) The digital matrix: new rules for business transformation through technology. LifeTree Media, Vancouver

Viguerie P, Smit S, Baghai M (2008) The granularity of growth: how to identify the sources of growth and drive enduring company performance. Wiley, Hoboken

Wang R "Ray" (2015) Disrupting digital business: create an authentic experience in the peer-to-peer economy. Harvard Business Review Press, Boston

Westerman G, Bonnet D, McAfee A (2014) Leading digital. Harvard Business Review Press, Boston

Zweifel TD, Borey EJ (2013) Strategy-in-action: marrying planning, people and performance. iHorizon, Pennsauken

Hamidreza Hosseini besitzt mehr als 20 Jahre Berufserfahrung in der Management-Beratung, meist in leitenden Funktionen bei international agierenden IT/TK-Dax-Unternehmen sowie als Gründer von Start-ups. Nach einer Fortbildung am MIT (Plattformökonomie & agile Digitalisierung) und bei Y Combinator (Innovative Geschäftsmodelle, Marktangang, Traktions- und Wachstumsmaßnahmen) berät er seit 2013 Unternehmen bei digitalen Fragestellungen. 2016 gründete er die ECODYNAMICS GmbH. Sein Schwerpunkt in der Innovation, Plattformökonomie und Digitalisierung liegt neben der Strategie-Entwicklung, Konzeption, Umsetzung und Entwicklungsbegleitung auf Markteintritt, Traktions- und Wachstumsmaßnahmen. Zudem hält er als Dozent an der WHU und als Keynote Speaker regelmäßig Vorträge und Workshops (u. a. DLR, Banking Club, Rotary Club, STARTPLATZ, Solution Space, Digihub Cologne, IHK DigitalCologne und an Universitäten).

Aufbau innovativer Ökosysteme und Einführung digitaler Smart Services an Beispielen der Wertschöpfungskette vom Bauinvestor bis hin zum Facility Management

Christoph Jacob

Inhaltsverzeichnis

8.1	Was ist ein digitales Ökosystem?.	112
8.2	Was sind die Erfolgsfaktoren zur Entstehung zukünftiger Innovationen?.	113
8.3	Welche Wirtschaftszweige sind Teil der Wertschöpfungskette im Bausektor?.	114
8.4	Was sind digitale und Smart Services und welchen Nutzen haben sie in der Wertschöpfungskette?.	116
8.5	Aktuelle Beispiele digitaler Smart Services.	119
	8.5.1 Vernetzung der Wertschöpfungskette durch BIM, Building Information Modeling.	119
	8.5.2 Beispiele aus der Heizungs-, Klima- und Lüftungsindustrie.	121
	8.5.3 Beispiele aus dem Bereich der Energienutzung.	123
	8.5.4 Beispiele aus dem Bereich der Gebäudesicherheit und Überwachung.	124
	8.5.5 Beispiele digitaler und smarter Services in der Aufzugsindustrie.	124
	8.5.6 Digitale und smarte Services aus der Sanitärindustrie.	128
	8.5.7 Digitale Services als Smart Lighting.	128
8.6	Mit welchen digitalen und smarten Services können wir in der Zukunft rechnen?.	129
8.7	Fazit.	130
Literatur.		131

C. Jacob (✉)
CASEA AG, Neu-Isenburg, Deutschland
E-Mail: Christoph_Jacob@gmx.de

© Springer Fachmedien Wiesbaden GmbH, ein Teil von Springer Nature 2018
P. Plugmann (Hrsg.), *Innovationsumgebungen gestalten*,
https://doi.org/10.1007/978-3-658-22127-0_8

8.1 Was ist ein digitales Ökosystem?

Digitale Technologien und Transformation, Big Data, Virtual Reality und Smart Services sind in aller Munde und haben angefangen, unsere Welt beträchtlich zu verändern: im Unternehmen, im Homeoffice, bei Kunden, Zulieferanten oder auch auf Reisen, bedingt durch verfügbare Cloud-Anbindungen und mobile Endgeräte können wir überall arbeiten. Durch Netzwerkanbindungen und Zugänge zu virtuellen Arbeitsräumen kann man überall auf notwendige Dokumente zugreifen. Durch diese Technologien haben sich auch Geschäftsmodelle verändert und Prozesse signifikant optimiert. Diese digitalen Prozesse und die Möglichkeit, Daten und Informationen über Abläufe, Produkte und Systeme in Echtzeit zu generieren, liefern uns frühzeitig entscheidende neue Informationen und Auskünfte. Des Weiteren bieten neue digitale Services auch Kunden einen attraktiven Nutzen und werden daher von ihnen ebenfalls genutzt und bezahlt.

Basierend auf diesen Technologien beschreibt ein digitales Ökosystem die Vernetzung aller aktiven Marktteilnehmer untereinander. Mitarbeiter, Kunden, Lieferanten, Zulieferer, Subunternehmer, Partner, aber auch mögliche Wettbewerber, sowie Maschinen und Produkte: Im unternehmerischen Ökosystem können alle Prozesse miteinander verknüpft werden und bilden ein Zentrum gemeinsamen Know-hows. Viele Unternehmen glauben zwar auch heute noch, ihr eigenes Wissen und ihre Kompetenzen schützen zu müssen, doch lässt sich der Trend erkennen, dass diese Art der Unternehmensführung deutlich hinter den Geschwindigkeitsanforderungen der Märkte zurückfällt, da die Erwartungen an Produktentwicklungszyklen von Jahr zu Jahr steigen und die Zeitfenster für Markteinführungen immer kleiner werden.

Vernetzende Ökosysteme schaffen Verbindungen über ein Unternehmen hinaus und vernetzen zum Beispiel auch die Produktentwicklungsabteilungen verschiedener Wettbewerber oder Industriepartner. Durch diese Entwicklungsprojektpartnerschaften auf Zeit können in kürzesten Zeiträumen marktreife Produkte entwickelt werden. Digitalisierung bringt Menschen auch an mehreren Orten, in verschiedensten Zeitzonen und mit unterschiedlichsten Daten, Aufgaben und Maschinen in Einklang.

Die Zusammenarbeit findet auf interdisziplinärem Niveau und übergreifender Netzwerke statt. Die unterschiedlichen Fähigkeiten der Teilnehmer ergeben einen Kompetenzpool, der zielgericht schnellere, einfachere und kostengünstigere Ergebnisse liefert.

Somit zeichnet vor allem das dynamische und gemeinsame Ermitteln, Zusammenführen und Auswerten aller verfügbaren Daten sowie das Zugreifen auf eine gemeinsame digitale Plattform ein digitales Ökosystem aus (von Engelhardt et al. 2017).

Dadurch entsteht eine natürliche Selektion und Bewertung von neuen Dienstleistungen und attraktiven Lösungen, die für Teilnehmer der Wertschöpfungskette einen Nutzen schaffen, der zuvor nicht verfügbar war. In letzter Konsequenz werden diese neuen Serviceangebote an die lokalen Anforderungen und Kundenwünsche angepasst, stellen für den Zeitraum von ein paar Jahren einen bedeutenden Wettbewerbsvorteil dar und sorgen für eine intensivere, vernetzte Lieferanten- oder Kundenbeziehung. Je digitaler die Vernetzung der Wertschöpfungsketten[1] ist, desto mehr hat dies Auswirkungen auf die Unternehmenskompetenzen, priorisierte Aktivitäten, Partnerschaften und Nutzung von Büros, Wohnungen, Lagerstätten, Arbeits- und Produktionsstätten, Verkaufsräumen und Showrooms, Einkaufs-, Sport- und Freizeitstätten, Kirchen und anderen Gebäuden.

8.2 Was sind die Erfolgsfaktoren zur Entstehung zukünftiger Innovationen?

Digitale Vernetzung erhöht die Innovationsgeschwindigkeit.
Innovationen sind keine Selbstverständlichkeit. Die oberste Führung eines Unternehmens ist verantwortlich für das Entstehen, Entwickeln und Umsetzen von Innovationen und Innovationsprozessen. Als Innovationen werden Produkte, Prozesse, Systeme und Verfahren betrachtet, die die Wettbewerbsfähigkeit eines Unternehmens sicherstellen und steigern.

Eine aktive Innovationskultur sorgt dafür, dass Lösungen für zukünftige Herausforderungen und Trends aktiv angegangen werden. Grundvoraussetzung ist, dass die Kosten zur professionellen Ideenentwicklung budgetiert und integrierter Bestandteil einer dynamischen Unternehmensstrategie sind.

Mit einer klar formulierten Strategie haben Unternehmen die Möglichkeit, ihre Ziele und Prioritäten verständlich zu kommunizieren, diese Informationen auf allen Ebenen zu kaskadieren und dafür zu sorgen, dass alle Führungskräfte und Mitarbeiter in die gleiche Richtung arbeiten.

Der nächste wichtige Erfolgsfaktor ist eine konsequente Auswahl an Unternehmenswerten, die Innovationen treiben und in der Organisation Anerkennung finden. Die Werte Kreativität, Mut und Neugier sind die richtigen Wegbegleiter. Alle Ideen und Einfälle denken zu dürfen sowie eine produktive und lösungsorientierte Fehlerkultur sind weitere Voraussetzungen. Es geht darum, dass gesamte Potenzial aller Mitarbeiter in einem Unternehmen zu nutzen und kalkulierte Risiken einzugehen.

Das aktive und konsequente Vorleben dieser Werte durch Führungskräfte verspricht ein sicheres Weiterentwickeln der Innovationskultur zu tragfähigen Ergebnissen.

Die Teamdiversifikation mit unterschiedlichsten ergänzenden Kompetenzen sowie das Zulassen und Fördern von disruptiven Gedanken erhöhen die Innovationsqualität deutlich. Querdenken ist erwünscht und wird belohnt. Gezielte Anreizsysteme unterstützen diese Qualitäten.

Abteilungsdenken gehört der Vergangenheit an. Immer das gemeinsame Ziel im Fokus, unterstützt eine offene Kommunikation den schnellen und unkomplizierten Austausch von Informationen auf allen Hierarchiestufen der Organisation.

---

[1] Eine Wertschöpfungskette beschreibt die Zusammenhänge zwischen den folgenden neun Bausteinen: Kundenklassifizierung, Angebot, Vertriebskanal, Kundenbeziehung, Umsatz, Unternehmenskompetenzen, priorisierte Aktivitäten, Partnerschaften und Kostenstrukturen.

In der Vergangenheit haben Unternehmen hohe Mauern um ihre Forschungsabteilungen errichtet. Die Ziele und Projekte waren geheim und man wollte alleine und exklusiv neue Produkte und Verfahren entwickeln. Dadurch waren die Innovationszyklen sehr lang und durch mehrjährige Zeitperioden gezeichnet. Um den Ansprüchen der Kunden gerecht zu werden, reichen diese Zeithorizonte nicht mehr aus. Heute sind die Innovationsgeschwindigkeit und die disruptive Qualität entscheidende Erfolgsfaktoren.

Die Strukturen befinden sich in einem Paradigmenwechsel. Durch digitale Technologien und das Internet entstehen Innovationsplattformen, die es möglich machen, unterschiedliche Unternehmen, Experten, Kunden und Zulieferer gemeinsam mit dem gleichen identifizierten Ziel zu vernetzen und eine Allianz zur Innovationsentwicklung einzugehen.

Innovationsplattformen zeichnen sich auch dadurch aus, dass neben etablierten Unternehmen auch Start-ups Teil des Netzwerkes sind. Start-ups können häufig agiler und flexibler kleinere Teilleistungen von Innovationen in einer signifikant höheren Geschwindigkeit zu deutlich niedrigeren Kosten entwickeln als Forschungs- und Entwicklungsabteilungen in großen etablierten Konzernen.

Start-up-Inkubatoren und Accelerator-Programme verbinden sich mit Universitäten, Industrie- und Expertennetzwerken gemeinsam auf den Innovationsplattformen. Start-up-Unternehmen fungieren als Ideenpool und als Umsetzungsgeneratoren. In der Zusammenarbeit mit etablierten Unternehmen generieren sie aus Ideen neue Technologien und weiterentwickelte Prototypen. Die folgenden Anwendungs- und Qualitätstests sowie die Vorbereitung zur Serienfertigung werden in der Regel von den Unternehmen selbst weitergeführt, bis die Marktreife sichergestellt ist.

Innovationen entscheiden über den Fortbestand von Unternehmen und haben eine fundamentale Bedeutung, wie auch die folgenden Beispiele aus dem Bausektor zeigen.

8.3 Welche Wirtschaftszweige sind Teil der Wertschöpfungskette im Bausektor?

Die Weltbevölkerung wird bis 2050 auf mehr als 10 Mrd. Menschen angewachsen sein und seit Jahren ist der Trend zu beobachten, dass vor allem große Städte immer größer werden. Das Hauptwachstum ist heute schon in Ballungszentren spürbar. Die Anforderungen an Städte und Gebäude der Zukunft sind durch diese Entwicklung bestimmt und unterscheiden sich massiv von den heutigen. Nicht nur, dass die Bevölkerung wächst, sondern auch, dass Menschen immer älter werden, bestimmt die Nutzung von Gebäuden. Durch klimatische Bedingungen erhöhen sich die Verweilzeiten in Räumen auf mehr als 90 % der Lebenszeit. Weitere Treiber für Veränderungen sind der steigende Bedarf an Sicherheit, Energieeffizienz, Raumklima und Komfort: Der Bedarf an Sicherheit hat sich in den letzten Jahren, bedingt durch aggressiven Terrorismus und Kriminalität, deutlich erhöht.

Nachhaltigkeit spielt ebenfalls eine große Rolle. Mehr als 40 % der weltweit eingesetzten Energie wird für Gebäude aufgebracht. Damit ist dieses Segment noch vor Mobilität und Industrie von entscheidender Bedeutung.

Permanent steigende Kosten bei der Erstellung, beim Erwerb und bei der Betreibung von Gebäuden sind ein weiterer Einflussfaktor.

Ein vernetztes Zusammenarbeiten aller am Gebäudeerstellungsprozess Beteiligten und – nach der Fertigstellung – des Gebäudebetreibungsmanagements ist eine notwendige Voraussetzung für den optimalen Einsatz von Ressourcen.

Welche Bereiche in Gebäuden sind wichtige Elemente, die zu betrachten sind?

Natürlich spielt der Gebäudeschutz mit Aspekten wie Brand-, Rauch- und Gasdetektion, Evakuierung und Löschung eine besondere Rolle. Der zweite Bereich beschreibt die Sicherheit durch Zugangskontrolle, Videoüberwachung und Einbruchmeldung. Der Komfort wird durch Heizung, Lüftung, Klima, Beleuchtung, Beschattung und natürlich auch Teile der Gebäudeautomation, wie z. B. durch Zugangslösungen, beschrieben. Ein wichtiger Kosten- und Umweltfaktor wird durch die Energieeffizienz erzielt und fordert eine detailliertere Betrachtung.

Die Fragestellungen, welche Voraussetzungen Gebäude erfüllen müssen, um den Bedarf an Brandschutz, Sicherheit, maximaler Energieeffizient, Komfort und Raumklima erfüllen zu können, ändern sich nicht mit neuen digitalen Technologien, sondern bleiben die bestehenden.

Die Verbesserung der gefragten bauphysikalischen Eigenschaften, geführt durch intelligentes und vernetztes Bauwerks-Monitoring, braucht eine vernetzte und integrierte Basis an Sensortechnik. Das ist aktuell noch selten möglich, da die meisten Anbieter von Gebäudeausstattungsequipment eigene Sensortechnik mit eigenen digitalen Plattformen nutzen. Ein weiterer Aspekt sind die zusätzlichen Assistenzsysteme, welche die Nutzerdaten erfassen, auswerten und Vorschläge für einen optimierten Einsatz erarbeiten.

Das Facility Management (FM) stellt integrierte Prozesse zum effektiven und kostenoptimalen Betrieb und zur Instandhaltung von Gebäuden mit vielfachen Funktionen wie Immobilien-, Umwelt-, Planungs- und Projektmanagement, Gebäudetechnik, Energie und Qualitätsmanagement dar (Jones Lang LaSalle IP, Inc. 2016).

Das Facility Management ist ein lebenszyklusbezogener Ansatz und betrachtet die ganzheitlichen Abläufe in Gebäuden mit dem Ziel, Betriebs- und Instandhaltungskosten zu senken sowie technische Anlagen zu vernetzen und zu optimieren.

Die Arbeitsplätze des Facility Managements umfassen Gebäudeautomation, Überwachungs-, Steuer-, Regel- und Optimierungseinrichtungen, Videotechnik, elektroakustische Anlagen, Lichtmanagement, Brandmeldeanlagen, Gebäudeleittechnik, Zugangstechnik und -kontrollen sowie Haus- und Informationstechnik zur Gebäudesicherheit.

Die gesamte Wertschöpfungskette vom Bauinvestor bis zum Facility Management durchläuft einen enormen Wandlungsprozess. Um den wachsenden Anforderungen der Nutzer zu entsprechen, sind offene und gemeinsam genutzte digitale Plattformen notwendig. Zum digitalen Facility Management gehört im Optimalfall die vollständige Automatisierung aller operativen Gebäudeprozesse und Services.

Dadurch können Facility Manager Daten zu Aktivitäten und Gebäudesystemleistungen ermitteln, deren Selektion und Analyse als Basis für effektive Entscheidungen, Planungen, Kapitaleinsatz und optimale Bedingungen für Nutzer und Eigentümer dienen.

Der Wandel ist nicht beschränkt auf die eingesetzte Technologie an sich, sondern betrifft auch die Optimierung des Nutzerverhaltens in Räumen und Gebäuden. Wie werden diese Gebäude in der Zukunft genutzt und welche Flexibilität ist notwendig, um die immer teurer werdenden Flächen maximal einzusetzen? Durch die Größenentwicklung von Städten sowie das durch mobile Technologien flexibere Arbeitsverhalten von Menschen ist die Nutzung von Büroräumen kompliziert geworden. Die effiziente Platznutzung unter ständig wandelnden Bedingungen muss konzipiert werden. Brauchen Mitarbeiter eigene Büros, Besprechungsräume oder sonstige Einrichtungen? Hier gibt es unzählige Varianten. Die generierten Nutzerdaten im Facility Management helfen, den wechselnden Bedarf qualitativ vorzuplanen und zu verwalten, die Nutzung von Räumen zu optimieren und leistungsfähige Dienste für Unternehmen und Mitarbeiter einzurichten (Jones Lang LaSalle IP, Inc. 2016).

Gleichzeitig entstehen zu den etablierten FM-Unternehmen Start-ups und neue Unternehmen, die innovative digitale Services entwickeln und auf den Markt bringen. Parallel dazu bieten Hersteller für die Verwendung eigener Produkte digitale Services an, die Daten generieren und maximalen Nutzen versprechen.

Einige Großkonzerne haben einen holistischen Ansatz gefunden und damit begonnen, den kompletten Lebenszyklus von Gebäuden digital nachzubilden. Durch integrale, offene Managementplattformen werden Daten im Gebäude generiert und gemessen. Digitale Smart Services bewerten, optimieren und steuern diese Daten und tragen so zur optimierten Nutzung und Energiekostenreduzierungen bei.

Im Bereich der hier beschriebenen digitalen Services werden wir die Bereiche Planung und Architektur, Klima, Heizung, Lüftung, Sanitär, Licht, Energie, Aufzüge, Überwachung und anschauen.

8.4 Was sind digitale und Smart Services und welchen Nutzen haben sie in der Wertschöpfungskette?

Digitale und Smart Services sind in der gesamten Wertschöpfungskette vorhanden und können vom Bauinvestor, der den Auftrag für die Erstellung eines Gebäudes gibt, über alle Teilnehmer im Bereich Projektplanung, der produzierenden Baustoff- und Bauteileindustrie, dem Segment der Bauausführung und in operativer Instanz dem Facility Management, das für die optimale Nutzung der Gebäude verantwortlich ist, genutzt werden.

Die digitale Transformation beeinflusst das gesamte Ökosystem, bietet enorme Möglichkeiten im Bereich Transparenz (Information), Effizienz (Geschwindigkeit), Effektivität (Kostenreduzierungen) sowie Werthaltigkeit (Qualität) und hat hohes disruptives Potenzial.

Diese digitalen Technologien machen Prozesse vollständig gläsern und verbinden Technik mit dem Nutzer, denn durch die Vernetzung bekommt er die Möglichkeit der aktiven Einflussnahme und Information in Echtzeit.

Digitale Services im Facility Management erhöhen die Produktivität, Geschwindigkeit, Verfügbarkeit von Daten und können auch die Energie- und Instandhaltungskosten senken. Um diese Dienste wirklich bereitstellen zu können, nutzen Unternehmen oft die von Lieferanten vorgegebenen Softwareapplikationen oder deren digitale Plattformen sowie vernetzte Computer und mobiles Equipment wie Smartphone oder Tablet. Sensoren, die an wichtigem Gebäudeequipment angebracht sind, erheben Daten, die durch Nutzung der Einrichtungen und Technologie entstehen. Diese gewonnenen Daten führen zu konsequenten Analysen für Platzbedarfsprognosen, Energieverbrauch und den zuverlässigen Betrieb der technischen Gebäudeausrüstungen (Jones Lang LaSalle IP, Inc. 2016).

Durchgängig digitalisierte Services machen es für jeden Anwender dieser Prozesse möglich, optimierende Vergleiche, die auf Leistungsdaten basieren, auszuwerten, einander gegenüberstellen, zu prüfen und zu lenken. Konsequent automatisierte Prozesse beim Wartungsmanagement ersetzten papier- und personengesteuerte Prozesse.

Durch mögliche, angewendete Sensorik im Gebäudeequipment werden computergesteuerte Prozesse, die Daten erfassen, in nutzbare Formate aufbereitet. Dadurch bekommt man einen detaillierten Überblick und Verständnis der Objektnutzung und der anfallenden Verbrauchskosten.

Die Nutzer und Betreiber erhalten Daten und Informationen, die als Entscheidungshilfe bei der Investitionsplanung, beim Anlagenmanagement und bei Facility-Services eine fundierte Grundlage darstellen.

Wenn beispielsweise ein Handwerker für die Instandhaltung einer Heizungsanlage benötigt wird, geben die eingebauten Sensoren in der Gebäudeheizung ein Warnsignal an das System weiter. Diese Informationen werden dann elektronisch auf den Verwaltungssystemen angezeigt, erfasst und weitergeleitet. Der Reparaturauftrag geht automatisch direkt an den Dienstleister weiter, mit dem ein Service- oder Wartungsvertrag besteht. Diese sind alle im Vorfeld zertifiziert, qualifiziert und haben vereinbarte Standardkonditionen für die Durchführung ihrer Leistungen (Jones Lang LaSalle IP, Inc. 2016). Durch die Automation dieser Prozesse werden viele neue Daten erfasst und verglichen, die vorher nicht zur Verfügung standen: Es wird erfasst, wann der Servicetechniker gekommen ist, wie lange er gearbeitet hat und wann er das Objekt wieder verlassen hat. Ferner vergleicht das System die ausgestellten Rechnungspreise mit den vereinbarten Vertragspreisen. Mit Hilfe von Benchmarking-Daten aus anderen Objekten wird zudem verglichen, wie die Kosten der Reparatur in Analogie zu anderen vergleichbaren Leistungen stehen.

Durch digitalisierte Dienste werden Prozesse durchgängig und völlig transparent: in welcher Phase sich die Dienstleistung befindet, wann sie angefangen hat und wieder abgeschlossen worden ist, wie viel sie kostet, ob sie budgetiert ist und wie sie im Vergleich zu anderen steht.

Daten zur Gebäudeauslastung wären zum Beispiel, wie viele Mitarbeiter gerade anwesend sind, wie viel Energie verbraucht wird, wie viele und welche Verbrauchsmaterialien genutzt werden. Durch diese Nutzungsdaten können Gebäudebelegungen ermittelt werden und für nicht genutzte Räume im Idealfall sogar Erträge durch temporäre Vermietung eingenommen werden.

Neue Business-Modelle, vergleichbar mit AirBnB, Inc. – allerdings für Büroflächen –, werden entstehen und Vermieter und mögliche externe Nutzer zusammenbringen.

Durch digitalisierte Services bekommt man bessere Ergebnisse. Die neu erfassten Daten und die Nutzung der Technologie ergeben den genauen Wartungsbedarf, sorgen für optimalen Einsatz, vermeiden Unterbrechungen und verlängern die Lebensdauer der Gebäudeausstattung.

Auf ineffektive Routine-Wartungsarbeiten, bei denen Anlagen und Maschinen in festgelegten Abständen gewartet und die heute noch in vielen Unternehmen regelmäßig durchgeführt werden, kann bei Echtzeitüberwachung durch digitale Technologien verzichtet werden.

Digitale Services erstellen Transparenz in Echtzeit, die der Nutzer optimal für sich einsetzten und jederzeit überprüfen kann. Digitale Services optimieren den Zeiteinsatz des Nutzers. Untersuchungen haben ergeben, dass zufriedene Anwender eine maximale Kundenloyalität reflektieren. Diese auf den Nutzer sich anpassenden Services erfüllen den individualisierten Wunsch nach Kundenverständnis: „Die wissen genau, was ich will und wie ich es will!"

Die operative Nutzbarkeit von digitalen Smart Services ist enorm vielfältig und stark abhängig vom Vernetzungsgrad. In erster Linie tauchen die folgenden zwei Fragen immer wieder auf: Welche Informationen bekomme ich in welcher Zeit und wie kann ich diese Informationen nutzen, um meine Kosten zu optimieren und die Qualität zu erhöhen?

Die Digitalisierung und Vernetzung in privaten Wohngebäuden nennt man Smart-Home-Technologien, mit Automatisierung von Licht, Klima, Heizung, Öffnungen und der Vernetzung von Haushaltsgeräten, Eingangskontrollen, Alarm- und Überwachungssystemen sowie Multimedia-Anwendungen im Vordergrund (Botthof et al. 2016).

Bürogebäude, Einkaufszentren, Flughäfen oder andere professionell betriebene Gebäude sind in dem Segment Smart-Building-Anwendungen beschreiben (Bramann und May 2015). Hier steht die Vernetzung und Automation von Sicherheit, Brand- und Einbruchmeldung, Fluchtwege und Energieoptimierungspotenziale im Vordergrund, um die Betriebskosten zu senken.

Smart-Home-Technologien haben die Hauptmotivation im Lifestyle und Smart-Building-Anwendungen die Optimierung der Betriebskosten als Schwerpunkt.

8.5 Aktuelle Beispiele digitaler Smart Services

8.5.1 Vernetzung der Wertschöpfungskette durch BIM, Building Information Modeling

Digitale Dienstleistungen erleichtern die Zusammenarbeit aller Netzwerkpartner.
Digitale Smart Services stellen eine enge Verbindung zwischen dem Auftraggeber oder Investor, der Planung (Architekten, Tragwerksplanung sowie Spezialisten wie Akustiker oder Energieplaner), der bauausführenden Seite (General- und Subunternehmer), den liefernden Unternehmen wie Baustoffherstellern oder Bauzulieferern sowie den späteren Betreiber (FM) von Gebäuden her.

Diese Smart Services sorgen für bestmögliche Kommunikation zwischen allen Beteiligten und reduzieren die Komplexität auf ein möglichst überschaubares Maß. In der Vergangenheit wurden gedruckte Dokumente als Grundlage zur Kommunikation genutzt. Durch diese Form der Zusammenarbeit waren Spielräume und Interpretationen möglich, wenn Informationen nicht einwandfrei dargestellt und beschrieben wurden. Dadurch waren Missverständnisse und Fehleinschätzungen vorprogrammiert, die meist erst während der Ausführung zutage traten und häufig massive Kostenerhöhungen sowie Zeitverzögerungen durch Änderungsnotwendigkeiten mit sich brachten.

In den letzten Jahren hat sich weltweit das Building Information Modeling (BIM) durchgesetzt (siehe auch Baumanns et al. 2016). BIM ist ein ganzheitlicher Ansatz, der die Zusammenarbeit zwischen allen beteiligten Unternehmen strukturiert (Bramann und May 2015). BIM hilft durch eine hohe Standardisierung verschiedener Qualitäten wie Schnelligkeit, Zuverlässigkeit und Kosteneinsparungen im Bauprozess, eine transparente und effiziente Kommunikation aller Beteiligten, Energieeinsparung in der Nutzung sowie eine optimale Wartungsfreundlichkeit zu verknüpfen.

Die Building-Information-Modeling-Technologie verbindet den gesamten Projekt- und Lebenszyklus eines Bauobjekts digital und virtuell; von der Planung über Bau, Nutzung und Betreibung bis hin zum eventuellen Abriss sind alle grundlegenden und notwendige Daten verfügbar.

Das BIM-Objekt ist ein digitales Bild (3-D) und verständliches Modell, das vollständig geplant und erkennbar vor der Bauausführung vorliegt. Dieses Bauteil oder Bauteilmodell ist allen Beteiligten der Erstellungskette zugänglich und bekannt. Nur so kann ein konsequenter, strukturierter Bauzeitenplan, auf den teilweise bis zu 70 verschiedene bauausführende Unternehmen Einfluss haben, ausgearbeitet werden.

Mit der BIM-Software kann man nicht nur dreidimensionale Gebäudemodelle erstellen und planen, sondern auch den Bauablauf, einen Kostenplan und die spätere Nutzung simulieren.

„Die BIM-Methode beruht auf Offenheit, Vertrauen und Partnerschaft. Sie bilden das Fundament für eine erfolgreiche Umsetzung und Implementierung. An erster Stelle stehen der Prozessgedanke und die Wechselwirkung zwischen allen Einzelkomponenten" (Niedermaier und Bäck 2016).

Welche Vorteile haben Investoren, Bauherren und Gebäudenutzer bei ganzheitlicher Projektierung mit BIM?

1. Transparenz der Bauplanung
2. Nachhaltige Bewirtschaftung mit allen Detailkosten zu Wartung, Reinigung und Energiebedarf
3. Hochwertige Dokumentation des Gebäudes
4. 3-D-Planung und -Model
5. Risikominimierung und einfache Änderungsmethodik vor der Bauausführung
6. Optimaler Kapitaleinsatz
7. Professionelle, verlässliche Zeit-, Projekt- und Kostenplanung
8. Vorlage für künftige Umbauten und Erweiterungen
9. Evakuierungsplanung, Brand- und Rauchentstehungsplanungen
10. Vergleich von fertigen Bauobjekten als Benchmark (Erstellungskosten, Betriebs- und Energiekosten)
11. Hochwertige Ausführungsqualität
12. Langfristige Werterhaltung des Gebäudes

Ganz entscheidend ist, von Anfang an und schon im Vorfeld vertraglich mit allen Beteiligten festzulegen, dass die BIM-Methoden ganzheitliche Grundlage sind und verpflichtend eingesetzt werden. Versuche, nachträglich die BIM-Methodik einzufordern, scheitern in vielen Fällen oder sind mit enormen Zusatzkosten verbunden.

Welche Vorteile haben Planer wie Architekten, Tragwerksplanung (Statik), Projektausführungsüberwachung und Spezialplaner wie z. B. Akustiker, Energie- oder Umweltplaner bei ganzheitlicher Projektierung mit BIM?

In der Vergangenheit wurde in der Architektur zweidimensional gezeichnet. Grundlage der Building-Information-Modeling-Arbeitsweise ist es, dreidimensional zu planen. Zum 3-D-Zeichenmodell werden noch weitere Dimensionen wie der zeitliche Ablauf als Projekt-Terminplan, die Erstellungskosten sowie die Detailausschreibung hinzugefügt.

Der überragende Vorteil des BIM-Systems ist es, dass alle am Planungsprozess beteiligten Unternehmen auf dieselbe Datenbank zurückgreifen und dadurch eine gemeinsame, abgestimmte Basis haben. Diese übereinstimmende Voraussetzung erlaubt eine fokussierte Kommunikation auf gleicher Informationsbasis und mit denselben Datenformaten.

Dadurch, dass alle planenden Teilnehmer, wie Architekten, Akustiker, Tragwerks-, Energie-, Umwelt-, Elektro-, Sanitär- und Heizungsplaner und andere auf dieselbe

Plattform zugreifen, werden Kommunikationsfehler auf ein Minimum reduziert. Klare, abgestimmte Baumodelle erlauben beste gemeinsame, interdisziplinär funktionierende Objekte.

Welche Vorteile haben ausführende Unternehmen wie Generalunternehmen, Bauunternehmen und Handwerksbetriebe bei ganzheitlicher Projektierung mit BIM?

Die bauausführenden Handwerker haben den großen Vorteil, dass eine detaillierte Mengenermittlung für die einzelnen Produkte und Bauproduktionsschritte vorliegt. Jegliche Änderung kann leicht verfolgt und ermittelt werden. Heute sind noch viele manuell zu erbringende Leistungen auf der Baustelle notwendig, die dem Bauausführenden Orientierung zur eigenen Leistungserstellung geben.

Die Bauunternehmen und ausführenden Handwerker haben einen mit allen Beteiligten abgestimmten Bauzeitenplan und eine Bauausführungsplanung vorliegen und somit die optimale Voraussetzung, die gewünschte Bauleistung zeit- und kostengerecht zu erbringen.

Die Baustoff- und Bauzulieferindustrie hat verstanden, dass BIM auch eine wichtige Chance ist, die eigenen Produkte und Systeme einzubinden. Die softwarebasierte Planung von Bauobjekten lässt sich mit BIM-Datensätzen professionell gestalten. Die Hersteller bieten BIM-Modelle als Systemvorlagen an, die leicht und schnell in vorhandene Planungen integriert werden können. Durch die Zurverfügungstellung von geprüften Konstruktionsmodellen wird sichergestellt, dass Planungsfehler minimiert werden.

8.5.2 Beispiele aus der Heizungs-, Klima- und Lüftungsindustrie

Digitale Dienstleistungen machen den Unterschied.
Durch die ganzheitliche Vernetzung der Heizung über das Internet werden Dienstleistungen und mobile Services möglich, die neben dem Fachhandwerk auch dem Nutzer und dem Immobilienbesitzer helfen (Gamperling 2017).

Viessmann, einer der international führenden Hersteller von Heiz-, Industrie- und Kühlsystemen, stellt seinen Kunden, dem Heizungsfachhandwerk, umfassende digitale Dienstleistungen zur Verfügung. Diese erleichtern die tägliche Arbeit deutlich und ermöglichen eine Beziehung zum Endkunden durch den gesamten Lebenszyklus eines Heizsystems – vom Erstkontakt über den Kauf bis zum Anlagenservice. Eine zentrale Rolle spielt Viessmann Vitoguide, ein Werkzeug zur Anlagensteuerung und Überwachung. Vitoguide ermöglicht sowohl die Fehlerdiagnose und -behebung bei angeschlossenen Heizsystemen als auch den Aufbau eines Frühwarnsystems zur Fernwartung und Vermeidung von Störungen. Außerdem kann der Fachhandwerker über Vitoguide Empfehlungen zur Modernisierung oder Erweiterung des Heizsystems geben.

Vor dem Kauf einer Heizungsanlage steht jedoch das Angebot. Dieses erwarten Endkunden heute in kürzester Zeit. Schnelle Reaktionen auf Anfragen sind entscheidend für den Verkaufserfolg. Deshalb bietet Viessmann dem Fachhandwerker mit dem Heizungsrechner die Möglichkeit, auf ihrer eigenen Website automatisch und ad hoc ein Angebot zu erstellen. Für die korrekte Kalkulation können die Rahmendaten des jeweiligen Betriebes hinterlegt werden, die im Heizungsrechner mit den Interessen des potenziellen Kunden zu einem fertigen Angebot kombiniert werden.

Für die anschließende Planung und Realisierung der Anlagen bietet Viessmann dem Fachbetrieb weitere Online-Ressourcen, unter anderem Hydraulikschemata, Stücklisten, Funktionsbeschreibungen, Verdrahtungspläne, Montage- und Serviceanleitungen.

Für den Endkunden bietet die mobile Vaillant-Heizungssteuerung per App sicherlich einen großen Nutzen. Ein weiterer Vorteil und Service für Endkunden ist der Heizungskonfigurator, den Vaillant-Fachpartner auf ihrer eigenen Webseite einbinden können. Der Konfigurator ermöglicht es den Kunden, schnell ihr persönliches Heizungsangebot online zu erstellen.

Endkunden, Wohnungsbaugesellschaften und Facility Manager profitieren bei Vaillant-Produkten darüber hinaus von der Fernüberwachungsmöglichkeit mit profiDIALOG. Dieses Tool versetzt den Fachhandwerksbetrieb in die Lage, die Heizungen seiner Kunden vollständig aus der Ferne kontrollieren, analysieren und parametrieren zu können.

Vor Ort wird der Fachhandwerker durch das Vaillant-Tool serviceDIALOG unterstützt, das für die Verbindung seines Laptops mit den lokalen Heizungen der Kunden sorgt. Damit kann der Heizungsbauer die angeschlossenen Anlagen analysieren und einstellen sowie Daten abrufen, die ihm bei Bedarf helfen, eine Fehlerdiagnose zu erstellen.

Außerdem bietet Vaillant viele, hilfreiche Tools und Apps, die den Fachhandwerker zum Beispiel bei der Planung und Auslegung von Heizungsanlagen oder der Suche nach passenden Ersatzteilen unterstützen.

Heizungsinstallateure, die Buderus-Produkte einbauen, nutzen die Buderus-App „ProWork" und den großen Leistungsumfang des mobilen Diagnosewerkzeugs „Smart Service Key": Fachfirmen können jetzt über ihr Smartphone oder Tablet (Android oder iOS) Kundenanlagen vollständig in Betrieb nehmen. Zusätzlich zu den bisherigen Möglichkeiten – Daten auslesen sowie den Heiz- und Warmwasserbetrieb anpassen – können Fachpartner jetzt auch die Heizkreise, Warmwasserbereitung und Solarthermie bequem und ohne Kabelverbindung mit dem Kessel in der App einstellen.

Die digitalen Services von Junkers Bosch helfen den Endkunden, schneller qualifizierte Kaufentscheidungen zu treffen sowie die erworbene Heizungsanlage über Smart-Home-Applikationen von überall fernsteuern zu können. In wenigen Minuten kann man im Internet unter www.heizungstausch.junkers.com ein Angebot erstellen lassen, dass anschließend im zweiten Schritt durch den Fachbetrieb überprüft und angepasst wird. Für Junkers Bosch ist ein effizienter Kundenservice entscheidend. Daher können Hauseigentümer über das Internet per Smartphone, Tablet oder PC die Heizungsanlage steuern oder auch ihrem Fachhandwerker Online-Zugriff erlauben. Damit können auch die Heizungseinstellungen individuell optimiert werden, sodass die Anlagen lange leben und kosteneffizient arbeiten.

Der vernetzte Einzelraumregler EasyControl ist der erste smarte Raumregler von Junkers Bosch, über den sich die Temperatur in jedem Zimmer individuell einstellen lässt. Dank der neuen intelligenten Anwesenheitserkennung lernt der EasyControl, wann seine Nutzer nach Hause kommen, und kann Wohnung oder Haus so rechtzeitig aufwärmen – auch bei ungeplanter Abwesenheit.

Resümee: Heizanalagen
Zusammenfassend werden durch digitale Smart Services der Kauf und die Auswahl der Heizungsanlage für den Endverbraucher deutlich erleichtert. Gleichzeitig lassen sich die Systeme ferngesteuert über eine mobile App regulieren und ein- und ausschalten. Damit sollten Energiekosteneinsparungen von bis zu 25 % möglich sein. Im Verkaufsprozess entsteht das individuelle Angebot für Heizungsanlagen innerhalb von Minuten. Der Installateur hat beim Einbau und bei der Wartung der Anlagen durch direkten Zugang zu Daten der Heizanlage die Möglichkeit der schnellen und kompetenten Erstinstallation und bei der Wartung ist die Fehlerermittlung auch online durchführbar. Dadurch lassen sich Wartezeiten verhindern und schnelle Reaktionszeiten können manche Probleme sogar lösen, bevor sie auftreten.

8.5.3 Beispiele aus dem Bereich der Energienutzung

Digitale Services optimieren die Gebäudeleistung und reduzieren die Energiekosten.
Der Bereich der Optimierung der Energiekosten stellt mit den wichtigsten Teil des Gebäudemanagements dar. Die Kosten für Strom, Wasser sowie Brennstoffe (Gas, Öl) werden immer teurer. Der bestmögliche, nachhaltige Einsatz von Energie beschreibt die Gebäudeleistung. Dabei ist es wichtig, dass andere Bereiche wie der Komfort und auch das Mikroklima positiv mitbeeinflusst werden (das Mikroklima bezeichnet das Klima im Bereich der Luftschicht bis etwa 2 m Höhe in Gebäuden).

Die nachhaltige, effiziente und stetige Optimierung der Gebäudeleistung steht im Vordergrund digitaler und Smart Services. Hier bieten die Unternehmen Systeme zur Optimierung der Gebäudeleistung, die gleichzeitig die technischen Anlagen steuern und die Lebensdauer verlängern. Diese Services starten mit einer Analyse und Bewertung der Energieverbrauchsdaten, die dann mit Hilfe von Energieflussanalysen eine Übersicht der Verbrauchsverteilung der Hauptverbraucher darstellen. Energieverbrauchsberichte, Monitoring Services, optimiertes Datenmanagement und Benchmarking erstellen Optimierungsvorschläge, die Betriebskosten reduzieren.

Smarte Thermostate für Heizungsregelung in Gebäuden mit Smartphone-Anwendungen lassen sich schnell einrichten und bequem steuern. Dieser Thermostat mit Sensoren für das Raumklima wird mit zusätzlichen externen Außentemperatursensoren verbunden, die die Fensteröffnung mitsteuern.

Symbole auf dem Touchscreen zeigen an, ob das optimale Raumklima erreicht ist. Sobald der Raum betreten oder verlassen wird, wird das Klima den Gegebenheiten angepasst und optimiert. Je nachdem, wie der Raum belegt ist, errechnet das Thermostat die beste Heizstrategie, um Kosten zu sparen und den Energieverbrauch niedrig zu halten. Der Betreiber kann mit der App auf diese Daten zugreifen und eine Vielzahl von Thermostaten komfortabel über sein Smartphone dirigieren.

8.5.4 Beispiele aus dem Bereich der Gebäudesicherheit und Überwachung

Digitale Services machen das Gebäude sicher und schützen.
Effektiver Brandschutz ist in jedem Gebäude unerlässlich. Feuer zerstört Leben von Menschen und Tieren und richtet großen Sachwertschaden an. Gefahr besteht besonders in der Nacht, da man vom Feuer überrascht wird und giftige Gase unbemerkt schwere Vergiftungen verursachen. Auch bei Abwesenheit kann man ohne Echtzeitinformation nicht reagieren. Intelligente elektronische Rauchwarnmeldeanlagen sind mittlerweile ein Pflichtequipment in jedem Gebäude. Auch hier helfen digitale Smart Services dabei, die Luft- und Raumqualität permanent zu überprüfen und zu melden. Früherkennung durch intelligente Rauchmelder, die auch den CO_2-Gehalt messen und vernetzt einen Alarm auslösen, sind die gefragten Lösungen.

8.5.5 Beispiele digitaler und smarter Services in der Aufzugsindustrie

Digitale Dienstleistungen informieren, schaffen Sicherheit und sparen Zeit.
Die Aufzugs- und Fahrtreppenindustrie ist so strukturiert, dass die Haupteinnahmequellen im Bereich After-Market-Services liegen. Aus diesem Grund sind auch die meisten Smart Services, die für Nutzer, Kunden und Betreiber interessant sind, in der prädiktiven Wartung sowie der digitalen Überwachung zu finden.

Anhand von Beispielen des Weltmarktführers Otis werden hier einzelne digitale smarte Services beschrieben.

"eService"

OTIS GmbH & Co. OHG Deutschland. (Otis Elevator Company)

Mit dem Otis-Kundenportal „eService" bekommt der Aufzugsbetreiber rund um die Uhr direkten Zugang zu seinen Aufzügen. Mit einem Klick kann er alle Leistungsdaten seiner Aufzüge einsehen, eine Betriebsunterbrechung melden oder auch den aktuellen Stand einer Störung überprüfen. Mit dieser Anwendung ist es möglich, die Aufzugshistorie und somit die komplette Liste aller Vorfälle einzusehen. Ein Zugriff auf detaillierte Betriebsdaten, Zustandsbericht und Betriebsstatistiken, die die Leistungsfähigkeit des Aufzugs beschreiben, ist jederzeit möglich.

Zu guter Letzt gibt es auch eine telefonische Direktverbindung zum zuständigen Otis-Service-Center/-Techniker. Wenn der Kunde/Betreiber einen Otis-Wartungsvertrag hat, bekommt er diese Anwendung kostenfrei zur Verfügung gestellt.

„eCall"

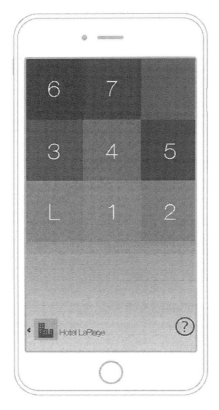

OTIS GmbH & Co. OHG Deutschland. (Otis Elevator Company)

Ein weiterer Otis-Smart-Service ist die „eCall"-Anwendung, die für den Aufzugnutzer konzipiert wurde. Mit dem „eCall"-Service ist es möglich, problemlos von jeder Stelle im Gebäude einen Fahrstuhl zu bestellen. Beim Betreten des Gebäudes verbindet sich die App mit dem Mobilfunknetz oder mit dem internen WLAN. Damit gewinnt der Aufzugsnutzer wertvolle Zeit, denn die „eCall"-Anwendung erlaubt es ihm so, den Aufzug bereits auf seinem Weg dorthin zu rufen. Die „eCall"-App kann auch für mehrere Aufzüge, in unterschiedlichen Gebäuden genutzt werden. Jeder Aufzug kann separat registriert werden. Durch eine individuelle Benutzersteuerung können unter anderem z. B. die Aufzugstür-Öffnungszeiten verändert werden. Im Falle eines Rollstuhlfahrers könnte eine verlängerte Türöffnungszeit den Einstieg deutlich erleichtern. Die Anwendung steht jedem Aufzugnutzer kostenfrei zur Verfügung. Die Registrierung ist einfach und intuitiv. Vorab entscheidet der Aufzugsbetreiber, ob sich die Nutzer selbst registrieren oder dies nur durch den Betreiber direkt über das Otis-„eService"-Kundenportal vorgenommen wird.

"eView"

OTIS GmbH & Co. OHG Deutschland. (Otis Elevator Company)

Als weiteren Otis-Digitalservice findet man ein Informationssystem als smartes, interaktives Display im Aufzug. Das Otis-„eView" vereint Nutzerinformation, Kabinenanzeiger, Systemüberwachung und Notruffunktion in einem intelligenten und ästhetischen Design.

Das Display informiert die Nutzer über die Fahrtrichtung, den Standort und das Fahrtziel sowie das aktuelle Datum und die Uhrzeit. Gleichzeitig wird der Nutzer während der Fahrt online über aktuelle und nützliche Informationen aus aller Welt auf dem Laufenden gehalten. Alternativ können auch individuelle Informationen des Betreibers angezeigt werden oder auch Angebote aus näherer Umgebung, wie z. B. die Mittagskarte lokaler Restaurants. Die Designvorlagen bestehen aus Modulen und Inhalte des „eViews" können vom Aufzugsbetreiber ganz einfach über das Otis-„eService"-Kundenportal angepasst werden. Das integrierte GSM-Modul stellt stets eine konstante Verbindung mit dem Internet sowie dem integrierten Fernüberwachungssystem „REM" (Remote Elevator Monitoring) her, das aktuell und permanent hunderte von Aufzugsfunktionen überwacht.

Resümee: Aufzugs- und Fahrtreppenhersteller
Die digitalen Plattformen verbinden Aufzugsbetreiber, Kunden und Fährgäste mit den einzelnen Aufzügen und auch mit den Servicecentern des Aufzugherstellers. Aufzugsdaten werden in Echtzeit bewertet und mögliche Störungen auch schon vor dem Auftreten erkannt. Alle relevanten Daten stehen qualifiziert jedem Gebäudebetreiber zur Verfügung, der einen Wartungsvertrag besitzt. Des Weiteren können durch diese Daten

weltweit einzelne Produkttypen miteinander verglichen und die Störanfälligkeit dokumentiert und ausgewertet werden. Mit diesen digitalen Smart Services werden die Produkte immer besser und sicherer und die Instandhaltungskosten kleiner und überschaubarer. Aufzugnutzer sparen Zeit und sind gut informiert.

Die führenden Player der Aufzugsindustrie haben Kooperationen mit entscheidenden Digital-Partnern wie Microsoft, AT&T, Vodafone, GE Digital und anderen, um in der Zukunft weitere innovative, digitale Smart Services auf den Weg zu bringen.

8.5.6 Digitale und smarte Services aus der Sanitärindustrie

Digitale Dienstleistungen informieren, schützen und melden Gefahren.
Wasser kann uns sehr viel Freude bereiten. Täglich waschen wir uns die Hände, duschen oder baden. Wir nutzen Wasser als Lebensmittel und Wasser hilft uns täglich bei verschiedenen Aktivitäten. Wasser kann allerdings auch schaden. Wenn Wasser an den falschen Stellen ausläuft, zerstört es die Untergründe und beschädigt alles, mit dem es in Berührung kommt. Wasserschäden sind die häufigste Schadensart in Gebäuden. Dabei sind die Gefahrenquellen beispielsweise Wasserleitungen, die mit Küchen, WCs und Bädern verbunden sind. Wenn diese Wasserleitungen brechen oder auch Hochwasser Keller überfluten, dann entstehen beträchtliche Schäden und der Prozess der Trocknung und Wiederherstellung in einen nutzbaren Zustand sind lang, aufwendig und kostspielig.

Die Sanitärindustrie hat einen Sensor entwickelt, den man einfach auf Böden oder an Wänden platziert; er erkennt auslaufendes Wasser und wenn Wasser den Sensor berührt, blinkt dieser rot, gibt einen Ton von sich und sendet ein Signal über eine Anwendung in einem Smartphone an den Nutzer. Die Sensoren messen die Lufttemperatur und Luftfeuchtigkeit in Echtzeit und warnen, wenn diese sich kritisch verändern.

Digitale Smart Services erbringen Nutzen, wenn sie in der Lage sind, zuverlässig, schnell und überall über Veränderungszustände zu informieren.

Die Sensoren werden mit Batterien betrieben, sind allerdings auch an das Stromnetz anschließbar.

Der Hausherr, Investor oder auch das Facility Management platziert die Sensoren an geeigneten Stellen und kann sie problemlos mit dem lokalen WLAN verbinden und mit der Smartphone-App aktivieren.

8.5.7 Digitale Services als Smart Lighting

Digitale Services sparen Energie, reduzieren Kosten und sind umweltschonend.
Unter Smart Lighting versteht man ein digitales, drahtloses Beleuchtungskonzept, das über das Datennetz die Beleuchtungszeit, Beleuchtungsintensität sowie selbstverständlich auch die Stromversorgung steuert.

Das Smart-Lighting-Konzept sorgt dafür, dass die Lampen in der notwendigen Helligkeit leuchten, in der sie in dem Moment gebraucht werden. Dadurch wird eine Dauerbeleuchtung vermieden.

Der Einsatz der LED-Technologie sowie der Einbau von intelligenter Sensortechnik spielen eine besondere Rolle. Die Betreiber können mit deutlich geringeren Kosten und einer längeren Lebenszeit der verwendeten Leuchtstoffe rechnen.

8.6 Mit welchen digitalen und smarten Services können wir in der Zukunft rechnen?

Die Digitalisierung, Smart Services und künstliche Intelligenz unterstützen die aus einzelnen Planungs- und Gebäudeerstellungsschritten holistisch integrierten Konzepte und sorgen somit dafür, dass deutlich bessere Bauwerke zu optimierten Kosten und mit minimierter Bauzeit entworfen werden können. Die Ansätze dafür sind da und der Anfang ist gemacht. Große Planungsbüros, Bauunternehmen und Produktproduzenten haben angefangen, ihre eigenen Prozesse zu strukturieren und digital zu optimieren. Bis die meisten Teilnehmer der Wertschöpfungskette integrierter Bestandteil sein werden und einen wirklichen vernetzten Prozessmehrwert generieren, wird es sicherlich noch einige Jahrzehnte dauern. Noch sind die eingesetzten Systeme und die Sensorik nicht aufeinander abgestimmt und somit nicht-vernetzte Einzellösungen. Eine gemeinsame Plattform, die alle verfügbaren Daten und Systeme miteinander verbindet und steuert, ist eine notwendige Voraussetzung für maximale Individualisierung und Optimierung. Diese Systemplattform könnte man auch als Gehirn eines Gebäudes beschreiben, das die Nutzerdaten der Vergangenheit analysiert und intelligente Lösungen für zukünftige Anwendungen vorschlagen kann. Damit werden auch maximierte Gebäudenutzungen möglich. Lüftungen, Heizungen und Licht passen sich der Anzahl der Raumnutzer an. Die nachfolgende Gebäudereinigung und Abfallbeseitigung richtet sich nach der wirklichen Nutzung.

Smarte Services und digitalisierte Vernetzung werden einen Mehrwert für die Nutzer und Betreiber kreieren. Die Zukunft wird durch Individualisierung von Produkten und persönlichen Nutzerkonzepten, die sich auf die unterschiedlichen Bedürfnisse abstimmen, integrieren und steuern lassen, bestimmt werden. Das Kundeneinkaufserlebnis wird maximal durch Online-Produkt-Konfiguratoren bestimmt sein und Kunden werden umgehend Antworten auf ihre Fragen erhalten.

Bis jetzt arbeiten die meisten Anbieter noch an eigenen Konzepten für intelligente Produkte und digitale Services. In den nächsten Jahren werden diese Einzellösungen miteinander verbunden und als Einheit bewertet. Dadurch ergeben sich völlig neue Dienstleistungsmodelle für die gesamte Wertschöpfungskette, die eigentlichen Produkte sowie die möglichen After-Sales-Services. Es geht nicht mehr alleine um die Hardware, sondern um die Software und die konforme gleichzeitige Verbindung aller Einheiten. Nutzerszenarien inszenieren das gesamte Bild, vom Zugang zu Gebäuden und Räumen bis zur gleichzeitigen Integration von Licht, Klima, Heizung, Luft, Klang, Informationen, Sicherheit und Entertainment. Die Trends im Bereich Smart Home und die Automation von Anwendungen in Gebäuden unterstützen die Notwendigkeit der gemeinsamen Nutzerkonzepte (siehe auch Botthof et al. 2016; Carl und Lübcke 2016). Die Bedienung wird durch Smartphone und weitere personifizierte Elektronik und Displays ermöglicht. In der ersten Phase wird man noch die Nutzerwünsche in die Softwareanwendungen eingeben müssen. In der nächsten Phase wird das Nutzerverhalten aus der Vergangenheit für zukünftige Behaglichkeit, Komfort und Sicherheit zugrunde gelegt und automatisiert vorgeschlagen.

In den letzten 2–3 Jahren haben sich digitale offene Plattformen etabliert, welche die Ökosysteme verändern werden. Bis zum Jahr 2025 werden diese digitalen Plattformen in der Lage sein, durch Plug/Connect & Integrate die gesamte Wertschöpfungskette zu verbinden (von Engelhardt et al. 2017). Der komplette Lebenszyklus vom Rohstoffeinkauf über die voll automatisierte Produktion von Produkten, die Planung von Gebäuden bis zur späteren Nutzung, Betreibung und Erhaltung sowie mögliche Entsorgung wird digital und vernetzt abgebildet sein.

Diese technische Souveränität und digitale Ökonomie produzieren massive Veränderungen im privaten und beruflichen Leben für jeden einzelnen von uns. Automatisierung von Prozessen, komplette Vernetzung der Wertschöpfungskette, Standards, Leistungs- und Ergebniskontrolle sind permanent verfügbar. Die früheren Wettbewerbsvorteile einzelner Unternehmen werden zusammenschmelzen, da die einzelnen unternehmerischen Prozesse nicht weiter optimierbar sein werden.

8.7 Fazit

Die Digitalisierung steht immer noch am Anfang und ist die bedeutendste Menschheitsrevolution mit globalen Konsequenzen für Kultur und alle Lebensbereiche. Sicherlich werden die Unternehmen, die konsequent und schnell das digitale Umfeld für sich aus- und aufbauen, einen zeitlich begrenzten Wettbewerbsvorteil haben. In diesem Zeitfenster gilt es die Marktposition auszubauen und zu sichern. Wenn fast alle marktteilnehmenden Organisationen die Digitalisierungsprozesse erfolgreich umgesetzt haben, dann wird es äußerst schwer sein, sich zu differenzieren. Prozesse, Systeme, Strukturen und Automation sind dann flächendeckend so optimiert, dass es keine signifikanten Kosten- oder Leistungsvorteile mehr geben wird.

Der Mensch und die Unternehmensmarke, also die emotionalen Beziehungen zwischen den Marktteilnehmern, werden noch mehr die entscheidende Komponente für eine tragfähige und vertrauensvolle Zukunft.

Literatur

Baumanns T, Freber P-S, Schober K-S, Kirchner F (2016) Bauwirtschaft im Wandel – Trends und Potenziale bis 2020. Roland Berger GmbH & UniCredit Bank AG, München

Botthof A, Heimer T, Strese H (2016) SmartHome2Market. Marktperspektiven für die intelligente Heimvernetzung. Bundesministerium für Wirtschaft und Energie (BMWi), Öffentlichkeitsarbeit. www.bmwi.de, Berlin

Bramann H, May I (2015) Stufenplan Digitales Planen und Bauen Einführung moderner, IT-gestützter Prozesse und Technologien bei Planung. Bundesministerium für Verkehr und digitale Infrastruktur (BMVdI), Berlin

Carl M, Lübcke M (2016) Das sichere Gebäude der Zukunft – Vertrauen als Schlüssel für Smart Home und Smart Building. Trendstudie des 2b AHEAD ThinkTanks, Leipzig

Engelhardt S von, Wangler L, Wischmann S (2017) Eigenschaften und Erfolgsfaktoren digitaler Plattformen. Begleitforschung AUTONOMIK für Industrie 4.0. iit-Institut für Innovation und Technik in der VDI/VDE Innovation+Technik GmbH Alfons Botthof, Berlin

Gamperling J (2017) Smart Home, Services, Digitale Heizung & Co. Heizungs-Journal Verlags-GmbH, Winnenden

Jones Lang LaSalle IP, Inc. (2016) Facility Management erfindet sich neu in der digitalen Welt. White Paper 2016. www.jll.com, Frankfurt

Niedermaier A, Bäck R (2016) Allplan BIM user guide, BIM: worum es geht. Und was es bringt. Building Information Modeling verstehen: Methode Relevanz und Vorteile. Allplan GmbH, München

Christoph Jacob, Gründer der CASEA AG, ist Experte für nachhaltiges, profitables Wachstum. Er ist ein international erfahrener C-Level-Unternehmenslenker von Technologie- und Sicherheitsunternehmen mit globalen Erfolgen bei Digitalisierung, Aufbau von Smart Services sowie Produkt-, Service- und Business-Model-Innovationen mit Beziehungen zur Harvard Business School, führenden Start-up-Inkubatoren und -Acceleratoren und Innovationsplattformen in Kalifornien und Deutschland.

Sein persönlicher Antrieb ist es, Unternehmen durch innovative Wettbewerbsvorteile und Geschäftsstrategien, die gar nicht oder nur schwer zu kopieren sind, so erfolgreich zu machen, dass sie nachhaltig profitabel wachsen.

Wie können im Zeitalter von Start-ups Forschungseinrichtungen immer noch Innovationsmotoren sein?

Kathleen Schröter

Inhaltsverzeichnis

9.1	Die Forschungslandschaft Deutschlands	134
9.2	Die Start-up-Landschaft Deutschlands	136
9.3	Forschungseinrichtung versus Start-up	139
	9.3.1 Veränderung der Marktgegebenheiten	139
	9.3.2 High-Tech versus Low-Tech	140
	9.3.3 Neue Technologien entwickeln versus neue Technologien einsetzen und in ein Produkt umwandeln	141
	9.3.4 Arbeitsbedingungen und Arbeitsumfeld: Öffentlicher Dienst versus „Freie Wirtschaft"	141
	9.3.5 Projektarbeit mit vorgegebenem Ziel versus ROI für Venture Capitalists	142
	9.3.6 Wissenschaftliche Reputation versus Schnelles Geld	142
9.4	Das Start-up als Kunde und Partner der Forschungseinrichtungen	143
	9.4.1 Fraunhofer Venture	143
	9.4.2 Fraunhofer Venture für Unternehmen	146
9.5	Fazit	147
Literatur		148

Den Namen Fraunhofer kennt man. Aber woher? Aus „Funk und Fernsehen". In jedem Wissenschaftsmagazin zieht man die Meinung eines Fraunhofer-Wissenschaftlers heran. Die Fraunhofer-Gesellschaft ist die größte wissenschaftliche Einrichtung für angewandte Forschung in Europa. Erfolgsgeschichten sind mp3 und H.264, wobei letzteres die Datenkomprimierung von Videos darstellt, und damit, salopp gesagt, das mp3 für Bilder ist.

K. Schröter (✉)
Fraunhofer Heinrich-Hertz-Institut HHI, Berlin, Deutschland
E-Mail: kathleen.schroeter@hhi.fraunhofer.de

© Springer Fachmedien Wiesbaden GmbH, ein Teil von Springer Nature 2018
P. Plugmann (Hrsg.), *Innovationsumgebungen gestalten*,
https://doi.org/10.1007/978-3-658-22127-0_9

Aber ist das Fraunhofer-Modell noch relevant in Zeiten der digitalen Gesellschaft und der Globalisierung? In Zeiten von agilem Projektmanagement und immer kürzer werdenden Produktlebenszyklen, die den wissenschaftlichen Innovationsansatz an seine Grenzen bringen? Durch welche großen Unterschiede lassen sich Forschungsinstitute und Startups abgrenzen, wo ticken sie ähnlich und wo können sie sogar voneinander profitieren? Inwieweit bietet Fraunhofer auch dem Gründerherz eine Perspektive, wie werden echte Innovationen vorangetrieben und wie Ausgründungen gefördert?

Dieses Kapitel taucht in den Alltag angewandter Forschung ein und vergleicht die beiden augenscheinlich grundverschiedenen Unternehmens- beziehungsweise Geschäftskulturen miteinander.

9.1 Die Forschungslandschaft Deutschlands

Zunächst müssen wir uns einen Überblick verschaffen, wie eigentlich die Forschungslandschaft Deutschland aussieht. Dazu findet man mehrere Übersichten auf den Webseiten der Bundesregierung, zum Beispiel unter der Initiative „Deutschland, Land der Ideen". Eine kurze Zusammenfassung: Deutschland bietet mit seinen Universitäten, Fachhochschulen, außeruniversitären Forschungseinrichtungen, Unternehmen sowie Bundes- und Länderinstituten eine Vielzahl an Forschungsstandorten. Insgesamt gibt es etwa 1000 öffentlich finanzierte Forschungseinrichtungen, wobei die Forschungs- und Entwicklungszentren der großen Unternehmen nicht mitgezählt sind.

In speziellen Bereichen und forschungsstarken Regionen bündeln unternehmerische und wissenschaftliche Einrichtungen ihre Forschungs- und Entwicklungsaktivitäten in Netzwerken und Clustern. Aber nicht nur in den Regionen, sondern auch auf europäischer und internationaler Ebene ist die Forschungskooperation in den Natur-, Geistes- und Sozialwissenschaften von großer Bedeutung. Im Prinzip hat jeder Zusammenschluss unter einem Netzwerk oder Cluster ein vorrangiges Ziel: Der Prozess bis zur Markteinführung neuer Produkte soll beschleunigt werden.

Universitäten Rund 400 Universitäten und Hochschulen gibt es in ganz Deutschland. Im Land der Dichter und Denker hat die Verbindung von Lehre und Forschung eine lange Tradition. Die Fraunhofer-Gesellschaft hat eine enge Verbindung mit den Universitäten und Hochschulen und nicht wenige Fraunhofer-Mitarbeiter sind auch Hochschul-Lehrende. Aber dazu später mehr.

Landesforschungseinrichtungen Die Forschungsaktivitäten der deutschen Bundesländer werden durch eine Reihe von Forschungseinrichtungen unterstützt. Es gibt mehr als 150 Landesinstitute und ihre Forschungsgebiete sind unzählig.

Bundesforschungseinrichtungen Die Bundesregierung finanziert rund 40 Forschungsinstitute, für die die Bundesministerien verantwortlich sind. Ihre Forschung ist fachspezifisch auf den Aufgabenbereich des jeweiligen Ministeriums ausgerichtet. Sie liefern die wissenschaftlichen Grundlagen, die die Ministerien für die Umsetzung ihrer Aufgaben benötigen.

Forschungsinfrastrukturen In Deutschland sind verschiedene Forschungsinfrastrukturen angesiedelt, die in der Physik, den Geowissenschaften, der Klimaforschung oder den Geisteswissenschaften von globaler Bedeutung sind. Eine davon ist das Deutsche Klimarechenzentrum (DKRZ).

Unter den nicht-universitären Einrichtungen sind vor allem die Fraunhofer-Gesellschaft, die Max-Planck-Gesellschaft, die Helmholtz-Gemeinschaft Deutscher Forschungszentren und die Leibniz-Gemeinschaft zu nennen:

Leibniz-Gemeinschaft Die Leibniz-Gemeinschaft verbindet 93 selbstständige Forschungseinrichtungen. Ihre Ausrichtung reicht von den Natur-, Ingenieur- und Umweltwissenschaften über die Wirtschafts-, Raum- und Sozialwissenschaften bis zu den Geisteswissenschaften. Leibniz-Institute widmen sich gesellschaftlich, ökonomisch und ökologisch relevanten Fragen. Mit 17.800 Mitarbeitern sind sie die „kleinste" unter den Forschungsgemeinschaften Deutschlands.

Max-Planck-Gesellschaft Die Max-Planck-Gesellschaft ist eine unabhängige, gemeinnützige Forschungsorganisation. Die derzeit 84 Max-Planck-Institute (laut Jahresbericht 2016) und Einrichtungen betreiben Grundlagenforschung in den Natur- sowie den Geistes- und Sozialwissenschaften. Als staatlich finanzierte Forschungsorganisation ist die Max-Planck-Gesellschaft sogenannte Zuwendungsempfängerin – sie wird zu rund 95 Prozent aus öffentlichen Mitteln des Bundes, der Länder und der EU finanziert. Sie zählt knapp 23.000 Mitarbeiter.

Helmholtz-Gemeinschaft Deutscher Forschungszentren Langfristige Forschungsaufgaben sind das Thema der Helmholtz-Gemeinschaft. Sie trägt durch wissenschaftliche Spitzenleistungen wesentlich zur Lösung bedeutender Herausforderungen in Gesellschaft, Wissenschaft und Wirtschaft bei. Ihre Aufgabe ist es, nachhaltige Forschungsziele des Staates und der Gesellschaft zu verfolgen und die Lebensgrundlagen des Menschen zu erhalten und zu verbessern. In der Gemeinschaft haben sich 18 naturwissenschaftlich-technische und medizinisch-biologische Forschungszentren mit mehr als 38.700 Mitarbeiterinnen und Mitarbeitern zusammengeschlossen.

Die Fraunhofer-Gesellschaft Im europäischen Wissenschafts-Ranking liefern sich die Fraunhofer-Gesellschaft und die Max-Planck-Gesellschaft jedes Jahr ein Kopf-an-Kopf-Rennen.

Die Fraunhofer-Gesellschaft zählte 2017 24.500 Mitarbeiter und Mitarbeiterinnen. Sie verfügt über 69 Forschungseinheiten und ist die größte Organisation für angewandte Forschung in Europa. Die Fraunhofer-Institute forschen für die Industrie, den Dienstleistungssektor und die öffentliche Verwaltung und entwickeln, realisieren und optimieren Verfahren, Produkte und Anlagen bis zur Einsatz- und Marktreife (Fraunhofer-Gesellschaft 2017a).

Die Fraunhofer-Gesellschaft, kurz Fraunhofer, fing als Gründung zweier Technologie-Transfer-Officer an. Den Beruf des Tech-Transfer-Officers findet man an jeder Hochschule, bzw. sollte man ihn an jeder wissenschaftlichen Hochschule finden. Hat ein Wissenschaftler eine Technologie entwickelt und glaubt, dass sie irgendeinen Nutzen in irgendeinem Markt bringen könnte, kommt der Tech-Transfer-Officer ins Spiel: Er soll dem Wissenschaftler helfen, den Markt zu finden und die entwickelte Lösung bzw. Technologie zu einem echten, skalierbaren Geschäftsmodell zu entwickeln – oder entsprechende Kunden oder Geschäftspartner zu finden, die bei dieser Entwicklung zur echten Einsatz- und Marktreife helfen. In der heutigen Arbeit der Fraunhofer-Institute wird weiterhin ein besonderer Wert auf die Verbindung zwischen Forschung und Lehre gelegt. So haben an meinem Institut in Berlin, dem Fraunhofer Institut für Nachrichtentechnik, Heinrich-Hertz-Institut, HHI, (kurz: am Fraunhofer HHI), die Hälfte aller Abteilungsleiter einen Lehrstuhl an einer der Universitäten in Berlin und Potsdam. Darüber hinaus übernehmen einige Gruppenleiter auch Dozententätigkeiten. Neben der Lehre zählt vor allem die Veröffentlichung von wissenschaftlichen Papers zur größten Stellschraube für die wissenschaftliche Reputation jedes einzelnen Wissenschaftlers und jeder Wissenschaftlerin, und schlussendlich dann in Summe für jedes Institut. Wissenschaftliche Reputation, Lehre und damit die Nähe zu den eingangs aufgezählten Universitäten und Hochschulen machen Fraunhofer zu einem attraktiven „Deep-Tech"-Kooperationspartner. Im Vergleich zu Leibniz, Max-Planck und Helmholtz ist Fraunhofer die Forschungseinrichtung mit dem klarsten Schwerpunkt auf angewandte Forschung. Jedoch sind auch an den anderen Forschungseinrichtungen Globalisierung und Digitalisierung nicht vorbeigegangen. So erfordert die Erhaltung der wissenschaftlichen Zentren in Deutschland eine Alleinstellung und Konkurrenzfähigkeit im Wettkampf um Industriekunden und Fördermittel.

Daher ist es heute so, dass alle Forschungseinrichtungen in Netzwerken und Clustern organisiert sind, sich international ausrichten, einen hohen Anteil internationaler Mitarbeiterinnen und Mitarbeiter aufweist und sich den jungen Unternehmen der digitalen Gesellschaft, kurz den Start-ups, als Kundenpotenzial öffnet.

Um die Eingangsfragen jedoch richtig beantworten zu können, müssen die Unterschiede von Forschungseinrichtungen zu Start-ups herausgestellt werden. Was sind die großen Unterschiede und warum sind Start-ups der heilige Gral für die Innovationskraft nicht nur ganzer Länder, sondern ganzer Ökosysteme? Oder ist es nur das Grundrauschen um Start-ups herum, das diesen Anschein erweckt?

9.2 Die Start-up-Landschaft Deutschlands

Ich lebe in der Start-up-Hauptstadt Berlin, in der sogenannten „Silicon Allee". Die Szene der Jungunternehmen ist lebendiger geworden. Gründungen, Übernahmen und Finanzierungsrunden überschlagen sich.

Gründen gehört heute zum guten Ton. Start-up-Sendungen wie die „Höhle der Löwen" predigen Ehrfurcht vor den digitalen Erfolgsgeschichten aus dem Silicon Valley. Deutschland erhofft sich mehr Elon Musks und Mark Zuckerbergs, um den Weg in die Digitale Transformation erfolgreich zu bestreiten bzw. nicht den internationalen Anschluss zu verlieren.

Die Start-up-Vereinigungen und Netzwerke sind kaum noch überschaubar. Sie organisieren Reisen mit Deutschen CEOs, Beratern und Start-ups und fahren ins Silicon Valley. Dort geht es zum großen FAANG – klingt nach Großwild-Safari, bezeichnet aber die digitalen Big Five: Facebook, Apple, Amazon, Netflix und Google, und dazu noch den Campus und alles, was da noch so drum herum ist. Zurück in Deutschland gründen sie einen „Inkubator".

Ist man als Start-up nicht Teil eines Inkubators, erhofft man sich eventuell die Finanzierung durch einen Risikokapitalgeber. Ein Beispiel für einen der wenigen VCs (Venture Capitalist) in unserem Land: Die German Startups Group Berlin GmbH & Co. KGaA ist – nach Rocket Internet – der zweitgrößte Risikokapitalgeber Deutschlands. German Startups hält zur Zeit Minderheitsbeteiligungen an 42 Jungunternehmen, deren Produkte neu sind und deren Gründern man die unternehmerischen Fähigkeiten zutraut, schnelles Wachstum und Gewinne zu generieren. Im vergangenen Jahr hat sich der Nettogewinn der German Startups Group mit 3,8 Mio. EUR gegenüber dem Vorjahr (1,4 Mio. EUR) mehr als verdoppelt. Unter den unterstützten Unternehmen befindet sich auch das international bekannte Start-up SoundCloud. German Startup hält auch Anteile an Exozet. Diese mir gut bekannte Agentur für digitale Transformation, arbeitet für Unternehmen aus den Branchen Medien, Unterhaltung, Markenartikelindustrie, Start-ups, Banken, Telekommunikation sowie für öffentliche Auftraggeber. Mit 133 Mitarbeiterinnen und Mitarbeitern in Berlin, Potsdam-Babelsberg und Wien berät und gestaltet sie seit dem Jahr 1996 (damit ist sie selbst definitiv kein Start-up mehr) den digitalen Wandel von Axel Springer, BBC, Red Bull, Audi oder der Deutschen Telekom. Mit Exozet ist die einzige Mehrheitsbeteiligung von German Startups in die Gewinnzone gekommen. Aber wie gesagt, das Gründungsjahr wirft die Frage auf, ob man hier von einem Start-up sprechen darf beziehungsweise warum Exozet im Portfolio von German Startups zu finden ist. Exozets Geschäftsführer Frank Zahn ist nicht nur Gründer, sondern hat sich als Berater für die regionale Politik, zum Beispiel als Cross-Innovation-Beirat des Berliner Senats und als Vorsitzender des IHK-Ausschusses „Digitale Wirtschaft", einen Namen gemacht. Und nebenbei hat er eins der schönsten Büros Berlins eröffnet – Exozet gehörte zu den ersten Mietern des Gebäudes des Berliner Flughafens Tempelhof.

Exozet ist die Ausnahme im Portfolio. In Berlin tummeln sich viele junge Online-Händler und Online-Dienstleister, die auch alle im Portfolio der German Startup Group zu finden sind. Trotz bemerkenswerter Expansion würden viele dieser Start-ups häufig nicht einmal von Gewinnen sprechen. Sie investieren erst einmal in das schnelle Wachstum. Ein weiteres Unternehmen in Berlin, das als Start-up bezeichnet wird: Home24. Das Unternehmen, das heute mehr als 200 Mio. EUR im Jahr umsetzt, ist erst seit 2010 am Markt und hat 1200 Mitarbeiter und Mitarbeiterinnen. Trotz des sehr jungen Alters erscheint es als vielen Kunden als etablierter Online-Händler. Home24 ist eines der wenigen Unternehmen mit besonders schnellem und starkem Wachstum.

Die Realität der meisten Jungunternehmen sieht anders aus. Oft werden Jungunternehmen gegründet, die noch lange an ihrem Produkt forschen und entwickeln müssen. Diese Unternehmen hangeln sich dann häufig mangels Umsatzes von Förderpreis zu Förderpreis. Laut einer Erhebung des Internetportals Für-Gründer.de, wurden im Jahr 2017 in 176 Gründerwettbewerben fast 861 Auszeichnungen verliehen, mit denen ein Preisgeld von insgesamt 3,0 Mio. EUR verbunden war. Das Portal hat allein aufgrund der Beurteilung durch die Preisjurys die erfolgreichsten unter den 752 Preisträgern ausgewählt (Für Gründer 2017).

Überraschend dabei: Die ersten Ränge gehen nicht nach Berlin, sondern nach Bayern. Nachvollziehbar wird das, wenn man berücksichtigt, dass die meisten regional ausgerichteten Wettbewerbe in Bayern stattfinden. Allein 90 der 145 deutschen Gründerwettbewerbe sind nur darauf aus, regionale Jungunternehmen auszuzeichnen. Der mit mehr als 200.000 EUR Gesamtsumme höchstdotierte Preis ist der vom Bundeswirtschaftsministerium ausgerichtete Gründerwettbewerb IKT, gefolgt vom CeBIT Innovation Award, den das Bundesministerium für Bildung und Forschung, das BMBF, und die Hannoversche Computermesse CeBIT verleihen – wobei die CeBIT schon lange keine reine Computermesse mehr ist (dies ist wieder eine Folge von Digitalisierung und Globalisierung).

Weitere Preise werden von Bundesländern, Städten und Großunternehmen wie der Commerzbank, der Deutsche Börse, Fiagon, PWC, Sanofi und anderen getragen.

Die meisten der 145 Preise zeichnen Ideen- und Start-up-Phasen aus, also die beiden ersten Phasen, die ein neues Unternehmen durchläuft, während die Risikokapitalgeber eher in die Wachstumsphase investieren. So hatten zehn der 50 höchstdotierten Preisträger bei der Preisverleihung noch gar kein Unternehmen gegründet, sondern nur eine Idee davon, was sie machen möchten. Und damit lässt sich auch der Wert eines solchen Preises rein aus Kommunikationssicht bewerten. Einmal einen solchen Preis abgeräumt, gibt es nicht nur Preisgeld, sondern Gratis-PR! Und damit Sichtbarkeit – und diese dann hoffentlich auch beim Risikokapitalgeber.

Am zukunftsträchtigsten erschien den Juroren im Jahr 2016 die ioxp GmbH, Kaiserslautern. Es handelt sich um eine Ausgründung aus dem KIT, dem Deutschen Forschungszentrum für Künstliche Intelligenz. Das junge Unternehmerteam von vier Personen entwickelt eine Software, die technische Dokumentationen aus Videoaufnahmen erstellt. Damit lassen sich über Datenbrillen abrufbare Bedienungsanleitungen aus Videoaufnahmen entwickeln. Das Unternehmen bekam vier Preise mit insgesamt 49.500 EUR Preisgeld. Die Software sollte erstmals in 2017 verkauft werden.

Wenn man rein aus den Förderpreisen Schlussfolgerungen anstellen würde, läge Berlin mit den hier ansässigen Start-ups weit abgeschlagen: Das erste Berliner Start-up kommt auf Rang neun.

Das ist für Berliner Start-ups aber nicht überraschend, siehe oben: Die meisten regional ausgerichteten Wettbewerbe gibt es in Bayern. Berliner erschließen sich andere Finanzierungsquellen, darunter vor allem das Crowdfunding, auch Schwarmfinanzierung oder Crowdinvesting genannt. Das knapp vier Jahre alte Unternehmen Companisto konnte auf seiner Plattform für junge Unternehmen mehr als 25 Mio. EUR im Netz einsammeln. 51 Jungunternehmen (von 3000 Bewerbern) haben so Geld für weiteres Wachstum gefunden. Hinter Companisto steht ein „Schwarm" aus etwa 45.000 Investoren, die bereit sind, ihr Geld in junge und damit auch riskante Unternehmen zu investieren. Ein Beispiel: das Hotelbuchungsportal Triprebel. Das von der Europäischen Union als „Bestes Start-up 2015" ausgezeichnete Portal hat über Companisto wesentlich mehr als die angepeilten 400.000 EUR Kapital eingesammelt.

9.3 Forschungseinrichtung versus Start-up

9.3.1 Veränderung der Marktgegebenheiten

Digitalisierung und Globalisierung führen zu der Erwartung von kürzeren Reaktionszeiten. Immer und überall ist jeder erreichbar. Dafür muss nicht lange nach Beispielen gesucht werden, wir sehen es täglich, in jeder Stadt. Menschen laufen als „Smombies" durch den Tag, mit einem „Tech Neck", das ist tatsächlich ein seit Kurzem etablierter Begriff aus der Physiotherapie.

Schauen wir uns die Entwicklungen in der Consumer Electronic Welt rein wirtschaftlich betrachtet an. Zur 7. Großen Deutschen Funkausstellung Berlin sprach Albert Einstein: „(…) Der Urquell aller technischen Errungenschaften ist die göttliche Neugier und der Spieltrieb des bastelnden und grübelnden Forschers und nicht minder die konstruktive Phantasie des technischen Erfinders" (Deutschlandfunk 2005, Zitat aus 1930).

Traditionell, und das seit Beginn des 20. Jahrhunderts, lockte die Messe, heute bekannt als „IFA", die „Internationale Funkausstellung" in Berlin, im Zweijahresrhythmus, um die neusten TV-Geräte und Musikanlagen auszustellen. Seit geraumer Zeit findet diese Messe jedes Jahr im September statt und zeigt nicht mehr nur das traditionelle „Funk- und Fernsehgeschäft", sondern alles, was irgendwie mit Elektronik zu tun haben könnte. Für die Industrie hinzu kommt die CES – die Consumer Electronics Show –, das amerikanische Pendant im Januar in Las Vegas. Geht man zu beiden Messen, stellt man fest, dass die Messestände der großen Namen fast identisch sind. Unterschiede finden sich in Kleinigkeiten. Und so ist es auch mit der Messe an sich: Jedes Jahr muss eine Überschrift gefunden werden, etwas Innovatives für den Verbraucher auf den Markt kommen. Der Blick in die Entwicklungsabteilungen eben dieser großen Elektronikkonzerne zeigt: Machbar ist das für keine dieser Entwicklungsabteilungen. Und so gibt es jedes Jahr die minimalen Änderungen und Verbesserungen des Vorjahres, sogar die offizielle Bekundung, dass eine bestimmte Überschrift gewählt wurde, wie „Wallpaper

TV", weil es dieses Jahr das Thema ist. Auch wenn die Technologie noch nicht als Produkt auf dem Markt ist, wird hiermit zumindest „das Grundkonzept" vorstellt, um nicht die einzigen zu sein, die nicht so ein Display vorweisen können.

Zusammengefasst: Kürzere Produktlebenszyklen führen zu kürzeren Innovationszyklen führen zu weniger Innovationen. Eine echte Innovation, also die Verbesserung des Status quo um einen elementaren Schritt, kann nur durch langfristige Entwicklung passieren – zumindest was High-Tech- und Deep-Tech-Entwicklungen betrifft. Langfristige Entwicklung ist Kernaufgabe der Forschungseinrichtungen. Kurzfristige Ergebniserwartung stellt sie vor ein neues Problem in dieser digitalen Gesellschaft. Augenscheinlich können Start-ups diese kurzfristigen Erwartungen erfüllen. Oder doch nicht?

9.3.2 High-Tech versus Low-Tech

Der Gegensatz High-Tech versus Low-Tech beschreibt jahrelange, aufeinander aufbauende Entwicklungsarbeit gegenüber kurz- bis mittelfristigen Ergebnissen (1–5 Jahre).

Sehen wir uns wieder das Beispiel mp3 an. 1987 findet sich ein Entwicklerteam am Fraunhofer IIS mit den Kollegen der Universität Erlangen-Nürnberg zusammen und beschäftigt sich mit der Komprimierung von Audiodaten. Zwei Jahre nach diesem ersten Meilenstein verkündet die MPEG, die Society of Motion Picture Experts, dass sie einen Audio-Standard veröffentlichen will. Die Gruppe der Franken bei Fraunhofer und der Universität Erlangen-Nürnberg reichen ihren Vorschlag, ein sogenanntes Proposal für einen solchen Standard ein. Den ersten mp3-Player, also ein Produkt, welches diese Technologie nutzt, um Musik abzuspielen, gibt es erst seit 1998! Der erste Player war der „Diamond Rio" und ab diesem Zeitpunkt wurde mp3 zum Massenphänomen. Es dauerte also fast ein Jahrzehnt vom ersten Meilenstein der Technologie bis hin zu einem echten Massenprodukt. mp3 fällt in die Kategorie High-Tech, heute auch Deep-Tech genannt. Besonderes Merkmal dieser Kategorie ist, dass an einer bestimmten Thematik jahrelang geforscht wird beziehungsweise geforscht werden darf. Diese Technologie, diese Software, wurde zu einem internationalen Standard. Die Forscher haben sich über den gleichen Zeitraum hinweg in den Standardisierungsgremien engagiert und damit Erfolg eingefahren. Nur die langjährige Netzwerkarbeit und das immer weitere Verbessern des Algorithmus verhalfen zum Durchbruch.

Der zweite „Superstar" der Entwicklungen der Fraunhofer-Gesellschaft sind H.264 und der Nachfolger H.265, auch HEVC genannt – die zweite Kompressionstechnologie, diesmal für Video. Sowohl mp3 als auch H.264 sind nicht mehr wegzudenken aus unserer globalisierten, digitalisierten Gesellschaft. Kein Smartphone, kein Tablet, das nicht beide Codecs verwendet.

Die in Abschn. 9.2 genannten Start-ups, vornehmlich Lieferdienste, also Unternehmen, deren Innovation in dem Anbieten einer digitalen Dienstleistung besteht, beruhen oft auf sogenannter Low-Tech. Dabei muss keine zeitaufwendige komplexe Zusammenarbeit mit anderen Gremien erfolgen, lediglich das Nutzen vorhandener Technologien und deren Umfunktionierung und damit die Umsetzung in eine Geschäftsidee bringen den Erfolg.

9.3.3 Neue Technologien entwickeln versus neue Technologien einsetzen und in ein Produkt umwandeln

Eine ganz klare Trennungslinie kann man ziehen bei der Entwicklungsgeschichte einer Technologie. Während in Forschungseinrichtungen neue Technologien entwickelt werden, beziehungsweise beruhend auf vorherigen wissenschaftlichen Papers/Arbeiten weiterentwickelt werden, kommen in Start-ups oft vorhandene Technologien auf den Prüfstand und sind Kernstück der Unternehmung. Für diese vorhandene Technologie wird eine Anwendung gesucht, ein Markt gesucht. Während in der Forschungseinrichtung die Technologie in ihrer Tiefe weiterentwickelt und dafür auch der Freiraum gegeben wird, wird in dem Start-up ein Zeitfenster identifiziert, bis zu dem die Technologie zu einem Produkt reifen kann, und überlegt, wie der ganze Business-Plan dazu aussieht – um damit den möglichen Investor zu finden. In der Forschungseinrichtung hingegen wird die Technologie entweder in einem Industrieprojekt gezielt für einen Kunden weiterentwickelt oder in einem öffentlich geförderten Projekt mit anderen Partnern und anderen Entwicklungszielen konfrontiert und in einer bestimmten Zeit mit einem bestimmten Ziel zu einem neuen Entwicklungsschritt gebracht.

9.3.4 Arbeitsbedingungen und Arbeitsumfeld: Öffentlicher Dienst versus „Freie Wirtschaft"

Ein bekannter und sehr großer Unterschied zwischen Forschungsinstituten und Start-ups – jedenfalls von außen betrachtet – ist der Arbeitsalltag. Während in Forschungseinrichtungen der öffentliche Dienst eine Entlohnung nach Tabelle und ein sicheres Einkommen jeden Monat verspricht, winken manche Start-ups mit exorbitant hohen Gehältern, die von den VC gezahlt werden, um „ganz schnell die Besten der Besten zu holen und mit denen das Start-up schnell zum Erfolg zu treiben". Mit diesen hohen Gehältern gehen natürlich auch hohe Leistungserwartungen an die Mitarbeiter einher. Das ist kalkulierbar und von vornherein bekannt. Die meisten Start-ups bieten allerdings ähnliche Gehälter wie im öffentlichen Dienst. Als Bonus winken aber flache Hierarchien, viel Mitentscheidung, viel Freiheit und Gleitzeit, keine Stechuhr und vor allem die coolen Räume mit Kicker und freitags Freibier und Pizza. Ich habe mich in der Berliner Start-up-Szene umgehört und die meisten Start-ups haben wirklich diese Mentalität und auch flache Hierarchien, jedoch zahlen sie oft sehr geringe Gehälter, die nächste Finanzierungsrunde ist noch nicht klar, deshalb weiß man noch nicht, ob nächsten Monat das Gehalt kommt, der Erfolgsdruck ist hoch und die Überstunden werden nicht bezahlt. Im Vergleich dazu haben die deutschen Forschungseinrichtungen den Zeitgeist erkannt und ebenfalls coole Büros mit flexiblen Arbeitszeiten und dem obligatorischen Kicker eingerichtet. Viel mehr noch: Alle deutschen Forschungseinrichtungen haben in ihre strategischen Ziele die Förderung von Unternehmertum und „Entrepreneurgeist" aufgenommen. Dazu mehr unter Abschn. 9.3.5.

9.3.5 Projektarbeit mit vorgegebenem Ziel versus ROI für Venture Capitalists

Forschungsprojekte haben ein klar vorgebendes inhaltliches Ziel und einen klar vorgegebenen zeitlichen Rahmen. In dieser Zeit gibt es keine Überraschungen, jeder kennt seine Aufgaben, Zeit und Geld sind kalkuliert. Was zum einen als Vorteil erscheint, ist zum anderen auch Fluch der Forschungseinrichtungen: Forschungsprojekte werden zeitlich begrenzt finanziert. Das bedeutet, dass die Arbeitsverträge der Forscherinnen und Forscher, die für diese Projekte eingesetzt sind, auch auf diesen Zeitraum eine Befristung bekommen. Es ist nicht selten, dass Forscher seit 10 Jahren auf Basis von befristeten Verträgen arbeiten. Allerdings ist es selten, dass ein Vertrag nicht verlängert wird: Wenn der Forscher sich als kompetent erwiesen hat, gibt es auch immer Folgeprojekte, in denen eben diese oder eine ähnliche Technologie weiterentwickelt wird. Das haben auch Kreditinstitute erkannt und so bekommen auch Forscher mit befristeten Verträgen bei Fraunhofer und Co. Finanzierungen für den Hausbau und andere langfristige Kredite.

Die Arbeitsverträge bei Start-ups sind nicht nur zeitlich begrenzt, sie sind auch oft mit ungewissem Ausgang verbunden. Das Ziel eines Projektes kann sich in einem viel kürzeren Zeitraum ändern und ist auch nicht unbedingt nur auf diesen einen Kunden abgestimmt, sondern meist auf die Kapitalgeber. Das grundsätzlich über allem schwebende Ziel ist aber sicherlich der Return on Investment (ROI) für den Kapitalgeber. Auch wenn es Risikokapital genannt wird, für den Arbeitnehmer ist der Druck enorm.

9.3.6 Wissenschaftliche Reputation versus Schnelles Geld

Der Fraunhofer-Forscher hat in seinem Arbeitsalltag für seine persönliche Entwicklung und seinen Lebenslauf zwei große Vorteile: Er/sie kann während der Projektarbeit der wissenschaftlichen Veröffentlichung seiner Entwicklungen nachgehen und entwickelt gleichzeitig für den Industriekunden und damit nah am Markt und dem echten Anwendungsfall. So ist jedenfalls der Idealfall. Dass für eine entsprechende Doktorarbeit im Durchschnitt mehr als sechs Jahre gebraucht wird, steht auf einem anderen Blatt (und vielleicht in einem anderen Buch). Die Möglichkeit ist aber gegeben und wenn sich der Mitarbeiter aktiv darum bemüht, ist dies auch oft umsetzbar und wird nicht selten durch die Förderung der wissenschaftlichen Arbeit durch die Institutsleitung unterstützt. Man kann sich in der Zeit an einem Fraunhofer-Institut, ähnlich wie bei der wissenschaftlichen Arbeit an Universitäten und Hochschulen, also um seine eigene wissenschaftliche Reputation kümmern.

Im Vergleich dazu die vorrangigen Ziele eines Start-ups: Ein Exit ist der geplante Ausstieg eines Investors oder Gründers aus dem Unternehmen. Ziel dabei ist, die Anteile mit möglichst hohem Gewinn zu verkaufen und mit dem Verkauf das Unternehmen zu verlassen. Zu den beliebtesten Formen der Exit-Varianten gehört womöglich der „Trade Sale". Darunter versteht man den Verkauf eines meist jungen Unternehmens durch das

Management und die Beteiligten. Bei meinen Recherchen konnte ich oft das „Mindset" für den schnellen Verkauf wiederfinden. Viele orientieren sich an dem Beispiel der Nitsche-Brüder, die mit Anfang zwanzig durch den Verkauf ihrer Math42-App Millionäre geworden sind. Die Gründerszene bejubelt solche Erfolge, und ein neues Denken setzt sich durch: Wir brauchen mehr junge Digitalunternehmen in Deutschland.

Aber darin steckt auch eine Illusion: Es hilft der deutschen Wirtschaft nicht, wenn Math42 und viele andere erfolgreiche Digital-Applikationen aus Europa schon früh in die USA verkauft werden. Damit ist also dem Arbeitnehmer nicht unbedingt ein Arbeitsplatz in einem langsam und strukturiert wachsenden, auf langfristige Stabilität ausgerichteten Unternehmen gegeben. Dies führt in vielen Start-ups zum vorzeitigen Verbrennen der klugen Köpfe und zur damit einhergehenden Desillusion – zumindest, wenn der Exit nur vom Gründer gewollt war und nicht von vorherein kommuniziert wurde. Auch ist die Wahrscheinlichkeit einer Wiederholung des Falls der Brüder Nitsche nicht allzu hoch.

Zusammenfassend lässt sich festhalten: Beide Konzepte haben ihre nicht zu übersehenden Vorteile und somit ihre Daseinsberechtigung. Beide schaffen offene Strukturen, in denen Vielfalt sich entwickeln kann und Freiräume für neue Ideen geschaffen werden – aus meiner Sicht Grundvoraussetzungen für Innovationen. Die Forschungseinrichtungen haben aber einen gravierenden Minuspunkt: ihre Reaktionszeit. Wie schon weiter oben beschrieben, haben die deutschen Forschungseinrichtungen dieses Problem erkannt und Programme zur Förderung des Austausches mit Start-ups ins Leben gerufen. Die Initiativen der Fraunhofer-Gesellschaft sind im abschließenden Teil dieses Kapitels beschrieben.

9.4 Das Start-up als Kunde und Partner der Forschungseinrichtungen

Fraunhofer verschafft sich mit den eigens kreierten FDays® den Zugang zu Entrepreneuren bzw. zu Entrepreneur-Geist aus dem eigenen Hause. Fraunhofer hat Ausgründungen und Beteiligungen sogar zu einem strategischen Unternehmensziel ernannt.

9.4.1 Fraunhofer Venture

Hier ein Auszug aus den Webseiten der Fraunhofer Venture (Fraunhofer-Gesellschaft 2017b):

> Die Institute der Fraunhofer-Gesellschaft werden von Wirtschaft und Politik als Basis für eine wettbewerbsfähige Industrie und als Keimzelle für Unternehmensansiedlungen und -gründungen geschätzt.
>
> Fraunhofer unterstützt dies gezielt, indem sie institutsnahe Unternehmensgründungen und Kooperationen zwischen Ausgründungen und Fraunhofer-Instituten auf vielfältige Weise konsequent fördert. Um die Unterstützung von Ausgründungen weiter zu intensivieren und zu professionalisieren, bietet Fraunhofer mit Fraunhofer Venture eine Palette von sich ergänzenden Dienstleistungen an.

Das Leistungsspektrum von Fraunhofer Venture umfasst die komplette Betreuung und Beratung der Gründer. Zu den Hauptaufgaben gehört dabei die Optimierung des Businessplans, die Wahl der Rechtsform und Ausgestaltung von Verträgen sowie die Suche nach Finanz-, Kooperations- und Industriepartnern. Besonders bei der Suche nach geeigneten Finanzierungspartnern kann das Team mithilfe des eigenen Netzwerks hervorragende Unterstützung bieten.

Somit ist Fraunhofer Venture ein anerkannter Partner bei Gründern, Instituten, Investoren und Veranstaltungen rund um das Thema Technologietransfer.

Um den Transfer ihrer wissenschaftlichen Erkenntnisse zu befördern und dem wachsenden Gründergeist in den Fraunhofer-Instituten gerecht zu werden, hat die Fraunhofer-Gesellschaft 1999 ihre Abteilung Fraunhofer Venture ins Leben gerufen (Fraunhofer Venture 2018):

Ziel von Fraunhofer Venture ist es, Innovationen durch Ausgründungen nutzbar zu machen und einer wirtschaftlichen Wertschöpfung zuzuführen.

Mittlerweile konnten über 350 Unternehmen aus den Bereichen Life Science/Medizin, Energie und Umwelt, Information und Kommunikation, Fertigung und Verfahren, Mikroelektronik, Transport und Logistik, Werkstoffe und Photonik erfolgreich gegründet werden.

Fraunhofer Venture unterstützt Forscher dabei, Ideen weiterzuentwickeln und zur Marktreife zu bringen. Dabei hat Fraunhofer Venture einen integrierten Förderprozess entwickelt, der sich an der Entwicklung von Ausgründungen orientiert. Forscher können in den Programmen Business Ideation, FDays®, FFE und FFM beim Entwickeln erster Geschäftsmodelle bis hin zum Coaching ausgegründeter Spin-offs von Fraunhofer Venture profitieren.

Die FDays® dienen der unternehmerischen, systematischen Entwicklung und Evaluation von Geschäftsmodellen auf Basis von Fraunhofer-Technologie/-Kompetenz. Der 12-wöchige Beschleunigungs-Modus fungiert als Stresstest für Markt, Team und Technologie.

Der Methodenbaukasten bedient sich aus der Welt der Startups, die besonders schnell und effektiv handeln müssen, um überleben zu können.

Ich habe selber schon bei einigen Informationsveranstaltungen der Fraunhofer Venture mitgemacht und mit einigen Kollegen aus dem Bereich besprochen bzw. auch mit Kollegen meines Institutes einen Business-Ideation-Workshop zum Thema 5G – Mobilfunk der nächsten (5.) Generation – mitgemacht. Klar wird: Fraunhofer versucht den Freigeist zu stärken, den viele Forscher benötigen, um kreative Ansätze in ihrer Arbeit umzusetzen. Auch aus Institutssicht auf die Fraunhofer Venture, die eine Initiative der Zentrale der Fraunhofer-Gesellschaft ist, kann ich sagen, dass diese Aktivitäten langsam Einzug in den Arbeitsalltag der Fraunhofer-Forscher finden. Die Fraunhofer Venture sucht dabei an den einzelnen Instituten zunächst einen Befürworter, quasi einen Botschafter für die Dienstleistungen der Zentrale. Denn eins haben alle Institute gemeinsam: Sie wollen zwar gerne mit Start-ups arbeiten beziehungsweise auch als Arbeitgeber für junge Forscher konkurrenzfähig bleiben, aber sie lassen sich nicht gerne ein neues Programm von der Zentrale aufzwingen. Jedes Institut ist eigenständig.

Hier möchte ich aufführen, wie die unterschiedlichen Instrumente eingesetzt werden und welche Ziele sie verfolgen. Weiteres ist mit schematischen Darstellungen zu finden unter https://www.fraunhoferventure.de/.

9.4.1.1 Business Ideation

Durch die Business-Ideation-Angebote unterstützt die Fraunhofer Venture ihre Forschenden dabei, zukunftsfähige Geschäftschancen für Technologien zu identifizieren und durch Markt-Feedback zu evaluieren. Der „Technologie sucht Anwendung"-Workshop hilft dabei, unterschiedliche Anwendungsgebiete für die vorhandene Technologie zu identifizieren und die vielversprechendsten im Detail zu analysieren. Während des „Kunden verstehen"-Workshops vertiefen die Forschenden ihre Kenntnisse über Kundenbedarf und verifizieren kritische Annahmen hinsichtlich der jeweiligen Geschäftsidee.

Diese beiden komplementären Ideation-Workshop-Formate bieten eine ideale Grundlage für die Teilnahme an den FDays® und weiterführenden Verwertungsprogrammen.

Weiterhin werden institutsinterne Workshops angeboten, um mit Methodik, oft unter Zuhilfenahme des Design Thinkings, Fragestellungen anzuwenden. Gemeinsam werden Ideen entwickelt und Kundenbedürfnisse analysiert.

9.4.1.2 FDays®

Die zentralen Ziele der FDays® sind:

1. Zukünftige Technologie-Entwicklungen auf einen nachweisbaren Kundennutzen hin ausrichten.
2. Ein tragfähiges Geschäftsmodell aufbauen und dies real am Markt testen. Eine fundierte Verwertungsweg-Entscheidung herbeiführen (Lizenz, Spin-off, Industrieprojekt oder keine Verwertung) und den dafür passenden Pitch entwickeln.
3. Ein unternehmerisches Team aufstellen. Das beinhaltet auch eine Strategie für Business Development und Akquise – mit den nötigen Fähigkeiten. (Zusatz: Fraunhofer bietet dies auch in Workshops des Inhouse-Consultings „Marketing-Netzwerk" an, wo in Workshops zu „Akquise" und „Geschäftsfeldentwicklung" Wissenschaftler auf den Kunden, also auf die Industrie vorbereitet werden.)

Das Besondere: Die FDays® werden zusammen mit UnternehmerTUM, Helmholtz-Gemeinschaft, DLR und HTGF durchgeführt – mehrere Forschungseinrichtungen ziehen also an einem Strang.

9.4.1.3 FFE – Fraunhofer fördert Entrepreneure

FFE hat das Ziel, den Technologietransfer über Ausgründungen projektbezogen in der Zeit vor der Gründung des Unternehmens zu unterstützen. Mit FFE können über ein internes Projektbudget ein detailliertes Verwertungskonzept (Businessplan) erstellt und abschließende Entwicklungsaktivitäten durchgeführt werden. Damit wird evaluiert, ob und wie die jeweilige Fraunhofer-Technologie durch eine Ausgründung – ggf. mit Beteiligung der Fraunhofer-Gesellschaft – Erfolg versprechend verwertet werden kann.

9.4.1.4 FFM – Fraunhofer fördert Management

Eine ausgereifte Technologie, ein gutes Geschäftsmodell und ein starkes sowie überzeugendes Gründerteam sind die drei wichtigsten Faktoren, um Investoren zu gewinnen und somit ein High-Tech-Start-up am Markt zu etablieren. Gerade in der sehr kritischen Anfangsphase eines Unternehmens macht oftmals ein/e erfahrene/r Geschäftsführer/in den entscheidenden Unterschied zwischen Erfolg und Misserfolg. In meiner Arbeit als Marketing-Mentor in einem Start-up-Programm in Portugal läuft mir das immer wieder über den Weg: Start-ups haben eine Technologie, dazu eine Idee, aber keine Management-Erfahrung und kein Management-Know-how. Bei Pitches ist das auch immer wieder auffällig: Investoren stecken ihr Geld am ehesten in ein überzeugendes Team – nach dem Motto: Wenn die das zusammen so überzeugend präsentieren, können die zusammen auch die Herausforderungen einer Unternehmensgründung meistern.

FFM bietet durch Coachings die Weiterbildung in wichtigen Management-Disziplinen an oder hilft mit einer Teamergänzung, z. B. mithilfe eines Initialmanagers. Die Fraunhofer Venture unterstützt hier finanziell mit bis zu 100.000 EUR für ein Spin-off.

9.4.2 Fraunhofer Venture für Unternehmen

Fraunhofer Venture fokussiert sich nicht nur auf gründungsbezogene Services für unsere Forscher, sondern bietet auch Unternehmern aus universitären Projektteams, Start-ups und kleinen und mittelständischen Unternehmen interessante Angebote. Auch bei dieser Dienstleistung geht es wieder um die gemeinsame Entwicklung von Geschäftsmodellen, die Erstellung von Businessplänen und die Ergänzung von Teammitgliedern. Hierbei steht jedoch im Fokus: Ein Gründer oder eine Person, die gerne gründen möchte und eine Geschäftsidee hat, wird mit der nötigen Fraunhofer-Technologie am Institut in Kontakt gebracht.

Bei einer Veranstaltung der Initiative „TechBridge" konnte ich aus erster Hand die Bemühungen der Fraunhofer Venture und damit der Fraunhofer-Zentrale beobachten.

TechBridge/Fraunhofer Start-up-Kooperationen

Das Projekt TechBridge von Fraunhofer Venture hat die Mission, Start-ups und Fraunhofer-Institute zusammenzuführen, um gemeinsame Projekte zu initiieren oder existierende Projekte auszubauen.

Im Rahmen von Kooperationsprojekten erhalten Start-ups Zugang zu Technologien, Expertise und Infrastruktur von Fraunhofer und können Ihre Lösungen schneller entwickeln, ergänzen oder optimieren. Durch diese Initiative verschafft sich Fraunhofer den Zugang zum Start-up als Kunden am deutlichsten. Hier werden nicht Fraunhofer-Mitarbeiter zusammengebracht, sondern Fraunhofer lädt explizit externe Entrepreneure ein. Es werden Technologien der Fraunhofer-Forscher vorgestellt und es werden Geschäftsideen der

Gründungswilligen vorgestellt. Im Prinzip wird damit die Zusammenarbeit gefördert. Das klassische Konzept eines Industrieauftrages, bei dem ein Unternehmen auf Fraunhofer zugeht, nach der Entwicklung einer Technologie fragt und dafür eben entsprechend vergütet, kann sich ein Start-up oder ein klein- bzw. mittelständiges Unternehmen nicht leisten. Die Fraunhofer Venture will damit genau diese Industriekunden zu potenziellen neuen Kunden für Technologien der Fraunhofer-Institute machen. Denn der Vorteil eines Gründergeistes liegt auf der Hand: innovative Geschäftsmodelle und Anwendungsfälle aus dem Start-up-Ökosystem. Fraunhofer bekommt die Chance, agile Kommerzialisierungspartner für seine Technologien kennenzulernen, und kann eine Zusammenarbeit dank ersten Projektbudgets einfacher beginnen. In einer ersten Sondierung werden Teams gebildet, die sich dann um eine Förderung von 10.000 EUR bewerben. Absolvieren sie diese Bewerbungsrunde erfolgreich, können sie sich für eine zweite Runde bewerben, in der das beteiligte Fraunhofer-Institut weitere 50.000 EUR erhalten kann und das Start-up entsprechend den Zugang zur Technologie erhält und damit auch zu den Verwertungswegen.

9.5 Fazit

Dieses Kapitel beinhaltet nicht die Accelerator-Programme, die viele Großunternehmen in Deutschland etablieren bzw. etablieren wollen. Das Prinzip und das Ziel sind aber ähnlich der Fraunhofer TechBrigde: der einfache Zugang zum Gründergeist, zur Mentalität, die sich neuen Herausforderungen ungezwungener nähert und noch keine starken Muster im Arbeitsalltag entwickelt hat. Aber ähnlich wie in den Gründungsinitiativen der Forschungseinrichtungen möchte ich dies kritisch hinterfragen. Ein Kollege sagte einmal: „Wir arbeiten in einer ausgründungsfreien Zone." Ich gebe ihm Recht, wenn wir mit diesen Gründungsteams das gleiche machen wie die Inkubatoren in ihren digitalen Gründungszentren: Sie werden nicht wirklich mit der echten Angst der Existenzgründung konfrontiert, sie haben ein relativ weiches Auffangbecken. Wenn die Mitarbeiter diese Gründungsteams nur temporär unterstützen und somit zwei Jahre später die Garantie ihres alten Jobs wiederhaben, werden sie nicht zu Hochleistungen angetrieben und nicht die erhofften Ergebnisse liefern. Oder anders gesagt: Diamanten entstehen nur unter Druck.

Und in den Gründungszentren ist dies oft der Alltag: Es werden Mitarbeiter entsendet, auf die man im Tagesgeschäft möglicherweise besser verzichten kann als auf andere.

Der Blick ins Silicon Valley kann sicher nicht schaden, aber kopieren kann man diese Ansätze trotzdem nicht eins-zu-eins in Deutschland. Auch wenn ich das vor ein paar Jahren noch nicht gesagt hätte: Der Blick nach China – zumindest was die Innovationskraft betrifft – schadet vielleicht auch nicht. Denn schon längst kopiert China nicht mehr das Silicon Valley, sondern es ist in Einzelfällen schon längst umgekehrt.

Literatur

Deutschlandfunk (2005) Der Querdenker. Berlin feiert das Einstein-Jahr. http://www.deutschlandfunk.de/derquerdenker.871.de.html?dram:article_id=125123. Zugegriffen: 17. Dez. 2017

Fraunhofer-Gesellschaft (2017a) Startseite. www.fraunhofer.de. Zugegriffen: 20. Dez. 2017

Fraunhofer-Gesellschaft (2017b) Fraunhofer Venture. https://www.fraunhofer.de/de/forschung/leistungsangebot/spin-offs.htm. Zugegriffen: 20. Dez. 2017

Fraunhofer Venture (2018) Startseite. https://www.fraunhoferventure.de/. Zugegriffen: 20. Dez. 2017

Für Gründer (2017) https://www.fuer-gruender.de/beratung/gruenderwettbewerb/studie-2018/. Zugegriffen: 28. Dez. 2017

Kathleen Schröter arbeitet seit 2007 für die Fraunhofer-Gesellschaft. Nach der Organisation von internationalen Messeauftritten bis 2009 und der darauffolgenden Verantwortung für die Projekt-Koordination des „Fraunhofer-Marketing-Netzwerk", wurde sie Anfang 2011 Executive Manager des neu geformten Fraunhofer „3D Innovation Center", kurz 3DIC. Das 3DIC wurde 2014 zum „3IT – Innovation Center for Immersive Imaging Technologies" umbenannt, welches sie bis heute leitet. Parallel dazu hat Kathleen Schröter seit Ende 2014 die Leitung für Kommunikation und Marketing des Fraunhofer Heinrich-Hertz-Instituts übernommen. Vor ihrer Arbeit für die Fraunhofer-Gesellschaft arbeitete sie im Bereich des regionalen Broadcasting in Berlin und in Sydney, Australien. Kathleen Schröter steht regelmäßig auf internationalen Bühnen zu den Themenkomplexen Digitalisierung und immersive Bildtechnologien, ist Mitglied der Advanced Imaging Society und der VR Society und ist Mentor bei Startup Braga, einem Accelerator-Programm in Portugal in Kooperation mit Microsoft. Im Januar 2018 wurde sie mit dem ASI Distinguished Leadership Award ausgezeichnet.

Start-up meets Mittelstand – Innovationshemmnisse reduzieren durch Kooperationen

10

Michael B. Krause

Inhaltsverzeichnis

10.1	Nutzen für Start-ups	151
10.2	Nutzen für den Mittelstand	154
10.3	Kooperation in der Praxis: Die Pilotmaßnahme	158
10.4	Fazit	160
	Literatur	161

Unsere Kampagne „Innovationsoffensive Mittelstand und Gründer", eine bundesweite Veranstaltungsreihe für Unternehmen, Start-ups und Forschungseinrichtungen zum Thema Innovation, führt uns seit 2015 zu einer Vielzahl von mittelständischen Unternehmen wie der Firma Ille Papier Service GmbH in Altenstadt mit ca. 500 Mitarbeitern oder der Heggemann AG mit ca. 200 Mitarbeitern aus Büren. Beide sind hochinnovativ und entwickeln regelmäßig neue Produkte und Dienstleistungen. Während die Ille Papier Service GmbH insbesondere Hygieneartikel verkauft (Ille Papierservice GmbH 2018), produziert die Heggemann AG hauptsächlich Flugzeugteile (Heggemann AG 2018).

Das Ziel der Kampagne ist es, Unternehmen, insbesondere kleine und mittelständische Unternehmen, Start-ups, Forschungseinrichtungen sowie Multiplikatoren miteinander zu vernetzen, um gegebenenfalls zukünftig neue gemeinsame Projekte und Produkte umzusetzen. Im Vergleich zu Konzernen haben die oben genannten Mittelständler keine große eigene FuE-Abteilung und sind somit bei der Entwicklung von neuen Produkten und Dienstleistungen auf Kooperationen angewiesen. Ähnlich wie

M. B. Krause (✉)
AiF Forschung Technik Kommunikation GmbH, Köln, Deutschland
E-Mail: michael.krause@aif-ftk-gmbh.de

© Springer Fachmedien Wiesbaden GmbH, ein Teil von Springer Nature 2018
P. Plugmann (Hrsg.), *Innovationsumgebungen gestalten*,
https://doi.org/10.1007/978-3-658-22127-0_10

diesen beiden Unternehmen geht es dem größten Teil der kleinen und mittelständischen Unternehmen (KMU). Insgesamt arbeiten bei KMU (Institut für Mittelstandsforschung Bonn 2018) nur ca. 80.000 Mitarbeiter im Forschungs- und Entwicklungsbereich (BMBF 2014, S. 99). Aufgrund fehlender finanzieller Ressourcen und dem „Versinken" im operativen Geschäft sind die Kapazitäten gebunden, und es besteht meist keine Möglichkeit, eine eigene FuE-Abteilung aufzubauen.

Der Geschäftsführer des Flugzeugteilebauers Heggemann AG beschrieb es beim Auftakt der Innovationsoffensive 2017 in Paderborn so: Er sei als klassischer Mittelständler darauf angewiesen, aufgrund der kleinen FuE-Abteilung, mit Forschungseinrichtungen wie der Universität Paderborn zusammenzuarbeiten und sich in Forschungsprojekten beispielsweise im Rahmen der Industriellen Gemeinschaftsforschung (IGF) zu engagieren. Nur durch die intensive Zusammenarbeit ermögliche er sich einen Zugang zu praxisrelevanten Netzwerken und wissenschaftlichem Personal. So habe er schon einige Doktoranden der Universität Paderborn nach Ende der Forschungsprojekte in sein Unternehmen übernommen.

Die Aussage des Geschäftsführers wird auch durch den Innovationsreport der Industrie- und Handelskammer Nordrhein Westfalen bestätigt (IHK NRW 2014). In dieser Studie wurden mittelständische Unternehmen befragt, welche Innovationshemmnisse bei Unternehmen vorkommen. Hierbei gaben die Unternehmensvertreter insbesondere fehlendes Kapital, fehlende Fachkräfte sowie eine fehlende Infrastruktur und mögliche Risiken als Gründe an.

Doch Innovationen in Form von Entwicklungen neuer Produkte und Dienstleistungen, aber auch neuer Geschäftsmodelle, eine sogenannte „Geschäftsmodellinnovation", sind in Zeiten des digitalen Wandels überlebenswichtig.

Ein Schlüssel, um diese Innovationsprozesse stetig voranzutreiben und Innovationshemmnisse zu bewältigen, könnten, wie auch der Geschäftsführer des Flugzeugteilebauers beschrieben hat, Kooperationen sein.

Hierbei sind Kooperationen mit Forschungseinrichtungen, Multiplikatoren, anderen Unternehmen und insbesondere mit Start-ups die wesentlichen Treiber. Zwar sind die Start-up-Gründungen seit Jahren rückläufig RKW 2015 (Baharian und Wallisch 2016), jedoch hat sich beispielsweise in Berlin eine interessante Start-up-Szene entwickelt. Die Zusammenarbeit ist für beide Seiten relevant, denn es entsteht eine Win-win-Situation: Während Start-ups von dem Erfahrungsschatz langjähriger Unternehmer profitieren, erhalten erfahrene Unternehmer neue Impulse von motivierten Jungunternehmern, die einen frischen Blick auf das Marktgeschehen haben und in Sachen Digitalisierung wertvollen Input geben.

Abb. 10.1 zeigt die Ergebnisse einer Studie des RKW Kompetenzzentrums im Auftrag des Bundesministeriums für Wirtschaft und Energie (BMWi) (Baharian und Wallisch 2017). In dieser Studie wurden mittelständische Unternehmen und Start-ups befragt, die bereits Erfahrungen mit der gemeinsamen Zusammenarbeit gesammelt haben. 60 % der befragten Unternehmen fanden die Kooperation mit einem Start-up erfolgreich. Interessant ist auch, dass 95 % der befragten Mittelständler erneut mit einem

Abb. 10.1 Mittelstand meets Start-up. (Quelle: Baharian und Wallisch 2017)

Start-up zusammenarbeiten würden (Baharian und Wallisch 2017, S. 14). Diese Studien werden auch durch Praxisbeispiele unterstützt, z. B. bei einem Anbieter von Teeprodukten, der mit einem Start-up zusammenarbeitet.

Der Geschäftsführer dieses Unternehmens berichtete bei einem Industriedialog über die Zusammenarbeit mit einem Start-up. Das Start-up entwickelte hierbei einen Online-Shop, in dem die Kunden die Teeprodukte individuell nach ihren Bedürfnissen zusammenmischen können, sodass jeder Kunde seinen eigenen individuellen Tee kreieren kann.

10.1 Nutzen für Start-ups

Heutzutage ist die Verbreitung und Vermarktung von neuen Produkten durch digitale Möglichkeiten einfacher geworden, sodass Start-ups zumindest in den B2C-Bereichen (Business-to-Consumer) bessere Rahmenbedingungen vorfinden. Durch meine Mentoren- und Gutachterrolle bei mehreren Start-up-Wettbewerben, die persönliche Betreuung diverser Start-ups sowie die Kooperation mit verschiedenen Coworking Spaces und Gründerzentren von Hochschulen sehe ich den Praxisalltag und erkenne daraus einige Phänomene. Prinzipiell zeigen Studien, dass eine Vielzahl von Start-ups scheitert. Doch was ist eigentlich ein Start-up?

Start-ups sind junge Unternehmen, die innovative, also neue, Produkte und Dienstleistungen entwickeln und skalierbar machen (Hüsing 2018). Das heißt im Umkehrschluss, dass nicht jede Existenzgründung ein Start-up ist. Start-ups streben schnelles Wachstum an und sind somit normalerweise auf Wagniskapital angewiesen.

Das Scheitern liegt teilweise daran, dass es kein interdisziplinäres Team gibt, entweder gibt es keine Ingenieure oder IT-Spezialisten oder auf der anderen Seite keine Vertriebler, Business-Developer und Betriebswirte. Ein wichtiger Aspekt für den Erfolg sind somit die richtigen Akteure. Eine mögliche Form, um relativ schnell ein interdisziplinäres Team zusammenzustellen, ist die Arbeit in Coworking Spaces. Die neuen Spaces für Start-ups, Unternehmen und Multiplikatoren bieten sich dafür sehr gut an, z. B. die Factory Berlin.

Hierbei wird in Großraumflächen zusammengearbeitet, und Start-ups, Unternehmen und weitere Multiplikatoren tauschen sich untereinander aus und starten gemeinsame Projekte.

Zudem zeigt sich aus meiner Erfahrung heraus, dass oft die Kundenorientierung fehlt, beispielsweise bei komplexeren Produkten im B2B-Bereich (Business-to-Business), die oft durch sogenannte Spin-offs entwickelt werden. Das sind Ausgründungen aus Hochschulen, die meist durch Forschungsprojekte entstanden sind. Hier fehlt teilweise die stetige Kommunikation mit dem Kunden. Wichtig ist also die regelmäßige Rückkopplung mit der Zielgruppe, ob nun Unternehmen oder Endkunde. Denn bei Innovationen geht es um die Lösung von Problemen – Probleme, die eine gewisse Anzahl von Kunden haben. Diese bringen dann die Bereitschaft mit, auch einen entsprechenden Preis zu zahlen. Um diese Rückkopplung zu erreichen, sollten Unternehmen und Start-ups regelmäßig Kunden befragen und dann gegebenenfalls iterativ Anpassungen vornehmen, um das Produkt stetig zu verbessern (Maura 2013, S. 23). Nicht ohne Grund werden Kreativtechniken wie beispielsweise „Design Thinking" immer populärer. Und auch für Start-ups ist eine schnelle Strukturierung des Geschäftsmodells unerlässlich, z. B. mithilfe des „Business Model Canvas", um sich mit relevanten Parametern und Schlüsselfaktoren auseinanderzusetzen (unter anderem USP, Customer Channels, Revenues usw.).

Meist fehlt den Start-ups auch das nötige Kapital, sodass die Suche und das Finden von Investoren eine entscheidende Rolle spielen. Die Strukturen für Wagniskapital sind im Vergleich zu den USA oder Israel mit ca. 700 Mio. EUR (Richters 2015) noch nicht ausgeprägt genug. Aktuell versucht die Bundesregierung z. B. durch die Maßnahme „Invest – Zuschuss für Wagniskapital" die Investitionstätigkeiten von „Business Angels" zu fördern. Eigenkapitalgeber erhalten hierbei 20 % des Investments vom BMWi zurück (BMWi 2018).

Unerlässlich ist auch die Nutzung von Vertriebsnetzwerken und Infrastrukturen. Oft höre ich in Gesprächen mit Start-ups die Annahme, dass sich der Vertrieb und das Marketing alleine durch Online-Marketing abdecken lassen. Online-Marketing ist aus meiner Sicht unbedingt notwendig und kann auch durch das richtige Content-Marketing zu sehr guten Ergebnissen führen. Wichtig ist jedoch eine Gesamtstrategie für den Vertrieb und das Marketing im Unternehmen. Aus diesem Grund ist ein Experte aus diesem Bereich in einem Start-up-Team auch eminent wichtig. Zu dieser Strategie sollte insbesondere auch der Aufbau von Kooperationspartnern gehören, besonders im B2B-Bereich. Hierbei könnten erste Pilotprojekte mit Kunden zielführend sein, gegebenenfalls kann das Start-up-Team das private Umfeld der Teammitglieder nutzen und so sukzessive einen Kundenstamm aufbauen. Benötigt ein Start-up auch eine gewisse Infrastruktur, z. B. Maschinen, Materialien oder IT, kann auch hier eine Kooperation mit einer Hochschule oder einem Unternehmen eine entscheidende Rolle spielen.

Die Auswahl der beschriebenen Erfolgsfaktoren zeigt, dass ein wesentlicher Schlüssel für Erfolg in der Kooperation liegen kann – in der Kooperation mit anderen größeren oder mittelständischen Unternehmen, Start-ups, Multiplikatoren, Verbänden sowie Forschungseinrichtungen oder anderen Institutionen. Aus meiner Sicht könnte hierbei insbesondere die Zusammenarbeit mit mittelständischen Unternehmen hochinteressant sein, denn KMU sind oft familiengeführt, haben kurze Entscheidungswege und dezentrale Organisationsformen. Im Vergleich dazu sind Konzerne meist aufgrund ihrer komplexeren Struktur in der Entscheidungsfindung langsamer, und die Anbahnung von Kooperationen dauert meist länger, auch aufgrund der Rechtsabteilungen von Konzernen und umfassender Regelwerke. Somit können Start-ups bei der Zusammenarbeit mit Mittelständlern Schnelligkeitsvorteile erlangen. Natürlich verfügen Konzerne demgegenüber jedoch wiederum über höhere finanzielle Ressourcen.

Wer der richtige Partner ist, hängt letztendlich auch immer vom Projekt ab. Bei der Suche und Ansprache des richtigen Kooperationspartners sollte der Zielkunde klar definiert werden, und im Optimalfall sollte sich das eigene Produkt mit den jeweiligen Produkten des Kooperationspartners ergänzen.

Eine mögliche Wertschöpfung für Start-ups aus der Kooperation mit Unternehmen ist die Möglichkeit, die Infrastruktur und die etablierten Prozesse und Strukturen des Unternehmens zu nutzen, um so effizienter Prozesse zu testen und zu optimieren (Abb. 10.2). Zudem könnte die Zusammenarbeit mit mittelständischen Unternehmen förderlich sein, um die Netzwerke der etablierten Unternehmen zu nutzen. Diese kooperieren meistens mit anderen Unternehmen, sind in Verbänden organisiert und arbeiten gegebenenfalls mit Forschungseinrichtungen zusammen.

Darüber hinaus haben etablierte Unternehmen effiziente Vertriebsstrukturen aufgebaut, über die Start-ups normalerweise nicht verfügen. Eine Zusammenarbeit könnte hierbei Türen öffnen, da der Vertrieb ein entscheidender Faktor für den Erfolg eines Start-ups ist. Beispielsweise hat ein Unternehmen aus dem AiF-Umfeld mit ca. 3000 Mitarbeitern inklusive einer Vielzahl von Vertriebsmitarbeitern einem Start-up das Vertriebsnetzwerk geöffnet und dadurch einen einzigartigen Skalierungseffekt erreicht.

Weiterhin kann sich durch eine Kooperation auch ein Investment seitens des Unternehmens ergeben und ein langfristiges gemeinsames Projekt entstehen.

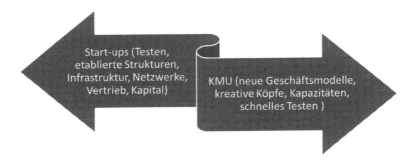

Abb. 10.2 Nutzen der Zusammenarbeit für KMU und Start-up. (Quelle: Baharian und Wallisch 2017)

Zwischenfazit

Die Zusammenarbeit mit Unternehmen kann sich für Start-ups durchaus lohnen. Mögliche Hemmnisse, die ein Start-up am Anfang seiner Geschäftstätigkeit hat, könnten durch eine Kooperation gemindert werden. Mit kleineren Unternehmen lässt sich meist schneller und flexibler verhandeln, jedoch verfügen Konzerne über höhere finanzielle Ressourcen. Grundsätzlich sollten Start-ups im Rahmen ihrer Marktanalysen Konzepte entwickeln, welche Kooperationspartner für sie relevant sind. Diese möglichen Partner sollten gezielt angesprochen werden. Hilfreich könnten hierbei erste bestehende Kontakte aus dem privaten Umfeld sein. Weiterhin sollten sich Start-ups an branchennahen Netzwerken beteiligen und sich da engagieren, wo sie auf mögliche Kooperationspartner treffen, z. B. bei Messen, Kongressen und Verbandstätigkeiten.

10.2 Nutzen für den Mittelstand

In regelmäßigen Gesprächen mit einer Vielzahl von mittelständischen Unternehmen, z. B. bei Einzelterminen vor Ort oder am Rande von Kampagnen, erfahre ich praxisnah, wie KMU Innovationsprojekte angehen und wo möglicherweise „der Schuh drückt". Doch was ist eigentlich „der Mittelstand"?

Während die Europäische Kommission Unternehmen mit weniger als 250 Mitarbeitern und 50 Mio. EUR als KMU definiert, Förderberatung des Bundes 2018 schreibt das Institut für Mittelstandsforschung (IfM) Unternehmen mit weniger als 500 Mitarbeitern und 50 Mio. EUR Umsatz dem Mittelstand zu. Das Bundesministerium für Bildung und Forschung (BMBF) wiederum geht neuerdings bei einigen Maßnahmen von weniger als 1000 Mitarbeitern und 100 Mio. EUR Umsatz aus BMBF 2018.

Hierbei wird schon deutlich, dass es ein unterschiedliches Verständnis für „den Mittelstand" gibt. Denn wenn familiengeführte Unternehmen jenseits dieser Grenzen befragt werden, ob sie sich dem Mittelstand zugehörig fühlen, bestätigen sie das (IfM 2018). Klar ist, die Struktur des Mittelstandes ist weltweit einzigartig. Eine Vielzahl von Beschäftigungsverhältnissen hängt vom „Deutschen Mittelstand" ab.

Die Herangehensweise an das Thema Innovation ist seitens der KMU sehr unterschiedlich. Das Beispiel des Flugzeugteilebauers zeigt, dass insbesondere kleine und mittelständische Unternehmen (Annahme: IfM-Definition) auf Kooperationen angewiesen sind: Je kleiner die Unternehmen, desto höher der Bedarf. Im Vergleich dazu unterhalten größere Unternehmen, insbesondere Konzerne, FuE- und Innovationsabteilungen und beschäftigen beispielsweise Technologiescouts, die regelmäßig Forschungsergebnisse, aktuelle Trends und Aktivitäten von Start-ups sichten.

Die Studie des RKW Kompetenzzentrums zeigt, dass die Zusammenarbeit zwischen Start-ups und Mittelstand funktioniert. Interessant an dieser Studie ist aber auch, dass neun von zehn KMU in der Digitalisierung keine existenzielle Bedrohung sehen (Abb. 10.1) (Baharian und Wallisch 2017, S. 4). In meinen Gesprächen mit mittelständischen Unternehmern zeigt sich, dass diese sehr häufig mit Schlagworten wie

Industrie 4.0 oder „Internet of Things" nicht viel anfangen können. Und spezialisierte Dienstleister, Forschungseinrichtungen und auch Start-ups schaffen es meist nicht, digitale Aspekte auf den Punkt zu bringen und die gleiche Sprache der Unternehmer zu sprechen sowie auf deren Bedürfnisse einzugehen. Unternehmen müssen bei den jeweiligen Themen unterschiedlich „abgeholt" werden, da sich vor allem ihre Strukturen stark unterscheiden. Bei Unternehmen mit sehr spezifischen Produkten, die Nischenbereiche besetzen, können besonders im B2B-Bereich keine generellen Ansätze genutzt werden.

So ist für jedes Unternehmen eine individuelle digitale Strategie erforderlich. Beispielsweise berichtete mir ein Unternehmen aus dem Bereich der Medizintechnik, dass das Unternehmen nur eine sehr geringe Anzahl von Kunden hat, die wiederum auch Geschäftskunden sind. Die Entwicklung einer Social-Media-Strategie würde in diesem Fall voraussichtlich nicht helfen.

Auch Start-ups sollten beachten, dass der B2C-Bereich sehr umkämpft ist und es zukünftig besonders im B2B-Bereich noch Potenziale für digitale Geschäftsmodelle geben wird. So könnten die Probleme und Herausforderungen von Unternehmen durch Start-ups gelöst werden und somit wiederum neue Produkte und Dienstleistungen entstehen. Dies könnte durch ein hohes Maß an Lösungsorientierung auch zu längerfristigem Erfolg führen.

Ein weiteres Ergebnis der Studie der RKW zeigt, dass nur 22 % der befragten Unternehmen es als notwendig ansehen, ihr Geschäftsmodell regelmäßig anzupassen (Abb. 10.1) (Baharian und Wallisch 2017, S. 16). Aus meiner Sicht ist es unerlässlich, sich regelmäßig mit den eigenen Geschäftsmodellen zu befassen, um sich so den stetigen Herausforderungen einer schnelllebigen Welt stellen zu können.

Doch was ist eigentlich ein Geschäftsmodell, und wie strukturiere ich es für mein Unternehmen?

Es gibt mehrere Möglichkeiten und Instrumente, um das Geschäftsmodell eines Unternehmens zu strukturieren und gegebenenfalls anzupassen. Neben der „Business Model Canvas"-Methode besteht die Möglichkeit, den Geschäftsmodell-Navigator der Universität St. Gallen zu nutzen (Gassmann et al. 2017). In diesem Modell wird die Zielgruppe definiert (siehe Abb. 10.3): Wer sind meine Kunden? Welche Zielgruppen gibt es, und wie kann ich sie definieren? Welche Marktsegmente spreche ich an?

Abb. 10.3 Geschäftsmodelle entwickeln. (Quelle: Gassmann et al. 2017)

Einen weiteren Aspekt behandelt die Frage: Welches Nutzenversprechen gebe ich meinem Kunden? Habe ich beispielsweise einen besonders guten Preis oder eine besonders hohe Qualität meiner Produkte bzw. einen besonders guten Service? Was hebt mich von meinen Konkurrenten ab?

Ein nächster Schritt umfasst die Definition der Wertschöpfungskette. Welche Ressourcen setze ich ein, um das Nutzenversprechen zu erreichen? Welcher Personaleinsatz und welche Infrastruktur sind notwendig?

Zuletzt wird nach der Ertragsmechanik gefragt: Wie verdient das Unternehmen sein Geld? Welche Preisstrategie hat es?

Sind diese vier Bereiche des Geschäftsmodells definiert, besteht die Möglichkeit, das bestehende Geschäftsmodell anzupassen. Die Universität St. Gallen hat im Rahmen ihrer Studien festgestellt, dass sich so 90 % der Geschäftsmodelle in 55 Muster strukturieren lassen.

Ein Beispiel für ein Muster ist das Geschäftsmodell „Add-on". Beim Geschäftsmodell „Add-on" erhält der Kunde die Basisleistung zu einem besonders niedrigen Preis. Die Leistungen sind auf das Nötigste reduziert, jeweilige Zusatzleistungen werden dann entsprechend teurer. Einige Fluganbieter verfahren so. So erhält ein Kunde etwa beim Buchen des Basispakets keine Reservierung und kann nur beschränkt Gepäck aufgeben, auch gibt es keine Getränke oder Essensversorgung. Für einen Preisaufschlag kann sich der Kunde die jeweiligen Leistungen einkaufen (Gassmann et al. 2017, S. 94).

Ein weiteres Geschäftsmodellmuster ist das „Cross-Selling". Mit „Cross-Selling" erhalten die Kunden neben den Basisprodukten eines Unternehmens auch weitere, für die Zielgruppe passende Angebote. Ein gutes Beispiel für dieses Geschäftsmodell sind Tankstellen, die neben dem Verkauf von Benzin in ihren Shops Backwaren, Zeitungen usw. verkaufen (Gassmann et al. 2017, S. 124).

Auch spannend ist das Geschäftsmodell „Crowdsourcing". Beim „Crowdsourcing" wird die „Crowd", also die Internet-User, befragt, wie bestimmte Problemstellungen gelöst werden sollten bzw. welche Meinungen sie zu bestimmten Produkten haben. Modehersteller versuchen, anhand dieses Modells zukünftige Trends zu analysieren und entsprechend regelmäßig ihre Kollektionen anzupassen (Gassmann et al. 2017, S. 132). Mit dieser Möglichkeit könnten auch Unternehmer zukünftig auf eine andere Weise ihre Probleme lösen, jedoch gehört dazu eine gewisse Offenheit.

Die „Crowd" wird auch beim Geschäftsmodell „Crowdfunding" zur Hilfe gebeten. Oft scheitern Projekte, da sie nicht finanziert werden können. Mit „Crowdfunding" besteht die Möglichkeit, auch die Projekte zu realisieren, deren Finanzierung herkömmliche Banken ablehnen würden. Jeder Interessent kann sich mit einer kleinen Summe am Projekt beteiligen. Besonders nachhaltige Projekte haben gute Chancen, eine Finanzierung zu erhalten. Meist geschieht dies über eine entsprechende Plattform (Gassmann et al. 2017, S. 128).

Wichtig ist, dass Unternehmen verstehen, dass es nicht nur um die stetige Verbesserung ihrer Produkte geht, sondern ein langfristiger Erfolg durch erfolgreiche Geschäftsmodelle generiert wird, und dass die Produkte des Unternehmens zudem gut in ein Geschäftsmodell eingebettet sowie die oben beschriebenen Faktoren harmonisch aufeinander abgestimmt sind (siehe Gassmann et al. 2017). Das bedeutet wiederum auch, die Produkte funktional und ganzheitlich zu durchdenken. Beispielsweise sollte der Blick von Bahnverkehrsanbietern nicht nur auf dem Verkauf von Bahntickets liegen, sondern z. B. auch auf der funktionalen Betrachtung einer Bahnfahrt eines Kunden von Berlin nach Köln mit allen möglichen Bedürfnissen und Ansprüchen (Pünktlichkeit, Service, Getränke usw.). Die oben beschriebenen Muster können genutzt und auf die Rahmenbedingungen und die Produkte des jeweiligen Unternehmens übertragen werden, sodass völlig neue Konstellationen entstehen können.

Ein Phänomen, das sich auch oft in Gesprächen mit Unternehmern zeigt, ist die Abwägung, sich auf Kooperationen einzulassen und dafür gegebenenfalls betriebliche Geheimnisse preiszugeben. Hierzu gibt es keine pauschale Herangehensweise. Klar ist, insbesondere mittelständische Unternehmen haben, wie oben beschrieben, nicht die Möglichkeiten, alles alleine zu bewerkstelligen, besonders in frühzeitigen Forschungsphasen. Die Zusammenarbeit und Kooperation kann hier der notwendige Schlüssel sein.

Der Nutzen der Zusammenarbeit mit Start-ups für mittelständische Unternehmen (siehe Abb. 10.2) ist vielfältig. Beispielsweise können Start-ups bei digitalen Projekten behilflich sein, wo bisher im Unternehmen evtl. gewisse Hemmnisse bestanden.

Zudem können durch die agile Herangehensweise und den anderen Blickwinkel von Start-ups in bestehende Unternehmen neue Themen integriert werden.

Auch verfügen kleine und mittelständische Unternehmen meist nicht über ausreichend kreative Köpfe im Unternehmen. Der Einsatz von Start-ups könnte dieses Innovationshemmnis mildern und gegebenenfalls auch die Mitarbeiter aus den jeweiligen Unternehmen motivieren, an der Produktgestaltung aktiv mitzuwirken. Für Innovationsprozesse sollten ohnehin Anreize seitens der Geschäftsführung geschaffen werden, um die Mitarbeiter in solche kreative Prozesse aktiv einzubinden. Der Einsatz von Innovationsmanagern reicht hier nicht aus, sondern es muss eine Verankerung von innovativen Herangehensweisen in allen Bereichen und Abteilungen erfolgen.

Nutzen stiftend könnte es auch sein, dass Risiken ausgelagert und externe Kapazitäten beansprucht werden. Meist ist das bestehende Personal mit operativen Aufgaben ausgelastet. Durch den Einsatz von und die Kooperation mit Start-ups können Projekte, die sonst aus Kapazitätsgründen nicht angegangen werden, grundsätzlich und schneller realisiert werden.

Zwischenfazit
Um langfristig erfolgreich zu sein, müssen sich mittelständische Unternehmen für Kooperationen öffnen. Neben der Kooperation mit Forschungseinrichtungen können Start-ups interessante Partner sein, da sie einen anderen Blickwinkel einbringen und so diverse Innovationshemmnisse gemildert werden können, z. B. fehlende Fachkräfte, ein erhöhtes Risiko und gegebenenfalls fehlendes Kapital. Insbesondere bei der Entwicklung neuer Geschäftsmodelle und digitaler Produkte und Services tun sich kleinere Unternehmen schwer. Oft kommt es hierbei nicht nur auf die Anpassung bestehender Produkte

an, sondern auch auf eine interdisziplinäre Sichtweise. So kann es sinnvoll sein, in ganz neue Marktsegmente vorzustoßen, auch um das Risiko des Unternehmens zu diversifizieren. Hierbei können Start-ups behilflich sein.

10.3 Kooperation in der Praxis: Die Pilotmaßnahme

Die einzelnen Erfolgsbeispiele im Netzwerk zeigen uns den Bedarf auf und die Notwendigkeit, eine feste Maßnahme zu entwickeln und zu etablieren, die insbesondere die Zusammenarbeit zwischen Mittelständlern und Start-ups fördert. Ein erster Aufruf in unserem Netzwerk zeigte ein großes Interesse von beiden Seiten. Ein flexibles Konzept soll die Bedürfnisse beider Seiten entsprechend berücksichtigen.

Zunächst einmal ist es für das einzelne Unternehmen und das Start-up nicht so einfach, die richtigen Kooperationspartner zu finden. Das einzigartige Netzwerk der AiF besteht aus 100 Forschungsvereinigungen (alle Industriebereiche), 1200 Forschungseinrichtungen sowie 50.000 Unternehmen. Zudem bestehen Kontakte zu Transferstellen, Gründerzentren, Organisatoren von Start-up-Wettbewerben und Coworking Spaces. Durch dieses Netzwerk kann die AiF beide Seiten passgenau zusammenbringen. Meist ergeben sich solche Partnerschaften auch nicht von alleine, sondern entstehen teilweise nur durch persönliche Kontakte. Durch die Schaffung dieser Maßnahme werden die Partnerschaften gezielter und gewinnversprechender initiiert, und es wird ein transparentes System geschaffen.

In einer ersten Phase, dem „Matching" (Abb. 10.4), werden also die Bedarfe der Unternehmen und Start-ups analysiert. Anhand der definierten Bedürfnisse werden dann zielgenau die richtigen Partner zusammengeführt.

Im nächsten Schritt, der „Begleitung der operativen Phase", betreut die AiF die jeweiligen Kooperationen zwischen Start-ups und etablierten Mittelständlern. In dieser operativen Phase wird über gemeinsame Projekte, mögliche Problemstellungen und neue Ideen gesprochen. In Teams, die sich aus Mitarbeitern der jeweiligen etablierten Unternehmen und Vertretern der Start-ups zusammensetzen, werden beispielsweise durch „Hackathons" und „Design Thinking" neue Ideen entwickelt. Im Optimalfall entsteht in dieser Phase ein erster Ansatz für ein gemeinsames Projekt.

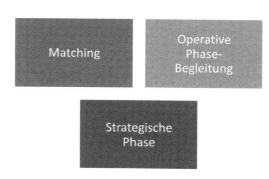

Abb. 10.4 Maßnahme Start-up meets Mittelstand. (Quelle: Gassmann et al. 2017)

In einer dritten Phase, der „Strategischen Phase", werden die ersten Ansätze weiter verfeinert. Es werden erste Entscheidungen zwischen den Kooperationspartnern getroffen und es wird über längerfristige Projekte gesprochen. Gegebenenfalls können Kundennetzwerke des etablierten Unternehmens für iterative Prozesse genutzt werden, um vom Kunden relativ schnell Feedback zu den neuen möglichen Produkten und Services zu erhalten. Bei marktreifen Produkten können unter anderem auch die Vertriebsnetzwerke des etablierten Unternehmens genutzt werden. Der Unternehmer kann evtl. auch Infrastruktur und Kapital zur Verfügung stellen. Eine weitere Option wäre die Gründung eines Unternehmens. Grundsätzlich sollte die Vorgehensweise in jeder Phase flexibel zu gestalten sein, denn durch die unterschiedlichen Konstellationen zwischen den Partnern ergeben sich verschiedene Herangehensweisen.

Die Maßnahme „Start-up trifft Mittelstand" ist im Frühling 2017 in Kooperation mit dem BMWi gestartet. Unter anderem wurde auch ein Steuerungskreis „Start-up trifft Mittelstand" vom BMWi ins Leben gerufen.

Durch die Analyse bereits bestehender Projekte und Studien im Netzwerk und durch die Anbahnung neuer Pilotprojekte können erste Erkenntnisse gewonnen werden. Fakt ist, dass eine Vielzahl der betrachteten Start-ups querschnittsorientierte Projekte verfolgt, dazu gehören insbesondere digitale Plattformen, E-Commerce, App-Anwendungen und Produkte im B2C-Bereich. Start-ups mit solchen digitalen Produkten und Services passen aufgrund ihrer Querschnittsorientierung grundsätzlich zu jeder Industriesparte. Sie suchen auch gezielt nach Kooperationspartnern für mögliche gemeinsame Pilotprojekte. So arbeitet das Start-up Foxbase aus unserem Netzwerk schon seit seiner Gründung mit der Firma Henkel zusammen. Dies fördert die Reputation des Start-ups. Die Lösung von Foxbase erleichtert Unternehmen den B2B-Vertrieb, beispielsweise durch vereinfachte und kundenfreundliche Produktbeschreibungen (Foxbase GmbH 2018).

Daneben gibt es Start-ups, die nur für eine bestimmte Branche Produkte entwickeln. Ein aktuell betreutes Start-up, welches gerade die Ausgründung aus einer Hochschule vorbereitet, entwickelt Messsysteme für die Stahlindustrie, mit denen der Ausschuss in der Produktion der Stahlwerke erheblich verringert werden kann – also eine klassische B2B-Lösung, die Unternehmen aus der Stahlindustrie als Partner für mögliche Pilotprojekte und als potenzielle Zielkunden adressiert.

Die etablierten Unternehmen wiederum suchen sowohl branchenorientierte als auch querschnittsorientierte Start-ups als Partner. Die ersten Projektanbahnungen zeigen, dass es weitaus schwieriger ist, die passenden branchenorientierten Start-ups zu finden.

Über verschiedene Kanäle versuchen wir, die richtigen Partner zusammenzubringen, beispielsweise in Kooperation mit dem Mécénat Merode e. V. über den Beirat der AiF F·T·K GmbH, der unter anderem für diese Maßnahme gegründet wurde. Zudem bieten wir Workshops zu dem Thema „Start-up trifft Mittelstand" an, die in unsere Maßnahme „Innovationsoffensive Mittelstand und Gründer" integriert sind.

In einem dieser Workshops beschrieb z. B. auch der Gründer der Actus GmbH, Niclas Schwichtenberg, die Formen und Vorteile der Zusammenarbeit (Actus One GmbH 2018):

Von der Ideenfindung über die Finanzierung der Unternehmung bis hin zur Umsetzung haben uns mittelständische Unternehmen begleitet und gefördert. Die Idee, ein Projekt mit einem solchen Unternehmen umzusetzen, hat gleich mehrere Vorteile für uns: Unter anderem schafft man so praxisrelevante Lösungen, die ihren „Proof of Concept" schon in der Entstehungsphase durchlaufen. Gerade bei kleineren Unternehmen lassen sich Innovationen testen, validieren und dann auch „schlank" einführen. Begeistert hat uns auch die persönliche Beziehung, die man in der Zusammenarbeit schnell aufbauen kann.

Bei mittelständischen Unternehmen ist der Ansprechpartner oft Teil der Geschäftsführung und meistens auch in der Lage, sich intensiver mit der Zusammenarbeit zu beschäftigen. Das schafft eine hervorragende Vertrauensbasis und somit die Grundlage für eine zügige Entwicklung der eigenen Unternehmung. Das wiederum kommt unseren Partnern zugute, die eigene Ideen, Vorschläge und Bedürfnisse in die Entwicklung unserer Lösung mit einfließen lassen können und daher eine Art maßgeschneidertes Produkt bekommen. Wir haben auch erlebt, dass durch die enge Zusammenarbeit und den Austausch auf allen Ebenen neue Potenziale freigesetzt werden können. So kamen tolle Ideen aus dem Kreis der Mitarbeiter, die dann wiederum die Geschäftsführung dazu veranlasst haben, die Mitarbeiterförderung und -entwicklung noch viel mehr ins Auge zu fassen. Ein weiterer positiver Effekt war die Reflexion, die wir anstoßen konnten. So kamen Fragen auf wie: Ist mein Unternehmen auch in anderen Bereichen für die Digitalisierung gut aufgestellt? Wie muss ich meine Unternehmenskultur eigentlich verändern, um noch attraktiv für den Nachwuchs zu bleiben? Wie kann ich noch innovativer auch in anderen Bereichen denken? Diese neuen Denkanstöße sehen wir als nicht zu unterschätzendes „Nebenprodukt" bzw. „Abfallprodukt" einer engen Zusammenarbeit zwischen Start-ups und Mittelstand.

Die Actus One GmbH optimiert durch seine digitalen Produkte die Kommunikation im Unternehmen über alle Firmenebenen hinweg. Zudem bietet die Anwendung die Möglichkeit, die Fähigkeiten einzelner Mitarbeiter zu erkennen und auch die Ideen kreativer Mitarbeiter zu fördern (Actus One GmbH 2018).

Darüber hinaus vernetzt die AiF die Partner direkt miteinander. Die Unternehmen des AiF-Netzwerkes und die Forschungsvereinigungen der AiF werden regelmäßig informiert, und ihnen werden interessante Start-ups vorgestellt. Start-ups sollen zukünftig auch noch stärker in Forschungsprojekte der Industriellen Gemeinschaftsforschung (IGF) integriert werden.

Die Zielsetzung in dieser einjährigen Pilotphase ist es, drei bis fünf Pilotprojekte zu initiieren und weitere Rückschlüsse aus diesen Projekten zu ziehen.

10.4 Fazit

Die einzigartige Struktur des Mittelstandes in Deutschland ist ein internationaler Wettbewerbsvorteil. Je kleiner KMU sind, desto mehr sind sie bei ihren Innovationsaktivitäten auf Kooperationen angewiesen, denn eine Vielzahl von KMU verfügt nicht über eine eigene FuE-Abteilung. Auch ist es grundsätzlich nicht einfach, kreative Köpfe zu finden, zu fördern und zu binden. Meist stehen bei der Jobsuche größere Unternehmen im Fokus.

Auch fehlen die finanziellen Ressourcen, um risikoreiche Projekte voranzutreiben. Zudem sind das Denken in neuen Geschäftsmodellen und die digitale Transformation noch nicht ausgeprägt genug. Die Kooperation mit Start-ups könnte hierbei der entscheidende Schlüssel sein, um Engpässe zu kompensieren. Wichtig hierbei ist die Öffnung für eine solche Kooperation.

Im Gegenzug können auch Start-ups einen großen Mehrwert durch die Zusammenarbeit mit mittelständischen Unternehmen erzielen, denn sie besitzen keine etablierten Strukturen und Netzwerke. Zudem fehlen die finanziellen Ressourcen. Genau über diese Strukturen verfügen hingegen mittelständische Unternehmen.

Im Optimalfall entsteht nach einem erfolgreichen „Matching" eine enge Zusammenarbeit zwischen den beiden Partnern. Bei einem gemeinsamen Projekt könnte der Mittelständler z. B. seine Vertriebsnetzwerke öffnen, das Start-up könnte die Infrastruktur nutzen und erhält möglicherweise auch finanzielle Unterstützung durch den Mittelständler.

Wichtig ist hierbei eine Zusammenarbeit auf Augenhöhe, denn die unterschiedlichen Blickwinkel bergen auch Konfliktpotenzial.

Ein weiterer Aspekt, den die Zusammenarbeit zwischen Start-ups und Mittelständlern mit sich bringt, ist, dass insbesondere auch Problemstellungen von Unternehmen gelöst werden und Start-up sich so über Pilotprojekte fokussieren können. In diesen Pilotprojekten können bestehende Prototypen und noch nicht ausgereifte Produkte getestet werden und durch die Rückmeldungen der Unternehmen Anpassungen vorgenommen werden. Das kann zu einem entscheidenden Vorteil werden, denn bisher scheitern neun von zehn Start-ups.

Die ersten Pilotprojekte zeigen, dass bei jedem Projekt eine spezifische Herangehensweise erforderlich ist, sodass die Struktur der Maßnahme, wie auch oben beschrieben, flexibel gehalten werden kann und nicht immer entlang der drei beschriebenen Phasen ablaufen muss. Die ersten, durch die AiF-Maßnahme angestoßenen Projekte scheinen auf jeden Fall vielversprechend und sind von beiden Seiten sehr gut aufgenommen worden.

Literatur

Actus One (2018) Vorteile der Zusammenarbeit. http://www.actusone.com/. Zugegriffen: 5. Apr. 2018

Baharian A, Wallisch M (2016) Gründungen in Deutschland 2016. RKW Rationalisierungs- und Innovationszentrum der Deutschen Wirtschaft e. V. Kompetenzzentrum. https://www.rkw-kompetenzzentrum.de/gruendung/faktenblatt/gruendungen-in-deutschland-2016/. Zugegriffen: 5. Apr. 2018

Baharian A, Wallisch M (2017) Mittelstand meets Startup: Potenziale der Zusammenarbeit. RKW Rationalisierungs- und Innovationszentrum der Deutschen Wirtschaft e. V. Kompetenzzentrum. https://www.rkw-kompetenzzentrum.de/gruendung/studie/mittelstand-meets-startup-potenziale-der-zusammenarbeit/. Zugegriffen: 5. Apr. 2018

Bundesministerium für Bildung und Forschung (BMBF) (2014) Bundesbericht Forschung und Innovation 2014. http://www.bundesbericht-forschung-innovation.de/files/BuFI_2014_barrierefrei.pdf. Zugegriffen: 5. Apr. 2018

Bundesministerium für Bildung und Forschung (BMBF) (2018) Innovativer Mittelstand. https://www.bmbf.de/de/mittelstand-3133.html. Zugegriffen: 5. Apr. 2018

Bundesministerium für Wirtschaft und Energie (2018) Invest-Zuschuss und Wagniskapital. https://www.bmwi.de/Redaktion/DE/Dossier/invest.html. Zugegriffen: 5. Apr. 2018

Förderberatung des Bundes (2018) KMU-Definition der Europäischen Kommission. https://www.foerderinfo.bund.de/de/kmu-definition-der-europaeischen-kommission-972.php. Zugegriffen: 5. Apr. 2018

Foxbase GmbH (2018) Über uns. https://www.foxbase.de/de/ueberuns/. Zugegriffen: 5. Apr. 2018

Gassmann O, Frankenberger K, Csik M (2017) Geschäftsmodelle entwickeln: 55 innovative Konzepte mit dem St. Galler Business Model Navigator, 2. Aufl. Hanser, München

Heggemann AG (2018) About. http://www.heggemann.com/about. Zugegriffen: 5. Apr. 2018

Hüsing A (2018) Was verdammt noch mal ist eigentlich ein Start-up? https://www.deutsche-startups.de/2015/04/22/was-ist-eigentlich-ein-startup/. Zugegriffen: 5. Apr. 2018

ILLE Papierservice GmbH (2018) Einsatzgebiete. http://www.ille.de/produkte/einsatzgebiete/. Zugegriffen: 5. Apr. 2018

Industrie- und Handelskammer Nordrhein-Westfalen (2014) Industrie- und Innovationsreport

Institut für Mittelstandsforschung Bonn (2018) Mittelstandsdefinition des IfM. https://www.ifm-bonn.org/definitionen/mittelstandsdefinition-des-ifm-bonn/. Zugegriffen: 5. Apr. 2018

Maura A (2013) Running Lean. Das How-to für erfolgreiche Innovation. O'Reilly, Köln

Richters K (2015) So viel wurde 2014 in Deutschland investiert. https://www.gruenderszene.de/allgemein/bvk-venture-capital-2014. Zugegriffen: 5. Apr. 2018

RKW Rationalisierungs- und Innovationszentrum der Deutschen Wirtschaft e. V. Kompetenzzentrum (2015) Gründerzahlen in Deutschland. http://www.existenzgruender.de/SharedDocs/Downloads/DE/Broschueren-Flyer/Zahlen-Daten-Fakten-Gruendungsaktivit%C3%A4ten-in-Deutschland.pdf?__blob=publicationFile. Zugegriffen: 5. Apr. 2018

Dipl.-Kfm. Michael B. Krause wechselte 2010 zur Arbeitsgemeinschaft industrieller Forschungsvereinigungen „Otto von Guericke" e. V. (AiF) nach seiner Tätigkeit als stellvertretender Geschäftsführer in einem mittelständischen Unternehmen. Seit 2012 ist er Geschäftsführer der AiF Forschung · Technik · Kommunikation GmbH (AiF F·T·K), einer 100 %igen Tochtergesellschaft des AiF e. V.

Als Geschäftsführer der AiF F·T·K berät Michael Krause kleine und mittelständische Unternehmen, Start-ups und Hochschulen zu ihren Innovationsprojekten und unterstützt sie bei der Identifizierung passender Förderprogramme und der Antragstellung. Zu Michael Krauses Hauptaufgaben gehören ferner die Koordination von Wettbewerbs- und Evaluierungsverfahren im Rahmen von Projektträgerschaften, z. B. Fördermaßnahmen des Bundesministeriums für Wirtschaft und Energie (BMWi), des Bundesministeriums für Bildung und Forschung (BMBF) sowie diverser Landesministerien und internationaler Partner (CORNET). Weitere Aufgaben sind die innovationspolitische Beratung von Fördermittelgebern und Parteien, indem er etwa als Sachverständiger des Landtags NRW fungiert.

Michael Krause ist überdies Gutachter für das BMBF und Lehrbeauftragter, u. a. an der Fachhochschule Erfurt. Er verfügt über Erfahrungen als Gutachter, Mentor und Coach für Gründerwettbewerbe (z. B. start2grow) und ist Autor von Publikationen zu dem Themenkomplex Forschung und Innovation (z. B. Baden-Württemberg Stiftung). Darüber hinaus sitzt er in diversen Gremien (z. B. Steuerungskreis „Start-up trifft Mittelstand") und unterstützt in diversen Beiratsfunktionen tatkräftig Start-ups (z. B. Startboosters, Foxem) und ist Gesellschafter bei Spevento. Ferner hat er in Zusammenarbeit mit dem Mécénat Merode einen 30-köpfigen Beirat ins Leben gerufen, um noch stärker Kooperationen und Start-ups zu fördern.

Innovationen treibt Michael Krause auch im eigenen Unternehmen voran und bringt seine langjährige Expertise beim Aufbau und der Etablierung neuer Geschäftsfelder rund um die Bereiche Innovationsförderung und -management ein. So können sich Mittelstand und Wissenschaft etwa in der AiF F·T·K-Akademie fortbilden und vernetzen und im AiF F·T·K-Innovationsclub gebündelt und preiswert Leistungen erhalten, um ihre Innovationsprojekte verwirklichen zu können. Zudem koordiniert er aktuell eine Pilotmaßnahme im Auftrag des BMWi zum Thema „Start-up trifft Mittelstand".

Querdenker – Impulsgeber für unkonventionelle Lösungswege

11

David Lopatta

Inhaltsverzeichnis

11.1	Querdenker und die Eingliederung in ein innovatives Ökosystem	165
11.2	Warum brauchen Unternehmen mehr Querdenkertum?	166
11.3	Innovation durch richtige Fragestellungen	170
11.4	Globales Querdenkertum in China	173
11.5	Fazit	176
Literatur		178

11.1 Querdenker und die Eingliederung in ein innovatives Ökosystem

Das Wort Innovation ist mittlerweile ein fester Bestandteil unserer täglichen Sprache. Alles um uns herum muss innovativ sein, im Berufsleben ist es wichtig, mit innovativen Geräten, Arbeitsmitteln und Werkzeugen zu arbeiten, wir müssen innovativer denken, usw. Jeder nutzt das Wort, wenige verstehen die Bedeutung.

In vergangenen Tagen waren Innovationen neue, bahnbrechende Technologien, die von einigen Wissenschaftlern im Labor oder von Ingenieuren ausgetüftelt worden sind. Heutzutage dreht sich bei Innovationen nicht mehr alles um Labore oder Ingenieurbüros. Stattdessen konzentriert man sich darauf, neue Ideen oder innovative kleine Firmen zu akquirieren, um dadurch mit Visionen, Erfahrungen und dem entsprechenden theoretischen und praktischen Know-how neue Ideen zu generieren. Man arbeitet offen miteinander und

D. Lopatta (✉)
apetito AG, Rheine, Deutschland
E-Mail: David.lopatta@gmail.com

© Springer Fachmedien Wiesbaden GmbH, ein Teil von Springer Nature 2018
P. Plugmann (Hrsg.), *Innovationsumgebungen gestalten*,
https://doi.org/10.1007/978-3-658-22127-0_11

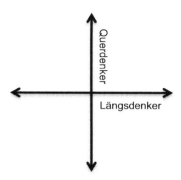

Abb. 11.1 Querdenker und Längsdenker. (Quelle: Eigene Darstellung)

tauscht sich untereinander aus. So verbindet man die Kreativität von vielen Personen, um neue Lösungen für Probleme zu schaffen.

Im Mittelpunkt steht dabei immer der Mensch, der den Denkanstoß gibt, sich mit seinen Mitmenschen austauscht und als führende Kraft die Innovation vorantreibt. Dazu bedarf es Menschen, die Problemstellungen nicht nur von links nach rechts angehen, sondern auch von oben nach unten (siehe Abb. 11.1). Die sogenannten Querdenker sind in Unternehmen besonders bei Führungskräften sehr umstritten, denn sie gelten als Unruhestifter und Personen, die alle Prozesse und Abläufe stören, indem sie unbequeme Fragen stellen. Dabei sind diese Querdenker für Unternehmen unverzichtbar, da sie einen entscheidenden Teil dazu beitragen, den Job vieler Personen zu erleichtern, und so durchaus viele Innovationen schaffen.

11.2 Warum brauchen Unternehmen mehr Querdenkertum?

Eine Führungskraft sagte mal zu mir: „Wenn Sie sagen, es wäre besser, den linken Weg einzuschlagen, weil wir auf diesem, von Ihnen vorgeschlagenen Weg Abläufe verkürzen, Produkte verbessern und den Kunden zufriedener stellen könnten, und ich sage, dass wir den rechten Weg gehen, dann stellen Sie keine Fragen und gehen mit mir nach rechts." – Eine Aussage, die in den 2010er Jahren nicht selten formuliert wurde und das in einer Zeit, von der man behaupten kann, modern und nicht mehr alt-konservativ zu sein. Einer Zeit, in der nicht das Wort eines jeden Mitarbeiters zählt, sondern nur das von ganz bestimmten Personen.

Man möchte in ihren Reihen keinen „Nestbeschmutzer" haben, der auf dem Weg, die unternehmerischen und persönlichen Ziele zu erreichen, im Wege stehen würde und so die Umsetzung der Unternehmensstrategie nur behindert (Bosbach 2017).

Menschen, die einen logischen Weg gehen, folgen einer bestimmten Struktur. Für sie ist der in einem Unternehmen festgelegte Prozess oder Ablauf nachvollziehbar, denn er baut auf einer einfachen Schrittfolge auf. Für Menschen, die so denken, wäre eine Unterbrechung dieses Prozesses, des Ablaufs oder des Weges nur ein unnötiger Störfaktor auf dem Weg zum Erfolg. Schließlich ergibt $1+1=2$ und nicht 7 oder 25.

Für den Querdenker ist die oben beschriebene Gl. ($1+1=2$) nachvollziehbar, denn es handelt sich um ein bestehendes mathematisches Gesetz. Allerdings zweifelt der Querdenker an der Interpretation der Gleichung und des Ergebnisses. Woher weiß man, dass es sich bei der Zahl 1 nicht um eine zusammengesetzte Zahl handelt? Diese kann das Ergebnis einer vorherigen Gleichung sein und aus vier Komponenten bestehen ($0{,}25*4$). Was ist mit diesen vier Komponenten und wie relevant sind sie für die gesamte Gleichung? Warum ist das Ergebnis am Ende 2 und nicht 1 oder 3? Angenommen, man setzt voraus, dass zwei Unternehmen miteinander fusionieren wollen. Bleiben danach wirklich beide Unternehmen bestehen oder entsteht daraus am Ende nur eines, als Ergebnis der Fusion? Was wäre, wenn aus beiden Unternehmen plötzlich ein drittes Unternehmen hervorgehen würde?

Querdenker befassen sich genau mit diesen Fragestellungen. Traditionell denkende Führungskräfte übersehen, dass es genau diese Stelle ist, von welcher der Anreiz kommt, um der Unternehmensstrategie einen Impuls zu geben, das Unternehmen in eine erfolgreichere Richtung zu lenken, indem man die alles verändernde Stellschraube sucht und diese betätigt (Franzen 2018). Das bedeutet nicht, dass die Personen mit ihren Ideen immer richtig liegen müssen.

Man stelle sich einen Top-Manager eines Unternehmens vor, der unbedingt einen weiteren Mitarbeiter in seinem Team benötigt, der für die Prozessoptimierung eingesetzt werden soll. Würde man jemanden einstellen, der jede Entscheidung anzweifelt und bestehende Prozesse infrage stellt, obwohl diese eigentlich gut funktionieren? Egal welchen Prozess der neue Mitarbeiter untersucht, er findet immer etwas, das man verändern kann, unbeeindruckt von den vielen Vorteilen, die die Prozesse bisher geboten haben, gleichgültig, wie oft und wie genau die Prozesse bisher beschrieben worden sind. Kurz gesagt: ein Querulant, einer, der gegen den Unternehmensstrom schwimmt anstatt mit dem Strom. Sollte solch eine Person eingestellt, gefördert, in ein Projekt oder in strategische Unternehmensentscheidungen miteinbezogen werden? Viele Personalchefs werden sich von solchen Personen distanzieren und sich gegen die Einstellung eines Querdenkers aussprechen. Wenn jemand eine Meinung vertritt, die von der herrschenden Norm abweicht, ist es oft so, dass diese Person relativ schnell an Zuspruch der Kolleginnen und Kollegen, sowie der Geschäftsleitung verliert (Gottschalck 2012).

Dabei agieren Querdenker in der Regel konstruktiv. Das bedeutet, dass sie so lange eine Entwicklung verfolgen, bis eine Verbesserung eintritt. Entsprechend ist ihr Bestreben, mit einer gewissen Hartnäckigkeit immer das Beste herauszuholen. Dadurch, dass sie ganz anders an Problemstellungen herantreten, gelten sie für viele Beteiligte als inkompatibel mit dem Unternehmen (Heinrich 2011). Diese Eigenschaft wirkt zunächst nicht zielführend, doch kann sie sehr inspirierend sein.

Für Querdenker ist der Ist-Zustand nicht zufriedenstellend, denn dieser ist gleichbedeutend mit Stillstand und sie wollen mit ihren Ideen Innovationen provozieren und vorantreiben und sich nicht dem „Das haben wir immer so gemacht!" ergeben. Genau das ist es, was sie so wertvoll für Unternehmen macht, denn sie sehen Potenziale, die anderen verwehrt bleiben, motivieren durch ihr Verhalten aber auch ihre Umwelt, neue Sicht- und Denkweisen anzunehmen.

Man stelle sich den Besitzer eines kleinen Restaurants in der Kölner Südstadt vor. Es ist das Jahr 1990 und die Digitalisierung hat bereits begonnen, steckt jedoch noch in den Kinderschuhen. Sieht man sich den Bestellprozess von der Bestellung beim Kellner oder bei der Kellnerin bis hin zum abgeschlossenen Zahlvorgang nach Beendigung des Essens an, könnte das folgenderweise aussehen:

1. Nachdem das Essen ausgewählt wurde, wird der Kellner oder die Kellnerin von den Gästen gerufen, um die Bestellung zu formulieren.
2. Die Bestellung wird auf einen kleinen Notizblock stichwortartig notiert.
3. Die Seite wird abgerissen und dem Koch in die Küche gebracht, vielleicht wird die Bestellung auch noch hinterhergerufen.
4. Zubereitung des Essens in der Küche durch den Koch.
5. Kellner/Kellnerin wird in die Küche gerufen.
6. Das Essen wird in der Küche abgeholt und dem Gast gebracht.
7. Nachdem der Gast gegessen hat, möchte er bezahlen.
8. Er zahlt bar.

Dieser Prozess klingt zwar simpel, führt jedoch bei einem vollen Restaurant schnell zu überforderten Mitarbeitern im Service und in der Küche und als Resultat zu unzufriedenen Gästen, da man sich den Gästen nicht ausreichend widmen kann. Im Interesse des Restaurant-Besitzers ist es also wichtig, die Prozesse so kurz, einfach, mitarbeiter- und kundenfreundlich zu gestalten, wie möglich.

Geht man nun zehn Jahre später in dasselbe Restaurant, bemerkt man einige Änderungen. Die Bestellung wird nun direkt elektronisch beim Gast aufgenommen und in die Küche geschickt, wo das Gericht zubereitet wird. Lästiges Hin- und Herlaufen fällt nun weg und die Kellner haben dadurch viel mehr Zeit, sich um die Gäste zu kümmern. Nachdem das bestellte Gericht fertig ist, wird aus der Küche ein Signal an den Kellner oder die Kellnerin geschickt, damit er/sie wiederum die Bestellung abholen und dem Gast bringen kann. Anschließend erfolgt die Bezahlung.

Angenommen, man geht weitere zehn Jahre später erneut in das Restaurant. Mittlerweile hat sich die Location verändert, die Wände wurden neu gestrichen und auch die Küche ist umgebaut. Der zuvor neu eingeführte Prozess wird beibehalten und gelebt. Der Gast wählt sein Essen aus, er bestellt, die Bestellung wird elektronisch an die Küche übermittelt, sobald sein Gericht fertig ist, wird ein Signal aus der Küche erzeugt, was den Kellnern signalisiert, dass die Speise des Gastes fertig ist und in der Küche abgeholt werden kann. Nun kommt die Erneuerung: Beim Umbau der Inneneinrichtung hat man neben der Tür zur Küche auch ein kleines Fenster eingebaut, sodass die Kellner nicht mehr in die Küche gehen müssen, um das Gericht zu holen, sondern es direkt am Fenster abholen können. Ein mitgelieferter Zettel zeigt, für wen das Gericht bestimmt ist.

Die Wege werden so erheblich kürzer und die Kellner sparen Zeit und Kraft, welche sie für die Kunden und somit einen besseren Service einsetzen können.

Dies ist ein banales Beispiel dafür, wie sich bestehende Prozesse weiterentwickeln können. Unter dem Einfluss von Ideen der Mitarbeiter oder der Geschäftsführung werden an bestimmten Stellen innerhalb eines Prozesses durch konstruktive Ideen innovative Verbesserungen bzw. alternative Lösungen in den Prozess eingebaut. Der neue Prozess entfernt sich vom Standardprozess und befördert diesen auf eine verbesserte Ebene. Der bisherige Prozess wird verbessert fortgeführt (siehe Abb. 11.2).

Prozesse oder Abläufe können so bis ins Unendliche verbessert werden, was letzten Endes das Ziel ist: ein kontinuierlicher Innovationsprozess unter Einbezug von extraordinären Denkweisen.

Die kontinuierliche Verbesserung von bestehenden Prozessen, bzw. die Einführung und Weiterentwicklung von neuen Prozessen führt immer zu einer Win-Win-Win-Situation: Bezogen auf das Beispiel mit dem Restaurant wird deutlich, dass der Kellner profitiert, denn seine Arbeit wird leichter, weil er wesentlich weniger Wege am Arbeitstag zurücklegen muss. Gleichzeitig profitiert dadurch der Restaurant-Besitzer, weil die Kellner kürzere Strecken zurücklegen müssen, was zur Folge hat, dass mehr Gäste in einer bestimmten Zeit bedient werden können und der Umsatz folglich steigt. Der dritte Gewinner ist der Gast. Er hat eine kürzere Wartezeit von der Bestellung bis hin zur Anreicherung seines bestellten Menüs und kann sich über einen besseren Service freuen, da die Kellner nun mehr Zeit haben, sich den Gästen zu widmen. Es ergibt sich somit

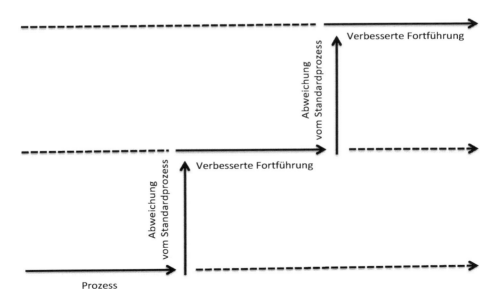

Abb. 11.2 Kontinuierlicher Innovationsprozess. (Quelle: Eigene Darstellung)

eine „Win-Win-Win-Situation", welche von allen Beteiligten getragen wird, da sie alle von den Verbesserungen profitieren.

Trotz einer Aussicht auf Erfolg, ist jede Veränderung schwer umzusetzen. Nicht zuletzt deshalb, weil man es mit unterschiedlichen menschlichen Charakteren zu tun hat. Eine Basis um erfolgreich arbeiten zu können sind Projektgruppen mit unterschiedlichen Fähigkeiten und Charakteren innerhalb einer Projektgruppe. Im heutigen Berufsleben kommt man um Projektarbeit nicht herum. Wo man früher eine oder zwei Tätigkeiten in einem Unternehmen lernte, wird heute eine größere Flexibilität erwartet, denn mittlerweile beinhalten die meisten Jobs zumindest gelegentliche Projektarbeiten. Da Projekte unterschiedlich und nicht immer nur einer Abteilung zuzuordnen sind, wird grundsätzlich eine Flexibilität der Mitarbeiter im Rahmen der Tätigkeit erwartet. Besonders das Talent, sich unvoreingenommen auf völlig neue Situationen und unterschiedliche Mitarbeiter einlassen zu können, ist dabei wichtig. Erfahrene Querdenker haben entscheidende Vorteile, denn sie haben bereits nachweislich Erfahrungen in verschiedenen Branchen und Projekten sammeln können. Vor allem jedoch sind Querdenker nicht festgefahren in ihren Denkweisen und können sich so auf neue Menschen und Situationen besser und schneller einstellen.

Querdenker sind eine besonders Art von Mitarbeitern, die ein Unternehmen unbedingt braucht, um seine Mitarbeiter zu motivieren und innovativ arbeiten zu können (Förster und Kreuz 2018). Viele Unternehmen in Deutschland haben das Potenzial im Querdenkertum noch nicht erkannt und verzichten darauf, es in die Unternehmensstruktur einzubeziehen und zu fördern. Das wird hinsichtlich der Entwicklung eines Unternehmens ein großer Fehler sein, denn Verschlossenheit ist eine Innovationsbremse.

11.3 Innovation durch richtige Fragestellungen

Jeder wird früher oder später mit Problemstellungen in seinem Unternehmen konfrontiert, für die er entweder keine Lösung oder aber die falsche Lösung findet. Probleme stellen uns vor besondere Herausforderungen, denn sie hindern uns daran, unsere Aufgabe zu erfüllen. Sie sind Mauern auf dem Weg zu einem Ziel, die es zu überwinden gilt. Hinter jeder Aufgabe oder auf dem Weg zur richtigen Lösung steht immer ein besonderer Druck, sei es von den eigenen Vorgesetzten, die wirtschaftlichen Ziele innerhalb einer bestimmten Zeit und in einer bestimmten Größenordnung erledigt haben zu wollen, oder sei es durch die Umwelt, beispielsweise durch die Anforderung, ein Produkt zu entwickeln, was einen bestimmten Nutzen erfüllt oder in einer bestimmten Qualität erwartet wird. Kommt man bei der Suche nach einer Lösung irgendwann nicht mehr weiter, recherchiert man in Fachzeitschriften, Büchern, besucht Messen und hört Vorträge von Spezialisten, in der Hoffnung, dass sie den lösungsbringenden Hinweis geben können. Dabei liegt die Lösung nicht darin, eine Antwort auf eine Frage zu bekommen, sondern aus der Box heraus zu denken und die richtigen Fragen zu stellen.

11 Querdenker – Impulsgeber für unkonventionelle Lösungswege

Auf dem Weg zu innovativen Lösungen durch richtige Fragestellungen sollte man sich damit beschäftigen, ob Prozesse zu vereinfachen oder zu erforschen sind. Abb. 11.3 verdeutlicht diese beiden Ansätze. Bei der Vereinfachung geht es darum einen Prozess stetig zu verschlanken und diesen zu verbessern, immer lösungsorientiert auf ein bestimmtes Problem bezogen. Die Gefahr dabei ist, dass man das eigentliche Ziel nicht erreicht, da man den falschen Ansatz verfolgt. Eine Korrektur an dieser Stelle ist nicht mehr möglich. Diese Methode birgt zwar ein hohes Maß an Risiko, jedoch ist die qualitative Erfolgsaussicht, wenn es gelingt, das Problem zu lösen, sehr hoch. Eine wesentlich sicherere Variante ist die Erforschung. Hier entstehen aus einem Lösungsansatz gleich mehrere weitere Ansätze, die zu einer Lösung führen können, ähnlich wie bei einem strukturierten Brainstorming. Dieser Ansatz ist wesentlich experimentierfreudiger und führt zu neuen und innovativeren Lösungswegen, erkennbar durch jeden einzelnen Zweig, welcher vom Ursprung ausgeht. Aus einem dieser in Abb. 11.3 dargestellten Zweige kann sich die richtige Entscheidung hinsichtlich der Lösung eines bestimmten Problems ergeben. Es gibt also mehrere potenzielle Lösungen. Wichtig ist es, die für das Problem beste Lösung rauszusuchen. Das erfolgt zum Beispiel durch das Stellen von gezielten Fragen.

Im folgenden Beispiel geht es um das Washington Monument (weißer Marmorturm in der Form eines Obelisken in Washington D.C., USA). Das Problem, was man hatte, war, dass das Monument regelmäßiger und starker Beschmutzung durch Vogelkot ausgesetzt war. Da es sich um ein historisches Denkmal handelt, war der Stadt Washington sehr viel

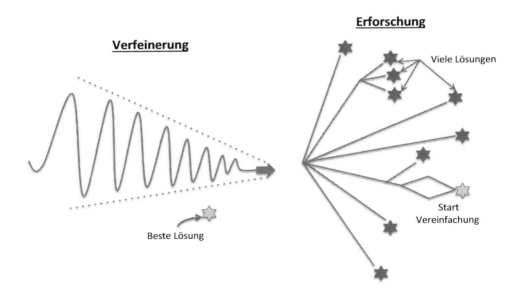

Abb. 11.3 Vereinfachung und Erforschung von Prozessen. (Quelle: Eigene Darstellung in Anlehnung an Hofbauer et al. 2017)

daran gelegen, dass es sauber und repräsentativ auf die Besucher wirkt, ganz abgesehen davon, dass der Kot die Substanz der Sehenswürdigkeit angegriffen hatte. Maßnahmen wie die regelmäßige Reinigung waren nicht erfolgreich, da das Monument, nachdem man alles gründlich reinigen ließ, innerhalb von wenigen Tagen wieder durch die Vögel stark verschmutzt war. Dann hatte man einen Falkner und seinen Raubvogel eingesetzt, in der Hoffnung, dass es diesem gelingen würde, die Vögel zu verscheuchen. Beides waren naheliegende Ansätze, das Problem zu lösen. Doch beide Ansätze waren nicht erfolgreich. Schließlich hat man versucht, das Problem auf eine andere Art zu lösen. Man betrachtete die Problemstellung und stellte sich Fragen.

„Das Washington Monument ist stark verschmutzt durch Vogelkot."

- Warum ist das Washington Monument so stark beschmutzt?
  → Weil es so viele Vögel am Monument gibt, die ihren Kot dort absetzen.
- Warum halten sich so viele Vögel am Monument auf?
  → Weil es am Monument sehr viele Insekten gibt und diese Nahrung für die Vögel sind.
- Warum gibt es so viele Insekten um da Monument herum?
  → Weil das Monument besonders am Abend und in der Nacht beleuchtet ist und das Licht Insekten anlockt.

Durch einfache Fragen hat man herausgefunden, dass der Grund für die Verschmutzung des Washington Monument durch Vogelkot dadurch hervorgerufen wird, dass das Monument mit starken Lichtstrahlern beleuchtet wird. Daraufhin hat man die Intensität des Lichtes gesenkt und die Zeiten der Beleuchtung reduziert. Das führte zu sichtbar weniger Vogelkot auf dem und um das Monument herum. Anstatt eines der Wahrzeichen der Stadt Washington regelmäßig teuer und aufwendig reinigen zu lassen, hat man durch einige leichte und im Nachhinein nachvollziehbare Fragen eine billige Lösung für das Problem gefunden.

Dieses Beispiel zeigt, wie eine Lösung für ein vermeintlich schwieriges Problem zu finden ist, indem man die richtigen Fragen rückwärts stellt, angefangen bei der Ist-Situation bis hin zum Ursprung.

Eine andere Methode, die richtigen Fragen zu bestimmten Problemen zu finden und so das Problem zu lösen, bzw. neue Ideen zu generieren, besteht darin, die Fragestellung umzudrehen, bzw. auf den Kopf zu stellen. Hat der Besitzer eines Schuhgeschäfts in der Kölner Innenstadt beispielsweise das Problem, dass nicht genug Kunden bei ihm einkaufen, stellt sich normalerweise die Frage, was man tun muss, damit die Kunden wieder in den Laden kommen und seine Schuhe nachfragen. Stellt man die Frage auf den Kopf, könnte sie folgendermaßen lauten: „Was müsste der Besitzer tun, damit möglichst keine Kunden in seinen Laden kommen?"

Querdenker verfügen über ein sehr hohes Maß an Neugier, weil sie so ziemlich alles infrage stellen. Um jedoch bestimmte Kunden ansprechen zu können, gilt es neben den richtigen Fragen zunächst das richtige Problem zu finden. Das richtige Problem zu formulieren ist insofern schwer, als dass man darauf achten muss, dass der Kunde dieses Problem erkennt und einen persönlichen Nutzen daraus zieht, wenn es gelöst wird.

An einem US-amerikanischen Flughafen wurde eine Kundenbefragung durchgeführt. Darin wollte man wissen, womit die Gäste sehr zufrieden und womit sie weniger zufrieden waren. Dabei ist herausgekommen, dass die Gäste sich sehr daran stören, dass das Warten auf das Gepäck, nachdem man aus dem Flugzeug ausgestiegen ist und den Weg in die Gepäckausgabe gefunden hat, viel zu lange dauert. Der Flughafenbetreiber stellte sich also die für ihn logische Frage: „Wie erhöht man die Geschwindigkeit des Transports des Gepäcks vom Flugzeug zum Förderband?" Daraufhin hat der Flughafenbetreiber unter Einsatz von viel Geld zusätzliche Mitarbeiter eingestellt, zusätzliche Transportwagen gekauft und die Geschwindigkeit des Förderbandes erhöhen lassen, mit dem Ergebnis, dass man die Beförderungszeit des Gepäcks vom Flugzeug bis zum Band auf acht Minuten, anstatt der bisherigen 25 min, hat reduzieren können.

Entgegen aller Erwartungen hat man das Problem damit nicht gelöst. Die Gäste waren weiterhin sehr unzufrieden. Also hat man das Problem umformuliert, indem man fragte: „Was kann man tun, damit die Passagiere mehr Zeit vom Flugzeug in die Gepäckausgabehalle brauchen, ohne zusätzliches Personal einstellen oder das Förderband beschleunigen zu müssen?" Durch eingebaute Schranken und Umwege hat man es geschafft, die Wege-Zeit der Fluggäste erheblich zu verlängern. Das hatte zur Folge, dass die Gäste zwar länger als zuvor für den Weg vom Flugzeug zum Förderband gebraucht haben, sie dann jedoch bei der Gepäckausgabe wesentlich kürzer warten mussten. Das führte insgesamt zu zufriedeneren Kunden.

Die beschriebenen drei Methoden, wie man durch Fragen Probleme lösen kann, sind nur einige von vielen Möglichkeiten, dem Unternehmen oder dem Geschäft einen wirtschaftlichen Vorteil zu ermöglichen. Nicht nur querdenkende Personen sind in der Lage, leicht, innovativ und problemlösungsorientiert zu arbeiten. Obwohl es eines bestimmten Maßes an Kreativität bedarf, die Frage-Methoden anzuwenden, lässt sich dies durch regelmäßige Übung erlernen, wenn auch nicht unbedingt so, wie es einem Querdenker auf natürliche Weise zufällt.

11.4 Globales Querdenkertum in China

In den letzten Jahrzehnten hat China starke Veränderungen durchlebt. Angefangen bei einem Kaiserreich wandelte es sich zu einem kommunistischen Staat, überlebte eine der größten Hungersnöte der Menschheit und öffnete sich schließlich für die Welt, um zu einer der heute größten Wirtschaftsmächte der Welt zu werden. Allerdings ist der rasante Aufstieg auch mit Herausforderungen verbunden. Das unvergleichliche Wachstum wurde auf Kosten einer enormen Umweltverschmutzung erreicht (Süddeutsche Zeitung 2013). Diese nimmt mittlerweile bedrohliche Züge für die Bevölkerung an, bei der die Schere zwischen der armen und der reichen Schicht immer weiter auseinandergeht. Momentan steht das Land vor der Herausforderung, dass das Wirtschaftswachstum nachhaltiger und schonender für die Umwelt gestaltet, die Entwicklung neuer und moderner Produktionsstrukturen vorangetrieben und ein gerechteres Einkommensgefüge geschaffen werden muss. Um das zu erreichen, muss die chinesische Bevölkerung kreativer und innovativer denken.

Doch genau das ist das Problem. Um diese Ziele zu erreichen, bedarf es eines Umdenkens innerhalb der Regierung und der Gesellschaft, was schwer ist, denn die chinesische Kultur ist wie auch alle anderen Kulturen der Welt stark durch ihre Geschichte geprägt. Neben einem Gruppenverständnis, das nur im Kollektiv wahrgenommen wird, spielt ein hierarchisches Führungsverständnis eine tragende Rolle. „Nur derjenige, der oben sitzt, kann auch in die Ferne sehen", lautet ein chinesisches Sprichwort, welches sich im Berufsleben auf den jeweiligen Vorgesetzten bezieht, der sich in einer Position befindet, aus der er Trends und Innovationen frühzeitig erkennen und entsprechende Maßnahmen einleiten kann und soll, um seine Firma entsprechend in die richtige Richtung führen zu können. Allerdings verfügen nicht alle chinesischen Führungskräfte über die Erfahrung oder die Weitsicht, um Kreativität zu schaffen und die Problemlösungsfähigkeit zu fördern.

Aus westlicher Sicht lässt sich der Fehler im chinesischen Bildungssystem finden, denn dieses ist darauf ausgelegt, dass sowohl die Schüler in den unteren und mittleren Klassen, als auch die Studenten in den Universitäten durch Wiederholung und Kopie von bestehenden Regeln und Gesetzen lernen und nicht selbstständig die gelernten Dinge auf neue Probleme anwenden, indem sie neue Ideen erschaffen. Pisa-Studien haben immer wieder bewiesen, dass chinesische Schüler weltweit zwar zu den besten in Mathematik gehören, jedoch Schlusslicht sind, wenn es um Kreativität und Problemlösungskompetenzen geht (Landwehr 2011).

Das ist ein Problem für das Land, denn ohne Kreativität kann man nur sehr schwer innovative Produkte oder Dienstleistungen schaffen und am Markt erfolgreich einführen, um so langfristig stetiges Wachstum zu erzielen. Trotzdem schafft es China kontinuierlich, dieses Wachstum zu generieren. Der Grund dafür liegt zum einen darin, dass es an den Schulen immer noch ca. 10 % aller Schüler sind, die über die Fähigkeit verfügen, kreative Lösungsansätze für Probleme zu finden und das Gelernte auch auf andere Probleme anzuwenden. Zum anderen, dass man durch die von Deng Xiaoping (chinesischer Führer 1979–1997) geschaffene Öffnung Chinas für den Weltmarkt auch westliche Unternehmen in das Land gelassen hat. Diese Firmen haben ihre fähigsten Mitarbeiter nach China geschickt, um dort den jeweiligen Standort aufzubauen. Das ging jedoch nur unter der Einschränkung, dass man immer eng mit den chinesischen Partnern zusammenarbeiten musste. Durch diesen Austausch, bzw. durch die Aufnahme von westlichem Know-how, haben es die chinesischen Funktionäre und Führungskräfte geschafft, ein stetiges Wachstum zu generieren.

Man sollte die Kreativität der chinesischen Geschäftsmänner und Geschäftsfrauen nicht unterschätzen. China hat jüngst, noch bevor es Staaten wie die USA, Deutschland, Japan, Frankreich uvm. erkannt haben, im großen Stil in die Länder des afrikanischen Kontinents investiert. Das zeugt von enormer Weitsicht, denn China hat als eines der ersten Länder erkannt, dass sich in Afrika ein großer Teil der weltweit benötigten natürlichen Ressourcen befindet und möchte, möglichst als alleiniges Land, diese so umfangreich wie möglich nutzen, um gegenüber anderen Ländern einen Vorteil zu haben.

„Gib einem Mann einen Fisch und du ernährst ihn für einen Tag. Lehre einen Mann zu fischen und du ernährst ihn für sein Leben." Wendet man dieses konfuzianische Sprichwort auf die Neuzeit an, so kann man erkennen, welche Strategie China in Afrika verfolgt.

Durch sogenannte Foreign Direct Investments (FDI), also eine dauerhafte Beteiligung von mindestens 10 % an einem in einer anderen Volkswirtschaft ansässigen Unternehmen, und die Inanspruchnahme von Stimmrechten in diesem Unternehmen, die einen relevanten Einfluss auf die Unternehmensentscheidungen haben, konnten chinesische Unternehmen den Transfer von Technologie und Know-how zwischen den Ländern fördern (Investopedia 2018). Durch die Investitionen konnten die Firmen in afrikanischen Ländern kontinuierlich wachsen (The Economist 2017). Es wurden neue Arbeitsplätze geschaffen, die für die Produktion von Waren und Dienstleistungen nützlich waren und die es den Menschen ermöglicht haben, ihren Lohn wieder zu investieren. Es entstand eine neue Mittelschicht in vielen afrikanischen Ländern wie Kenia, Südafrika, Uganda oder Tunesien und Marokko und diese wächst weiterhin.

Während die westlichen Staaten sich darauf konzentrierten, vorsichtige Partnerschaften mit afrikanischen Staaten und Unternehmen einzugehen oder nur Entwicklungshilfe leisten, hat China eine Strategie gewählt, die für viele nicht nachvollziehbar war, aber sehr erfolgreich ist, wie man an der wachsenden Mittelschicht erkennen kann. Durch Arbeit haben Menschen mehr Kaufkraft, um Produkte nachzufragen. Der Ansatz dieser Strategie ist typisch quergedacht.

Die Kooperationen mit afrikanischen Firmen waren jedoch nicht immer frei von Konflikten. Der wachsende Einfluss chinesischer Firmen auf dem afrikanischen Kontinent hat nicht allen Unternehmen gefallen. Die südafrikanische Standard Bank hatte es abgelehnt, chinesischen Unternehmern finanzielle Unterstützung durch die Vergabe von Krediten zu geringen Zinsen zu geben. Anstatt die direkte Konfrontation mit den verantwortlichen Personen in Südafrika zu suchen und den Konflikt so zu klären, ist China erneut einen anderen, für alle Beteiligten unerwarteten Weg gegangen, um den Konflikt zu beenden. Die ICBC (Industrial and Commercial Bank of China) hat 20 % der Anteile an der Standard Bank erworben, mit der Option, auf 60 % zu erhöhen, und sich somit größere Stimmrechte gesichert. So konnte die ICBC bei der Vergabe von Krediten an chinesische Unternehmer Druck auf die Standard Bank ausüben, die Konditionen für chinesische Kreditnehmer zu verbessern (The Economist 2014).

Daran erkennt man, dass sich auch die Menschen im Land zwar verändern, man jedoch weiterhin die traditionelle konfuzianische Denkweise beibehält und sie auf die Neuzeit anwendet. Waren sie es gewohnt, auswendig zu lernen und das Gelernte einfach wiederzugeben, so hat man nun gelernt, wie wichtig es ist, alternative Lösungswege zu finden und über den Tellerrand hinauszusehen, um innovativ und somit zukunftsweisend arbeiten und das enorme Wirtschaftswachstum weiterhin erzielen zu können. Ist man aus eigener Kraft nicht in der Lage dazu, bedient man sich der Unterstützung im Ausland und geht Partnerschaften ein.

11.5 Fazit

Das Ziel eines Querdenkers ist es, unter Einbeziehung der gegebenen Mittel, dem technischen Fortschritt, persönlicher Erfahrung aus ganz unterschiedlichen Bereichen und der Fähigkeit, die Dinge aus einer anderen Perspektive zu sehen und so Innovationen für die Zukunft zu erkennen, den größtmöglichen Erfolg zu erzielen. Den Querdenker fordert es heraus, die Zukunft etwas besser machen zu können, und diese Zukunft wird durch verbesserte und innovative Abläufe, Prozesse aber auch Produkte erreicht. Doch ist es noch weiterhin so, dass Querdenker in ihren Unternehmen wenig Akzeptanz finden. Aus Erfahrung kann man sagen, dass nur einer von drei Mitarbeitern in einem Unternehmen sagt, dass sein Chef ungewöhnliche Vorschläge lobt, wertschätzt und fördert. Es sind aber genau solche Vorschläge, die die Führungskräfte selbst innovativ nennen und zu Innovationen zählen. Dabei sollten die Führungskräfte in Unternehmen die Meinungen und Hinweise von Querdenkern durchaus in Betracht ziehen, denn Querdenker

- entwickeln neue Ideen,
- sind unvoreingenommen,
- brechen alte Seilschaften auf und
- arbeiten projektorientiert.

Das bedeutet, sie bringen frischen Wind in ein Unternehmen, denn sie inspirieren alteingesessene Kolleginnen und Kollegen und lösen neue Denkweisen aus. Sie entwickeln neue Strategien und Herangehensweisen, was dazu führt, dass ein Unternehmen neue Lösungen für alte Probleme finden und sich so von der Konkurrenz abheben kann. Alte Seilschaften sind seit Jahren bestehende Kontakte von Mitarbeitern zu Kunden oder Lieferanten. Diese sind nach vielen Jahren der vertrauensvollen Zusammenarbeit, innerhalb kleiner oder mittelgroßer Branchen, sehr stark geworden. Das kann auch eigentlich miteinander konkurrierende Firmen betreffen, deren Mitarbeiter seit vielen Jahren eng zusammenarbeiten und den Anschein erwecken, man würde sich den Markt lieber teilen, als um ihn im direkten Wettbewerb zu stehen. Querdenker haben in der Regel diese Kontakte nicht oder wollen sie auch nicht haben, um unvoreingenommen arbeiten zu können und die Neutralität, die man braucht, beizubehalten, denn die Loyalität gilt dem Unternehmen und nicht den Kolleginnen und Kollegen.

Betrachtet man den Querdenker global, so findet man in jeder Kultur Personen, die Gedanken äußern, die nicht gleich denen des Restes der Bevölkerung sind, sondern die sich abgrenzen. Den Wert und Nutzen der Ideen dieser Personen für eine Gruppe, für ein Unternehmen oder für ein Land sehen viele Personen nicht, denn dazu bedarf es einer gewissen Offenheit und Mut, das Unbekannte und Kritische zu hinterfragen. Dieses

Risiko, etwas nicht kontrolliert steuern zu können, können und wollen viele Menschen nicht eingehen. Als Querdenker in einem Innovation Ecosystem gehört es aber auch dazu, andere Personen von der eigenen Idee und Vision zu überzeugen. Das stellt alle Beteiligten vor Herausforderungen, wenn sie nicht bereit sind, miteinander zu arbeiten.

Zum Schluss folgen einige Beispiele für Erfolge, die durch Querdenkertum erreicht worden sind:

- Ein Unternehmer wollte Restaurants auf der ganzen Welt eröffnen und hat hat sich nicht die Frage gestellt, was er tun muss, um die meisten Kunden zu gewinnen, oder wo er den größten Umsatz generieren kann, sondern: „Was essen Menschen, die an Orten leben, wo es besonders gefährlich ist?" Daraufhin hat er in diversen Kriegsgebieten angefangen, Luxusrestaurants zu eröffnen. Das Potenzial, was er gesehen hat, waren Politiker, Diplomaten und Botschafter, die in diese Länder reisen und versorgt werden wollen.
- Der FC Barcelona hat 2008 Josep Guardiola zu seinem Cheftrainer befördert. Man war sich der Tatsache bewusst, dass dieser einen ganz neuen Spielstil praktiziert und hat ihm die Chance gegeben, ihn umzusetzen. Der Mut, die Weitsicht des Vereins und die Philosophie des Trainers haben beiden zu großen Erfolgen verholfen.
- Nachdem man festgestellt hat, dass die herkömmliche Zahnbürste nicht mehr zeitgemäß ist und man diese durch eine ruckelnde elektrische Zahnbürste ersetzt hat, wurde im Laufe der Zeit das Funktionsprinzip verändert, indem man die Zahnbürste hat kreisen lassen.
- Lange Zeit galt der Kräuterlikör Jägermeister als Getränk für Rentner und wurde von jungen Leuten wenig konsumiert. Die verantwortlichen Manager wollten das ändern, indem sie etwas zusammenbrachten, was eigentlich nicht zusammen gehört. Durch clevere Marketingkampagnen, wie z. B. einen Internetauftritt, zugeschnitten auf eine Altersklasse zwischen 20 und 30 Jahren, oder durch digitale Kanäle wie Snapchat, hat man es geschafft, das Interesse für Jägermeister bei jungen Leuten zu wecken.
- Es ist nicht immer von Vorteil, ein Produkt auf den Markt zu bringen, das billiger ist als alle Konkurrenzprodukte. Die Schweizer Firma Jura stellt hochwertige Luxus-Espressomaschinen her, die hochpreisig auf dem Markt angeboten werden. Obwohl der Preis teilweise mit der Anschaffung einer Küchenzeile zu vergleichen ist, wird das Produkt auf dem Markt angenommen.

Creativity is just connecting things. When you ask creative people how they did something, they feel a little guilty because they didn't really do it, they just saw something. It seemed obvious to them after a while. That's because they were able to connect experiences they've had and synthesise new things (Steve Jobs).

Literatur

Bosbach G (2017) Querdenker: „Fluch oder Segen?" oder „Hat, wer Querdenker sucht, schon verloren?" Huffingtonpost online am 23.05.2017. https://www.huffingtonpost.de/guido-bosbach/querdenker-fluch-oder-segen-oder-hat-wer-querdenker-sucht-schon-verloren_b_16683326.html. Zugegriffen: 30. März 2018

Förster & Kreuz (2018) Warum das Management Querdenker benötigt. https://foerster-kreuz.com/warum-management-querdenker-benoetigt/. Zugegriffen: 31. März 2018

Franzen SL (2018) Querdenken und Geld sparen. https://www.impulse.de/management/selbstmanagement-erfolg/unkonventionelle-ideen/7296931.html. Zugegriffen: 31. März 2018

Gottschalck A (2012) Überzeugung oder Egotuning? Manager magazin online am 08.03.2012. http://www.manager-magazin.de/lifestyle/artikel/a-817992.html. Zugegriffen: 23. März 2018

Heinrich C (2011) Querdenker. http://www.zeit.de/2011/02/C-Quereinsteiger. Zugegriffen: 20. März 2018

Hofbauer G, Hofbauer K, Sangl, A, Papazov E (2017) Innovationsmanagement zwischen Exploration und Exploitation. Technische Hochschule Ingolstadt. https://www.thi.de/fileadmin/daten/Working_Papers/thi_workingpaper_41_hofbauer.pdf. Zugegriffen: 31. März 2018

Investopedia (2018) Foreign Direct Investment – FDI. https://www.investopedia.com/terms/f/fdi.asp. Zugegriffen: 30. März 2018

Landwehr A (2011) Auswendiglernen sehr gut, Phantasie ungenügend. Spiegel Online am 29.01.2011. http://www.spiegel.de/lebenundlernen/schule/chinesische-schueler-auswendiglernen-sehr-gut-phantasie-ungenuegend-a-734775.html. Zugegriffen: 25. März 2018

Süddeutsche Zeitung (2013) Regierung sieht blindes Wachstum als Smog-Ursache. http://www.sueddeutsche.de/politik/umweltverschmutzung-in-china-regierung-sieht-blindes-wachstum-als-smog-ursache-1.1574234. Zugegriffen: 30. März 2018

The Economist (2014) Limited partnership. https://www.economist.com/news/finance-and-economics/21595496-biggest-banks-china-and-africa-team-up-again-limited-partnership. Zugegriffen: 25. März 2018

The Economist (2017) China goes to Africa. https://www.economist.com/news/middle-east-and-africa/21725288-big-ways-and-small-china-making-its-presence-felt-across. Zugegriffen: 30. März 2018

David Lopatta wurde 1981 in Cosel in Polen geboren. Während seines berufsbegleitenden Studiums in International Business und Projektmanagement in Deutschland und in den USA arbeitete er erfolgreich in interkulturellen Projekten in Deutschland und in China. Seit 2016 arbeitet er bei der apetito AG im Bereich dezentrale Logistik, hat seit dieser Zeit das Qualitätsmanagement in dieser Geschäftseinheit aufgebaut und arbeitet momentan an der Einführung des Lean-Managements in die dezentrale Logistik. Neben seinen hauptberuflichen Tätigkeiten hat Herr Lopatta Vorlesungen in den Bereichen IT, Wirtschaftsdeutsch, Projektmanagement und B2B-Marketing in Deutschland und in China gehalten.

Investoren-Pitch für Start-ups – Kommunikationsstrategien

12

Dirk Ludwig

Inhaltsverzeichnis

12.1	Einleitung	180
12.2	Sozialkompetenzen beeinflussen ein Investoren-Pitch	182
12.3	Strategien beim Vortragen hoher Informationsmengen	184
12.4	Investoren-Pitch vorbereiten	186
	12.4.1 Investoren informieren sich bereits vor dem Pitch	186
	12.4.2 Der erste Eindruck zählt – Investoren-Pitch in wenigen Minuten	187
12.5	Fazit	187
Literatur		188

Innovative Start-ups und aufstrebende Unternehmen müssen sich bei der Suche nach Risikokapitalgebern (Venture-Capital, Private Equity) verkaufen können. Sie müssen ihre Produkte und Dienstleistungen und die Entschlossenheit des Teams gegenüber Investoren glaubhaft präsentieren. Davon hängt ab, ob eine Finanzierungsrunde für den nächsten Entwicklungsschritt des Unternehmens eingenommen werden kann oder nicht. Diese Kommunikationskompetenz in digitalen Zeiten beginnt bereits weit vor der Präsentation des Start-ups („Pitch"). Fehlende Investoren können unabhängig vom Potenzial des Start-ups früh zum Scheitern führen, wenn das Geld ausgeht. Zur Gestaltung der firmeneigenen Innovationsumgebung gehört auch die Schaffung der Möglichkeit für die Teammitglieder, ein gutes Verständnis für Kommunikation in digitalen Zeiten zu entwickeln und diese Kommunikationskompetenz umfassend zu trainieren.

D. Ludwig (✉)
BVMW e. V., Leichlingen, Deutschland
E-Mail: dirk.Ludwig@bvmw.de

© Springer Fachmedien Wiesbaden GmbH, ein Teil von Springer Nature 2018
P. Plugmann (Hrsg.), *Innovationsumgebungen gestalten*,
https://doi.org/10.1007/978-3-658-22127-0_12

Im 21. Jahrhundert stehen uns viele Neuerungen in Sachen Kommunikation zur Verfügung. Es werden nicht weniger, sondern deutlich mehr Kommunikationsmittel, die für verschiedene Arten von Verbindungen miteinander eingesetzt werden können. Sind es zurzeit noch Medien wie WhatsApp, Instant Messenger, E-Mail, Telefon oder interne Kommunikationsmöglichkeiten, die in der Sache den Funktionen von Facebook ähneln, so wird es bald auch spezialisierte Modelle für spezifische Anforderungen, wie z. B. Projektarbeiten bzw. Entwicklungen, geben.

Die potenziellen Missverständnisse werden aufgrund der Kommunikationswege und der Geschwindigkeit dabei nicht weniger, sondern eher mehr. Warum ist das so? Ich glaube, dass der Schwerpunkt bei der Kommunikation über diese Medien zu sehr auf den Inhalt gelegt wird. Die Ausprägung der natürlichen Sozialkompetenzen hat hieran einen hohen Anteil und lässt bei geringer Ausprägung auch ein häufigeres Scheitern zu. Soll heißen, wenn die Kommunikation und die Gefühle dazu unterschiedlich sind, dann kann dies zu einer missverständlichen Interpretation der Botschaft führen. Wirkungsvolle Kommunikation hat daher etwas mit mehreren Faktoren zu tun, die u. a. Empathie und Einfühlungsvermögen beinhalten. Die emotionale Ebene, die positive „Chemie" zwischen Informationssender und -empfänger ist eine zentrale Grundlage, um Vertrauen zu schaffen.

Eine weitere, noch komplexere Herausforderung wird sein, die relevanten Informationen aus dem Gesamten herauszufiltern. Wir müssen lernen, situativ zu entschleunigen, einen Perspektivwechsel durchzuführen, um Wichtiges von Unwichtigem zu unterscheiden. Dabei spielt Achtsamkeit eine große Rolle. Und das ist beim „Pitchen" innovativer Start-ups zu berücksichtigen: Hier benötigt man das Wesentliche an Informationen, emotional passend zu den anwesenden Zuhörern und auf den Punkt gebracht. Im Folgenden möchte ich zunächst meine persönlichen Erfahrungen darstellen und die historische Entwicklung der Kommunikation ansprechen (Abschn. 12.1), dann auf die wesentlichen Aspekte der Kommunikation eingehen (Abschn. 12.2 und 12.3), um abschließend die Relevanz der kommunikativen Kompetenzen für innovative Unternehmen aufzuzeigen. Erfolgreiches Verkaufen setzt das Verständnis über Kommunikation voraus.

12.1 Einleitung

1. Mein Großvater war vor circa 75 Jahren im zweiten Weltkrieg im Russlandfeldzug. Zu dieser Zeit war das einzige Kommunikationsmittel die „Feldpost". Während seiner Kriegsgefangenschaft von 1943 bis 1950 fand fast überhaupt keine Kommunikation mit der Heimat statt. Meine Großmutter ging daher lange Zeit davon aus, dass mein Großvater bereits tot sei, er kam aber lebend wieder nach Hause.
2. Vor ca. 25 Jahren hatte ich mit meinem ersten Auto eine Autopanne auf der Autobahn. Als ich auf dem Seitenstreifen stand, blieb mir nach der Absicherung des Fahrzeugs nichts anderes übrig, als mithilfe der Hinweise auf dem Straßenbegrenzungspfeiler zu entscheiden, in welche Richtung ich laufen musste, um zur nächsten Notrufsäule

zu gelangen und den ADAC anfordern zu können. Diese Geschichte löste vor einigen Jahren bei meinen Kindern großes Unverständnis aus, da diese bereits mit einem Smartphone aufgewachsen sind.
3. Mein jüngster Sohn kommuniziert heute teilweise schon auf eine sehr intensive Weise. Auf der Playstation spielt er, über Kopfhörer mit seinen Mitspielern verbunden, ein Teamspiel. Auf dem Rechner daneben ersteigert er gleichzeitig im Fifa-Spiel Spieler für seine Mannschaft und über WhatsApp schaut er sich die Hausaufgaben in Mathe an. Wenn ich ihn dann frage: „Was tust du wirklich?", so bekomme ich zur Antwort: „Ich übe Mathe."

Was haben diese drei Geschichten gemeinsam? Es ist jeweils der Mensch, der im Mittelpunkt steht. Was sich geändert hat, ist die Menge der Informationen und die Unterschiedlichkeit der Kommunikationswege. Der Mensch hat sich dabei jedoch evolutionär nicht oder fast gar nicht verändert. Fakt ist, unsere biologische Hardware hinkt der Entwicklung der Kommunikationswege deutlich hinterher. Beide jedoch, Hardware und Software, müssen aufeinander abgestimmt sein.

Daher benötigen wir bei den Mengen an Informationen und der Intensität derselben heute eine besondere Achtsamkeit, um zielgerichtet zu kommunizieren. Gleichzeitig wird es immer schwieriger, den Empfang der Nachrichten richtig einzuschätzen, da nur ein Teil unserer Sinneskanäle genutzt wird. Die Sinneskanäle sind visuell (=sehen), auditiv (=hören), kinästhetisch (=fühlen), olfaktorisch (=riechen) und gustatorisch (=schmecken). Da wir in Bildern denken, kommt es bei der digitalen Kommunikation vor, dass diese inneren Bilder nicht angesprochen werden. Daher sind Empathie und Vertrauen wesentliche Faktoren für das Gelingen einer guten Kommunikation. Das muss sich im Pitch des innovativen Start-up wiederfinden und berücksichtigt werden.

Was zeichnet die heutige digitale Kommunikation aus?

Folgende Faktoren der digitalen Kommunikation können sich nachteilig auf die emotionale Aufnahmefähigkeit beider Kommunikationspartner auswirken:

- Die Kommunikationspartner sind nicht körperlich anwesend.
- Die Kommunikation erfolgt oft schriftlich.
- Mehr Informationen werden in kürzeren Zeiträumen verarbeitet.
- Die Kommunikation erfolgt häufiger unter bislang Fremden oder bleibt anonym.

Die Kommunikationspartner sind nicht körperlich anwesend
Je nachdem, ob die Kommunikation schriftlich, per Audio- oder Videoübertragung stattfindet, fallen unterschiedliche Informationskanäle weg, wie Gestik, Mimik oder Tonlage. All diese Signale fehlen, um den Grad an Aufnahmebereitschaft des Gegenübers oder seine emotionale Reaktion einschätzen zu können. Gleichzeitig werden andere Wahrnehmungen verstärkt: Die Tonlage spielt bei einem Telefongespräch eine größere Rolle als bei einer Videoübertragung. Die Formulierungen fallen bei einer E-Mail mehr ins Gewicht als in einer Audioübertragung. Dies gilt es zu berücksichtigen, um Missverständnisse zu vermeiden.

Die Kommunikation erfolgt oft schriftlich
Die schriftliche Kommunikation hat die geringste Bandbreite an Informationen über den emotionalen Kontext. Der spontane, nonverbale und emotionale Charakter der Kommunikation geht verloren. Emoticons sind ein Versuch, dieses Informationsdefizit zu kompensieren. Vorteile der schriftlichen Kommunikation: Sie blendet Wahrnehmungsfilter wie Erscheinungsbild oder Tonlage aus und erlaubt mehr Zeit für eine Reaktion.

Mehr Informationen in kürzeren Zeiträumen
Die digitale Kommunikation führt zu einer schnelleren Zustellung von Botschaften. Einen Freund in den USA können Sie innerhalb von Sekunden erreichen. Gleichzeitig hat die Informationsmenge zugenommen. Daher werden Texte schneller gelesen und geschrieben. Inhalte werden oberflächlicher betrachtet. Das führt dazu, dass der Kommunikation Tiefe fehlt. Auch Missverständnisse gehen trotz Archivierung von Nachrichten nicht automatisch zurück. Gleichzeitig steigt die Erwartung an die Reaktionszeit auf Nachrichten.

Die Kommunikation erfolgt häufig zwischen Fremden oder bleibt anonym
Anfangs diente digitale Kommunikation in Chats und Foren dem anonymen Austausch unter Fremden. Heute steht der Dialog mit Bekannten eher im Vordergrund. Dennoch beeinflusst die Anonymität in vielen Fällen weiter die digitale Kommunikation. Websites und Social Media bauen soziale Hemmungen, Hürden und Kontrollen ab. Das sorgt für ein Mehr an Offenheit, Ehrlichkeit und Freundlichkeit, aber auch Feindlichkeit und antisozialem Verhalten.

12.2 Sozialkompetenzen beeinflussen ein Investoren-Pitch

Aufgrund dieser Faktoren sind die Ausprägungen der natürlichen Sozialkompetenzen in der heutigen digitalen Kommunikation von viel höherer Bedeutung als noch vor einigen Jahren. Diese sind im Einzelnen:

1. **Empathie**
   „Bezeichnet die Fähigkeit und Bereitschaft, Empfindungen, Gedanken, Emotionen, Motive und Persönlichkeitsmerkmale einer anderen Person zu erkennen und zu verstehen. Zur Empathie wird gemeinhin auch die Fähigkeit zu angemessenen Reaktionen auf Gefühle anderer Menschen gezählt, zum Beispiel Mitleid, Trauer, Schmerz und Hilfsbereitschaft aus Mitgefühl. Die neuere Hirnforschung legt allerdings eine deutliche Unterscheidbarkeit des empathischen Vermögens vom Mitgefühl nahe. Grundlage der Empathie ist die Selbstwahrnehmung – je offener eine Person für ihre eigenen Emotionen ist, desto besser kann sie auch die Gefühle anderer deuten. Empathie spielt in vielen Wissenschaften und Anwendungsbereichen eine fundamentale Rolle" (Wikipedia 2018a).

Bei Kompetenzmangel in der Empathie kommt es häufig zu Missverständnissen vom geschriebenen. Der Empfänger kann sich kein kompetentes „Bild" von den Informationen und der Person machen. Durch diese Unschärfe werden Inhalte fehlinterpretiert. Eine Ungenauigkeit im Verständnis bringt auf der emotionalen Ebene Unsicherheit und führt zu Spannungen.

2. **Kontaktfähigkeit**

In allen erfolgreichen Kontakten tauschen Menschen Informationen über sich selbst aus, die häufig auch in die Privatsphäre gehen. Diesen Prozess bezeichnet man als Selfdisclosure/Selbstöffnung. Das „Mitteilen und Austauschen" von hier privaten Informationen beruht auf Gegenseitigkeit: Wenn jemand „private" Informationen preisgibt, dann ist das quasi eine Aufforderung für den Gesprächspartner, das Gleiche zu tun. Fehlt dieser gegenseitige Austausch, entsteht in der Regel eine Atmosphäre von Kühle und Distanz. Die Reaktionen können Verschlossenheit oder sogar Misstrauen gegenüber der anderen Person sein. Die Folge ist möglicherweise, dass man sich zurückzieht.

3. **Auftreten**

Der Umgang mit anderen Menschen, das „Sich-einstellen-Können" auch auf sozial höhere Schichten oder überhaupt auf andere Menschen, hängt von den Gefühlen ab, die sich einem Personenkreis gegenüber entwickeln. Durch die Gesetzmäßigkeit der Rangordnung wird dadurch Akzeptanz für die eigene Person erreicht – oder eben nicht. Von dieser Akzeptanz wiederum (fachlich wie auch persönlich) werden beruflich Erfolg oder Misserfolg maßgeblich beeinflusst. Passt das eigene Auftreten nicht, fühlt man kein gutes „Standing" trotz ordentlicher Leistungen und es fehlt an Anerkennung. Dabei entsteht häufig das Gefühl, übergangen zu werden.

4. **Einfühlungsvermögen**

Wenn Menschen miteinander sprechen, dann verwenden sie nicht nur „direkte Botschaften", sondern auch Botschaften, die „zwischen den Zeilen" stehen. Diese Botschaften werden durch die Formulierung des Gesprochenen, durch den Tonfall, die Mimik und Gestik übertragen. In jedem Gespräch kommt es entscheidend darauf an, diese Botschaften zu erfassen, um richtig auf den anderen reagieren zu können. Findet die Kommunikation über digitale Kanäle statt, fallen hier zum Teil sämtliche beschriebenen Möglichkeiten weg und man muss aus seinem Gefühl heraus interpretieren. Hier kann es also leicht zu Fehleinschätzungen kommen. Daraus entstehen schnell Missverständnisse und Spannungen mit dem Kommunikationspartner.

5. **Selbstsicherheit**

Dieser Faktor beschreibt, in welchem Maße eine Person Gefühle von Sicherheit oder Unsicherheit empfindet. Sicherheit bedeutet, dass man Entscheidungen ohne Probleme fällen kann und sich auf dem beruflichen Parkett, zum Beispiel bei Meinungsdifferenzen, ohne Schwierigkeiten und Selbstzweifel bewegt. Diese Personen akzeptieren die beruflichen Umstände und fühlen sich in der Umwelt und im Unternehmen wohl.

Bei Menschen mit geringer Selbstsicherheit führen Selbstzweifel und Angst zu einem lähmenden Gefühl und hindern sie daran, Entscheidung zu treffen.

6. **Vertrauen**

„Vertrauen bezeichnet die subjektive Überzeugung von (oder das Gefühl für oder den Glauben an die) der Richtigkeit, Wahrheit von Handlungen, Einsicht und Aussagen beziehungsweise der Redlichkeit von Personen. Vertrauen kann sich auf einen anderen oder das eigene Ich beziehen (Selbstvertrauen). Zum Vertrauen gehört auch die Überzeugung von der Möglichkeit von Handlungen und der Fähigkeit zu Handlungen. Man spricht dann eher von Zutrauen. Als das Gegenteil des Vertrauens gilt das Misstrauen" (Wikipedia 2018b).

Um Vertrauen in der Kommunikation aufzubauen, bedarf es des guten Gefühls, die Dinge richtig einschätzen zu können. Daher überprüfen Sie bitte die erhaltenen Informationen mit Ihrem Bauchgefühl. Sollten hier Differenzen bestehen, so zögern Sie nicht, auf die weniger digitalen Kommunikationsmöglichkeiten zurückzugreifen. Gerade in der Kennenlernphase mit neuen Personen in Ihrem Umfeld, mit denen sie kommunizieren sollen, sollten sie sich anfangs viel Zeit nehmen für persönliche Gespräche. Erst mit bestehendem, solidem Vertrauen ist es möglich, die Kommunikation zu beschleunigen und zu digitalisieren. Die Reihenfolge der Kommunikation hat nachfolgende Gewichtung:

a. Präsenztreffen
b. Videokonferenz
c. Skype-/Facetime-Kommunikation
d. Telefonat
e. E-Mail
f. WhatsApp etc.

Bei zu viel Unsicherheit in der Interpretation steigen sie rückwärts einfach wieder zu den traditionelleren Medien die Digitalisierungsleiter hinab.

12.3 Strategien beim Vortragen hoher Informationsmengen

Der Wandel der Zeit bringt es mit sich, dass Beschleunigung und Informationsmenge immer weiter zunehmen werden. Um hier die Balance zu halten, kann man sich an drei Strategien orientieren.

1. Strategie – Verständnisfragen

Kommunikation ist nicht nur das, was wir aussenden – sondern vor allen Dingen auch das, was vom Gegenüber verstanden wird.

„Unser sprachliches Bild von der Welt entsteht mit Hilfe dreier universeller Gestaltungsprozesse: Generalisierung, Tilgung und Verzerrung. Menschen kommunizieren mit sich selber (Bewusstsein) und miteinander unter Einsatz von Sprache in Wort und Schrift" (NLPedia 2018). Das Gesprochene ist eine verkürzte Darstellung des inneren

Erlebens. Das innere Erleben ist jedoch bei jedem Menschen anders. Daher wird es zwischen den ausgesendeten und den empfangenen Informationen immer eine unterschiedliche Interpretation geben, da jeder Mensch ein unterschiedliches Erleben hat und innere Bilder unterschiedlich ausgeprägt sind.

Um hier nun zwischen Sender und Empfänger eine möglichst große Schnittmenge an Gemeinsamkeit zu erzeugen, empfiehlt es sich, in der Kommunikation Verständnisfragen zu stellen, um sicherzustellen, dass man inhaltlich Übereinstimmung erzielt.

2. Strategie – Plattform
Von entscheidender Bedeutung ist die Wahl des Kommunikationsmittels. Mehr Produktivität in kürzerer Zeit und höhere Rendite sind dabei gleichlautende wichtige Ziele. Einfache Plattformen in der digitalen Zeit sind zum Beispiel WhatsApp oder auch Facebook. Dabei wird die Kommunikation in einer Timeline dargestellt, die auf Dauer, wenn man einmal ältere Informationen suchen möchte, verdammt nervig sein kann. Informationen lassen sich hier schlecht wiederfinden und es entsteht schnell der Eindruck, in einem „Datensee" zu schwimmen.

Gemeinsame Projekte lassen sich auch mittels einer Cloud gestalten. In der Cloud lassen sich zum Beispiel gemeinsame Excel-Tabellen führen, die jedem Beteiligten aktuell zur Verfügung stehen. Je nach Komplexität der Zusammenarbeit benötigt es jedoch viel zusätzlicher Kommunikation, um auf diese Weise gut gemeinsam arbeiten zu können.

Hier noch zwei Beispiele, die ich selber verwende: Für mich eine der stärksten Apps ist Evernote. Diese App ist mittlerweile mein zweites Gedächtnis geworden. Dank OCR-Schrifterkennung finde ich alle, auch jahrealte Informationen wieder. Dies entlastet meinen Schreibtisch ungemein und gibt mir das gute Gefühl, alles im Smartphone dabei zu haben. Die größte Herausforderung war, Evernote zu vertrauen, dass das o. g. Wiederfinden von Informationen auch funktioniert.

Eine ganz starke App für die Teamarbeit ist für mich MeisterTask. Diese Plattform aus deutscher Entwicklung hilft mir dabei, Arbeiten im Team verständlich und klar allen Beteiligten bereitzustellen, egal ob Mindmapping für kreative Prozesse oder Projektarbeiten mit Kollegen. Die benötigte Zeit für aufwendige persönliche Kommunikation wird aufgrund einer klaren Projektstruktur deutlich reduziert und führt damit zu mehr Konzentration auf die eigene Verantwortung im Projekt und zu weniger Rückfragen.

Diese zwei Beispiele sollen aufzeigen, wie die Digitalisierung hilft, mit Plattformen Kommunikation zu beschleunigen und Reibungsverluste zu reduzieren. Sicherlich sind wir eher hier noch am Anfang der Entwicklung. KI (künstliche Intelligenz) wird in Zukunft helfen, vieles bereits Gedachte noch stärker miteinzubeziehen und zu automatisieren. Das Thema Plattform bleibt also spannend!

3. Strategie – Der richtige Kommunikationsmix
Zwar hat sich mit der Digitalisierung die Kommunikation durch den asynchronen Charakter von E-Mails zunächst verlangsamt. Mit dem Einzug von Chats und Instant Messages ist das jedoch wieder anders geworden. Das zeigt sich auch im veränderten

E-Mail-Verhalten. Die Formulierungen sind knapper und formloser. Teilweise wird nur die Betreffzeile genutzt. Audionachrichten haben zu einer weiteren Beschleunigung geführt. Kommunikation wird nur dann als erfolgreich betrachtet, wenn sie schnell und effizient ist.

Wenn dann die Kommunikation digitalisiert ist, führt das teilweise zu Orientierungslosigkeit und Kontrollverlust. Das damit einhergehende fehlende Vertrauen zu den Kommunikationspartnern muss dann wieder persönlich hergestellt werden. Bitte prüfen Sie für sich dann den richtigen Kommunikationsmix, wie im Abschnitt zum „Vertrauen" dargestellt. Im Anschluss ist die Beziehungsebene wieder zunehmend belastbarer und die Kommunikation kann stärker digitalisiert werden. Damit ist auch der Effizienzgewinn wieder da.

12.4 Investoren-Pitch vorbereiten

Während ich in Abschn. 12.1 über die historische Veränderung der Kommunikationsmittel und -formen, in Abschn. 12.2 über die sechs Sozialkompetenzen (Empathie, Kontaktfähigkeit, Auftreten, Einfühlungsvermögen, Selbstsicherheit, Vertrauen) und in Abschn. 12.3 über die drei Strategien, mit zunehmenden Informationsmengen umzugehen, geschrieben habe, möchte ich nun, darauf aufbauend, auf die Konsequenzen daraus für die Vorbereitung eines Investoren-Pitch zu sprechen kommen.

12.4.1 Investoren informieren sich bereits vor dem Pitch

Die Vorstellung, potenzielle Investoren würden sich unvorbereitet zu einem Pitch-Event begeben und man hätte mit dem Pitch eine Art Erstvorstellung, ist unzutreffend. Bei der Finanzierung innovativer Start-ups erkundigen sich Investoren bereits im Vorfeld über das Unternehmen, die Kernidee und die Mitglieder des Teams. In digitalen Zeiten kann man umfangreiche Vorabinformationen einholen. Das beginnt bei den zahlreichen sozialen Medien und endet bei Nachfragen im Umfeld des Start-ups.

Das bedeutet, dass jedem Teammitglied klar sein muss, dass alles, was man in Bezug auf das Start-up sagt oder tut, aber auch private Handlungsweisen, Einfluss haben können bei der Bewertung der Ernsthaftigkeit und Willenskraft eines Teams, ihr Start-up nachhaltig zum Erfolg führen zu wollen.

Ein Beispiel dafür wäre, wenn ein Unternehmensgründer eine spannende Software entwickeln möchte, aber dafür bekannt ist, immer zu spät zu kommen und Termine kurzfristig abzusagen. Das hat scheinbar nichts mit der technischen Expertise zu tun, kann aber bei Bekanntwerden gegenüber dem Investor zu der Einschätzung führen, man habe es mit einer unzuverlässigen Person zu tun. Wenn es dann noch um Investitionen im 6- oder 7-stelligen Bereich geht, kann das ein Entscheidungskriterium sein.

Als Unternehmensgründer ist man quasi ab dem ersten Tag in einer Nonstop-Pressekonferenz, denn alles, was man sagt und tut, kann durch die Informationsempfänger heutzutage sekundenschnell in die soziale Medien einfließen. Das Entrepreneurial Marketing (Kuckertz 2015) ist ein fester Bestandteil der Unternehmensgründung und der Investoren-Pitch eben nur ein Teil davon.

12.4.2 Der erste Eindruck zählt – Investoren-Pitch in wenigen Minuten

Lampenfieber, Aufregung und Vorfreude empfindet man vor einem Investoren-Pitch. Das ist verständlich, denn man steht vor vielen unbekannten Zuhörern, die eine hohe Erwartungshaltung haben, und die Weiterfinanzierung des eigenen Unternehmens steht auf dem Spiel. Im amerikanischen Profibasketball spricht man von der sog. „Crunch-Time", der Endphase eines Spiels wenige Minuten vor Abpfiff, wenn zwei Teams vom Punktestand her sehr eng beieinander liegen. Der Investoren-Pitch ist genau solch eine Situation und es zählt der erste Eindruck.

Das Paradoxe dabei ist, dass der Zuhörer stark auf die Körpersprache achtet und scheinbar weniger auf den Inhalt. Der Wissenschaftler Albert Mehrabian hat in zahlreichen wissenschaftlichen Studien (Mehrabian und Ferris 1967; Russell und Mehrabian 1977; Mehrabian 2017) festgestellt, dass bei Präsentationen vor Menschen 55 % der Zuhörer auf die Körpersprache (Haltung, Gestik, Blick), 38 % auf die Stimmlage und nur 7 % auf den Inhalt achten.

Die Vorstellung, ausschließlich der Inhalt sei bei einem Investoren-Pitch relevant, kollidiert mit der Erkenntnis, dass die Körpersprache und die Stimme maßgeblich den Eindruck beeinflussen. Daher empfiehlt es sich, seinen Pitch zu proben, auf Video aufzunehmen und sich selbst zu betrachten. Dann können Verbesserungsmaßnahmen überlegt werden. Auch die Einschätzung durch Teammitglieder und Außenstehende kann helfen. Der erste Eindruck bleibt und ist nur schwer zu korrigieren, deshalb gehört es zur professionellen Arbeit, sich so auf den Investoren-Pitch vorzubereiten, dass es zwar nach außen hin locker ausschaut, aber stringent und klar strukturiert vorgetragen ist. Der Zuhörer merkt das sofort.

12.5 Fazit

Digitalisierung führt in der Kommunikation zur Beschleunigung und zu einer gefühlten reduzierten Emotionalisierung. Auch die Einführung von Emojis und Sprachnachrichten kann diese reduzierten Kommunikationsformen nicht ausgleichen. Der Aufbau einer vertrauensvollen Ebene für die Kommunikation benötigt nach wie vor das gemeinsame Kennenlernen mit Präsenztreffen. Unser Gehirn kann sich ein komplexes Bild des

Gegenübers nur zusammenstellen, wenn sämtliche Sinneskanäle ein Gesamtbild des Kommunikationspartners ermöglichen.

Auf Basis dieses Gesamtbildes kann in Folge die Kommunikation immer stärker digitalisiert werden. Wird ausschließlich digitalisiert kommuniziert, kommt es in schwierigeren oder emotionaleren Sachverhalten immer wieder vor, dass die Interpretation des digitalen Inhalts nicht 100-prozentig sicher erfolgen kann. Um hier Missverständnisse zu vermeiden, sollten Sie die Digitalisierung reduzieren. Greifen Sie klassisch zum Telefonhörer, führen Sie Videokonferenzen oder treffen Sie Ihren Gesprächspartner persönlich, um hier Klarheit zu erhalten. Finden Sie also eine gute Abmischung aus den unterschiedlichen Formen der Kommunikation.

Der Aufbau von guten sozialen Kompetenzen ist in der digitalisierten Kommunikation die wichtigste Basis, um beschleunigt digitalisiert kommunizieren zu können. Optimale Ausprägungen in den Sozialkompetenzen führen dazu, dass Sie mit Ihrem Gespür gut zwischen den Zeilen lesen können. Kommt es für Sie häufig zu Missverständnissen oder Fehlinterpretationen, wissen Sie nun, dass die Ursache möglicherweise bei Ihnen liegt und Sie Ihre sozialen Kompetenzen weiter schulen sollten.

Diese verschiedenen Perspektiven zum Themenkomplex der Kommunikation sind das Fundament, um als Unternehmensgründer zu verstehen, worauf man beim Investoren-Pitch und natürlich auch in der Zeit davor achten kann. Das Entrepreneurial Marketing (Kuckertz 2015) kann seinen Nutzen nur dann entfalten, wenn die Unternehmensgründer sich der Wissensfundamente über Kommunikation und deren Spielarten, gerade in digitalen Zeiten, bewusst sind. Nur so kann eine bewusste Kommunikationsstrategie bei Start-ups entfaltet werden, bei der ein Investoren-Pitch ein Bestandteil ist, um Risikokapitalgeber zu gewinnen. Aus meiner Sicht gehört zu einer erfolgreichen Innovationsumgebung die Möglichkeit, die kommunikativen Fähigkeiten zu erlernen und zu trainieren. Man verkauft am Ende des Tages das innovative Produkt und sich selbst.

Literatur

Kuckertz A (2015) Zielgruppenorientiertes Entrepreneurial Marketing. In: Kuckertz A (Hrsg) Management: Entrepreneurial Marketing. Springer Gabler, Wiesbaden, S 93–108

Mehrabian A (2017) Nonverbal communication. Routledge, London

Mehrabian A, Ferris SR (1967) Inference of attitudes from nonverbal communication in two channels. J Consult Psycholo 31(3):248

NLPedia (2018) Metamodell. http://nlpportal.org/nlpedia/index.php?title=Metamodell&redirect=no. Zugegriffen: 6. Apr. 2018

Russell JA, Mehrabian A (1977) Evidence for a three-factor theory of emotions. J Res Pers 11(3):273–294

Wikipedia (2018a) Empathie. https://de.wikipedia.org/wiki/Empathie. Zugegriffen: 6. Apr. 2018

Wikipedia (2018b) Vertrauen. https://de.wikipedia.org/wiki/Vertrauen. Zugegriffen: 6. Apr. 2018

Dirk Ludwig ist Unternehmer, Autor und Mittelstandsexperte. Nach einer Profisportlaufbahn wechselte er zunächst angestellt in den Mittelstand. In jungen Jahren folgte der Drang ins Unternehmertum. Gute und schlechte Erfahrungen in Vertrieb und Führung führten dazu, sein Wissen als Trainer und Coach weiterzugeben. Er ist Spezialist für Change-Prozesse und neue Führung.

Zukunftsbild „Digitales Lernen": Das lernende Unternehmen 2025

13

Rainer Mauth

Inhaltsverzeichnis

13.1	Einleitung	191
13.2	Das Innovationssystem „Digitales Lernen"	193
13.3	Methodik der Szenariotechnik	195
13.4	Entwicklungsperspektiven des digitalen Lernens	199
13.5	Zukunftsbild „Digitales Lernen"	200
	13.5.1 Szenario 1: „Individuelle Förderung statt Gießkanne"	200
	13.5.2 Szenario 2: „Mixed Reality statt PowerPoint"	201
	13.5.3 Szenario 3: „Nanodegrees statt interner Lernmedien"	202
13.6	Rahmenbedingungen für das lernende Unternehmen 2025	203
Literatur		204

13.1 Einleitung

Die Begriffe „Digitalisierung", „Industrie 4.0" und „Automatisierung" haben derzeit Hochkonjunktur. Auch wenn in den Medien oft eine lineare und offensichtliche Entwicklung suggeriert wird, lassen sich die Auswirkungen der Digitalisierung vom heutigen Stand aus bestenfalls in Form von Szenarien beschreiben. Ein entscheidender Faktor für das digitale Lernen im Unternehmen wird neben dem Grad der Digitalisierung der Wertschöpfungskette die weitere Entwicklung der Datenschutzgesetze sein. Diese wird

---

R. Mauth (✉)
Mauth.CC GmbH, Erkrath, Deutschland
E-Mail: rainer.mauth@mauth.cc

© Springer Fachmedien Wiesbaden GmbH, ein Teil von Springer Nature 2018
P. Plugmann (Hrsg.), *Innovationsumgebungen gestalten*,
https://doi.org/10.1007/978-3-658-22127-0_13

im Wesentlichen von technologischen Durchbrüchen und gesellschaftlicher Akzeptanz bei der intelligenten Analyse großer Datenbestände (Big Data), der Künstlichen Intelligenz und der Robotik bestimmt werden.

Besonders spannend ist die Frage, ob sich die digitale Datensammlung und die damit verbundene Quantifizierung des privaten Alltages (z. B. durch Smart Watches und Fitnessarmbänder) auch in Unternehmen durchsetzt und zu einer ähnlichen Entwicklung im beruflichen Alltag führt. Für das digitale Lernen würde das bedeuten, dass personenbezogene Daten als Basis für adaptive Lernmanagementsysteme genutzt werden können. Dies würde zu einer Individualisierung beruflicher Weiterbildung führen, weil das Lernmanagementsystem den Lerninhalt aufgrund der Analyse des Lernverhaltens exakt auf den Einzelnen abstimmen könnte. So würde Lernen im Unternehmen automatisiert an die Bedürfnisse des Einzelnen angepasst und Mitarbeiter würden gezielt gefördert. Dies wird nur möglich sein, wenn die Datenschutzgesetzgebung durchlässiger wird für die unternehmensinterne Verarbeitung personenbezogener Daten.

Die innerbetriebliche Weiterbildung in den Unternehmen ist eine wichtige Ressource, um Veränderungen in und außerhalb des Unternehmens zu begegnen. Dafür legen heute die beruflichen oder akademischen Erstqualifikationen eine Basis. Formale Qualifikationen sind für eine erfolgreiche Erwerbsbiografie ein wichtiger, wenn nicht der wichtigste, Erfolgsfaktor. Heute schreiben die meisten Beschäftigten der beruflichen Ausbildung die höchste Bedeutung für den Erwerb beruflich relevanter Fertigkeiten und Kenntnisse zu (Pfeiffer et al. 2016, S. 29). Aber wird das angesichts des digitalen Wandels so bleiben, wenn davon auszugehen ist, dass sich die benötigten Qualifikationsprofile komplett ändern?

Mit der Hilfe digitaler Medien lassen sich Lernangebote zeitlich und örtlich flexibel gestalten. Das Lerntempo kann individuell angepasst werden. Die Verbindung eines Lernmanagementsystems mit persönlichen Bildungshistorien der Mitarbeiter ermöglicht es, Lernprozesse zu gestalten, die individuell weiterqualifizieren, und genau die Kompetenzen zu entwickeln, die im Unternehmen gebraucht werden. Durch Virtual-Reality- und Augmented-Reality-Technologien (VR- und AR-Technologien) ist es möglich, komplexe Entscheidungssituationen zu Trainingszwecken zu simulieren. Über soziale Medien können Mitarbeiter gemeinsam Aufgaben lösen, sich wechselseitig unterstützen und ihre Lernerfolge als Zertifikate präsentieren. Das technologische Potenzial ist groß. Das sogenannte Educational-Technology-Segment (Ed-Tech) in Europa gilt aus Investorensicht seit einigen Jahren als einer der interessantesten vertikalen Märkte.

Schaut man allerdings zurück auf die vergangenen Jahre, so ist die Entwicklung des E-Learnings in allen Bereichen in Deutschland und in Europa stets überschätzt worden: „Optimistische Fehleinschätzungen sind in der E-Learning-Branche seit Jahrzehnten en vogue" (mmb Institut 2016, S. 18). Die Gründe dafür sind vielfältig. Dazu gehören fehlende Akzeptanz bei Management und Mitarbeitern, Unterschätzung der organisatorischen Komplexität sowie eine fehlende Lernkultur in den Unternehmen.

Betrachtet man aber die großen Umwälzungen durch die Digitalisierung, vor denen die Unternehmen und die Gesellschaft stehen, dann stellt sich die Frage: Welche Rolle wird die innerbetriebliche Weiterbildung in den nächsten Jahren für die Unternehmensentwicklung spielen? Wie wichtig werden digitale Lernformen für die innerbetriebliche Weiterbildung? Welche Technologien und Trends werden das digitale Lernen in den Unternehmen bis 2025 überhaupt antreiben?

Dieser Beitrag beschreibt mögliche zukünftige Entwicklungen für das digitale Lernen als Teil der innerbetrieblichen Weiterbildung. Dafür wurde die Szenariotechnik genutzt (Berghold 2011). Ausgangspunkt der Szenarioentwicklung ist eine Analyse der gegenwärtigen Situation mit einer Bewertung der Wirkungszusammenhänge zwischen zukünftig erwarteten Entwicklungen. Dann werden unterschiedliche Projektionen der wichtigsten Entwicklungsfaktoren in alternativen Zukunftsbildern dargestellt. Auch die Szenariotechnik wird kein treffsicheres Zukunftsbild hervorbringen. Sie ist aber hilfreich, Trendaussagen, die mit einer hohen Unsicherheit behaftet sind, zu in sich stimmigen Zukunftsbildern zusammenzufassen.

Die zugrunde liegende Fragestellung der durchgeführten Szenarioanalyse „Digitales Lernen 2025" lautet: Welche neuen Formen und technischen Lösungen des digitalen Lernens werden entstehen und wie werden sich diese auf die betriebliche Weiterbildung im Jahr 2025 auswirken? Die Antwort auf die Fragestellung sind drei technologisch unterschiedlich ausgeprägte Zukunftsbilder. Diese lassen es zu, Rahmenbedingungen abzuleiten, die für Digitalisierung der innerbetrieblichen Weiterbildung kritisch sind.

13.2 Das Innovationssystem „Digitales Lernen"

Der Bereich „Training und innerbetriebliche Weiterbildung" ist eine Hilfsfunktion, die in vielen Unternehmen dem Personalwesen oder der Personalentwicklung zugeordnet ist. Welchen Stellenwert dieser Bereich im Unternehmen hat, ist je nach Branche, Geschäftsmodell, Personalstrategie und Größe des Unternehmens unterschiedlich. Die Frage nach dem Innovationspotenzial des „Digitalen Lernens" als Teil der innerbetrieblichen Weiterbildung ist deshalb keine rein technische, sondern hängt von personalstrategischen Faktoren, der Wettbewerbssituation und den Formen der digitalen Arbeit im Unternehmen ab.

Zum System „Digitales Lernen" im Unternehmen gehören die Unternehmenskultur als Obersystem und die IT-technische Infrastruktur als Untersystem (Abb. 13.1). Die Unternehmenskultur hat Einfluss auf den Wert des Lernens insgesamt. Die IT-Infrastruktur ist die Voraussetzung für die Einbindung von digitalen Lernprozessen in den Unternehmensablauf. Wandelt sich die Rolle der Mitarbeiter in Zukunft noch mehr zum selbstorganisiert handelnden Mitarbeiter, wie es viele Studien voraussagen, dann werden sich auch die Anforderungen an das digitale Lernen verändern. Etablieren sich Multi-Cloud-Umgebungen als IT-Infrastruktur und arbeiten Mitarbeiter in „Social Apps" über Abteilungs- und Unternehmensgrenzen hinweg im Live-Chat zusammen, dann gibt diese Infrastruktur einen Rahmen auch für das digitale Lernen vor.

Die Betrachtung dieses Systems macht verständlich, wo die Herausforderungen für Zukunftsaussagen im Bereich „Digitales Lernen" liegen. Kulturelle und infrastrukturelle Faktoren sind Teil des Innovationssystems „Digitales Lernen". Sie beeinflussen die

Innovationssystem Digitales Lernen

	Vergangenheit	Gegenwart	Zukunft
Obersystem: Unternehmenskultur	Mitarbeiterentwicklung rein auf Performance ausgerichtet, Weiterbildung ist Privatsache, Lernen hat geringen Stellenwert	Träge Lernkultur, ohne strategische Ausrichtung, Weiterbildung ist Incentive, Lernen und Arbeiten sind getrennt	Agiles Management wertet Mitarbeiterzufriedenheit und Lernfähigkeit aus, Weiterbildung ist strategische Ressource, Lernen ist wichtiger Teil des Arbeitens
System: Digitales Lernen im Unternehmen	Corporate Academy bietet monolithische Lernmodule als Ersatz für Präsenzkurse, Lernen findet am PC statt.	Digitales Lernen ergänzt Präsenzlernen (Blended Learning) und wird während der Arbeitszeit durchgeführt, zu einem beträchtlichen Anteil auf mobilen Endgeräten	**Das lernende Unternehmen 2025**
Untersystem: IT-Infrastruktur	Lernmanagementsysteme sind technische "Inseln" auf eigenen Servern, stellen Lerneinheiten bereit und halten Lernstände nach, keine Integration in Unternehmens-IT.	Lernmanagementsystem ist in IT-Infrastruktur integriert, Lernstände werden an HR-System weitergegeben und in Kompetenzen codiert.	Multi-Cloud-Umgebungen verbinden Unternehmensanwendungen über Microservices, das Lernmanagement ist soweit integriert, dass es für den Nutzer nicht sichtbar ist.

Abb. 13.1 Die Entwicklung des digitalen Lernens im Unternehmen wird bestimmt von der Unternehmenskultur und der IT-Infrastruktur. (Quelle: Eigene Darstellung)

Akzeptanz und Realisierbarkeit neuer digitaler Lernangebote, genauso wie der Reifegrad der zugrunde liegenden Technologien sowie Kosten-Nutzen-Aspekte. Wird also nur das digitale Lernen aus Sicht der Verfügbarkeit und Reife von Technologien betrachtet, sind „optimistische Fehleinschätzungen" (s. Abschn. 13.1) eine erklärbare Folge. Denn Lernen erfordert immer eine mehr oder weniger aktive innere kognitive oder affektive Beteiligung eines Menschen. Dies gilt für digital unterstützte Lernformen genauso wie für das Lernen ohne digitale Unterstützung. Das bedeutet wiederum, dass die Innovationen in diesem Bereich nicht nur kompatibel mit der Unternehmenskultur, sondern auch mit den „Lerngewohnheiten" der Menschen im Unternehmen sein müssen, um Akzeptanz zu erreichen. Vermutlich ist dieser Aspekt bei keiner Technologie, die im Unternehmenskontext eine Rolle spielt, so entscheidend wie hier.

Die Begriffe „Digitales Lernen" und „Wissensmanagement" werden in der Praxis oft vermischt. In diesem Beitrag wird unter „Digitalem Lernen" eine Aktivität verstanden, die mithilfe eines digitalen Lernmittels („Lernmedium") dazu dient, beruflich relevante Fertigkeiten zu erwerben, sich also in der beruflichen Praxis im richtigen Moment richtig oder angemessen verhalten zu können. Im Gegensatz dazu hilft Wissensmanagement dabei, im richtigen Moment das richtige Wissen bereitzustellen, meist mithilfe eines digitalen Systems. Wenn also ein Mitarbeiter mithilfe einer Augmented-Reality-Anwendung in einem großen Lagerhaus lernt, welche Warengruppen sich an welchem Ort befinden, dann ist das eine Form des digitalen Lernens. Wenn der Mitarbeiter während des Arbeitsprozesses mit Hilfe von AR in einem Head-mounted Display angezeigt bekommt, wo sich die gesuchte Ware befindet, dann handelt es sich um eine Wissensmanagement-Anwendung, denn der Mitarbeiter wird dadurch nicht zwangsläufig die Fertigkeit erlangen, selbstständig die Ware zu finden.

13.3 Methodik der Szenariotechnik

Die Betrachtung des Ober- und Untersystems des „Digitalen Lernen" macht die grundsätzliche Abhängigkeit einer Zukunftsaussage von den Entwicklungen des Umfelds deutlich. Sie greift aber in vielerlei Hinsicht zu kurz, um Aussagen über mögliche zukünftige Entwicklungen zu machen. Das gesamte Unternehmensumfeld, gesellschaftliche Trends, rechtliche und regulatorische Entwicklungen, Markttrends und neue Technologien werden diese Entwicklung unterschiedlich stark beeinflussen.

Bei der Szenariotechnik werden dazu die Wechselwirkungen der Trends untereinander in einer Vernetzungsmatrix analysiert. Die für die Fragestellung am stärksten wirkenden Trends werden zu Einflussfaktoren, für die in vielen Fällen mehrere Entwicklungsverläufe denkbar und plausibel begründbar sind. Liegen für viele Einflussfaktoren alternative Projektionen vor, so können die verschiedenen Projektionen nicht beliebig zu einem Zukunftsbild zusammengefügt werden. Vielmehr sind die Projektionen so zu kombinieren, dass ein bzw. mehrere in sich stimmige Zukunftsbilder entstehen (Abb. 13.2). Aus den so entwickelten Umfeldszenarien lassen sich die Auswirkungen auf das Thema ableiten (Gassmann und Sutter 2013, 100 ff.).

Die Arbeitswelt wird in den kommenden Jahren durch die Digitalisierung, die globale Vernetzung von Maschinen, Prozessen und Märkten über das Internet sowie den demografischen Wandel geprägt sein. Diese werden vorangetrieben durch neue Organisationsformen der Wertschöpfungskette, neue Geschäftsmodelle und die Verknüpfung der digitalen

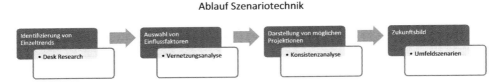

Abb. 13.2 Das methodische Vorgehen in der Szenariotechnik besteht aus vier Schritten. Aus den Umfeldszenarien werden Auswirkungen auf das Thema abgeleitet. (Quelle: Eigene Darstellung)

und physischen Welt (Dönitz und Kimpeler 2016, S. 10). Es ist zu erwarten, dass diese Entwicklungen nicht nur neue Lebensstile prägen und ein neues Verständnis von Arbeit entstehen lassen, sondern auch die innerbetriebliche Weiterbildung massiv verändern werden.

Die dieser Szenarioentwicklung zugrunde liegenden Trends lassen sich in sechs Bereiche bündeln (Abb. 13.3). Dazu gehören die Digitalisierung der Bildungslandschaft

Einzeltrends, die das digitale Lernen beeinflussen

Digitalisierung der Bildung
- Aufbau einer Bildungscloud in Deutschland
- Vermittlung einer Grundkompetenz in IT

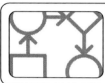

Technologische Megatrends
- Mixed Reality: Integration von VR und AR in Standardanwendungen
- Big Data und Künstliche Intelligenz
- Wearables
- Multi-Cloud-Infrastruktur und Microservices

EdTech-Entwicklungen
- Experience API
- Microcredentials und Nanodegrees
- Adaptive Lernsysteme

Gesellschaftliche Trends
- Alternde Erwerbsbevölkerung, längeres Arbeitsleben
- Neues Verständnis von Privatheit
- Wunsch nach Selbstoptimierung
- Quantifizierung von Leben und Arbeiten

Vernetzung von Maschinen und Dingen
- Automatisierung und Robotik
- Internet der Dinge

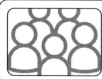

Big Data im Personalwesen
- Datennutzung: Verknüpfung von personenbezogenen Daten
- Einsatz von Workforce-Analytics-Software

Abb. 13.3 Treiber des Digitalen Lernens im Unternehmen. (Quelle: In Anlehnung an Dönitz und Kimpeler 2016, S. 11)

in Deutschland, technologische Megatrends wie Big Data und Künstliche Intelligenz, neue Ed-Tech-Entwicklungen, gesellschaftliche Trends wie die Quantifizierung des privaten Lebens durch Smart Watches und Fitnessarmbänder, Vernetzung von Maschinen und Dingen sowie die Anwendung von Big-Data-Analysen im Personalwesen. Die Gruppierung der identifizierten Treiber im Bereich der gesellschaftlichen Trends und der Vernetzung von Maschinen und Dingen orientiert sich dabei an der Foresight-Studie des Fraunhofer-Instituts für System- und Innovationsforschung (Dönitz und Kimpeler 2016). Diese Studie basiert ebenfalls auf einer Szenarioentwicklung zum Wandel der digitalen Arbeitswelt.

Aus den identifizierten 24 Einzeltrends (Abb. 13.3) wurden mit Hilfe der Vernetzungsanalyse 16 wesentliche Einflussfaktoren identifiziert (Tab. 13.1). Die Leitfragen zur Ableitung unterschiedlicher Ausprägungen der Einflussfaktoren waren:

1. Welche neuen Formen des Arbeitens und Lernens gibt es?
2. Welche Rolle spielt die Qualifizierung für Unternehmen und Individuen?
3. Wie stark wird in neue Formen der Weiterbildung investiert?
4. Wie wirken sich neue Technologien, Arbeitsformen und der dadurch entstehende Marktdruck auf die Rolle und den Stellenwert der innerbetrieblichen Weiterbildung aus?

Tab. 13.1 Die 16 Einflussfaktoren

Vernetztes Arbeiten	Die Wertschöpfung erfolgt verstärkt durch „Creative Digital Crowd Workers" und wird vorwiegend kollaborativ in wechselnden Teams und Projekten erbracht
Flexibilisierung von Arbeit	Aufgrund der individualisierten Lebensstile und technischen Möglichkeiten der Flexibilisierung sind feste Arbeitszeiten und -orte für viele Menschen nicht attraktiv
Mehr Selbstorganisation im Arbeitsleben	Für Erwerbstätige wird die Fähigkeit der Selbstorganisation auch in der Weiterbildung immer wichtiger werden
Wunsch nach Selbstoptimierung	Messungen der eigenen Leistungen und Kompetenzen für Selbstoptimierung und beruflichen Erfolg sind allgemein akzeptiert
Quantifizierung von Leben und Arbeiten	Die digitale Datensammlung, -speicherung und -auswertung im beruflichen und privaten Kontext hat eine Quantifizierung des Alltags zur Folge
Agiles Management	Kontinuierliches Lernen, schnelles Feedback und eine größere Nähe zum Kunden stehen im Mittelpunkt der Unternehmensführung
Mixed Reality: Integration von VR und AR in Standardanwendungen	Augmented- und Virtual-Reality-Anwendungen schaffen kontextsensitiv eine direkte Verbindung zwischen Arbeits- und Lernprozess

(Fortsetzung)

Tab. 13.1 (Fortsetzung)

Big Data und Künstliche Intelligenz	Adaptive Lernsysteme passen Lerninhalte an die aktuellen Lernfortschritte der Lernenden an
Wearables	Wearables werden zu Schulungszwecken eingesetzt, als „Aktivitätserkenner" zur Optimierung des Lernens
Multi-Cloud-Infrastruktur und Microservices	Eine Microservices-Architektur erleichtert die Integration von Lernmanagementsystemen mit dem digitalen Arbeitsplatz, HR- und kommerziellen Anwendungen
Experience API	Mit dem xAPI-Standard werden formale und informelle Lernergebnisse in einem System nachvollziehbar und das Lernen im "offenen" Web kann Teil der Lernhistorie werden
Microcredentials und Nanodegrees	Die „Lehrpläne", die den Nanodegrees zugrunde liegen, werden in Zusammenarbeit mit Unternehmen entwickelt. Damit qualifizieren sich die Absolventen direkt für Jobs insbesondere in High-Tech-Unternehmen
Automatisierung und Industrie 4.0	Maschinen übernehmen Routinetätigkeiten auch in produktionsfernen Bereichen, wie z. B. in wissensintensiven Bereichen der Finanz- und Versicherungsbranche
Internet der Dinge	Die zunehmende Automatisierung durch das Internet der Dinge und selbstlernende Maschinen verändert die Qualifikationsanforderungen und gängige Berufsbilder
Datennutzung: Verknüpfung von personenbezogenen Daten	Die Potenziale von Big Data und künstlicher Intelligenz stehen den Herausforderungen eines fairen Umgangs mit persönlichen Daten in den Unternehmen gegenüber
Einsatz von Workforce-Analytics-Software	Im „War for Talents" arbeitet das Personalwesen stärker mit Big Data und Predictive Analytics, um auf dieser Basis bessere Entscheidungen, zum Beispiel im Recruiting, zu treffen

Die 16 wesentlichen Einflussfaktoren, die das Digitale Lernen in den nächsten Jahren beeinflussen werden

Die so abgeleiteten Ausprägungen stellen eine Fortschreibung des Status quo in mindestens zwei Alternativen dar, meistens eine plausible Verstärkung oder Abschwächung des Einflussfaktors mit unterschiedlichen Eintrittswahrscheinlichkeiten (Tab. 13.1).

Mittels Konsistenzanalyse werden die Ausprägungsalternativen auf Widerspruchsfreiheit geprüft und anschließend drei Szenario-Pfade ausgewählt. Diese Szenario-Pfade stellen unterschiedliche Umfeldszenarien dar (Abschn. 13.5).

13.4 Entwicklungsperspektiven des digitalen Lernens

Das Lernmanagementsystem (LMS) ist heute in den meisten Unternehmen der Mittelpunkt des digitalen Lernens. Dabei kommt meist das über 15 Jahre alte Datenformat für elektronische Lerninhalte SCORM (Sharable Content Object Reference Model) als Standard für den Datenaustausch zwischen Lerninhalten und LMS zum Einsatz. Viele Lernmanagementsysteme sind technische „Inseln" mit nur geringer Integration in die bestehende Unternehmens-IT. Dieses Modell leidet daran, dass es schwer für die Mitarbeiter ist, für ihre Bedarfe geeignete Inhalte zu finden und die Lernmodule oft monolithisch und für das Lernen am Arbeitsplatz zu lang und zu wenig praxisrelevant sind.

Die Weiterentwicklung des SCORM-Standards ist Experience API (xAPI), das zwischen 2011 und 2015 als Industriestandard definiert wurde und heute von vielen Systemen und Autorenwerkzeugen unterstützt wird. Damit ist es möglich, nicht mehr nur die Erfolge in E-Learning-Kursen, sondern auch andere digitale Aktivitäten zu speichern, die ein Mitarbeiter als wichtige Lernerfahrung zählt, zum Beispiel das Ansehen von YouTube-Videos oder die Nutzung einer Sprachlern-App auf dem Smartphone. xAPI bietet also die Möglichkeit, das gesamte Lernen auch außerhalb des Arbeitsplatzes miteinzubeziehen. Allerdings wird das Potenzial des neuen Standards bisher nur wenig genutzt. Teilweise stehen Datenschutzbedenken dem Sammeln und Korrelieren von Daten in sogenannten Learning Record Stores (LRS) entgegen.

Wenn das Lernen am Arbeitsplatz zukünftig sehr viel wichtiger wird als heute, dann wird auch die Bedeutung von kurzen Micro-Learning-Einheiten steigen. Das sind Videos oder Quiz-Apps, die wichtige Lerninhalte in regelmäßigen Abständen wiederholen (das sogenannte „verteilte Wiederholungslernen"). Wichtig ist dabei, zwischen den Wiederholungen immer länger werdende Pausen einzulegen, damit die Lerninhalte im Gedächtnis haften bleiben.

Neue Architekturen der Lernmanagementsysteme setzen auf die Integration in Social-Media-Anwendungen, Personalisierung und Künstliche Intelligenz. Die Systeme aggregieren Lerninhalte aus unterschiedlichen Quellen, sammeln Daten und analysieren das Nutzerverhalten. Sie geben persönliche Empfehlungen zu passenden Lerninhalten individuell für jeden Nutzer. Diese adaptiven Lernsysteme passen die Auswahl der Lerninhalte an die aktuellen Lernfortschritte der Lernenden an. Sie sind in einer Cloud-Architektur aufgebaut, die eine direkte Integration in Unternehmenssoftware erlaubt, sodass das Lernmanagementsystem für den Nutzer als solches nicht mehr sichtbar ist.

Wird das digitale Lernen das traditionelle Lernen in Präsenzveranstaltungen, mit Coaching, Mentoring und Tutoring überflüssig machen? Damit ist nicht zu rechnen. Auch wenn das digitale Lernen immer mehr an Bedeutung gewinnt und das Lernen insgesamt effektiver macht, ist es notwendig, dass Mitarbeiter genug Zeit zur schrittweisen

Umsetzung der neuen Fertigkeiten in der Praxis haben. Diese Aspekte des Praxistransfers werden allerdings in die digitalen Lernprozesse einbezogen und die praktischen Fortschritte zum Beispiel über Wearables an das Lernmanagementsystem zurückgemeldet.

Kollaborationsplattformen und Social Media sind dabei, die Arbeitsprozesse und die Art der Zusammenarbeit in den Unternehmen zu verändern. Der digitale Austausch bis hin zum offenen Impuls-Feedback zwischen Kollegen und mit der Führungskraft können jederzeit geteilt werden und als Indikator im persönlichen Personalentwicklungsprozess eine Rolle spielen.

Durch diese Plattformen werden organisatorische Silos aufgebrochen und die funktionsübergreifende Zusammenarbeit gestärkt. Diese Social-Media-Plattformen bieten sich damit auch als Infrastruktur für die Bearbeitung von Lerninhalten an. Dort werden sie mit anderen geteilt und diskutiert. Im Hintergrund wird der Lernstatus an das Lernmanagementsystem übermittelt. Lernen ist Teil des digitalen Arbeitsplatzes, Seminare sind eine Ergänzung.

Nanodegrees sind Abschlüsse, die durch ein mehrmonatiges, videobasiertes Online-Studium erworben werden. Damit qualifizieren sich die Absolventen ergänzend oder ausschließlich für meist technische Jobs. Sie werden von Online-Plattformen angeboten und könnten in LRS gespeichert und als virtuelles Zertifikat („Badge") an das Lernmanagementsystem des Arbeitgebers übermittelt oder in sozialen Netzwerken zur Selbstdarstellung genutzt werden.

Adaptive Lernsysteme nutzen Künstliche Intelligenz und Big Data. Sie messen laufend den aktuellen Stand der Kompetenz und passen die Schwierigkeitslevels an. In Verbindung mit Mixed-Reality-Anwendungen, der Verbindung von AR- und VR-Technologien, sind realitätsnahe Lernszenarien möglich, die es erlauben, das Kompetenzniveau sehr genau zu ermitteln und den Lernenden gezielt zu fördern.

Wie diese unterschiedlichen Perspektiven des digitalen Lernens zusammenpassen, hängt von den Entwicklungen in den oben genannten sechs Trendbereichen ab. Mithilfe der Szenarioanalyse lassen sie sich in Zukunftsbildern zusammenfassen.

13.5 Zukunftsbild „Digitales Lernen"

13.5.1 Szenario 1: „Individuelle Förderung statt Gießkanne"

Neue Arbeitsformen und ein offener Umgang mit personenbezogenen Daten innerhalb des Unternehmens machen aus Lernmanagementsystemen digitale Lernassistenten
Eine weitreichende Automatisierung und Vernetzung von Maschinen und Prozessen sorgt dafür, dass ganz neue Berufsbilder und Qualifikationsanforderungen entstehen. Der Anteil der Steuerungs- und Kontrollaufgaben sowie von Kommunikations- und Problemlösungsaufgaben wächst. Die Unternehmen bauen die interne Weiterbildung stark aus, da der Markt entsprechend ausgebildete Fachkräfte nur in geringem Maße bietet.

Die Digitalisierung schafft neue Beschäftigungsmodelle wie flexible Teilzeit, neue Arbeitsformen wie Clickworking und kollaborative Wirtschaftsformen. Die Vernetzung von Arbeitsprozessen über Unternehmensgrenzen hinweg wird technologisch stark unterstützt. Gemeinsam genutzte, über soziale Netzwerke und Cloud-Technologien verbundene Anwendungen gehören zum Arbeitsalltag.

Externe, frei arbeitende „Freelancer" haben einen hohen Anteil am Arbeitsmarkt. Sie bewerben sich immer wieder neu um Aufträge und arbeiten in wechselnden Teams. Das führt zu einem hohen Konkurrenzdruck mit der Notwendigkeit der Vermarktung der „beruflichen Fitness" durch Zertifikate und Badges auf Online-Plattformen.

Gleichzeitig haben die Unternehmen den Bedarf, Externe durch effiziente Schulungsmaßnahmen schnell einzugliedern. Denn durch Industrie 4.0 und Digitalisierung erhöht sich der Flexibilitätsbedarf sowie die Komplexität in den Unternehmen weiter. Dies erfordert eine kontinuierliche Qualifikation der Mitarbeiter.

Der Wunsch nach Selbstoptimierung ist stärker als die Bedenken beim Schutz der persönlichen Daten. Auch im beruflichen Umfeld wird die digitale Selbstvermessung akzeptiert, um die eigene Leistungsfähigkeit darzustellen.

Durch gesetzliche Änderungen weichen die Prinzipien der Zweckgebundenheit und Datensparsamkeit in der Datenschutzgesetzgebung auf. Es ist damit leichter, Regelungen für die Verknüpfung von personenbezogenen Daten zu vereinbaren und algorithmische Entscheidungsverfahren zu nutzen. Adaptive Lernmanagementsysteme, die Big-Data-Analysen nutzen, werden zunehmend akzeptiert.

Lernmanagementsysteme sind mit Chat Bots ausgestattet, die als „Lernassistenten" agieren. Sie bieten Vorschläge für weitere Lerninhalte an, die zu dem Kenntnisstand der Lernenden passen. Sie verknüpfen personenbezogene Daten mit großen Datenmengen von außerhalb des Lernmanagementsystems und sind fähig, die Lerninhalte auf der Grundlage des Lernverhaltens des Einzelnen anzupassen. Die Leistungsfähigkeit vor und nach dem Training werden korreliert, um Lernerfolge deutlich zu machen.

Über Kameras in den genutzten Endgeräten werden die Reaktionen, Aktivitäten und der Aufmerksamkeitsstatus der Lernenden überwacht. Diese Informationen werden als Feedback berücksichtigt, sodass ein sehr individueller Qualifikationsstatus an den Lernenden zurückgemeldet werden kann. Dies führt zu ganz neuen Lernanwendungen insbesondere im Bereich von Soft-Skills-Trainings, die den individuellen Lernerfolg anhand von physiologischen Parametern und emotionalen Reaktionen erkennen.

13.5.2 Szenario 2: „Mixed Reality statt PowerPoint"

Steigende Qualifikationsanforderungen und Mixed Reality machen das digitale Lernen effektiver

Aus der Digitalisierung entsteht in den Unternehmen die Anforderung, Prozesse und die neuen digitalen Systemzusammenhänge zu verstehen. Als Folge steigen die Arbeits- und Qualifikationsanforderungen bei allen Beschäftigtengruppen. Dauerhafte Anstellungen überwiegen. Durch die starke Konjunktur, den Fachkräftemangel und die Sozialpartnerschaft in Deutschland sind lose Arbeitnehmerbeziehungen wie mit Clickworkern eher selten. Der Arbeitsmarkt ist ein „Bewerbermarkt", in dem nicht die Arbeitgeber sich für qualifizierte Bewerber entscheiden, sondern die Kandidaten für attraktive Unternehmen. Die Nachfrage nach Weiterbildung und neuen Formen des Lernens innerhalb des Unternehmens steigt massiv an.

Es erfolgt eine enge Vernetzung der digitalen Arbeitsplätze über Unternehmensgrenzen hinweg. Für die Mitarbeiter ist das Lernen aus jeder Anwendung am digitalen Arbeitsplatz heraus jederzeit möglich. Lernen ist Teil des digitalen Arbeitsplatzes, Seminare sind eine Ergänzung.

Der Druck, das Recruiting zu verbessern und Mitarbeiter-Fluktuation zu reduzieren, führt zur Einführung von Workforce-Analytics-Software im Personalwesen. Dies wird möglich durch Betriebsvereinbarungen im Rahmen der geltenden auf Zweckgebundenheit und Datensparsamkeit beruhenden Datenschutzgesetze. Damit ist der Boden bereitet für die Speicherung des Lernverhaltens in Lernanwendungen, die durch AR und VR unterstützt werden.

Durch die AR-Entwicklungskits für Smartphones kommt Augmented Reality in den Massenmarkt. AR-Apps werden von Unternehmen vor allem genutzt, um Informationen in komplexen Entscheidungssituationen bereitzustellen. Durch die Integration von AR-Overlays in Mobile-Learning-Szenarien wird der Praxistransfer des betrieblichen Lernens deutlich verbessert.

Produkte und Produktionslayout liegen in den Unternehmen zunehmend als „Digitaler Zwilling" vor. Die Benutzung von VR-Displays ist benutzerfreundlich, der Aufbau der Infrastruktur kostengünstig möglich. VR wird als Plattform in vielen digitalen Lernanwendungen genutzt.

13.5.3 Szenario 3: „Nanodegrees statt interner Lernmedien"

Trotz Automatisierung und Digitalisierung findet die Digitalisierung des Lernens außerhalb des Unternehmens statt

Die Automatisierung mit digitalen Maschinen führt zu einer starken Ersetzung von Tätigkeitsfeldern. Das geforderte Qualifikationsniveau verschiebt sich gleichzeitig nach unten und nach oben. Begünstigt durch Fachkräftemangel, Zuwanderung und alternde Erwerbsbevölkerung werden Tätigkeiten auf dem mittleren Qualifikationsniveau weniger. Gleichzeitig kommt es zu einer Besteuerung von Arbeit durch eine Maschinensteuer und zu einer Entwertung von Qualifikation, da Maschinen die Arbeit von Gering- und teilweise auch Hochqualifizierten übernehmen.

Berufliche Weiterbildung spielt sich wie bisher zum größeren Teil außerhalb der Unternehmen ab. Es entstehen vermehrt große Weiterbildungsplattformen, die umfangreiche und didaktisch hochwertige Programme auflegen, die durch ein Nanodegree-System zertifiziert werden. Nanodegrees sind von den Unternehmen akzeptiert und wirken karriereförderlich. Auch berufliche Schulen und Universitäten haben Nanodegree-Programme.

Die digitale Selbstvermessung bleibt im Wesentlichen auf den persönlichen Bereich Gesundheit und Ernährung beschränkt. Big-Data-Anwendungen werden einem strikten Datenschutz unterworfen. Eine Verknüpfung von Mitarbeiterdaten aus unterschiedlichen Quellen ist im Unternehmen nicht möglich. Adaptive Lernsysteme und Workforce-Analytics-Systeme können in den Unternehmen nicht genutzt werden. Um die Attraktivität als Arbeitgeber zu verbessern, bieten die Unternehmen umfangreiche Weiterbildungsmöglichkeiten in Kooperation mit externen Online-Akademien an.

Nanodegrees und andere Lernaktivitäten werden in einem persönlichen Learning Record Store (LRS) gespeichert. Die Mitarbeiter entscheiden, welche Abschlüsse, Zertifikate, Badges und Lernaktivitäten sie mit dem Arbeitgeber teilen.

Es gibt keinen wesentlichen neuen Impuls für eine stärkere Integration des digitalen Lernens in die Arbeitsprozesse. Der Standard bleibt die Corporate Academy auf der Basis eines klassischen Lernmanagementsystems.

13.6 Rahmenbedingungen für das lernende Unternehmen 2025

Die drei Zukunftsbilder sind im Wesentlichen ein Ergebnis unterschiedlicher Gewichtungen wirtschaftlicher und technologischer Entwicklungen innerhalb und außerhalb der Unternehmen. Die größten im Rahmen der Vernetzungsanalyse identifizierten „Hebel" sind Automatisierung und Industrie 4.0, die Akzeptanz von Big Data und Künstlicher Intelligenz im Unternehmen und damit zusammenhängend die Fragen des Datenschutzes, insbesondere die Verknüpfung von personenbezogenen Lerndaten.

Die Auswirkungen der Digitalisierung auf Mitarbeiter und Unternehmen stehen heute nicht fest. Es ist aber davon auszugehen, dass neue Berufsbilder und Qualifikationsanforderungen entstehen werden. Dabei kann das geforderte Qualifikationsniveau sich gleichzeitig nach unten und nach oben verschieben (Polarisierung). Als Folge werden Tätigkeiten auf dem mittleren Qualifikationsniveau weniger werden. Genauso könnten die Arbeits- und Qualifikationsanforderungen bei allen Beschäftigtengruppen steigen. Je nachdem ergeben sich unterschiedliche Umfeldszenarien für das digitale Lernen in den Unternehmen (s. Szenario 2 und 3).

Es ist davon auszugehen, dass die Arbeit in einer zukünftigen Industrie 4.0 flachere Hierarchien, neue Teamkonstellationen und Kommunikationsformen mit sich bringen wird und von den Beschäftigten ein hohes Maß an selbstgesteuertem Handeln, kommunikativen Kompetenzen und Fähigkeiten zur Selbstorganisation erfordert (Kagermann et al. 2013, S. 57). Kontinuierliches Lernen, schnelles Feedback und eine größere Nähe zum Kunden stehen dann im Mittelpunkt. Dies wird dazu führen, dass die digitale Lerninfrastruktur mit dem digitalen Arbeitsplatz verschmilzt (s. Szenario 1 und 2).

Ein wichtiger Einflussfaktor ist die Datenschutzgesetzgebung. Denn für die Entwicklung von adaptiven Lernsystemen ist die Verknüpfung von personenbezogenen

Daten notwendig, was derzeit rechtlich schwierig ist. Zwar dürfen nach der EU-Datenschutz-Grundverordnung personenbezogene Daten auch für andere Zwecke als dem ursprünglichen Zweck der Datenerhebung verarbeitet werden, sofern eine vertragliche Grundlage existiert. In der Praxis kann diese vertragliche Grundlage innerhalb des Unternehmens nur eine Betriebsvereinbarung über die Datennutzung sein. Eine Einwilligung eines einzelnen Mitarbeiters im Rahmen eines Arbeitsverhältnisses wird als Rechtfertigungsgrundlage für die Datenverarbeitung nicht reichen (Flockenhaus 2015).

Wenn durch gesetzliche Änderungen die Prinzipien der Zweckgebundenheit und Datensparsamkeit in der Datenschutzgesetzgebung allerdings aufweichen, wird es leichter, Regelungen für die Verknüpfung von personenbezogenen Daten zu vereinbaren und adaptive Lernmanagementsysteme, die Big-Data-Analysen nutzen, können im Unternehmenskontext eingesetzt werden. Darauf baut das Szenario 1 auf. Selbst wenn die Öffnung der Datenschutzgesetzgebung nicht so weit geht, sind auf der Basis von Betriebsvereinbarungen Lernszenarien möglich, die es erlauben, das Kompetenzniveau der Lernenden sehr genau zu ermitteln und dadurch den Lernprozess in Verbindung mit Mixed Reality effektiv zu gestalten (Szenario 2).

In allen Szenarien wird deutlich, dass die Weiterbildung für Unternehmen und Mitarbeiter zukünftig immer wichtiger wird. Weil der Qualifizierungsbedarf zunimmt und eine große Anzahl von Mitarbeitern möglichst individuell fortgebildet werden muss, wird dies nur durch eine erhebliche Ausweitung des digitalen Lernens möglich sein. Dies gilt unabhängig davon, welches der drei beschriebenen Zukunftsbilder 2025 zum Tragen kommen wird.

Literatur

Berghold C (2011) Die Szenario-Technik. Leitfaden zur strategischen Planung mit Szenarien vor dem Hintergrund einer dynamischen Umwelt (1. Aufl). Optimus-Verl, Göttingen

Dönitz E, Kimpeler S (2016) Der digitale Wandel der Arbeitswelt und Herausforderungen für die Bildung. Eine Foresight-Studie des Fraunhofer-Instituts für System- und Innovationsforschung. Hrsg. v. Vodafone Stiftung Deutschland. Fraunhofer ISI. https://www.vodafone-stiftung.de/uploads/tx_newsjson/Vodafone_Stiftung_Fraunhofer-Foresight-Studie_01.pdf. Zugegriffen: 27. Jan. 2018

Flockenhaus, P. (2015): Die rechtlichen Stolperfallen von Big Data. Hrsg. v. Human Resources Manager. Quadriga Media Berlin GmbH. https://www.humanresourcesmanager.de/news/die-rechtlichen-stolperfallen-von-big-data.html. Zugegriffen:28. Jan. 2018

Gassmann O, Sutter P (Hrsg) (2013) Praxiswissen Innovationsmanagement. Von der Idee zum Markterfolg. 3., überarbeitete und erweiterte Auflage, (elektronische Ressource). Hanser, München. http://www.hanser-elibrary.com/action/showBook?doi=10.3139/9783446435131.

Kagermann H, Wahlster W, Helbig J (2013) Umsetzungsempfehlungen für das Zukunftsprojekt Industrie 4.0. Abschlussbericht des Arbeitskreises Industrie 4.0. Hrsg. v. Promotorengruppe Kommunikation der Forschungsunion Wirtschaft – Wissenschaft. Frankfurt/Main. https://www.bmbf.de/files/Umsetzungsempfehlungen_Industrie4_0.pdf. Zugegriffen: 28. Jan. 2018 mmb Institut (2016) Trendstudie zum Digitalen Lernen im Jahr 2025. Schlussbericht. 25 Jahre LEARNTEC – digitale Lernkultur im Wandel. Hrsg. v. mmb Institut – Gesellschaft für Medien- und Kompetenzforschung mbH. Essen. https://www.learntec.de/shared_files/content_files/marketing/schlussbericht-final-20161208-trendstudie-learntec.pdf. Zugegriffen: 26. Jan. 2018

Pfeiffer S, Schlund S, Suphan A, Korge A (2016) Zukunftsprojekt Arbeitswelt 4.0 Baden-Württemberg – Vorstudie Bd. 1. Zusammenführung zentraler Ergebnisse für den Maschinenbau. Fraunhofer IAO und Universität Stuttgart, Stuttgart. https://wm.baden-wuerttemberg.de/fileadmin/redaktion/m-wm/intern/Dateien_Downloads/Arbeit/Arbeitsmarktpolitik_Arbeitsschutz/Arbeitswelt40-BW-2016-Bd1.pdf. Zugegriffen: 26. Jan. 2018

Rainer Mauth verfolgt seit Jahren die Trends im Bereich Digitaler Arbeitsplatz und Educational Technology. Er berät Unternehmen in digitalen Lern- und Veränderungsprozessen und gründete im Jahr 2004 Mauth.CC – Agentur für digitales Lernen. Er ist Executive Master in Business Innovation (M.Sc.) und zertifizierter Organisationsberater sowie Lehrbeauftragter für Technologie- und Innovationsmanagement.

Digitale Plattformen als Innovationstreiber

14

Philip Meier

Inhaltsverzeichnis

14.1 Einführung zu digitalen Plattformen 207
14.2 Wie funktionieren Plattformen? 209
14.3 Was macht Plattformen so erfolgreich? 212
14.4 Welche Branchen bergen Plattform-Potenzial? 213
14.5 Fazit 215
Literatur 216

14.1 Einführung zu digitalen Plattformen

Digitale Plattformen haben technologiebasierte Geschäftsmodelle, die dadurch Mehrwert stiften, dass sie effiziente Interaktion, Kommunikation, Co-Kreation und Austausch zwischen zwei oder mehreren Akteuren ermöglichen (Choudary 2015). Diese Aktionen zwischen den Akteuren finden innerhalb einer vorgegebenen Infrastruktur und im Rahmen eines durch den Plattformbetreiber definierten Regelwerks, der Platform Governance, statt (Massa et al. 2016). Um dieser theoretischen Definition Leben einzuhauchen, wird im Folgenden eine digitale Plattform vorgestellt und analysiert.

Im Jahr 2007 war eine mehrtägig angesetzte internationale Designertagung in San Francisco der Auslöser für die Grundsteinlegung einer der erfolgreichsten Unternehmensgründungen der vergangenen Dekade. Die jungen Designer Brian Chesky und Joe Gebbia stellten fest, dass die Hotelpreise aufgrund der Tagung und weiterer Veranstaltungen in dem

P. Meier (✉)
Volkswagen AG, Wolfsburg, Deutschland
E-Mail: philipmeier@gmx.net

© Springer Fachmedien Wiesbaden GmbH, ein Teil von Springer Nature 2018
P. Plugmann (Hrsg.), *Innovationsumgebungen gestalten*,
https://doi.org/10.1007/978-3-658-22127-0_14

entsprechenden Zeitraum stark angestiegen waren und die Hotelkapazitäten knapp wurden. Sie entschlossen sich kurzerhand dazu, ein paar Luftmatratzen auf den Boden ihrer Dreizimmerwohnung auszulegen und an unterkunftssuchende Designkollegen zu vermieten. Die Idee für AirbedAndBreakfast, heute kurz AirBnB, war geboren (Choudary et al. 2016).

Zehn Jahre nach der initialen Idee ist AirBnB die dominierende digitale Plattform für die temporäre Vermittlung privaten Wohnraums. Das Unternehmen beschäftigt über 3000 Mitarbeiter (Stand 2017), ermöglicht den Nutzern monatlich mehr Übernachtungen als die größten Hotelketten und schmiedet konkrete Pläne, das Angebotsportfolio über die Übernachtungen hinaus auf einen Reise-Rundumservice auszubauen. Wie konnte AirBnB in so kurzer Zeit zu einer solchen Größe und Marktmacht in einem zuvor wirtschaftlich zu vernachlässigenden Feld gelangen?

Neben einem enorm motivierten und talentierten Gründerteam und der äußerst hilfreichen Teilnahme an einem der erfolgreichsten Inkubationsprogramme in den Vereinigten Staaten ist der Charakter der digitalen Plattform ein entscheidender Erfolgsfaktor. AirBnB baut keine neuen Wohnungen. Das Unternehmen schafft keinen neuen Reisebedarf bei den potenziellen Kunden. Es bringt die neu genutzte, aber bereits vorhandene räumliche Kapazität mit dem vorhandenen Bedarf an temporärem Übernachtungsraum zusammen. Diese Nutzung vorhandener Kapazitäten ermöglicht es AirBnB, über Jahre schnell zu skalieren, da es um ein vielfaches einfacher und weniger kapitalintensiv ist, ein neues Wohnungsangebot auf der Plattform anzubieten, als beispielsweise ein neues Hotelgebäude zu errichten. Dabei behält AirBnB die Hoheit über die direkte Kundenschnittstelle und die finanzielle Abwicklung – zwei wichtige Faktoren für den Unternehmenserfolg. Über die Kundenschnittstelle können Marketingaktivitäten gezielt gesteuert werden und das Angebot kann stets kundenzentriert optimiert werden. Darüber hinaus schafft das unabhängige Management der Finanztraktionen Vertrauen bei Wohnungsanbietern und Reisenden und ermöglicht AirBnB die Umsetzung des Monetarisierungsmodells via Vermittlungsgebühr.

Ein professioneller Fotoservice erleichterte frühen Anbietern die attraktive Darstellung der eigenen Wohnung auf dem Portal. Ebenso garantiert eine übersichtliche Website mit relevanten Selektionsmöglichkeiten den Reisenden von Beginn an ein hohes Kundenerlebnis. Durch eine gezielte Wachstumsunterstützung des Angebots und der Nachfrage schaffen Online-Plattformen es, den Nutzen der Aktivität auf der jeweiligen Plattform mit jedem neuen Anbieter und Kunden für neue und vorhandene Anbieter und Kunden exponentiell zu erhöhen. Dieses Phänomen wird als positiver Netzwerkeffekt bezeichnet (Rochet und Tirole 2003). Im Fall AirBnB gestaltet sich dies so, dass jedes neue Wohnungsangebot neue Kunden anzieht, während mehr neue Kunden es einfacher machen, neues Angebot zu vermieten.

Durch eine netzwerkzentrierte, also anbieter- und kundenfokussierte Strategie und die Nutzung digitaler Technologien schaffen es Online-Plattformen wie AirBnB mit verhältnismäßig geringem Kapitaleinsatz, enorm schnell und effizient zu skalieren (Evans 2012). Dadurch kann potenziell eine monopolistische Marktposition eingenommen werden, aus der heraus sich signifikante Gewinnmargen realisieren lassen, anders, als dies in einem umkämpften Wettbewerb der Fall ist (Evans und Schmalensee 2016).

14.2 Wie funktionieren Plattformen?

Eine digitale Plattform kann als ein (mehr oder weniger) komplexes Konstrukt aus Regelwerk, Infrastruktur, Akteuren und Aktionen angesehen werden (Van Alstyne et al. 2016). Um dieses Konstrukt zu beschreiben, lassen sich allerdings durchaus standardisierte und wiederkehrende Komponenten und Prinzipien definieren. Abb. 14.1 stellt die wesentlichen Komponenten einer digitalen Plattform dar, anhand derer sich die jeweilige Plattform beschreiben lässt (Choudary 2015).

Das Geschäftsmodell einer Plattform kennt mit dem Plattform-Betreiber, der Plattform-Architektur, Kunden und Produzenten vier grundlegende Komponenten (Gawer und Cusumano 2013). Als Plattform-Betreiber ist dasjenige Unternehmen anzusehen, welches nach außen sichtbar als Anbieter der jeweiligen Plattform auftritt und Hoheit über die Kunden- und Produzentenschnittstelle besitzt. Darüber hinaus liegt es im Ermessen des Plattform-Betreibers, die eingangs erwähnte Plattform-Governance, also die Spielregeln, welche das Zusammenwirken der einzelnen Komponenten orchestrieren, festzulegen.

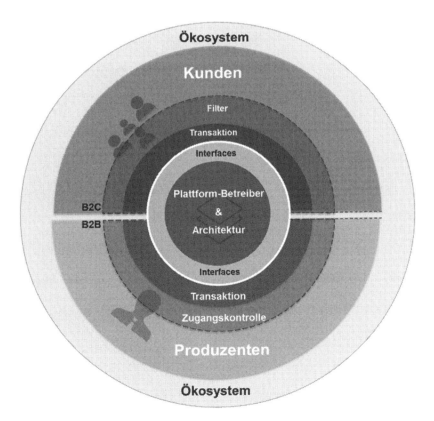

Abb. 14.1 Geschäftsmodellarchitektur auf digitalen Plattformen. (Quelle: Eigene Darstellung)

Unter der Plattform-Architektur ist die zugrunde liegende, technische Infrastruktur zu verstehen, auf deren Basis die Interaktionen zwischen den übrigen Komponenten ermöglicht werden (Choudary et al. 2016). Häufig liegt die Plattform-Architektur in der Hand des Plattform-Betreibers. Ein populäres Beispiel ist die technische Basis der iOS-Plattform, welche durch den Plattform-Betreiber Apple entwickelt wurde, weiterentwickelt und betrieben wird. Ein Zusammenspiel aus separatem Plattform- und Architektur-Betreiber zeigen die Anwendungsfälle der aufkommenden IoT-Plattformen wie Siemens Mindsphere oder GEs Predix. Beide genannten Plattformen greifen hinsichtlich der zugrunde liegenden Architektur auf etablierte Lösungen wie SAP HANA, Microsoft Azure und/oder Amazon Web Services zurück, erfüllen aber dennoch die beschriebenen Charakteristika der Plattform-Betreiber (Gawer und Cusumano 2013).

Kunden und Produzenten wirken als Akteure auf der Plattform und komplettieren die Auflistung der Komponenten. Als Kunden sind in diesem Zusammenhang diejenigen Akteure anzusehen, die die auf der Plattform angebotenen Produkte beziehen oder Leistungen in Anspruch nehmen. Diese Produkte oder Leistungen werden durch die Produzenten oder den Plattform-Betreiber erstellt und angeboten. Das genannte Beispiel der Apple iOS aufgreifend, sind die externen Anwendungsentwickler im App Store Produzenten. Darüber hinaus bietet Apple selbst ausgewählte Apps und Services über den Store oder andere Kanäle innerhalb des Betriebssystems an und tritt somit ebenfalls als Anbieter auf. Dieses Phänomen, dass der Plattformbetreiber eigene Produkte und Services anbietet, ist häufig dann zu erkennen, wenn das jeweilige Produkt oder der jeweilige Service entweder ein hohes Erfolgspotenzial erkennen lässt oder darüber hinaus die Gefahr birgt, sich als eigene Plattform zu etablieren und die Kundenschnittstelle zu besetzen (Van Alstyne und Schrage 2016; Iansiti und Lakhani 2017). Ersteres ist durch den kürzlich veröffentlichten eigenen Musikstreamingdienst von Apple mit einem Beispiel zu belegen, der zu einem großen Anteil durch das generelle Erfolgspotenzial sowie den Proof of Concept des Modells durch Anbieter wie Spotify und SoundCloud motiviert ist. Eigene Services wie „Karten" und „Safari" sind durch die Argumentation um die eigenständige Plattform und Kundenschnittstelle motiviert, da diese Services in sich ein breites Feld komplementärer Anwendungen zulassen.

Die Benutzeroberflächen, über die die Kunden und Produzenten mit der Plattform interagieren, werden im Folgenden als Interfaces bezeichnet (Choudary et al. 2016). Während die Interfaces für die Kunden der Apple-iOS-Plattform die jeweiligen Anwendungen auf dem Smartphone sind, besitzt das primäre Produzenten-Interface den Charakter einer Entwicklungsoberfläche, auf der die jeweiligen Anwendungen programmiert werden. Die Aktivität auf der Plattform gestaltet sich aus Sicht sämtlicher Akteure als ein stetiges Geben und Nehmen. Diese Transaktionen beschreiben den Austausch von z. B. Gütern, Services, Daten oder Werteinheiten. So transferiert der iOS-Nutzer beim käuflichen Erwerb einer Anwendung Geld an den Plattform-Betreiber. Im Gegenzug erhält der Kunde Zugang zur jeweiligen Anwendung. Der Plattform-Betreiber wiederum entlohnt den Produzenten bzw. Entwickler der jeweiligen Anwendung und behält hierbei einen standardisiert festgelegten Anteil ein. Die Qualität des kundengerechten Angebots gilt als entscheidender Wettbewerbsvorteil unter ähnlichen Plattformen. Um eine hohe Qualität des Angebots trotz recht loser Beziehungen zwischen den Akteuren sicherzustellen und dem Kunden ein relevantes Angebot zu präsentieren, bieten Zugangskontrollen und Filter dem Plattform-Betreiber die notwendigen Werkzeuge (Van Alstyne et al. 2016). Die Beziehungen sind insofern lose, als dass es im Fall der iOS-Plattform keine individuellen Verträge zwischen Apple und dem einzelnen Produzenten oder Kunden gibt. Die Interaktionen basieren auf generell festgelegten Spielregeln (Iansiti und Lakhani 2017). Zur Sicherstellung eines qualitativ hochwertigen Anwendungsangebots hat Apple hierzu gewisse technische Standards definiert, denen jede Anwendung gerecht werden muss. Darüber hinaus werden Anwendungen vor der Veröffentlichung manuell inhaltlich geprüft. Ein angenehmes Kundenerlebnis wird durch die Filter- und Vorschlagsfunktionen im iOS-Store sichergestellt. Dem jeweiligen Kunden wird es so ermöglicht, gezielt durch das große Angebot unterschiedlichster Anwendungen zu navigieren. Je individueller der Plattform-Betreiber das Angebot für den jeweiligen Kunden filtern kann, umso angenehmer das Kundenerlebnis (Boudreau 2010).

Generell lassen sich digitale Plattformen in drei Kategorien einteilen. Diese Kategorien heißen Innovationsplattform, Transaktionsplattform und Integrationsplattform (Rochet und Tirole 2003). Auf einer Innovationsplattform bietet der Plattform-Betreiber externen Produzenten die Infrastruktur, auf der Plattform neue Produkte und Services zu entwickeln und den Kunden anzubieten. Apples iOS fällt in diese erste Kategorie. Der Marktplatz des eingangs beschriebenen Wohnraumvermittlers AirBnB stellt ein Beispiel für die zweite Kategorie, die Transaktionsplattform, dar. In dieser Kategorie schafft der Plattform-Betreiber einen Markt, auf dem Produzenten ein vorhandenes Angebot gezielt an eine große Kundengruppe adressieren und für die damit einhergehende Transaktion die vorhandene Infrastruktur nutzen können. Integrationsplattformen vereinen die Eigenschaften der beiden zuvor genannten Kategorien (Choudary et al. 2016). So ist es im Fall des Unternehmens Amazon beispielsweise so, dass ein Zusammenbringen von vorhandenem Angebot und vorhandener Nachfrage stattfindet. Darüber hinaus bietet Amazon durch die bestehende physische und virtuelle Infrastruktur den Produzenten eine Basis zur Entwicklung gänzlich neuer Angebote von Produkten und Services.

Neben den drei beschriebenen Kategorien können digitale Plattformen darüber hinaus hinsichtlich des jeweiligen Offenheitsgrades bewertet und eingeteilt werden (Van Alstyne und Schrage 2016). Je offener eine digitale Plattform und die zugrunde liegende Infrastruktur gegenüber Produzenten und Kunden sind, desto mehr Einfluss und Aktionsspielraum haben die jeweiligen Akteure in ihrem Handeln. In der offenen Plattform übt der Betreiber weniger Kontrolle aus, wodurch das Wachstum begünstigt wird. Ein geschlossener Ansatz kann die Qualität des Angebots positiv beeinflussen, da der Betreiber größere Kontrolle ausübt. Das Beispiel der mobilen Betriebssysteme zeigt allerdings, dass sowohl ein offener Ansatz (Google/Android), wie ein eher Geschlossener (Apple/iOS) sehr erfolgreich koexistieren können.

14.3 Was macht Plattformen so erfolgreich?

An dieser Stelle sind mit einer großen Skalierfähigkeit, einem moderaten Ressourcenbedarf und hoher Effizienzsteigerung für Anbieter wie Kunden drei signifikante Erfolgsfaktoren digitaler Plattformen hervorzuheben (Van Alstyne et al. 2016). Die Erfolgsfaktoren der Skalierfähigkeit bei gleichzeitig moderatem Ressourceneinsatz stehen in direkter Verbindung zueinander. Ein eingehendes Beispiel hierfür ist der amerikanische Ride-Hailing-Anbieter Lyft. Im Wettbewerb mit konventionellen Taxiunternehmen bietet Lyft auf einer digitalen Plattform einen Vermittlungsservice für private Fahrdienstleister an. Die Anbieter nutzen bereits vorhandene Fahrzeuge, um ihren Service anzubieten, wodurch es möglich wird, schnell ein großes Angebot auf der Plattform zu erzeugen. Da Lyft nicht gezwungen ist, eine kostenintensive eigene Flotte aufzubauen, ist ein schnelles Wachstum möglich. Durch die intelligente Koordination der Anbieter und Nachfrager sowie die Übernahme administrativer Vorgänge wie Bezahlung und Identifikation ist es für Anbieter wie Kunden eine enorme Zeitersparnis, einfach eine Autofahrt über Lyft anzubieten bzw. zu buchen.

Tim Goodwyn wird das mittlerweile inflationär gebrauchte Zitat zugesprochen, dass Alibaba als größtes Handelsunternehmen keine eigenen Ladengeschäfte, AirBnB als Anbieter von Übernachtungen keine Hotels und UBER als Anbieter von Mobilität keine Autos besitzt. Ganz so einfach ist es durchaus nicht. Auch in der konventionellen Hotelbranche ist es nicht unüblich, dass die Hotelketten Gebäude von Immobilienfirmen anmieten, statt diese selbst zu errichten, und auch herkömmlichen Taxiunternehmen ist eher das Eigentum am Betrieb eines Taxis via Taxi-Plakette zuzuschreiben, denn der Betrieb einer eigenen Flotte. Dennoch teilen sowohl die Mietverträge mit den Immobilienfirmen als auch die Geschäftsbeziehungen zwischen Taxiunternehmen und Fahrer einen individuellen, langfristig ausgelegten Charakter. Geschäftsbeziehungen zwischen Betreibern digitaler Plattformen, wie AirBnB und UBER, und den jeweiligen Serviceanbietern haben hingegen eine bedeutend losere, standardisierte und skalierbarere Form. Dies ermöglicht den Plattformen das rapide Wachstum.

Ein weiterer Faktor ist die Tatsache, dass die beispielhaft genannten Plattformbetreiber alle erst innerhalb des vergangenen Jahrzehnts gegründet und zu relevanter Größe herangewachsen sind. Damit einher geht, dass keines der Unternehmen „Altlasten" aus der Pre-Internet-Ära zu tragen hat. Im Gegenteil. Alle erfolgreichen digitalen Plattformen zeichnet aus, intensiven und intelligenten Gebrauch neuester Technologien, Algorithmen und Organisationsformen zu machen (Iansiti und Lakhani 2017).

Als Amazon beispielsweise keine adäquate Cloud-Lösung zum Handling der enormen Datenmengen zum effizienten Betrieb der eigenen Handelsplattform finden konnten, wurde kurzerhand ein eigener High-Tech-Dienst aufgesetzt. Mittlerweile hostet Amazon Web Services einen signifikanten Anteil aller Online-Dienste am amerikanischen Markt und ist für einen bedeutenden Bestandteil der Umsätze des Handelsriesen verantwortlich.

Die Algorithmen, die UBER und Lyft zur Routenplanung und zur nachfrageorientierten Preisgestaltung einsetzen, sind hoch anspruchsvoll. Darüber hinaus arbeiten die Unternehmen intensiv am autonomen Fahren, um den größten Kostentreiber ihres Geschäftsmodells, den Fahrer, mittelfristig aus der Kostenkalkulation herausrechnen zu können.

Schnelles Lernen, schlanke Prozesse und flache Hierarchien sind in der Organisation und dem Selbstverständnis der Plattformunternehmen von großer Bedeutung (Gawer und Cusumano 2013). Häufig schaffen sie es dadurch, trotz Infrastruktur- und Umsatzzahlen eines Konzerns die Kultur eines Start-ups beizubehalten.

14.4 Welche Branchen bergen Plattform-Potenzial?

Die Marktdominanz unterschiedlicher Plattform-Betreiber wie Apple oder AirBnB zeigt, dass das Aufkommen einer digitalen Plattform in einem zuvor ausschließlich von linearen Wertschöpfungsmodellen geprägtem Markt oder einer Branche für die Akteure in dem jeweiligen Markt bzw. der Branche disruptive Charakteristiken aufweist. Zur Bewertung einer potenziellen digitalen Disruption haben Mohan Sawhney und Snjay Khosla (2014), Professor für Wirtschaftswissenschaften bzw. Senior Fellow an der Kellog School of Management, drei unterschiedliche Arten der Disruption definiert. Sawhney unterscheidet zwischen den Ebenen Produkt, Markt und Kanal.

Die Disruption auf Produktebene wird **„Servicization"** genannt. Servicization meint, einem physischen oder virtuellen Produkt durch zusätzliche Software Intelligenz hinzuzufügen. Darüber hinaus findet kein einmaliger Verkauf des jeweiligen Produktes mehr statt. Der Service, den das jeweilige Produkt erfüllt, wird in einem Abonnement oder einem nutzungsbasierten Vergütungsmodell vertrieben. Das Beispiel Microsofts Office 365 ist ein Beleg für den aktuellen Trend, dass Anbieter weg von abgeschlossenen Softwareprodukten und hin zu Software-as-a-Service-Modellen wechseln.

Warum ist die Servicization im Kontext digitaler Plattformen relevant? Um ein Produkt oder einen Service nutzungsbasiert monetarisieren zu können, bedarf es eines stetigen Datenaustauschs mit dem jeweiligen Service oder Produkt sowie einer Datenarchitektur, in der notwendige analytische Operationen stattfinden können, um die Nutzung auszuwerten. Darüber hinaus steigern regelmäßige Produktverbesserungen auf Basis gewonnener Erkenntnisse aus der Nutzung sowie zusätzliche Leistungen durch den ursprünglichen Anbieter oder Dritte den Kundennutzen. Eine solide technische Datenarchitektur sowie die datengetriebene Produkt- oder Serviceoptimierung sind grundlegende Schritte von einem linearen zu einem plattformbasierten Geschäftsmodell.

Wer ist betroffen? Anbieter nicht vernetzter Produkte, welche durch eine intelligente Vernetzung und ein nutzensteigerndes Serviceangebot in einem nutzungsorientierten Vertriebsmodell angeboten werden können. Beispiele sind Autos, Sportbekleidung und Uhren.

Sawhney nennt die Disruption des Marktes **„Uberization"**. Hierunter versteht er die Entstehung von Online-Marktplätzen, auf denen wenig ausgelastete Güter oder Arbeitskraft mit entsprechender Nachfrage zusammengebracht und auf Abruf zugänglich gemacht werden kann. Wie der Name bereits vermuten lässt, erfüllt u. a. UBER die genannten Kriterien und weist somit ein Disruptionspotenzial für die Mobilitätsbranche auf. Mit nur 4 % Nutzungsgrad fallen Automobile in Privatbesitz definitiv in die Kategorie der nicht voll genutzten Güter. UBER schafft es, auf dem eigenen Marktplatz ein Angebot privater Fahrer mittels Steigerung der Fahrzeugnutzung zu schaffen. Dieses Angebot wird wiederum mit mobilitätssuchenden Passagieren zusammengebracht, wodurch ein zuvor nicht vorhandener Mobilitätsservice entsteht.

Warum ist die Uberization im Kontext digitaler Plattformen relevant? Die intelligente Orchestrierung eines vorhandenen oder neuen Angebots mit einem vorhandenen oder neuen Kundennutzen liegt im Herzen jedes Geschäftsmodells auf digitalen Plattformen. Hinzu kommt, dass im Fall des UBER-Beispiels weitestgehend auf ein bereits vorhandenes Angebot von Fahrzeugen zurückgegriffen wird. Dieses Vorgehen ist im Sinne einer schnellen Skalierbarkeit ebenfalls charakteristisch für digitale Plattformen und beispielsweise ebenfalls bei AirBnB (vorhandener Wohnraum), Lynjet (vorhandene Privatjets) oder Pager (vorhandene Mediziner) zu beobachten.

Wer ist betroffen? Hersteller und Anbieter von Gütern und Dienstleistungen, die über einen geringen Nutzungs- und einen hohen Standardisierungsgrad verfügen. Beispiele sind Werkzeugmaschinen, Jachten und Webdesign-Dienstleistungen.

Eine digitale Disruption auf der Ebene des Vertriebskanals nennt Sawhney **„Amazonization"**. Die Amazonization beschreibt den Prozess, Mittelsmänner aus einer Transaktionskette zu entfernen und so eine direkte Kunde-zu-Produzent-Beziehung zu schaffen. Diese dritte Form der digitalen Disruption ist im Grunde unter dem Schlagwort Onlinehandel zusammenzufassen. Selbst in traditionell durch Mittelsmänner oder Direktvertrieb organisierten Branchen wie dem Stahl- oder dem Automobilhandel ist die Entstehung von Online-Vertriebsplattformen zu erkennen. Beispielsweise hat der Stahlproduzent Klöckner jüngst mit Klöckner.i eine Digitaleinheit ausgegründet, deren initiale Aufgabe es ist, eine eigene Handelsplattform für Industriestahl zu entwickeln und zu etablieren.

Warum ist die Amazonization im Kontext digitaler Plattformen relevant? Über den Einsatz digitaler Vertriebsplattformen und direkten Online-Handel ist es möglich, physische Händlernetze und Mittelsmänner auszuklammern und dabei durch einen direkten Kundenkontakt wertvolle Daten zu sammeln. Um eine akkurate Vertriebsplattform aufzubauen und Kundendaten wertstiftend auszuwerten, sind die zuvor beschriebenen Charakteristiken digitaler Plattformen zu berücksichtigen.

Wer ist betroffen? Unternehmen, die als Zwischenhändler zwischen Produzenten und Kunden fungieren und dabei einen geringen Mehrwert leisten. Beispiele sind Immobilienmakler, Aktienbroker und Automobilhändler.

Als Antwort auf eine mögliche Bedrohung durch die Disruption durch eine neue, digitale Plattform stellt Sawhney vier Stoßrichtungen zur Auswahl:

1. *Aufbau einer eigenen Plattform.* Als Beispiel dient hier das amerikanische Medienunternehmen HBO, welches, durch die Video-On-Demand-Dienste Netflix und Amazon Prime Video inspiriert, mit HBO GO jüngst einen eigenen Streaming-Dienst an den Start gebracht hat und seine vorhandene Reichweite und vorhandene Partnerschaften nutzt, um die eigene Plattform voranzubringen.

2. *Übernahme des potenziellen Disruptors.* Automobilhersteller General Motors übernahm in diesem Zusammenhang beispielsweise 2016 das Software-Start-up Cruise, welches an der Entwicklung eines Betriebssystems für autonome Fahrzeuge arbeitet.
3. *Anpassung und Transformation des eigenen Wertversprechens.* Die Erweiterung des eigenen Angebotsportfolios, die Öffnung der eigenen Plattform und eigener Schnittstellen und der Aufbau eines Ökosystems um ein vorhandenes Produkt ist sehr anschaulich am Beispiel des ersten iPhone-Modells zu erkennen, welches von Steve Jobs und Apple zunächst als abgeschlossenes Produkt angeboten und erst nach einigen Monaten um die iPhone-Plattform erweitert wurde.
4. *Digitalisierung des eigenen Unternehmens.* Video-On-Demand-Anbieter Netflix startete den Versandverleih für physische Filmträger, als das Unternehmen den Kampf im ladenbasierten Videoverleih gegen den damaligen Platzhirsch Blockbuster verloren hatte. Mit dem Aufkommen des Internets und der Digitalisierung der Filmträger wandelt sich Netflix zu einem Internetunternehmen und stellt den Versandhandel komplett ein.

14.5 Fazit

Einzelne digitale Plattformen sind aufgrund ihrer beschriebenen Charakteristiken in den vergangenen Jahren zu monopolistischer Marktmacht herangewachsen und es scheint, dass Wettbewerber aus traditionellen Unternehmen oder neue Start-ups nicht mehr aufschließen können. In der Vergangenheit gab es allerdings durchaus Beispielfälle, die belegen, dass das Aufkommen einer neuen Technologie oder ein besseres Kundenverständnis dazu führten, dass führende Plattformen abgelöst wurden. Besonders der Punkt des Kundenverständnisses im Zusammenhang mit den auf Plattformen so relevanten Netzwerkeffekten ist ein enorm wichtiger (Zott et al. 2011). Ein Beispiel, das dies deutlich macht, ist der Markteintrittsversuch der amerikanischen Handelsplattform eBay in China. Durch die Übernahme der zu dieser Zeit dominanten eCommerce-Plattform EachNet schaffte eBay scheinbar optimale Voraussetzungen, den chinesischen Markt schnell zu erobern. Es stellte sich aber heraus, dass eBay hinsichtlich der Kundengruppe auf der Plattform einen fatalen Fehler machte. Während das Wachstum des Geschäfts in Amerika überwiegend von Modeprodukten und Konsumgütern getrieben wurde, dominierten High-Tech-Spezialprodukte den Handel auf EachNet. Durch eine strategische Intervenierung versuchte eBay, das Angebot auf EachNet um Mode und Konsumgüter zu erweitern, doch dies hatte negative Effekte. Sowohl vorhandene Kunden mit Technikinteresse wie neue Anbieter von Modeartikeln konnten nichts miteinander anfangen und so wurde die Plattform für beide Gruppen uninteressant. Taobao, ein Start-up der Alibaba Gruppe, erkannte das Marktpotenzial einer Handelsplattform für Mode und Konsumgüter zu einer Zeit, in der das Unternehmen im Technikbereich nicht mehr mit EachNet konkurrieren konnte. Durch den initialen Fokus auf die richtigen Kunden- und Anbietergruppen schaffte es Taobao, EachNet und eBay als dominierende Plattform abzulösen.

Im Kontext Innovationsumgebungen spielen digitale Plattformen insofern eine bedeutende Rolle, dass sie die Basis für kollaborative Innovationsprozesse bieten können. Ein Beispiel hierfür sind die mobilen Betriebssysteme iOS und Android. Die Softwareentwicklungsumgebungen und der jeweils angeschlossene Marktplatz bieten Innovatoren eine hervorragende Umgebung, eigene Ideen umzusetzen, zu testen und anzubieten. Zum anderen können Innovationsplattformen wie Jovoto als eigenes Innovationsökosystem fungieren. Auf Jovoto schreiben Partner konkrete Problemstellungen aus, welche von den Plattformteilnehmern mit konkreten Lösungsideen beantwortet werden. Die Intensivierung erfolgt durch eine Prämie für den oder die Gewinner. Abschließend ist festzuhalten, dass ein Grundverständnis zu digitalen Plattformen aufgrund der aktuellen Relevanz der Thematik für etablierte Unternehmen wie Start-ups von gleichermaßen großer Bedeutung ist, wenn es darum geht, ein skalierbares und nachhaltig profitables Geschäftsmodell um eine Service- oder Produktinnovation aufzubauen.

Die Schlüsselerkenntnisse aus diesem Kapitel sind die folgenden:

1. Digitale Plattformen sind in ihrem wenig kapitalintensiven und schnell skalierbaren Charakter ein kraftvolles Modell, um in aktuell linear organisierten Märkten rapide Marktanteile zu gewinnen.
2. Um eine digitale Plattform aufzubauen und erfolgreich zu betreiben, gilt es, die Schlüsselkomponenten zu kennen und richtig auszuwählen. Darüber hinaus gilt es, Erfolgsprinzipien wie das datengetriebene Treffen von Entscheidungen oder die Fokussierung auf Kernkompetenzen zu befolgen.
3. Auch und gerade in Zeiten schnellen, technologischen Wandels ist die Auswahl der richtigen Kundengruppe zum passenden Wertversprechen unabdingbar für den Erfolg jedes Geschäftsmodells.

Literatur

Boudreau K (2010) Open platform strategies and innovation: granting access vs. devolving control. Manag Sci 56(10):1849–1872

Choudary S (2015) Platform scale – how an emerging business model helps startups build large empires with minimum investment, 1. Aufl. Platform Thinking Labs, Boston

Choudary S, Parker G, Van Alstyne M (2016) Platform revolution: how networked markets are transforming the economy – and how to make them work for you, 1. Aufl. Norton, New York

Evans DS (2012) Governing bad behavior by users of multi-sided platforms. Berkeley Technol Law J 27(2):1201–1250

Evans DS, Schmalensee R (2016) The businesses that platforms are actually disrupting. Harvard Business Review, Cambridge

Gawer A, Cusumano MA (2013) Industry platforms and ecosystem innovation. J Prod Innov Manag 31(3):417–433

Iansiti M, Lakhani KR (2017) Managing our hub economy. Harv Bus Rev 95(5):84–92

Massa L, Tucci C, Afuah A (2016) A critical assessment of business model research. Acad Manag Ann 11(1):73–104

Rochet J-C, Tirole J (2003) Platform competition in two-sided markets. J Eur Econ Assoc 1(4):990–1029
Sawhney M, Khosla S (2014) Fewer bigger bolder – from mindless expansion to focused growth, 1. Aufl. Penguin Group, London
Van Alstyne M, Schrage M (2016) The best platforms are more than matchmakers. Harv Bus Rev 94(8). https://hbr.org/2016/08/the-best-platforms-are-more-than-matchmakers. Zugegriffen: 18. Juni 2018
Van Alstyne M, Parker G, Choudary S (2016) Pipelines, platforms, and the new rules of strategy. Harv Bus Rev 94(4):54–60
Zott C, Amit R, Massa L (2011) The business model: recent developments and future research. J Manag 37(4):1019–1042

Philip Meier studierte Fahrzeugtechnik (B.Eng.) und Innovationsmanagement (MBA) in Wolfsburg und Braunschweig. Nach Abschluss seines Studiums war er zunächst zwei Jahre innerhalb der Internationalen Logistik des Volkswagen Konzerns tätig, wo er bereits erste Projekterfahrung in Innovationsprojekten sammeln konnte. Seit 2016 baute Herr Meier den neu entstandenen Digitalisierungsbereich des Konzerns mit auf und verantwortete das Themenfeld der Geschäftsmodellinnovationen im Kontext von Industrie 4.0. Hier spielten sowohl die aktive Beschäftigung mit Innovationsumgebungen wie die Konzeptionierung und Umsetzung digitaler Plattformen relevante Rollen. Seit 2018 ist Philip Meier Doktorand am Alexander von Humboldt Institut für Internet und Gesellschaft in Berlin, wo er zu den Chancen und Risiken neuer Technologien wie Blockchain, Künstliche Intelligenz und Autonomem Fahren auf die Geschäftsmodelle von Mobilitätsanbietern forscht.

IT-Innovation – eine persönliche Zeitreise von Impulstechnik bis zum Digital Workplace

15

Heiko Naß

Inhaltsverzeichnis

15.1	Über mich und wie es dazu kam, mich an diesem Buch zu beteiligen	220
15.2	Was ist Innovation?	221
15.3	Die Nixdorf Computer AG – Beginn der Digitalisierung am Arbeitsplatz	223
15.4	Ein Internetcafé der besonderen Art – woran gute Ideen oftmals scheitern	224
15.5	Digitalisierung, Collaboration und wie Menschen arbeiten – Digital Workplace	227
15.6	Fazit meiner Reise	235
Literatur.		237

In diesem Beitrag möchte ich Ihnen kleine Geschichten und Episoden über Begegnungen mit vermeintlichen Innovationen aus fast 30 Jahren Berufsleben vorstellen. Alles, was ich berichte, habe ich in unterschiedlichen Rollen selbst erlebt, ob als Auszubildender, Softwareprogrammierer, Vertriebler, Service-Techniker, Projektmanager, Führungskraft oder Unternehmer.

Alle Geschichten beruhen auf tatsächlichen Erlebnissen, Namen und Einzelheiten habe ich jedoch zum Teil abgewandelt. Ähnlichkeiten mit lebenden oder verstorbenen Personen oder Unternehmen sind somit rein zufällig und nicht beabsichtigt.

Ich erlaube mir, dich, verehrten Leser, im Folgenden mit „Du" anzusprechen. Das ist im Umfeld von kreativen Arbeitsgruppen, Start-ups, Digitalen Units und dem Sport üblich.

H. Naß (✉)
Centracon AG, Leichlingen, Deutschland
E-Mail: heiko.nass@centracon.com

© Springer Fachmedien Wiesbaden GmbH, ein Teil von Springer Nature 2018
P. Plugmann (Hrsg.), *Innovationsumgebungen gestalten*,
https://doi.org/10.1007/978-3-658-22127-0_15

15.1 Über mich und wie es dazu kam, mich an diesem Buch zu beteiligen

Ich habe im April 1967 in Leverkusen, als jüngstes von 3 Kindern einer Arbeiterfamilie, das Licht der Welt erblickt. Damals war das Licht noch oft vom Rauch und Qualm der stinkenden, großen Chemiefabrik verhüllt. Die Flüsse Rhein und Wupper rochen durch die eingeleiteten Abwässer der Industrie übel und auch Fische waren eher selten zu sehen. Dank Innovationen können meine Kinder heute in der Wupper baden und dabei Flusskrebse und Fische beobachten. Die Flusskrebse der Wupper werden inzwischen sogar als regionale Delikatesse angeboten. Ist doch positiv verrückt, oder?

Mit 15 fing ich an, mit Nebenjobs Geld zu verdienen, damit ich meine Familie finanziell entlasten und mit ruhigem Gewissen mein Abitur machen konnte: Kästen stapeln in der Getränkeabteilung unseres Supermarktes, und in den Sommerferien hatte ich das große Glück, in der ansässigen Chemiefabrik, in der gefühlt alle Menschen meiner Stadt eine Arbeit hatten und auch alle zukünftigen Generationen bestimmt sicher Arbeit finden würden, arbeiten zu können. Als Lagerarbeiter sortierte ich Chemikalien und Laborbedarf oder ich war als Spülkraft angestellt und spülte die Gläser aus dem Labor. Computer waren eigentlich nie mein Ding. Während Freunde Tage und Nächte mit ihrem Sinclar ZX81 und später ihrem Amiga der Firma Commodore (damals Hauptsponsor von FC Bayern München) verbrachten, zog es mich eher auf die grüne Wiese, um zu kicken, und zum Glück hatten damals noch nicht alle einen Computer, sodass ich dort niemals alleine und ohne Mitspieler dastand. Das Leben nahm seinen Lauf und ich landete zur Überraschung vieler im Frühjahr 1988 über ein paar Umwege bei einem Unternehmen, von dem ich noch nie etwas gehört hatte, der Nixdorf Computer AG. Ich absolvierte die Ausbildung zum Fachberater Softwaretechniken und ich entwickelte auf einmal Software, beherrschte diverse Programmiersprachen und fand diese Innovation wirklich spannend. Später wechselte ich zu einem Systemhaus, das sich mit innovativen Client- Server-Infrastrukturen auf Basis von OS/2 beschäftigte, entwickelte neue Themen und sorgte für ein ordentliches Wachstum des Unternehmens, welches später auf der Welle des Neuen Marktes ritt. Es kamen weitere Stationen hinzu, in denen ich als Berater, Projektmanager und Führungskraft aktiv war. Seit 2004 bin ich nun als Vorstand und Consulting-Partner der Centracon AG aktiv, einer der eher unbekannteren Pioniere Deutschlands zum Thema Digital-Workplace.

Wie du feststellen kannst, bin ich jemand, der durch Arbeit und das Anpacken geprägt ist. Projektmanagement und strukturiertes Arbeiten liegen mir mehr als Visionäres. Ich besitze keinen akademischen Titel und bin bisher wenig mit den Methoden des Innovationsmanagements in Berührung gekommen, es waren eher unternehmerische und projektbezogene Überlegungen und Aktivitäten. Und wie kommt es dazu, dass ich einen Beitrag zu diesem Buch leiste? Ich denke, wir alle sind in irgendeiner Form und Tiefe in diesem Ökosystem aktiv, auch wenn wir nicht im Lead dazu sind. Als Centracon sind wir Mitglied des Bundesverbandes der mittelständigen Wirtschaft und man fragte mich, ob ich mich an einem Workshop zum Thema Innovationsmanagement beteiligen möchte – im Zeitalter der Digitalisierung sind Menschen mit IT-Know-how zu solchen Themen gefragt. So trafen wir uns in einer „bunten" Runde von Menschen. Geschäftsführer, Projektmanager, Finanzexperten, Produzenten, Innovationsmanager und auch ein Zahnarzt waren dabei. Jeder berichtete aus seiner Perspektive und seinem Unternehmen, von den Herausforderungen und den Erfolgen und Teilerfolgen. Auch mein Beitrag bestand in dem Berichten von meinen Erlebnissen und meinen Erfahrungen, die mir im Verlauf meines Berufslebens begegnet sind, und der Ableitung von Thesen und Fragestellungen dazu. Jemand befand, dass ich einiges aus der Praxis zum Thema Innovation zu bieten habe, und fragte, ob ich nicht Interesse hätte, meine Erfahrungen in diesem Buch mit anderen zu teilen. Mich motivierte die Idee, dass die Inhalte und auch die Form nicht vorgegeben wurden und somit die Vielfalt und unterschiedlichen Perspektiven zum Ausdruck gebracht werden können. Es erwartet dich in diesem Beitrag keine wissenschaftliche Abhandlung, sondern Geschichten und Episoden, über die wir heute schmunzeln können, die aber einiges Lehrreiches in sich haben. Ich wünsche viel Spaß beim Lesen!

15.2 Was ist Innovation?

Wir kommen direkt zum vermeintlich langweiligen Teil. Ich bin gerade dabei, meinen Beitrag zu schreiben und habe auf einer Weihnachtfeier eines Partners ein paar neue Leute kennenlernen dürfen. Gemütlich bei einem Glühwein fragte ich einen Softwareentwickler, ob er mir sagen könne, was Innovation ist. Die Antwort lautete sinngemäß: „Eine Innovation ist etwas Neues … eine neue Idee …etwas, was es noch nie gegeben hat…" Genau das werden die meisten unter Innovation verstehen und diesen Begriff auch so im Alltag benutzen. Zu Beginn stelle ich mir also die Frage: „Was ist Innovation genau?" Bei solchen Fragestellungen gibt es zwei Quellen die ich gerne initial zurate ziehe.

Quelle 1, das Gabler Wirtschaftslexikon (Springer Gabler Verlag 2018):

> Bisher liegt kein geschlossener, allg. gültiger Innovationsansatz bzw. keine allg. akzeptierte Begriffsdefinition vor.

WOW! Bei vielen Dingen rechne ich ja inzwischen damit, dass sie nicht definiert sind. „Alle" glauben, sie reden vom „Gleichen" und wundern sich das ein oder andere Mal über die Perspektive und die Meinung des Gegenübers, ich natürlich eingeschlossen. Manchmal ist es gut nachzufragen, was der andere wirklich meint und was er darunter versteht. Frei nach dem Motto „Dumme Fragen gibt es nicht" kann das helfen, das Potenzial für folgenschwere Missverständnisse zu minimieren. Manchmal braucht es jedoch Mut, um die angeblich dumme Frage zu stellen, und oft auch Beharrlichkeit und Wiederholungen, um eine Antwort darauf zu erhalten.

Doch zurück zur Definition von Innovation. Zum Glück gibt es noch einen weiteren Auszug aus dem Gabler Wirtschaftslexikon (Springer Gabler Verlag 2018):

> Gemeinsam sind allen Definitionsversuchen die Merkmale: (1) Neuheit oder (Er-)Neuerung eines Objekts oder einer sozialen Handlungsweise, mind. für das betrachtete System und (2) Veränderung bzw. Wechsel durch die Innovation in und durch die Unternehmung, d.h. Innovation muss entdeckt/erfunden, eingeführt, genutzt, angewandt und institutionalisiert werden.

Als interessant und wichtig erachte ich den Part „…mind. für das betrachtete System…", denn dies bedeutet, dass wir uns die Frage stellen müssen: „Für wen ist es eine Innovation?" Innovationen verändern nicht zwingend die Welt oder gesamte Branchen. Es gibt sie auch im Kleinen und im Kleinen sind mir einige Innovationen begegnet bzw. habe ich diese auch mitgeprägt.

Fragen wir noch meine zweite Quelle, die weniger wissenschaftlich ist, aber oft einen guten und einfachen Überblick verschafft: Wikipedia. Dort ist nachzulesen (Wikipedia 2018a):

> Innovation heißt wörtlich „Neuerung" oder „Erneuerung". Das Wort ist vom lateinischen Verb innovare (erneuern) abgeleitet. In der Umgangssprache wird der Begriff im Sinne von neuen Ideen und Erfindungen und für deren wirtschaftliche Umsetzung verwendet. Im engeren Sinne resultieren Innovationen erst dann aus Ideen, wenn diese in neue Produkte, Dienstleistungen oder Verfahren umgesetzt werden, die tatsächlich erfolgreiche Anwendung finden und den Markt durchdringen.

Wenn ich mir diese Merkmale vor Augen halte, dann weiß ich jetzt auch, warum ein VW Golf Country damals keine Innovation im Sinne der Definition war. Er war lediglich eine innovative Idee, die aus einer Designstudie entstanden ist. Er war nicht nur ein neues Produkt, sondern auch ein neuer Autotyp: eine Mischung zwischen Straßen- und Geländewagen und damit eine Kombination aus martialischem Aussehen, eher geringem Nutzwert und daraus entstehendem hohen Kraftstoffverbrauch. Von einer Marktdurchdringung dieses Autotyps können wir zu diesem Zeitpunkt, Anfang der 90er Jahre nicht sprechen, es wurden weltweit 7735 Stück produziert und die Produktion wurde nach etwas mehr als einem Jahr wieder eingestellt. Somit war das Modell zu diesem Zeitpunkt einer der eher größeren Flops bei Volkswagen. Jedoch zeigt auch dieses Beispiel, dass für den Erfolg einer innovativen Idee auch der richtige Zeitpunkt wichtig ist. Heute sind Autos, die dem Sport-Utility-Vehicle-Konzept (SuV) folgen, durchaus erfolgreich. Nahezu jeder Hersteller hat diese im Sortiment, um auf der SuV-Welle mitschwimmen zu können. Ein VW Golf Country war somit ein Vorgänger der heutigen so erfolgreichen SuVs. Zudem war er nahezu das einzige Auto auf dem Markt, was diesem Konzept folgte, ein echter Exot eben und weniger eine Innovation.

Ein anderes Beispiel, ca. aus dem Jahr 2002: Es wurde die „Windows XP Tablet PC Edition" vorgestellt, mit der Microsoft die Idee der sogenannten neuen Tablet PCs pushen wollte. Genutzt werden sollte diese Variante des Betriebssystems mittels eines neuen, alten Kommunikationsmittels – dem Stift. Damit ausgestattete Notebooks haben einen Touchscreen, oder die Geräte sind reine Tablet PCs mit externer Tastatur. Ein Kollege hatte damals ein solches Spielzeug, wie wir es nannten. Wir machten oft freundschaftliche Späße dazu und fragten z. B. den Kollegen in der Kantine, ob er sein Tablet mitnehme, um darauf seinen Teller abzustellen? Einen anderen Sinn konnte so ein Teil doch nicht wirklich haben. Wir ahnten nicht, dass der Kollege eigentlich nur der Zeit voraus war. Wie wir nun wissen (ggf. hältst du gerade ein iPad in der Hand und liest dieses Buch), war die innovative Idee nicht schlecht. Sie kam jedoch zu früh und für eine echte Marktdurchdringung fehlte es an technologischen Möglichkeiten und vor allem einem Ökosystem, das in Summe Nutzen beim Anwender stiftet, denn dafür braucht es mehr als ein Betriebssystem und ein Endgerät. Was wäre ein iPad oder ein androidbasiertes Tablett z. B. ohne Zugang ins Internet und ohne Appstore mit vielen tausend Anwendungen, die mal innovativ, mal einfach nur hilfreich sind? Auf Basis von diesem Ökosystem sind auch schnell neue Geschäftsmodelle entstanden, die wiederum einen Nutzen für den Anwender darstellen.

Dies sind beispielhaft zwei innovative Ideen aus der Historie, und wenn wir darüber nachdenken, werden uns viele weitere Dinge einfallen, bei denen es ähnlich war und ist. Ich glaube, dass wir gewisse Muster wiedererkennen können. Ich möchte aber zunächst noch etwas in der Historie bleiben und starte mit der ersten Station meines beruflichen Lebens.

15.3 Die Nixdorf Computer AG – Beginn der Digitalisierung am Arbeitsplatz

Das Unternehmen habe ich Ende der 80er Jahre zu Beginn meines Berufslebens kennengelernt. Heinz Nixdorf, der Gründer und sicherlich ein Innovator seiner Zeit, war leider schon verstorben. Sehr plötzlich an einem Abend auf der Cebit, die damals als Messe für Computertechnologie im rasanten Wachstum war, später dann goldene Zeiten durchlaufen hat. Heute kämpft man um jeden Besucher und versucht, mit anderen Konzepten Menschen dazu zu bewegen, diese Messe zu besuchen. Ein schwieriges Unterfangen, wo doch alle Informationen digital abrufbar sind und man die jeweiligen Experten und Ansprechpartner via Social-Media-Angeboten à la Twitter, LinkedIn, Xing usw. ausfindig macht, um anschließend ein Webmeeting oder eine interkontinentale Videokonferenz zu führen. Das heutige Konzept hat sich daher gewandelt und die Cebit ist weniger eine klassische Messe, sondern positioniert sich als modernes Business-Festival für Innovationen und Digitalisierung. Die Digitalisierung hat auch hier Geschäftsmodelle verändert.

Aber zurück zu Nixdorf. Das Unternehmen ist (wie es sich für ein Computerunternehmen gehört) quasi in der „Garage" mit dem Namen „Labor für Impulstechnik" entstanden und stetig und schnell gewachsen. Mit seinem Erfolg wurde es zu einem wichtigen internationalen Player in der aufstrebenden Computerindustrie und gehörte zu den Big Four. Nixdorf hat die dezentrale Datenverarbeitung für kleine und mittelständische Unternehmen als Innovation vermarkten können. In dieser Zeit wurde Datenverarbeitung nur auf Großrechnern realisiert und diese war somit auch nur für große, finanzstarke Unternehmen möglich. Mit dem Ansatz der mittleren Datentechnik wurden neue Produkte geschaffen, die eine dezentrale Datenverarbeitung zu geringeren Preisen ermöglichten. Nixdorf war damit einer der Ersten, die Computer an den Arbeitsplatz gebracht haben. Noch schneller kam jedoch der wirtschaftliche Abstieg. Der Grund ist heute recht offensichtlich. Auf den Trend, den eigentlich für den privaten Nutzer konzipierten Personal Computer, hat man nicht reagiert, die Möglichkeiten schlichtweg unterschätzt und diese sogar belächelt. So soll es z. B. eine Anfrage eines gewissen Steve Jobs zu einer Zusammenarbeit gegeben haben. Die Antwort von Nixdorf lautete: „Wir bauen keine Goggomobile" (Borchers 2011).

Aber Nixdorf war nicht alleine mit seiner Einschätzung, der Gründer eines anderen großen Computerherstellers (damals die Nr. 2 in der Welt) sagte: „Es gibt keinen Grund dafür, dass jemand einen Computer zu Hause haben will" (Wikipedia 2018b). Das war Ken Olsen, Gründer des Computer-Herstellers Digital Equipment Corporation (DEC) – DEC wurde später von Compaq übernommen, die sich seit Gründung 1982 eher auf Personal Computer spezialisiert hatte.

Ähnliches hat sich im Übrigen in den letzten zehn Jahren wiederholt: Mit dem IPhone X steht nun seit zehn Jahren ein Gerät zur Verfügung, dessen Ausrichtung und auch das Geschäftsmodell dahinter auf den Consumer/Kunden ausgerichtet ist. Ebenfalls anfänglich von anderen Marktplayern und Giganten der damaligen Handyindustrie, die heute nicht mehr existent sind, noch belächelt, ist es heute fester Bestandteil auch in der geschäftlichen Nutzung. Die Dinge wiederholen sich… Aber hätten wir es damals auf der Woge des Erfolges wirklich anders als Nixdorf gemacht?

15.4 Ein Internetcafé der besonderen Art – woran gute Ideen oftmals scheitern

Das Internet ist für uns heute eines der normalsten Dinge, daher möchte ich uns mit ein paar Beispielen in die damalige Zeit zurückversetzen, um die Geschichte und die innovative Idee besser verstehen zu können. Ich möchte an dieser Stelle auch ausdrücklich betonen, dass ich mich in keiner Weise über damalige Aussagen und Verhalten lustig machen möchte – das macht man heutzutage sehr gerne, weil man es inzwischen natürlich besser weiß, aber ich kann den Aussagen, wenn ich mich an die Zeit erinnere, auch folgen und wundere mich immer noch darüber, wie rasant sich etwas entwickeln kann. Das Beispiel zeigt vielmehr nochmals, dass die Möglichkeiten von innovativen Technologien nicht einfach zu erkennen bzw. zu antizipieren sind.

> Bricht das Internet zusammen? Das Internet ächzt unter dem Andrang der Massen. Bald bricht es zusammen, sagen Eingeweihte. Bis Redaktionsschluß hielt es stand (Siegele 1996).

Dies war in einer Ausgabe „Die Zeit" 1996 auf Seite EINS(!) in einem Beitrag von Ludwig Siegele zu lesen. Das Internet wurde zu dieser Zeit durchaus skeptisch betrachtet und für viele war es nicht vorstellbar, dass das Internet neben einer geringen privaten Nutzung auch die Wirtschaft revolutionieren und neue Geschäftsmodelle hervorbringen würde, die bisherige erfolgreiche Geschäftsmodelle angreifen werden. In guter Erinnerung geblieben ist mir ein Gespräch mit einem von mir sehr geschätzten IT-Direktor eines großen Finanzdienstleisters. Auf meine Frage „Wie stellen Sie sich zum Thema Internet auf? Vorstellbar ist, dass sich durch diese Technologie zukünftig einiges verändern wird…" entgegnete dieser mir ungewöhnlich emotional: „Junger Mann! Sie glauben doch nicht wirklich, dass dieses schmuddelige Internet in der Wirtschaft Einzug halten wird, was soll denn der Nutzen daran sein?" Er war bei weitem nicht der Einzige, der die Chancen und die Möglichkeiten für Innovationen nicht erkannte, und somit auch in prominenter Gesellschaft. 1997 erschien das Werk „Suchstrategien im Internet" (Otto 1997). Dort beschreibt der Autor z. B.:

> Die Modeerscheinung Internet läßt manchmal vergessen, daß es auch einfachere Methoden gibt, an bestimmte Auskünfte heranzukommen. Dies gilt vor allem dann, wenn Sie keinen permanenten Internetzugang haben, sondern sich erst über Ihr Modem und Ihren Provider ans Netz anwählen und für jeden Zugriff bares Geld zahlen müssen. Warum sollten Sie sich ans Internet anwählen, wenn Sie auch in den kostenlos zu Ihrem Telefonbuch mitgelieferten Gelben Seiten den nächstgelegenen Abschleppdienst finden können?

Randnotiz: Telefonbücher und auch die Gelben Seiten gibt es heute immer noch und ich erinnere mich gerade, dass ich mal irgendwo gelesen habe, dass diese gedruckte Form von mehr als 50 % der Deutschen heute noch genutzt wird.

Eine ganze Reihe von renommierten Unternehmensvertretern reihten sich in diese Einschätzungen ein. So äußerte Bill Gates auf einer Pressekonferenz 1995(!) sinngemäß: „Das Internet ist eine Modeerscheinung, die verschwinden wird" (derStandard.at 2005). Oder der damalige Telekom-Chef Ron Sommer, bevor die Telekom selber als Provider am Markt agierte (Chip 2018): „Das Internet ist eine Spielerei für Computerfreaks, wir sehen darin keine Zukunft."

Das war zu der damaligen Zeit also der Tenor. Es gab ein paar Begeisterte, die das Internet nutzten, so wie es eben ging – nicht immer und nicht überall. Der Zugang war beschwerlich und auch teuer. Ein paar Neugierige, die mal davon gehört hatten, wollten es gerne mal probieren, und dann gab es eben auch viele Menschen, die das Internet komplett unterschätzen oder besser gesagt die Chancen und Möglichkeiten nicht antizipiert haben.

Ebenfalls 1997: Unsere EC-Karten erhalten neben dem Magnetstreifen einen Chip. Mit dieser innovativen Geldkarte, die wie ein digitales Portemonnaie funktioniert, soll das bargeldlose Zahlen auch für Kleinstbeträge ermöglicht werden. Die Finanzbranche verspricht sich durch diese technische Innovation auch neue Geschäftsmodelle. So wird propagiert, dass man nun auch beim Bäcker seine drei Brötchen zukünftig bargeldlos bezahlen kann.

Etwa zu dieser Zeit hatte eine Unternehmerfamilie eine Idee. Sie baute mitten in der Altstadt einer Großstadt, in der sich Touristen tummeln, ein Internetcafé. Ziel war es, dass alle einen einfachen, aber kostenpflichtigen Zugang zum Internet nutzen können, um ihren Hunger nach Information zu stillen. Das Ganze in einer innovativen und stylischen Gesamtumgebung. Zudem gab es eine ganze Reihe von weiteren interessanten Ideen und Konzepten rund um dieses Internetcafé. Ich habe das Projekt damals begleitet, da wir rund um die Geldkarte Selbstbedienungslösungen angeboten haben, die in diesem Internetcafé eine wichtige Rolle spielen sollten. Alles in diesem schicken, hippen und stylischen Internetcafé wurde mit Geldkarte bezahlt, Bargeld wurde konsequent nicht akzeptiert. Kunden, die keine deutsche Geldkarte hatten (davon gab es genügend), konnten sich an einem Automaten eine White-Card gegen 5 DM Pfand ziehen und diese dort auch aufladen. Bei Verlassen des Cafés konnte sich der Gast an diesen Automaten das noch nicht genutzte aufgeladene Geld des digitalen Portemonnaies, wie auch das gezahlte Pfand für die White Card zurückzahlen lassen. Es gab eine alte, jedoch umgebaute Wurlitzer Musikbox. An dieser Musikbox konnten die Gäste sich Musik aus einer begrenzten und fest definierten Auswahl von Musikstücken auswählen und ihre eigene CD brennen. Sie konnten das Design der CD-Hülle über einen PC selber gestalten und ihre ganz individuelle CD wurde erstellt und ausgegeben. Echt cool für die damalige Zeit, und auch die CD wurde natürlich mit Geldkarte direkt an der alten Wurlitzer bezahlt. Die Internetterminals waren mit Chipkartenlesern ausgestattet, den Internetzugang zahlte man mit Chipkarte im Pay-as-you-use-Prinzip. Alle Ideen und Lösungen wurden von einer Vielzahl von Unternehmen gemeinsam entwickelt. Schreiner, Maler, Gastronomen, Innenarchitekten, Automatenhersteller, IT-Techniker, Telekommunikationsexperten, führende Hersteller von Selbstbedienungsgeräten aus dem Banking-Bereich usw., alle beteiligten Menschen waren von der Idee, etwas Einzigartiges zu schaffen, begeistert. Es entstanden ein unglaublicher Spirit und eine enorme Dynamik bei den beteiligten Menschen, egal von welchem Arbeitgeber sie kamen. Das Ganze fand nicht in ihrem üblichen Arbeitsumfeld statt, alle waren für einige Wochen zu 100 % nur mit diesem Projekt in dem geschützten Raum der Baustelle des Internetcafés beschäftigt. Für alle diese Firmen war das Kreieren eines Internetcafés nicht deren primäres Geschäftsmodell und sollte es auch nicht werden. Kreativität und die Ideen jedes Einzelnen wurden mehr als nur zugelassen, um das Konzept und die Lösungen immer weiter zu optimieren und auch weitere neue Ideen zu generieren. Das Ganze wurde also in einer Art von Prototyping und agiler Vorgehensweise entwickelt, über Methoden dazu sprach im Übrigen aber niemand und ich behaupte, dass solche Methoden auch niemandem im Raum wirklich bekannt waren. Die technische, digitale Umsetzung war genau wie auch der Umbau nach wenigen Wochen abgeschlossen. Das Internetcafé öffnete die Pforten und das innovative Konzept erzeugte in den Medien Aufmerksamkeit, wir schafften es damit sogar bis ins Fernsehen. Das Internetcafé wurde stets gut besucht und die Gäste gaben neben einigen Verbesserungsvorschlägen in Summe ein sehr positives Feedback, trotz dem einen oder anderen technischen Problem, das sich im laufenden Betrieb ergab. Zu spüren war auch die große Neugier der Menschen zur Nutzung des Internets, der ein oder andere ist hier bestimmt zum ersten Mal mit dem Internet in Berührung gekommen.

Wenige Wochen nach der Eröffnung haben die Inhaber dann entschieden, das Internetcafé wieder zu schließen. Es wurde in ein 0815-Internetcafé umgebaut. Die Nachricht war für mich überraschend und hat mich, wie ich zugeben muss, auch sehr getroffen, nach all der Begeisterung und dem Engagement, das wir alle in die Idee und das Projekt gesetzt hatten, welches uns auch mit Stolz erfüllt hat. „Innovation in Deutschland ist schwer möglich…", klingt es mir noch in den Ohren. Der mir zugetragene Grund war, dass der realisierte Geldverkehr nicht den gültigen Regularien entsprach. U.a. munkelte man, dass die Lösung gegen geltende Regeln verstoße, da der Automat für das Laden der Geldkarten zwar eingeführtes Falschgeld erkannte, man das Falschgeld aber nicht eindeutig einer Person zuordnen konnte. Die Kunden waren für die Systeme zudem noch anonym, sofern jemand eine White Card am Automaten bezogen hatte. Noch schlimmer sei es, dass eine mit Falschgeld gekaufte Karte (wir erinnern uns, satte 5 DM) zurückgeführt werden konnte und der Besitzer dann „seine" 5 DM in ungefälschter Form ausgezahlt bekam. Ich habe mir danach immer vorgestellt, wie jemand mit einer Schubkarre voller gefälschter 5-DM-Scheine das Internetcafé betritt, um im großen Stil seine Blüten in Umlauf bringen zu können… aber Regel ist Regel und Gesetz ist Gesetz.

15.5 Digitalisierung, Collaboration und wie Menschen arbeiten – Digital Workplace

In der heutigen Zeit geht es darum, so schnell wie möglich neue Geschäftsmodelle oder auch veränderte bestehende Geschäftsmodelle auf den Markt bringen zu können. Diese Eigenschaft, „Performance", wird scheinbar zunehmend wichtiger als organisatorische Größe. Selbst in großen Konzernen ist das Bewahrertum und die „Jaber – ja aber…"-Mentalität auf dem Rückzug. Niemand wird ernsthaft behaupten können, dass wir uns gemütlich zurücklehnen können, weil das, was wir mit „Digitalisierung" zu umschreiben versuchen, noch dauern und uns nicht betreffen wird. Das, was sich Unternehmen mit harter Arbeit über Jahrzehnte hinweg mit viel Energie in ihrer bis dato bewährten Geisteshaltung aufgebaut haben, weiter betreiben und entwickeln, kann durch disruptive Innovation, die in einer kleinen Nische einer Branche manchmal unscheinbar beginnt, dann mit Kapital versehen sehr schnell zu einer radikalen Veränderung von Märkten führen. Hättest du im Juli 1995, als eine Online-Buchhandlung ihr erstes Buch versandkostenfrei verkaufte („Was für eine dumme Idee!"), gedacht, dass dieses Unternehmen zu dem werden könnte, was es heute ist? Wie viele Branchen und auch Geschäftsmodelle hat diese Idee, die im Übrigen nur ein Jahr zuvor entstanden ist, verändert?

Jedoch erachte ich es als fatal, zu glauben, dass eben nur disruptive Innovationen zukunftsfähig sind. Ich bin davon überzeugt, dass beides, nämlich sowohl die Neuentwicklung eines digitalen Geschäftes, als auch die Ergänzung eines etablierten Geschäftes mit digitalen Komponenten, für die bereits bestehenden und eher klassischen Unternehmen erforderlich ist, um auch weiter erfolgreich überleben zu können. Vieles, was mit viel Lob, Anerkennung und großer Aufmerksamkeit in den modernen Unternehmen versehen wird, sind eben diese disruptiven Innovationsideen. Dazu entstehen Innovation Labs, Projekt-Garagen, Innovation Journeys, Umgebungen, in denen Mitarbeiter – durch Innovationsmanager, Design-Thinking- und Canvas-Experten usw. gecoacht – ihrer Kreativität und ihren experimentellen Fähigkeiten freien Lauf lassen können. Sie haben die Möglichkeit, sich anteilig aus ihrer eigentlichen Arbeit zu verabschieden, um im Team mit anderen ihre ersten Prototypen zu entwickeln, und stellen diese und ihre Ideen in Pitch Days vor. Außerdem gibt es an anderen Stellen der Unternehmen, fernab der großen Bühne und der Aufmerksamkeit, die Innovation im Kleinen: Menschen, die für Stabilität der bestehenden Geschäftsprozesse sorgen, diese permanent weiterentwickeln und damit auch für die wirtschaftliche Basis sorgen, damit disruptive und revolutionäre neue Geschäftsideen entstehen können. Beides ist für die Unternehmen wichtig, schwierig ist es jedoch manchmal, das richtige Maß an Aufmerksamkeit, Priorität und Wertschätzung zu finden.

Innovative Ideen zu haben und diese auch konkretisieren zu können, sowie ein dazugehöriges Geschäftsmodell initial und teilweise theoretisch zu entwickeln ist wichtig und so entstehen wirklich klasse Ideen durch diese zuvor beschriebenen Möglichkeiten, Methoden und Techniken. Diese innovativen Ideen dann aber konsequent umzusetzen, Rückschläge zu erleben, sich neu auszurichten, wenn es nicht so klappt, wie man es sich vorgestellt hat, ist der wesentlich komplexere und auch anstrengendere Teil. Bei der Umsetzung sind Hürden unterschiedlichster Art zu überwinden, die größte sind oftmals die Menschen selber. Sobald eine Innovation Gefahr für sie bedeuten kann, werden sie alles tun, damit diese Idee nicht erfolgreich wird. Auch daher bietet es sich an, in bestehenden Unternehmen auf keinen Fall das bestehende Geschäftsmodell der eigenen Organisation zu attackieren, sei die Idee auch noch so gut. Ergänzende Geschäftsmodelle oder sogar neue bieten sich eher an und können in der bestehenden Organisation auch erfolgreich etabliert werden. Zudem bedeuten diese zusätzlichen innovativen Lösungen und Produkte auch einen additiven Zuwachs an wirtschaftlichem Erfolg. Bedeutet das, dass Digitalisierung eher evolutionär als revolutionär getrieben werden sollte? Das kann man so auch nicht sagen. Wir neigen zu Pauschalisierung, aber es ist stets eine individuelle Entscheidung erforderlich. Auf jeden Fall ist es aber in den meisten Fällen eine Change in der Arbeitsweise und auch der Geisteshaltung frei nach Albert Einstein: „Probleme kann man niemals mit derselben Denkweise lösen, durch die sie entstanden sind."

In der heutigen Zeit basieren die meisten Innovationen auf dem Fortschritt der digitalen Möglichkeiten. Ich kann mich daran erinnern, dass ich Ende der 80er in meiner Ausbildung einen Wochenkurs zum Thema künstliche Intelligenz hatte. Das Thema, welches uns heute nahezu überall begegnet, ist natürlich nicht neu, jedoch war damals die Umsetzung der bereits vorhandenen Ideen schlicht IT-technisch nicht möglich, da z. B. die erforderliche Rechenleistung nicht verfügbar war. Technologie ist einer der wichtigsten Treiber für das Ökosystem von Innovationen. Auf einer IT-Konferenz vor einigen Monaten traf ein renommierter IT-Experte die Aussage: „Sie werden zunehmend weniger IT-Expertise benötigen…" Ich kann dem in meiner Vorstellung nicht folgen und bin davon überzeugt, dass wir mehr IT-Expertise als je zuvor benötigen werden, alleine, um neue Technologien und Möglichkeiten für uns zu erkennen und auch bewerten zu können. Der nächste Irrglaube, der entsteht, ist meiner Meinung nach, dass die Digitalisierung eine Aufgabe der IT ist. In Summe ist Digitalisierung keine Verantwortung der IT, eher im Gegenteil: Es geht um digitale Geschäftsmodelle, daher sollten diese Themen aus meiner Sicht nicht verantwortlich in der IT positioniert werden. Die IT ist ein wichtiger Player und kann bzw. muss wertvolle Beiträge für neue digitale Geschäftsmodelle leisten, neben der Tatsache, dass sie dafür Sorge trägt, dass auch das heutige Geschäft sicher und stabil realisiert werden kann und sich auch evolutionär weiterentwickelt. In allen Unternehmen, die ich kenne und mit denen ich spreche, ist Digitalisierung zur Chefsache ernannt worden. Wobei das mit der Chefsache nicht so ganz wörtlich zu nehmen ist. Die meisten haben erkannt, dass alle Themen, die im Kontext der Digitalisierung stehen, nicht in einem klassischen Top-down-Ansatz performen, sondern vielmehr von den jeweiligen Experten mit unterschiedlichsten Skills und Fähigkeiten getrieben werden. Man muss dies eben auch zulassen, auch das ist eine Kunst.

Die für die Unternehmen überlebenswichtige Performance erfordert somit auch eine andere Art des Arbeitens und der Kommunikation. Ein weiterer, sehr wesentlicher Aspekt kommt noch hinzu. In den letzten 30 Jahren lässt sich eine Entwicklung von Strukturen beobachten, die auf eine Erhöhung der Innovationsleistung durch die Beteiligung mehrerer Organisationen ausgerichtet ist (Fagerberg et al. 2006). Das Ganze ist in den Fängen und Zwängen von hierarchisch und prozessorientierten Organisationen ohne nachhaltige Veränderung nicht möglich. Benötigt wird eine offene und entrepreneurhafte Arbeitsweise, in eher kleinen Teams, die interdisziplinär nach ihren Fähigkeiten und standortübergreifend aufgestellt sind. Demnach ist die Möglichkeit des flexiblen und bedarfsgerechten Arbeitens für die Innovationsfähigkeit einer Organisation maßgeblich relevant. Wir haben in der IT z. B. jahrzehntelang IT-Services und Prozesse bis zur Perfektion entwickelt und sie monolithisch in Stein gemeißelt, den nächsten Stein genommen und ihn wiederum perfekt mit Hammer und Meißel bearbeitet, und das Bearbeiten von hochwertigem Marmor dauert Zeit, Zeit die wir zunehmend weniger haben werden. Die heutigen Herausforderungen an die IT und die Unternehmen bilden ein großes, mehrdimensionales Spannungsfeld zwischen Altbewährtem, Innovationen, neuen Technologien und Menschen aus unterschiedlichen Generationen, die in diesem Spannungsfeld arbeiten, kommunizieren und letztendlich auch leben. Somit stellen sich eine ganze Reihe von organisatorischen und kulturellen Herausforderungen. Benötigt wird eher ein Netzwerk wie eine Organisation: Diese Netzwerke bilden sich neu, erweitern sich und lösen sich auch wieder auf. Somit wird Collaboration zum integralen Bestandteil der Gesamtorganisation mit interdisziplinären Teams. Das Ganze fordert uns Klassiker im Arbeitsleben: Loslassen von Altbewährtem, eine offene Kultur schaffen, in der die bisherigen uns anerzogenen Regeln zu durchbrechen sind…

In einem Gespräch zu diesen Veränderungen mit einem von mir sehr geschätzten Menschen hat mir dieser ein schönes Beispiel benennen können. In unserem Leben ist der gesamte Lernprozess davon geprägt, dass die Jungen von den Alten lernen – ob in

Kindergarten, Elternhaus, Schule, Studium und auch in den Organisationen der Unternehmen. Das Brechen dieser Regel hat in diesem Fall Großartiges bewegt und mich sehr beeindruckt. Was hat man getan? In einem sehr großen Unternehmen war die Erkenntnis da, dass man zukünftig anders arbeiten muss, wenn man mehr Performance in der Entwicklung von Produkten, Services und Innovationen haben möchte. Oft begegnet mir die Umsetzung von Collaboration mit primärem Fokus auf die technische Lösung und Features, mit denen neue Möglichkeiten geschaffen werden, die die meisten von uns aus dem privaten Alltag eh schon kennen und bereits massiv nutzen. Das Bereitstellen von technischen Lösungen wie z. B. Chat, Videotelefonie oder Lösungen zum Teilen und Suchen von Wissen und Informationen ist in der Komplexität herausfordernd, aber noch überschaubar. Die für eine erfolgreiche Nutzung erforderliche kulturelle Veränderung im richtigen Tempo ist hingegen eine große Herausforderung. Diese Herausforderung hat das Unternehmen sehr früh erkannt und die für das Unternehmen sehr innovative Idee des veränderten Zusammenarbeitens eben auch anders umgesetzt, als man es sonst in Projekten getan hat. Im Projekt und auch mit der Unternehmensführung etablierte man eine andere Kultur. Nicht das Alter oder die Position waren entscheidend, sondern die jeweiligen Fähigkeiten. Insbesondere die jüngeren Menschen hatten geballtes Wissen und Erfahrung(!) zu einer veränderten Form der Kommunikation und Zusammenarbeit. Sie hatten bisher ganz andere Dinge genutzt, via WhatsApp, Skype und Co. kommuniziert, Wissen bei YouTube, Facebook usw. geteilt oder gefunden, Bestellungen in Internetshops getätigt, die weit mehr sind als eben nur eine Bestellplattform. Genutzt werden dazu das Smartphone, Tablets, der Rechner im Internetcafé, eben jedes beliebige Endgerät und an jedem beliebigen Ort und zu jeder Zeit. Mit Betreten des Unternehmens ist aber auf einmal alles anders, es werden E-Mails gesendet mit Anhängen, man überlegt: Wer braucht diese Information bzw. wem stelle ich diese gezielt zur Verfügung? Ich brauche Hilfe oder eine Information, also frage ich diese via Mail an und warte, bis sich jemand meldet – wertvolle Zeit verrinnt. Für diese Auszubildenden ist der Start ins Berufsleben eine echte Veränderung. Somit waren es eben diese Auszubildenden, die nicht nur interessante Gesprächspartner, sondern wertvolle Projektbeteiligte mit geballtem Wissen und Erfahrungen waren, die nichts mit dem Lebensalter zu tun hatten. Konkret ging man noch einen Schritt weiter: Auszubildende, die z. T. erst wenige Wochen im Arbeitsleben standen, übernahmen anspruchsvollste Verantwortungen im Projekt, waren von Beginn an anerkannte Experten und man begegnete sich auf Augenhöhe mit gegenseitigem Respekt. Neben den Auszubildenden waren die Unternehmenskommunikation, Workplace-Experten, Unternehmenssecurity, das Top-Management usw. im Projekt vertreten. Eben jene Auszubildenden überzeugten maßgeblich die höchste Unternehmensebene von den Ideen des Projektes und auch der Umsetzung. Diese geänderte Kultur strahlt aus und macht Mut, Mut dazu, neue Wege zu gehen und weniger in Rollen und Hierarchien zu agieren.

Auch eine andere Sache hat uns alle, die bei dem Besuch dabei sein durften, in dem Gespräch mit dem Unternehmen sehr beeindruckt. Zu Beginn hatte man die Idee, Zusammenarbeit zu verändern und man startete in einem kleinen Team und eben auch mit kleinem Budget. Ein Raum für das Projektteam wurde zur Verfügung gestellt und klassisch eingerichtet, Schreibtische, Telefon, Raumteiler usw. wurden aufgestellt. Den Projektbeteiligten, zu diesem Zeitpunkt primär Auszubildende, war schnell klar, dass sie im Projekt anders arbeiten wollten und auch mussten, um erfolgreich sein zu können. Das Ergebnis dieser Erkenntnis führte dazu, dass alle Möbel, Raumteiler usw. wieder entfernt wurden. Mit dem kleinen, verfügbaren Budget musste ein anderes Raumkonzept geschaffen werden, das eine Zusammenarbeit bestmöglich unterstützte. Man beschloss daher, die Arbeitsumgebung anders und fernab des bestehenden Office-Standards zu schaffen. Im Team wurde ein Raumkonzept entwickelt, das auf die jeweiligen unterschiedlichsten Bedürfnisse ausgerichtet war und somit Raum für kreatives Arbeiten, Austausch und konzentriertes Arbeiten beinhaltete. Umgesetzt wurde dies z. B. mit einer gemeinsamen Fahrt in den Baumarkt, in dem man Baumaterial beschaffte, aus dem am Wochenende z. B. Möbel entstanden: große Tische für die Zusammenarbeit, Möglichkeiten, überall Ideen zu entwickeln, Wissen und Informationen zu teilen auch ohne Technik. Der ein oder andere konnte und wollte noch Stühle, Sessel usw. zusteuern. Selbst ein paar Funde aus dem Sperrmüll konnten wir bei unserem Besuch bewundern. Diese Räume und Umgebungen kennen wir, denke ich, alle. Fast jedes größere Unternehmen „spendiert" sich heutzutage solche Räume. Geplant von Architekten und Designern in Zusammenarbeit mit Kommunikationsexperten, entstehen Konzepte, wie solche räumlichen Umgebungen aussehen sollten (der obligatorische Kicker oder Flipper darf nicht fehlen). Hier war es anders: Eine kleine Gruppe von Menschen primär aus Auszubildenden hat sich zusammengefunden, angepackt und es einfach gemacht. Das Ganze sorgte natürlich für Aufsehen und ich kann mir gut vorstellen, dass auch das ein Element und Baustein war, der den ein oder anderen zum Nachdenken gebracht hat, auch wenn dies gar nicht das Ziel gewesen ist. Der Besuch und die Gespräche mit den Beteiligten sind für meine Kollegen und mich ein prägendes Erlebnis gewesen, das uns Mut macht, und es ist auch für uns deutlich spürbar, welche kulturelle Veränderung erforderlich ist, um die Autobahn so zu bauen, dass sie auch von allen befahren werden kann. Wichtig ist bei diesen Veränderungen von Arbeitsweisen meiner Meinung nach Geduld und das richtige Tempo, trotz des Drangs nach immer mehr Performance und Geschwindigkeit in den Veränderungen. Dies muss berücksichtigt sein, ansonsten trägt es nicht und wir werden wichtige Menschen, egal aus welcher Generation, nicht mit auf die Reise nehmen.

Ach ja, wenn du dich fragst, was aus dem Projekt geworden ist: Es wurde im gesamten Konzern nachhaltig umgesetzt und die technologischen Möglichkeiten sind für alle Mitarbeiter verfügbar. Die Zusammenarbeit wurde und wird weiter nachhaltig verändert und der kulturelle Wandel ist wahrscheinlich niemals so ganz abgeschlossen, aber der Spirit und die Energie, die ich verspürt habe, dürften nachhaltig tragen. Die so entstandene Community der Menschen, die mit Begeisterung anders arbeiten, als sie es bisher getan haben, wird wachsen, davon bin ich überzeugt.

Somit sind wir, was meine Reise angeht, wieder an der Wurzel meines Berufslebens angekommen. Seit nun mehr als 13 Jahren beschäftigt mich wieder intensiv das Thema: Wie arbeiten wir Menschen mit IT und wie können Menschen in Unternehmen agieren, damit ihr Unternehmen auch weiterhin erfolgreich sein kann? Der Mensch spielt trotz Digitalisierung (noch?) die wichtigste Rolle, daher ist für mich der Digital Workplace eines der wichtigsten Elemente des Fundamentes der Digitalisierung und Innovationsfähigkeit. Die Möglichkeiten, aber auch die Anforderungen haben sich in den letzten Jahren sehr deutlich verändert. Viele Unternehmen, die ich kenne, haben für sich eine Innovation in Bezug auf die Arbeitsumgebungen ihrer Mitarbeiter durchlaufen. Viele andere agieren noch monolithisch in historischem Gedankengut.

Zum Thema Collaboration habe ich mich bereits geäußert, somit fokussiere ich mich jetzt auf den IT-Workplace an sich. Ich habe hierzu unterschiedlichste Gespräche, Workshops und gemeinsame Entwicklungsarbeit mit unterschiedlichsten Kunden realisiert. Die Kunden stammen aus allen Branchen, wie z. B. Transport, Banking, Handel, Telekommunikation bis hin zu Produktionsbetrieben mit Fokus auf Blue Collar Worker. Es sind große Konzerne und Institutionen mit bis zu hunderttausenden IT-Arbeitsplätzen und Anwendern wie auch mittelständische Unternehmungen mit mehreren hundert IT-Arbeitsplätzen. Eines haben in diesem Fall alle Unternehmen gemeinsam: Sie haben keinen Greenfield Approach, bewegen sich somit also im Spannungsfeld Legacy, Innovation, Security, Corporate Governance, Stabilität und Performance. Bei einem Greenfield Approach, z. B. bei einem Start-up, sind manche „Dinge" sehr schnell möglich, die initial für viel Performance sorgen. Spätestens, wenn diese Unternehmen erfolgreich sind und wachsen, gleiten sie jedoch oft in ein ähnliches Spannungsfeld. Im Folgenden möchte ich mich auf eben jene Unternehmen fokussieren, die ein bestehendes Umfeld und eine Historie haben, von der sie sich nicht per Beschluss ab morgen verabschieden können.

Eine Workplace-Strategie mit Fokus auf flexibles und agiles Arbeiten und deren zielgerichtete Umsetzung gewinnen zunehmend mehr an Bedeutung. Es geht dabei jedoch nicht ausschließlich um den IT-Workplace, sondern vielmehr auch um das Ermöglichen von Business Solutions, Umgebungen für digitale Geschäftsmodelle und die Nutzung von innovativen Technologien wie Mixed Reality, künstliche Intelligenz usw. User Centricity der IT, also die Ausrichtung nicht auf Systeme, sondern den Kunden, rückt mehr in den Mittelpunkt. Aus unterschiedlichsten Gründen ist diese Perspektive unternehmerisch begründet. An der Stelle eine berechtigte Frage eines Kunden-CIO vor einigen Jahren: „Warum soll ich in einen Wohlfühlarbeitsplatz investieren, um Smart Working zu ermöglichen?" Ich erweitere diese Frage noch um: „Warum ist der IT-Workplace wichtig für das Innovation Ecosystem?"

Basierend auf Abb. 15.1 und hier insbesondere den Ebenen „Business" und „Anwender" gehe ich auf diese Fragen ein, um zu verdeutlichen, dass der Digital Workplace stark unternehmerisch geprägt sein sollte.

Die Business-Ebene
Mit dem Thema veränderte Geschäftsmodelle und deren Notwendigkeit haben wir uns schon genug beschäftigt, Performance und Geschwindigkeit sind hier relevant. Wachstum und eine Wachstumsstrategie sind für die Unternehmen ein anderer elementarer

15 IT-Innovation – eine persönliche Zeitreise von Impulstechnik bis zum ...

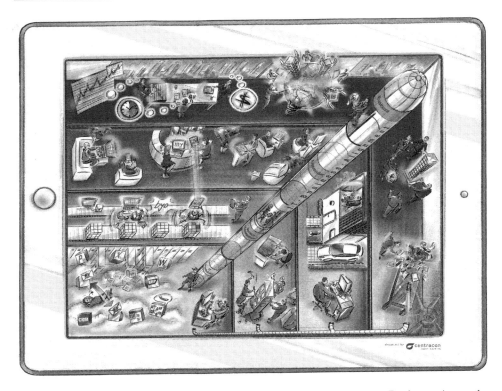

Abb. 15.1 Centracon Vision Picture Future Workplace, mit den Ebenen Business, Anwender, Servicemanagement und IT-Produktion. (Quelle: Centracon AG)

Baustein für den Erfolg. Das Wachstum erfolgt unter anderem durch Kooperationen und strategische Beteiligungen, aus denen neue Produkte und Geschäftsmodelle entstehen. Dies bedeutet für die Menschen, die in diesem Kontext agieren, dass sie über die Unternehmensgrenzen hinweg mit Menschen anderer Unternehmen sicher und flexibel zusammenarbeiten „müssen". Ein anderer Pfad sind Mergers & Acquisitions (M&A), hier prallen zum Teil unterschiedliche Kulturen, aber auch unterschiedliche IT-Workplace-Services aufeinander, die eine schnelle und effektive Zusammenarbeit erschweren. So können wir uns vorstellen, dass es zu großen Herausforderungen kommt, wenn z. B. ein Unternehmen mit einer eher klassischen, monolithischen IT-Arbeitsumgebung auf ein Unternehmen stößt, das seine Services flexibel und bedarfsgerecht aus der Cloud bezieht. Ein weiterer Pfad besteht in organischem Wachstum, von dessen Herausforderungen die Personalabteilungen ein Lied singen können. In Zeiten des demografischen Wandels verändern sich nicht nur Absatz-, sondern auch Arbeitsmärkte. Der viel beschriebene „war for talents" ist in vollem Gange und auf den Führungsetagen angekommen und damit ein wesentlicher Treiber für die Bemühungen zur Steigerung der Arbeitgeberattraktivität. Wer glaubt, man gebe Menschen ein iPad und sie seien glücklich mit ihrem IT-Arbeitsplatz, der irrt sich natürlich gewaltig.

Die Anwender-Ebene

Wie möchten wir denn arbeiten? Eines der wesentlichsten Kriterien ist das selbstbestimmte und eigenverantwortliche Arbeiten. Ich benötige Freiheitsgrade, in denen ich mich bewegen kann, um den für mich und mein Unternehmen besten möglichen Weg für meine Arbeit finden zu können. Je nach Aufgabenstellung habe ich unterschiedliche Bedürfnisse. So kann ich Konzeptarbeit am besten in meinem ruhigen Homeoffice realisieren, während ich z. B. in der Ideenphase eine Exploration von Themenfeldern oder Prototyping nicht optimal via Videokonferenz mit meinen Kollegen kreativ erarbeiten kann. Das bedeutet, dass die Prozesse zum Innovationsmanagement in ihrer Qualität, aber auch in ihren Anforderungen sehr unterschiedlich sind und dementsprechender Arbeitsumgebungen bedürfen, die wir als Enabling Spaces bezeichnen (Peschl und Fundneider 2014).

Hinzu kommt, dass in vielen Berufsbildern die Trennung von Privat und Job eben nicht mehr klar zu ziehen ist. Man mag das gut finden oder nicht, aber wenn wir den Gedanken zulassen, dass dies so ist, wird deutlich, dass eben genau diese Flexibilität unabhängig von Ort, Zeit oder gar dem IT-Endgerät arbeiten zu können, richtig eingesetzt, ein sehr wesentliches Element sein wird, um die Talente auch für sich gewinnen zu können. Was meine ich mit „richtig eingesetzt"? Das eine ist eben diese vermeintlich langweilige IT-Infrastruktur, auf deren Basis die Services bedarfsgerecht, ortsunabhängig und dazu auch noch sicher zur Verfügung gestellt werden. Das andere ist für den umfassenden Erfolg maßgeblich: Für viele Organisationen sind diese Freiheitsgrade ein sehr umfassender Change in der Art und Weise, wie gearbeitet wird und vor allem in Bezug auf die Unternehmens- und Führungskultur. Ein triviales und reales Beispiel dazu um zu verdeutlichen, was ich meine: Wird in einem großen Unternehmen technisch realisiert, dass E-Mails zu jeder Zeit, an jedem Ort und über beliebige Endgeräte „abgerufen" und bearbeitet werden können, was denken wohl viele Angestellte, was von ihnen erwartet wird? Genau, es gibt einige Beispiele, wonach die Unternehmen diese Flexibilität IT-technisch hergestellt haben und anschließend zum Schutz der Arbeitnehmer Mailserver nach Dienstende abschalten mussten, um Stress und Burn-out für die Angestellten zu verhindern. Nachvollziehbar sollte an der Stelle sein, dass die Elemente „Place" (in Bezug auf „Wo leiste ich?") und „People" eines Innovation Ecosystems damit nicht erfolgreich sein können. Noch mehr Individualität und Vielfalt ist gefragt. Wir IT'ler haben bisher z. B. *den* IT-Arbeitsplatz des Vertriebes gestaltet und haben diesen mit neuen Technologien und Möglichkeiten weiterentwickelt, damit unser Vertrieb mobiler und effektiver arbeiten kann. Das Ganze haben wir in bestellbare, servicierbare und auch abrechenbare Services gegossen und stellen nun fest, dass es *den* IT-Arbeitsplatz gar nicht gibt, der für eine Funktion für jeden Mitarbeiter ideal ist. Auch hier wieder ein triviales Beispiel: Stellen wir uns doch einen extrem erfolgreichen und sehr agilen Kollegen vor. Er hat studiert, ist offen in seiner Kommunikation und ein extrem guter und offener Netzwerker. Er ist erst seit 2 Jahren in der Rolle im Unternehmen, Mitte 20 und offen für Neues und zudem mit allen digitalen Möglichkeiten, die wir uns vorstellen können, aufgewachsen. Sein Kollege, Familienvater von zwei erwachsenen Töchtern, die schon außer Haus sind, hat vor kurzem sein 30-jähriges Firmenjubiläum gefeiert. Er kennt alle wichtigen Kunden und wird von seinen Ansprechpartnern, alles Entscheider, aufgrund seiner Erfahrung sehr geschätzt. Ich denke, ich muss den Ansatz dieser beiden Personen nicht fortführen, es wird klar, dass eine weitergehende Diversifikation erforderlich ist, um auch alle Potenziale heben zu können.

Dies ist dann immer der Punkt, zu dem mir entgegnet wird: „Wir können als IT nicht alles anbieten, wer soll das denn betreiben und bezahlen?" Und ich als IT´ler, mit ausgebildeter Historie, wie man IT-Services mit Perfektion in Stein meißelt, um diese mit den geringstmöglichen Herstellkosten standardisiert zu produzieren, kann das stets nachvollziehen. Ein ziemliches Dilemma, zu dem mir ein IT-Leiter eines Kunden einmal gesagt hat: „Wir müssen das Prinzip der minimalen Vielfalt anwenden und diesen Weg anfangen zu beschreiten."

Die Ebenen Servicemanagement und IT-Produktion
Auf diese Ebene werde ich im Rahmen dieses Beitrages weniger eingehen, da ich vermute, dass – wenn es in diesem Buch über Innovationsökosysteme geht – diese Aspekte zwar herausfordernd, aber am Ende hier weniger relevant für dich sind. Modularisierung und Automation sowie eine Ausrichtung anhand der Entscheidung „Für welche Services sollte ich wie weit in die Fertigungstiefe investieren?" sind einige Bausteine, mit denen man die Zielsetzung erreichen kann. Dabei ist die Berücksichtigung von Cloud-Technologien elementar und hier meine ich nicht die Verortung der zentralen IT-Systeme, sondern vielmehr die Cloudeigenschaften eines IT-Service. Mit „Cloud" meine ich Technologien und Geschäftsmodelle, um IT-Ressourcen dynamisch und flexibel zur Verfügung zu stellen, erreichbar über das Internet oder Intranet, unabhängig vom Ort, und das ganze möglichst in einem dienstleistungsbasierten Geschäftsmodell.

15.6 Fazit meiner Reise

Innovation verändert nicht zwangsläufig die Welt, es gibt sie auch im Kleinen. Innovation ist mehr als eine Idee, sie beinhaltet auch die erfolgreiche Umsetzung und Vermarktung bzw. Nutzung.

Eine gute innovative Idee alleine bringt keinen Nutzen. Die Innovation benötigt ein Ökosystem und ein Umfeld, um erfolgreich sein zu können. Also alles zu seiner Zeit, oder wir müssen das Ökosystem mitgestalten.

Als Unternehmer sollten wir neuen Technologien und Ideen gegenüber stets aufgeschlossen sein, auch wenn sie für uns nur schwer vorstellbar einen Nutzen bringen können. Wenn eine Idee belächelt wird, sollten wir besonders aufmerksam sein. Die Herausforderung dabei, die Chancen zu erkennen, ist, dass wir unsere bewährte, sichere und erfolgreiche Position verlassen müssen, um aus einer anderen Perspektive die Ideen überblicken und einschätzen zu können.

Um neue Dinge erarbeiten zu können, kann ein geschützter Raum vorteilhaft sein. Im geschützten Raum bewegen und verhalten sich die Beteiligten freier. In diesem geschützten Raum kann sich der experimentelle Charakter der menschlichen Natur wunderbar entfalten. Wir alle verfügen unabhängig von Kultur und Bildung über eine wertvolle Neugier und wir können uns durch unser gesamtes Leben hindurch experimentell verhalten, wenn wir und unsere Umgebung dies zulassen und es uns nicht in Gefahr bringt. Innovation bedeutet jedoch auch die Umsetzung der Idee und das ist harte Arbeit. Die Umsetzung und spätestens eine Markteinführung finden nicht mehr in einem geschützten Raum statt, dort gelten andere Spielregeln, auf die wir vorbereitet sein müssen.

Innovationen werden in einer anderen Performance realisiert als die Veränderung und Anpassung von Regeln und Gesetzen. Somit erfahren wir oftmals das Prinzip „Neuer Wein in alten Schläuchen", Innovation wird in eine alte Struktur oder ein Regelwerk gepresst und verkümmert im Verlaufe der Zeit, sofern wir nicht wachsam und umfassend damit umgehen.

Nicht jede Innovation muss disruptiv sein, auch evolutionäre Weiterentwicklungen sind überlebenswichtig und sollten entsprechend fokussiert werden. Entweder-Oder gibt es nicht, es sei denn, wir haben alle Freiheitsgrade eines Greenfield Approaches.

In dem Innovationsökosystem ist ein „interdisziplinärer Pool" an Experten eines der wichtigsten Erfolgskriterien. Know-how und vor allem Aufgeschlossenheit, Neugier und Leidenschaft sind wichtig, damit Innovationen realisiert werden können.

Veränderte entrepreneurhafte Arbeitsweisen mit hohem Flexibilitäts- und Freiheitsgrad müssen kulturell ermöglicht werden. Wissen teilen, manchmal auch über Unternehmensgrenzen hinweg, führt zu Wettbewerbsvorteilen. Organisationen werden zu Netzwerken und verlassen z. T. klassisch hierarchische Strukturen, um Innovationskraft zu schaffen.

Der Digital Workplace ist weit mehr als ein Wohlfühlarbeitsplatz. Unternehmen agieren über ihre Unternehmensgrenzen hinweg, es entsteht somit eine andere Form der Zusammenarbeit, die optimal gestützt werden muss. Der Digital Workplace ist somit ein wichtiger Baustein, um Innovationen und Zusammenarbeit über die Unternehmensgrenzen hinweg sicher zu ermöglichen. Er sichert die erforderlichen Enabling Spaces für das Innovationsökosystem.

People – Menschen – sind das wichtigste Element für die Überlebensfähigkeit und den Erfolg von Unternehmen und damit auch für das Innovationsökosystem. Unternehmen müssen Umgebungen und Möglichkeiten schaffen, damit die Talente auch bereit sind, sich für unser Unternehmen und die Ideen leidenschaftlich einzusetzen.

Wir müssen schnell sein, aber nicht ungeduldig, manches braucht seine Zeit. Als Unternehmer sollten wir immer darauf achten, genügend Zeit zu haben, und das bedeutet: früh anfangen. Der beste Zeitpunkt ist der, wenn man es gar nicht muss.

Literatur

Borchers D (2011) Vor 25 Jahren: Heinz Nixdorf stirbt auf der ersten CeBIT. Heise online news 03/2011 https://www.heise.de/newsticker/meldung/Vor-25-Jahren-Heinz-Nixdorf-stirbt-auf-der-ersten-CeBIT-1209616.html. Zugegriffen: 5. Apr. 2018

Chip (2018) Verrückte Internet-Zitate von Pionieren, Promis und Politikern. http://www.chip.de/bildergalerie/Verrueckte-Internet-Zitate-von-Pionieren-Promis-und-Politikern-Galerie_34474887.html?show=19. Zugegriffen: 5. Apr. 2018

derStandard.at (2005) "Modeerscheinung" Internet, meint Gates. https://derstandard.at/1922024/Modeerscheinung-Internet-meint-Gates Zugegriffen: 5. Apr. 2018

Fagerberg J, Mowery DC, Nelson RR (2006) The Oxford handbook of innovation. Oxford University Press, Oxford

Otto M (1997) Suchstrategien im Internet. Mitp/bhv, Bonn

Peschl MF, Fundneider T (2014) Why space matters for collaborative innovation networks. On designing enabling spaces for collaborative knowledge creation. Int J Organ Des and Eng 3(3–4):358–391

Siegele L (1996) Bricht das Internet 1997 zusammen? Zeit Online GmbH, Hamburg. http://www.zeit.de/1996/01/titel.txt.19961227.xml. Zugegriffen: 13. Dez. 2017

Springer Gabler Verlag (Hrsg) (2018) Gabler Wirtschaftslexikon. Stichwort: Innovation. http://wirtschaftslexikon.gabler.de/Archiv/54588/innovation-v11.html. Zugegriffen: 13. Dez. 2017

Wikipedia (2018a) Stichwort „Innovation". https://de.wikipedia.org/wiki/Innovation Zugegriffen: 12. Dez. 2017

Wikipedia (2018b) Stichwort „Ken Olsen". https://de.wikipedia.org/wiki/Ken_Olsen. Zugegriffen: 5. Apr. 2018

Heiko Naß ist 1967 in Leverkusen geboren und Kind einer Arbeiterfamilie. Er erlernte das IT-Handwerk bei der Nixdorf Computer AG Ende der 80er Jahre mit Abschluss zum Fachberater Softwaretechniken. Danach war er in unterschiedlichen IT-Unternehmen und Rollen aktiv, baute mit Ende 20 ein Systemhaus maßgeblich mit auf und verantwortete das Business Development für IT-Plattformen für Start-up-Unternehmen des Neuen Marktes. Als begeisterter Projektmensch initiierte er 2008 den PRINCE2 best practice Award und war als Vorstandsmitglied der deutschen PRINCE2 Anwendervertretung aktiv. Aktuell ist er Vorstand und Consulting Partner der Centracon AG, einer der Pioniere des Digital Workplace.

Europas Gründer unter Druck – Resilienz und Coworking Spaces als neue Herausforderungen

16

Philipp Plugmann

Inhaltsverzeichnis

16.1	Unternehmensgründungsbereitschaft Asien vs. Europa	240
16.2	Resilienz	242
	16.2.1 Allgemeines Forschungsfeld „Resilienz"	242
	16.2.2 Spezielles Forschungsfeld „Resilienz und Unternehmenserfolg" – die Gegenwart	243
	16.2.3 Bildung von Resilienz im digitalen Zeitalter – die Zukunft	245
	16.2.4 Weitere relevante Literatur zur Resilienz	246
	16.2.5 Zusammenfassung der Literatur zur Resilienz	247
	16.2.6 Aufbau einer Innovationsumgebung unter Berücksichtigung des Faktors der Resilienz	248
16.3	Coworking Spaces	249
16.4	Fazit	251
Literatur		252

Innovationen, die zu neuen Produkten und Dienstleistungen führen, sind existenziell für Unternehmen, seien es Start-ups oder bereits etablierte Unternehmen. Wie bereits in der Einleitung zu diesem Buch aufgeführt, ist das Durchsetzen von Ideen mit Konflikten verbunden. Das Unternehmen kann von sich aus für eine an die entsprechenden Projektteams individuell angepasste Innovationsumgebung sorgen. Das ist die Aufgabe auf seiner Seite, doch was ist mit dem einzelnen Mitarbeiter oder Mitgründer?

Was erwartet ein Individuum mental und körperlich in einem mehrmonatigen oder gar mehrjährigen Dauerstresszustand, der entsteht, wenn eine Innovation von der Idee

---

P. Plugmann (✉)
Dr. Dr. Plugmann Consulting, Leverkusen, Deutschland
E-Mail: plugmann@gmx.de

© Springer Fachmedien Wiesbaden GmbH, ein Teil von Springer Nature 2018
P. Plugmann (Hrsg.), *Innovationsumgebungen gestalten*,
https://doi.org/10.1007/978-3-658-22127-0_16

bis zum überlebensfähigen erfolgreichen Unternehmen aufgebaut werden oder bei einer Projektvorgabe ein innovatives Produkt entwickelt werden muss, mit einem vorgegebenen Budget- und Zeitplan, mit Milestones, Target-Costing-Controlling und natürlich einem nachhaltig erfolgreichen Resultat zum Projektende?

Mark Zuckerberg (Facebook), Bill Gates (Microsoft) und Jeff Bezos (Amazon) haben es geschafft. Innerhalb eines Jahrzehntes ist ein enormer Kundennutzen, gepaart mit einem profitablen Business-Modell entstanden, welcher zu gigantischen Marktkapitalisierungen dieser Unternehmen geführt hat. Der halbe Planet ist durch Facebook vernetzt, die Straßen sind voll von Amazon-Paketen und Microsoft ist aus unserer Welt nicht mehr wegzudenken. Für neue, innovative Unternehmensgründer in unserem Land besteht die Aufgabe darin, eine Idee so umzusetzen, dass daraus ein dauerhafter Wettbewerbsvorteil wird und vielleicht sogar ein profitables Unternehmen.

Betrachten wir die Momentaufnahme im Jahr 2018, so kann man sehr zufrieden sein. Die Exporte sind auf einem Höchststand, die Auftragsbücher der deutschen Wirtschaft voll, die Arbeitslosenquote niedrig und die Zahlen stimmen, absolut betrachtet. Relativ betrachtet im Verhältnis zu anderen Regionen, wie Asien oder USA, steht Europa im direkten Wettbewerb mit aufstrebenden hungrigen Unternehmensgründern aus diesen Regionen, in der Schlacht um die innovativen Produkte und Dienstleistungen der Zukunft. Wer diesen Wettbewerb dominieren wird, kann für lange Zeit die globale Wirtschaft anführen.

16.1 Unternehmensgründungsbereitschaft Asien vs. Europa

Wie in der Einleitung zu Beginn des Buches beschrieben, habe ich im August 2017 in Singapur auf der von der Nanyang Technological University (NTU) Singapore veranstalteten „Singapore Economic Review Conference (SERC)" kurz meine Studie zum Unternehmensgründungsverhalten europäischer und asiatischer Studenten der MINT-Fächer vorgestellt. Nun möchte ich ausführlich die Forschungsergebnisse dieser Studie darlegen.

Die Studie wurde ursprünglich englischsprachig erstellt, unter dem Titel „The willingness of european and asian exchange students to found an innovative technology company and the economic consequences for the future". Hintergrund ist, dass der internationale Wettbewerb der Wirtschaft abhängig ist von der Innovationsstärke, neue Produkte und Dienstleistungen zu generieren, und der Bereitschaft von Bürgern, Unternehmen zu gründen.

Wir befragten zwischen 2011 und 2016 zwei Gruppen von Austauschstudenten an der Hochschule Karlsruhe, die Studiengänge in Richtung Informatik oder Ingenieurwissenschaften belegten. Die erste Gruppe (n = 224) bestand aus Austauschstudenten aus Europa (Spanien, Frankreich, Luxemburg, Italien, Belgien, Polen, Portugal und Dänemark), die zweite Gruppe (n = 183) bildeten Studenten aus Asien (China, Indien, Malaysia, Thailand und Vietnam). Das Resultat lag, bezüglich des Willens, ein Unternehmen mit einem innovativen Thema zu gründen, in Gruppe 1 bei 28,13 % (n = 63) und in Gruppe 2 bei 78,14 % (n = 143).

Die Bereitschaft, zusätzlich zu einem Teil- oder Vollzeit-Job ein Unternehmen zu gründen, lag in Gruppe 1 bei 18,30 % (n=41) und in Gruppe 2 bei 56,28 % (n=103). Schließlich ergab sich bei der Frage nach der Wichtigkeit von „Work-Life-Balance", dass dieser Punkt relevant ist für 91,96 % (n=206) in Gruppe 1 und für 16,39 % (n=30) in Gruppe 2. Die statistische Signifikanz, berechnet mit dem Statistikprogramm IBM SPSS 24, war $p<0,05$.

Es scheint, dass die asiatischen Austauschstudenten eine höhere psychologische Resilienz haben und eine positivere soziale Perspektive in Bezug auf Arbeit und Arbeitsstunden als die befragten europäischen Austauschstudenten in der Vergleichsgruppe.

Daraus haben wir geschlussfolgert, dass sich eine Verschiebung der Anzahl innovativer technologischer Start-ups in Zukunft in Richtung Asien ereignen wird und letztlich daraus eine Dominanz Asiens in diesem Segment erwartet werden kann.

Gerade solche interdisziplinären und internationalen Trends bei dem wettbewerblichen Vergleich zwischen Ländern und Regionen im Bereich Innovation, Technologie und Unternehmertum können beispielsweise Aktieninvestmentfonds oder Private-Equity-Investmentgesellschaften für längerfristige Investitionsperioden den Anteil europäischer Investments reduzieren und den Anteil asiatischer Investments kontinuierlich erhöhen lassen. Europa gerät aber noch weiter unter Druck, beispielsweise wird die Ende 2017 verabschiedete Steuerentlastungsreform für Unternehmen in den USA wettbewerbliche Auswirkungen auf Europa haben.

Auch der demografische Wandel in Richtung 2035, mit der vom statistischen Bundesamt prognostizierten Reduzierung der „Workforce" in Deutschland der 20- bis 70-Jährigen von 50 auf 42 Mio. Bundesbürger, zeigt dramatische Entwicklungen. Auf der einen Seite sind wir Exportweltmeister und die Wirtschaft boomt und auf der anderen Seite bedroht uns langfristig der Fachkräftemangel, und das ist ein qualitatives und quantitatives Problem.

Über die reinen Antworten auf den standardisierten Fragebogen hinaus, interessierten uns besonders die Gründe der Studenten für diese Antworten. So war bei vereinzelten Gesprächen neben der Befragung sehr spannend, dass das Streben nach dem sozialen Aufstieg bei den asiatischen Studenten in Kombination mit dem Bewusstsein, überhaupt eine Chance zu haben, aus eigener Kraft aufsteigen zu können, enorm ausgeprägt schien (das ist natürlich wissenschaftlich nicht zu verwerten, aber philosophisch und unter Erkenntnisgesichtspunkten interessant).

Bei den europäischen Studenten war dagegen der Freizeitwert zentral. Es wurde mehrfach von der Kürze der Lebenszeit und der Vereinsamung in der Arbeitswelt gesprochen. Auch die finanziellen Risiken bei Unternehmensgründungen scheinen eine Rolle zu spielen. Nochmal: Da es nur wenige einzelne Gespräche über die Beantwortung der Fragen hinaus gab, kann man dem keine wissenschaftliche Relevanz zurechnen. Mein persönlicher Eindruck bleibt, dass bei den asiatischen Austauschstudenten eine sehr hohe Bereitschaft besteht, Arbeit und Arbeitsstunden zu leisten. Daher möchte ich im Folgenden auf den zentralen Punkt der Resilienz eingehen.

16.2 Resilienz

Die Arbeitsmarktsituation in Deutschland kann aktuell im Jahr 2018 als positiv bewertet werden. Die Notwendigkeit für Individuen, sich selbstständig zu machen, ist bei der momentan hohen Wahrscheinlichkeit, einen Angestelltenvertrag zu bekommen, eher gering. Die Motivation, sein eigener Chef zu sein, sich zu verwirklichen mit seinem ganz individuellen Konzept oder gar eine neuartige Idee in ein Start-up einzubringen, erfordert Einsatz: Zeit, Kraft, Geld und Nerven. Es kann wenige oder viele Jahre dauern, bis das Unternehmen läuft, das weiß man vorher nicht.

Dieser Gesamtbelastung aus beruflichem und (wie immer bei freizeitraubenden Unternehmungen) privatem Druck standzuhalten, erfordert Widerstandsfähigkeit. Insbesondere, wenn die ersten Misserfolge eintreten und der Gegenwind zunimmt, ist es notwendig, durchzuhalten. Hier wird der Faktor der Resilienz entscheidend. Die wissenschaftliche Literatur zur Resilienz erklärt immer wieder sinngemäß: Überdurchschnittlich harte Arbeit, Belastbarkeit, Durchhaltevermögen und insgesamt die starke psychische Widerstandsfähigkeit sind das Fundament der Unternehmensentwicklung.

Dies ist bei der Gestaltung der persönlichen Innovationsumgebung umso wichtiger, denn dies ist die Keimzelle für innovative Produkte und Dienstleistungen. Die Unternehmensentwicklung durch Verträge, Distribution, Marketing, Controlling, die Gesellschaftsform und andere Bereiche, um ein Unternehmen zu entwickeln, werden von der Innovationsebene getragen. Ohne innovative Produkte und Dienstleistungen, die einen Kundennutzen haben, wird es kein dauerhaftes Überleben am Markt geben.

16.2.1 Allgemeines Forschungsfeld „Resilienz"

Bereits 2017 habe ich in der Zeitschrift Ideen- und Innovationsmanagement im Artikel „Einfluss von Sporterfahrungen aus der Jugendzeit auf Unternehmensgründer innovativer KMU in der Medizinprodukte- und Medizintechnik-Industrie – unter besonderer Berücksichtigung des Themenkomplexes der Resilienz" die Resilienz als Einflussfaktor für Innovation und Entrepreneurship untersucht (Plugmann 2017) und aufgrund des positiven Feedbacks die Wichtigkeit dieses Faktors wissenschaftlich mit weiteren Studien erforscht.

Dieses Forschungsfeld „Resilienz" begann der Öffentlichkeit mit der Kauai-Studie der US-amerikanischen Psychologin E. Werner (Mitglied der American Psychological Association) im Jahr 1955 bekannt zu werden (Werner 1989). Dabei untersuchte sie auf einer der Hawaii-Inseln (USA) eine Kohorte von 694 Kindern, von der Geburt bis etwa zum 35. Lebensjahr. Die sozialen Rahmenbedingungen und die letztlichen Entwicklungsergebnisse dieser untersuchten Individuen sollten Aufschluss darüber geben, welche Kinder widerstandsfähig waren und welche nicht. Die Untersuchung berücksichtigte riskante soziale Umgebungen und kam zu dem Ergebnis, dass zwei Drittel der

Individuen problematische soziale Entwicklungsverläufe aufwiesen, während ein Drittel erfolgreich wurde und somit als „resilient" gegenüber den widrigen sozialen Rahmenbedingungen eingeordnet werden konnte.

Es folgten weitere Studien mit ähnlichen Studiendesigns in den USA, auch in Deutschland, die alle das Ziel hatten, das Untersuchungsobjekt der „Risiko-Kinder" in Bezug zum Entwicklungsendpunkt zu setzen, also dem, was aus ihnen geworden ist. Dabei wurde angenommen, dass „Risiko-Kinder" solche sind, die in sozial problematischen Umgebungen heranwachsen. Hier liegt aber auch die Schwäche des Studiendesigns im Hinblick auf die „Resilienz", denn man könnte auch annehmen, dass Kinder aus durchschnittlichen oder überdurchschnittlichen sozialen Umgebungen unter bestimmten Bedingungen „Risiko-Kinder" werden können. Dabei sind Kriterien wie fehlender Ansporn, soziale Absicherung, fehlende Notwendigkeit, um Güter zu kämpfen, fehlende Auseinandersetzung mit Kindern darunterliegender sozialer Schichten, Demotivation, Langeweile, Erwartungsdruck durch Eltern mit akademischen Hintergrund, etc. zu nennen.

16.2.2 Spezielles Forschungsfeld „Resilienz und Unternehmenserfolg" – die Gegenwart

Die jüngere Literatur (ab 2010) hat zahlreiche Publikationen zu diesem Themenkomplex hervorgebracht, die sich mit dem Einfluss der Resilienz, der psychischen Belastbarkeit, auf den Unternehmenserfolg befassen.

- In dem Buch „Psychologie der Wirtschaft" befasst sich J. Goethe (2013) mit der Resilienz und Effizienz als Architektur für nachhaltigen Unternehmenserfolg. Dabei erläutert sie den lateinischen Ursprung des Wortes „resilere = abprallen". Sie arbeitet heraus, dass der Unternehmenserfolg auf der Fähigkeit der Organisation beruhe, mit Veränderungen umzugehen und externe, widrige Einflüsse zu verarbeiten, dabei den positiven Zustand aber zu halten. Des Weiteren thematisiert sie den Einfluss auf die Organisation und das Individuum.
- J.D. Roederer (2011) beschreibt theoretisch konzeptionelle Grundlagen zu Entscheidungsfindungen von Top-Managern, wie die „Upper Echelons"-Theorie, das Konzept der zentralen Selbstbewertungen und die „Self-Consistency"-Theorie. Dabei wird immer wieder bei den unterschiedlichen Theorieansätzen die Interaktion des Topmanagers als Entscheidungsträger mit sich selbst, seinen individuellen Persönlichkeitseigenschaften, seinen Erfahrungen und seinem Wissensstand beschrieben. Aufgrund der Relevanz des Prozessmanagements eines Unternehmens für seinen Erfolg wird auch betont, dass sich in gewisser Weise das Top-Management in den Unternehmensprozessen widerspiegeln würde.
- K. Drath (2016) verweist auf den US-amerikanischen Management-Professor Morgan McCall, der 1988 in seinem Buch „The Lessons of Experience" die Karrieren zahlreicher

Topmanager untersucht hat. Viele Befragte stuften das Durchleben und Bewältigen von Herausforderungen und Krisen als die größte Quelle persönlichen Wachstums ein.
- A. Düben (2016) beschreibt den Einfluss der Gesellschaftsstrukturen der ehemaligen DDR auf spätere Unternehmensgründer in all ihren Facetten um die Wendezeit. Die vorgestellte Studie basiert auf Interviews mit Unternehmensgründerinnen, die nach der Zeit im Osten eine gewisse Zeit im Westen verbracht haben und nun in den Osten Deutschlands zurückgekommen sind. Dabei werden die Rahmenbedingungen dieser widrigen Erfahrungen vor, während und nach der Wendezeit zusammengefasst als Erfahrungsschatz für die Ausprägung der „Resilienz". Diese Erfahrungen prädestiniere, so der Autor, diese Individuen für eine erfolgreiche Unternehmensgründung.
- Semling und Ellwart (2016) beschreiben das Konzept der Teamresilienz. Die Autoren formulieren, dass das Ziel des Beitrages war, für Teams in kritischen Ausnahmesituationen (TiKAS) ein team- und anforderungsspezifisches Modell der Resilienz zu entwickeln und die vorhandenen Konzepte der Teamadaptivität und empirische Studien der Sicherheitsforschung zu integrieren. Semling und Ellwart definieren Teamresilienz „als spezifische Prozesse der kognitiv-emotionalen Situationsbewertung, Handlungsplanung und Kommunikation eines Teams unter kritischen Ausnahmebedingungen, unter Rückgriff auf die vorhandenen teambezogenen und individuellen Ressourcen". Sie heben hervor, dass Ansatzpunkte für die Teamdiagnostik entwickelt und trainingsbezogene Unterstützungen konzipiert werden können. Nennenswert sind die Schlagwörter, die benannt werden: Teamresilienz, Adaptivität, Sicherheit, Resilience Engineering, Stress und Teamdiagnostik.
- In der „Zeitschrift für Kulturwissenschaften" schreibt J. Potthast über die „Innovationskulturanalyse in Kalifornien" (2011), die historische Entwicklung der Region San Diego/USA als ehemalige von Militär- und Rüstungsindustrie geprägte Region, die Herausforderungen des Strukturwandels durch den Rückzug dieser Strukturen in den 1960er Jahren, den Aufbau der Hubs, Clusters und diverser Forschungseinrichtungen. Dabei arbeitet er heraus, dass Resilienz bedeute, permanente Antworten auf neue Situation und Herausforderungen zu erfinden, die nicht absehbar waren. Des Weiteren beschreibt er einen Ansatz in Innovationsprozessen, bei dem es darum geht, die Zahl der unabhängigen Instanzen an diesen Innovationsprozessen stärker teilhaben zu lassen, um einen kollektiven Lernprozess zu erzeugen, anstatt alle Probleme voraussehen zu wollen.
- Kuhlmann und Horn (2016) beschreiben, dass man in Unternehmen die Teammitglieder auch jährlich interviewen kann, zur Zufriedenheit, Motivation und Resilienz. Das kann das Individuum stärken, somit auch das Team, und sei gerade bei Unternehmensgründungen ein Erfolgsfaktor.
- R. Tewes (2015) betont die Wichtigkeit, die evidenzbasierte Managementforschung in die Praxis umzusetzen. Dabei könne die Resilienz des Einzelnen durch Methoden wie die wertschätzende Befragung, Verfahren zur Abbildung von Struktur- und

Prozessabläufen, Techniken der Selbstreflexion, Zielentwicklungsmethoden, Entscheidungsverfahren und interprofessionelle Kommunikation gestärkt werden.
- M. Gerber schreibt über „Mentale Toughness im Sport" in der Zeitschrift „Sportwissenschaft" (2011). Benannt wird das „Psychological Performance Inventory (PPI)", mit deren Hilfe auch nachgewiesen werden konnte, dass zwischen mentaler Toughness und sportlichem Erfolg ein Zusammenhang besteht. Gerber stellt heraus, dass mental starke Athleten über günstigere Bewältigungsstrategien verfügen und mentale Toughness einem überdauernden Merkmal entspricht, was belegt werden konnte.
- C. Berndt (2013) schreibt über Resilienz als eine Form mentaler Kraft, die mit Erfahrungen der Depression und von Erschöpfungszuständen eng verwoben ist.

16.2.3 Bildung von Resilienz im digitalen Zeitalter – die Zukunft

- Die Deutsche Gesellschaft für Psychiatrie und Psychotherapie, Psychosomatik und Nervenheilkunde (DGPPN) hat auf ihrem Hauptstadtkongress im Juni 2016 in Berlin das Thema Resilienz für den Bereich „in der Schule und am Arbeitsplatz" als einen der zentralen Punkte herausgehoben (Deutsche Gesellschaft für Psychiatrie und Psychotherapie, Psychosomatik und Nervenheilkunde 2016). Dies war neben Vorträgen zu Themen wie Angstzuständen oder Depressionen zu finden. Auch die „European Alliance Against Depression" war durch Prof. Dr. Ulrich Hegerl vertreten (damals auch seit 2008 Vorstandsvorsitzender der Stiftung Deutsche Depressionshilfe). Sein Vortrag „Internettherapie, Selbstmanagement, Selbstvermessung: Chancen und Risiken der digitalen Revolution für psychisch Erkrankte" lässt erahnen, dass innerhalb der Phase der digitalen Transformation von Gesellschaft, Industrie und Kommunikation neue Formen von Resilienz, Depressionen und Angstzuständen zu erwarten sind.
- Die Nähe von Angstzuständen, Depression, Erschöpfung und Resilienz aus der vorgenannten exemplarisch ausgewählten aktuelleren Literatur zeigt eben auch die Kehrseite der Medaille, nämlich, dass, so wie bei der Kauai-Studie (Werner 1989) ersichtlich, ein Teil der Individuen sich durchsetzt und gestärkt aus der Situation hervorgeht, während ein anderer Teil nachgibt und geschwächt herauskommt. Es scheint ein Muster eines sozial-psychischen Selektionsprozesses erkennbar zu werden.
- T. Ineichen (2018) bezieht in ihrem kürzlich erschienen Buchbeitrag den Begriff der Resilienz auf Unternehmen und die Individuen darin. Sie fasst zusammen, dass Unternehmensleitungen erste mögliche Praxisansätze bieten sollten, um die Unternehmensstruktur und -kultur dafür zu kräftigen, im digitalen Wandel zu bestehen. Es wird aufgezeigt, welche Maßnahmen ergriffen werden müssen, damit Unternehmensstrukturen resilient sind, auch oder gerade in Zeiten disruptiver Veränderungen. Bei der Kulturperspektive wird auf die bedeutende Koexistenz und Kooperation der Stabilitätsträger und Innovationstreiber eingegangen.
- Endres et al. (2015) haben in ihrem Artikel „Resilienz-Management im Zeiten von Industrie 4.0" im Jahr 2015 bereits sehr deutlich herausgehoben, dass deutsche Unternehmen

Gefahr laufen, in Bezug auf das E-Business den Anschluss an Asien und die USA zu verlieren. Sie beschreiben, dass die technologischen Entwicklungen der Industrie 4.0 Unternehmen vor neue Herausforderungen stellen und das Resilienz-Management eine wichtige Aufgabe für die Zukunftsfähigkeit der Unternehmen darstellt. Dabei wird auch die „Adaptive Capacity", das Potenzial eines Unternehmens, sich an Veränderungen anzupassen, hervorgehoben.

- Juffernbruch (2018) beschäftigt sich in seinem Buchbeitrag mit dem Resilienz-Training in einem internationalen Unternehmen für Informations- und Kommunikationstechnologie. Dabei stellt er Resilienz-Management und Training der Resilienz auch als Maßnahmen von Unternehmen dar, um Burn-Out-Prophylaxe zu betreiben.

16.2.4 Weitere relevante Literatur zur Resilienz

- Hohm et al. (2017) beschreiben in ihrem Buchbeitrag „Resilienz und Ressourcen im Verlauf der Entwicklung: Von der frühen Kindheit bis zum Erwachsenenalter" zusammenfassend

anhand von Daten der Mannheimer Risikokinderstudie, die sich mit der langfristigen Entwicklung von Kindern mit unterschiedlichen Risikobelastungen beschäftigt, wie Schutzfaktoren aufseiten des Kindes und seines familiären Umfelds im Verlauf der Entwicklung wirksam werden und zur Entstehung von Resilienz beitragen können. Eine besondere Rolle kommt dabei positiven frühen Eltern-Kind-Beziehungen zu (sowohl Mutter- als auch Vater-Kind-Interaktionen). Daneben spielen auch Interaktionserfahrungen im Alter von zwei Jahren des Kindes eine bedeutsame Rolle; diese schützen Risikokinder davor, eine ungünstige Entwicklung zu nehmen und tragen dazu bei, dass sich Kinder, die in psychosozialen Hochrisikofamilien aufwachsen, trotz ungünstiger „Startbedingungen" positiv entwickeln. Neben Merkmalen der sozialen Umwelt nehmen auch sprachliche, sozial-emotionale und internale Kompetenzen des Kindes im Entwicklungsverlauf eine wichtige Rolle ein. Diese Kompetenzen ermöglichen es Risikokindern auch unter widrigen Lebensumständen (psychosoziale Hochrisikofamilien, Aufwachsen in Armutsverhältnissen) erfolgreich zu bestehen. Darüber hinaus zeigt die Arbeit, dass Resilienz ein Persönlichkeitsmerkmal ist, das ab dem frühen Erwachsenenalter eine hohe Stabilität besitzt. Mit diesen Befunden verweist die Arbeit auf die große Bedeutung der Resilienz bei der Vorhersage der langfristigen Entwicklung von Risikokindern.

- Die Mediziner Prof. Dr. Franz Petermann (Zentrum für Klinische Psychologie und Rehabilitation der Universität Bremen) und Prof. Dr. U. C. Smolenski (Institut für Physiotherapie, Universitätsklinikum Jena) beschreiben in ihrem Artikel „Medizinische Rehabilitation aus Patientensicht: Depression, Erschöpfungssyndrom und Return-to-work" (2017) die Situation, wenn der Bogen der Belastbarkeit überspannt wurde und eine Phase der medizinischen Rehabilitation zu durchleben ist.
- Rieger (2016) arbeitet in seiner Studie „Individuelle Resilienz und Vulnerabilität in High Reliability Organisationen – Vorläufige Ergebnisse einer Studie in der Luftfahrtindustrie"

heraus, dass gutes Arbeitsklima, Teamdenken und gemeinsamer Erfolg von den Befragten als förderlich auf die Resilienz benannt wurden. Weitere Punkte, die die persönliche Widerstandsfähigkeit gegenüber Stress und Druck stärken, seien nach Angaben der Befragten Training im Umgang mit Stress, der Anpassungsfähigkeit an Situationen, der Konzentrationsfähigkeit auf das Wesentliche, dem Ausblenden von Störfaktoren, der schnellen Erholung von Rückschlägen/Misserfolgen und eine positive Einstellung. Interessant war auch, dass in der Studie die Befragten das gemeinsame Lösen von Problemen und den Zusammenhalt unter den Kollegen als wichtigen Punkt für die eigene Resilienz nannten.
- Mourlane und Hellmann (2016) beschreiben in ihrem Artikel den von den Krankenkassen zunehmend festgestellten Anstieg bei Burn-Out, Fehltagen und Berufsunfähigkeiten aufgrund psychischer Erkrankungen. Sie gehen der Frage nach, was Unternehmen für ihre Mitarbeiter und Führungskräfte tun können, um Schäden von ihnen fernzuhalten, wenn eben die persönliche Belastungsgrenze überschritten wird. Die in diesem Artikel aufgeführte Literaturliste führt verschiedene Werke auf, die sich alle mit den neuropsychiatrischen, sinnstiftenden und persönlichkeitsanalytischen Auswirkungen und Bedeutungen dauerhafter Arbeitsbelastung auf Individuen befassen.
- Klein (2011) befasst sich mit den Belastungen von Führungskräften, der Frage, welche Kompetenzen Angestellte in Leadership-Positionen benötigen und wie sie mit Druck, Stress, Misserfolgen und eigenem Anspruchsdenken umgehen. Dabei bezieht sie sich, neben dem zentralen Punkt der eigenen Haltung der Führungskraft, auf eine Studie von Garmezy und Runter von 1983, bei der über Kinder aus den Slums von Minneapolis (USA) geforscht wurde und man aufzeigte, dass viele dieser Kinder trotz widrigster familiärer und struktureller Rahmenbedingungen positiv, lösungsorientiert und motiviert waren, Probleme zu lösen und Herausforderungen anzunehmen.

16.2.5 Zusammenfassung der Literatur zur Resilienz

Die „Resilienz" findet sich als multi- und interdisziplinärer Themenkomplex in der Literatur wieder, der Sportwissenschaft, Kulturwissenschaft, Soziologie, Psychologie, Psychiatrie, Medizin, Bildung, Gesellschaftstheorie, Geschichte, Familie und Emotionen betrifft (Plugmann 2017).

Die 20 Literaturquellen bei der Literaturrecherche haben herausgearbeitet, dass die individuelle Widerstandsfähigkeit von Mitarbeitern und Führungskräften, mit Druck, Stress, Misserfolgen und Konflikten umzugehen, einen entscheidenden Einfluss auf den langfristigen Unternehmenserfolg haben kann. Es lohnt sich also für Start-ups und etablierte Unternehmen, bei der Auswahl von Mitgründern und neuen Mitarbeitern auf deren Historie und zurückliegenden Umgang mit Krisen und Widerständen zu achten, weil Termindruck, Abgabefristen und Konflikte vorprogrammiert sind und man sich sicher sein muss, dass diese Individuen in den harten Phasen an Bord bleiben und positiv mitwirken, anstatt sich krank zu melden oder das Unternehmen in der wichtigsten Phase plötzlich zu verlassen. Für bereits angestellte Mitarbeiter macht ein Resilienz-Training, in welcher Form auch immer, Sinn. Das kann durch externes Coaching oder als gemeinsame interne Aktivität durchgeführt werden.

Wichtig ist auch zu erkennen, dass bei fehlender Resilienz oder Selbstüberschätzung der eigenen Belastungsfähigkeit im Umgang mit Stress medizinische Konsequenzen drohen können, in Form von Burn-out, psychischen Erkrankungen oder ernsthaften physiologischen Konsequenzen. Das mag jungen Leuten seltsam erscheinen, aber ein regelmäßiger Check-Up beim Arzt, gerade in Phasen intensivster Unternehmensgründung oder Arbeitsbelastung in Projekten etablierter Unternehmen, unterstützt die gesundheitliche Balance und hilft letztlich, weiterhin Top-Performance leisten zu können.

16.2.6 Aufbau einer Innovationsumgebung unter Berücksichtigung des Faktors der Resilienz

Die vorgestellte Studie, die die Unternehmensgründungsbereitschaft europäischer MINT-Studenten im Vergleich zu asiatischen Studenten wissenschaftlich untersucht hat, unterstreicht die Relevanz von Work-Life-Balance, da 91,96 % (n = 206) der europäischen MINT-Studenten (Gruppe 1) darauf Wert legten. Im Vergleich dazu war mit 16,39 % (n = 30) in Gruppe 2, den asiatischen MINT-Austauschstudenten, das Thema Work-Life-Balance weniger wichtig.

Nun hilft es nicht, über die Europäer zu jammern – wir brauchen Handlungsalternativen. Denn immerhin waren, bezüglich des Willens, ein Unternehmen mit einem innovativen Thema zu gründen, in Gruppe 1 immerhin 28,13 % (n = 63) aufgeschlossen, also jeder Vierte. Die Herausforderung liegt nun darin, diese potenziell Gründungswilligen zu aktivieren und begeistern.

Aus eigener Erfahrung weiß ich, dass immer dort, wo warme Muffins und Cola light verfügbar sind und ein Fernseher mit guten Sportsendungen läuft, meine Kreativität auf Maximum ist. Ich fühle mich wohl, satt und zufrieden und bin leistungsbereit. Ich brauche also einen Ort, wo Arbeit und Freizeit verschmelzen. Wenn ich über einen Ort nachdenke, an dem ich Arbeit und Freizeit lebe, fällt mir nur das Zuhause an. Dort sitze ich an meinem Schreibtisch oder auf der Couch mit meinem Laptop und wenn ich Hunger habe, gehe ich zum Kühlschrank. Zu Hause kann ich in meinen Wohlfühlklamotten rumlaufen, mit Hausschuhen oder in Strümpfen, und die Arbeit läuft wie von selbst.

Und ist es nicht das, was Google, Facebook und andere kreative Start-ups an Coworking Spaces geschaffen haben? Sie bieten ein Zuhause für Kreative, Gründungswillige, Träumer, Pioniere, Andersdenkende, und die Menschen unterstützen und begeistern sich gegenseitig, wie eine molekulare Kettenreaktion. Daher ist für mich persönlich ein Coworking Space, in welcher Form auch immer, die richtige Vorgehensweise. Der Faktor der Resilienz wird hier gewissermaßen abgemildert, da in dieser Coworking-Space-Community alle die gleichen Probleme haben.

Es wäre übertrieben, von einer Selbsthilfegruppe zu sprechen (das ist humoristisch gemeint), sondern man kommt erst gar nicht in die Nähe von Depressionen oder Erschöpfungszuständen, da die anderen einen kennen, ein Auge auf einen haben und ein wenig aufeinander aufpassen. Man kann sich in einer Frühphase des emotionalen Ungleichgewichtes austauschen und kommt gar nicht in mehrwöchige selbstkritische Überlegungsphasen, die im Extremfall zum Projektabbruch führen können.

16.3 Coworking Spaces

In den letzten 15 Jahren konnte ich international zahlreiche Coworking Spaces besuchen. Im letzten Jahr besuchte ich das „Block 71" in Singapur, geführt von der National University of Singapore (NUS), wo auch Unternehmen aus Deutschland und der Schweiz bereits erfolgreich aktiv sind. Das Innovationszentrum „Block 71", darunter kennt man es international, ist ein Areal von langgezogenen, sechs Stockwerke hohen Betonbauten, die Hunderte von Offices, teilweise kostenlos, Unternehmensgründern anbieten. Derzeit sind sie ausgebucht.

Dieses Areal hat durchgehend geöffnet, die Gründer können jederzeit in diese Offices. In manchen Offices sind mehrere Gründer, manche beanspruchen je nach Entwicklungsstand des Unternehmens ein ganzes Office für sich, abhängig von der Mitarbeiterzahl.

Es gibt eine gastronomische Infrastruktur und der öffentliche Personennahverkehr ist angeschlossen. Zusätzlich verfügt man über Seminarräume, in denen regelmäßig Diskussionsrunden und Vorträge stattfinden. Ich konnte im August 2017 an einer solchen Runde als Zuhörer teilnehmen und erstaunlicherweise findet jeden Tag irgendein Seminar oder Vortrag statt. Viele Studenten, Fahrräder und Rucksäcke prägen die Umgebung. Es herrscht Aufbruchstimmung und alle sind gut drauf.

Grundsätzlich sind die dort vorhandenen Coworking Spaces sehr ähnlich denen, die ich aus Deutschland kenne, wie STARTPLATZ (Köln) oder Mindspace (München). Als ich zum ersten Mal im „Block 71" in Singapur an einem Seminar mit dem Direktor, Prof. Wong Poh Kam von der National University of Singapore (NUS), teilnahm, wurde schnell klar, dass die 250 Start-ups die volle Unterstützung der akademischen Institutionen und der Stadt haben. Das lässt sich im Buch nicht vermitteln, dafür muss man persönlich hinreisen und für einige Tage in diesen „Dschungel an Innovationen" eintauchen. Die Unternehmensgründer stehen im Mittelpunkt und auch auf der abendlichen Veranstaltung mit dem Finanzminister Singapurs wurde die Stärke der Region, in der sich viele Unternehmen niederlassen, den innovativen Produkten und Dienstleistungen gedankt.

Grundsätzlich unterscheiden sich global die Coworking Spaces weniger als erwartet, es ist mehr eine Frage der involvierten Personen und der ganzheitlichen Organisationsstruktur.

In den USA war ich mehrfach am Harvard Innovation Lab, das sich nach „Business Model Disruption"-orientierten Gründern um den Bereich Life Science erweitert, und am MIT konnte ich ein im Studentenwohnheim etabliertes offenes System kennenlernen.

Es ist zu beobachten, dass einige Coworking-Spaces-Unternehmen sich internationalisieren und ihr eigenes Geschäftsmodell als Dienstleister für Start-ups entfalten. So kooperiert „Block71" mit Jakarta (Indonesien), Suzhou (China) und San Francisco (USA). RocketSpace ist in England, den USA, Australien und Kanada vertreten.

Andere Coworking Spaces von Unternehmen wie Google, Facebook oder Amazon kennt man sehr gut aus dem Internet. Die Gestaltungsmöglichkeiten der Räume und der Ansprache potenzieller Gründer ist so unterschiedlich wie die Kooperationspartner in Form von Business Angels, Private-Equity-/Venture-Capital-Unternehmen und Coaches.

Manche Coworking Spaces haben zusätzlich Seminarräume und eine Gastronomie, andere haben eher den Charakter einer Mini-Bürowelt. Auch hier muss sich ein Coworking Space an die lokalen Gegebenheiten anpassen, aber trotzdem innovativ sein. Schließlich will man eine Form des „Zuhause" schaffen, eine Wohlfühlatmosphäre, die getragen ist von Vertrauen und Akzeptanz. So kann sich das Leistungsmaximum entfalten. Doch auch Coworking Spaces sind nur ein Glied in einer langen Kette. Die Unterstützung der Städte und Bundesländer entscheidet mit, das beginnt bei der Schulbildung und endet an den Hochschulen. Hier seien Stichworte wie digitale Kompetenz, Programmieren lernen und moderne Wissensvermittlung angesprochen.

Die Politik sollte diese Entwicklung annehmen und Projekte für Start-up-Center und Coworking Spaces fördern. Die Arbeitswelt der nächsten Generation wird sich stark von der, in der wir heute arbeiten, differenzieren. Man wird in autonomen Fahrzeugen arbeiten, Bestandteil virtueller Teams sein und die Arbeitszeit wird sich nicht mehr genau messen lassen, da man nicht weiß, wann die Arbeit anfängt und wann sie aufhört, weil man überall komfortabel und nach Laune arbeiten kann.

Wissenschaftliche Literatur zu Coworking Spaces
- Bereits vor 10 Jahren schrieb Fost (2008) in der New York Times einen Artikel über die Coworking-Space-Kultur in San Francisco. Er beschreibt sowohl die Bedürfnisse derer, die solche Coworking Spaces nutzen möchten, als auch deren technologische Ausstattung in Form von WiFi und Smartphones. Er beschreibt auch die Kosten für die Nutzung der Räume. Da gab es teilweise für einmalige Nutzung pro Woche sehr günstige Tarife und für Dauernutzer eben höhere Gebühren. Die Anbieter von Coworking Spaces haben sich selbst ausprobiert und für sich das richtige Business-Modell gesucht.
- Pohler (2012) beschreibt die Coworking Spaces als Gemeinschaftsbüros, die insbesondere die Kreativen für sich entdeckt haben und die neue Formen von Arbeitsverhältnissen bieten könnten, durch Freiheit, Flexibilität und Eigenverantwortung.
- Spinuzzi (2012) beschreibt das Thema aus der Perspektive von „Mobile Professionals", also Menschen, die in unterschiedlichen Städten arbeiten müssen, und beschäftigt sich damit, wie sich die Möglichkeit der Coworking Spaces durch Aktivitätsangebote, technische Ausstattung und Öffnungszeiten unterscheiden.

- Surman (2013) schreibt über Unternehmensgründungen im Bereich sozialer Innovationen durch die Kraft des Coworkings. Sie beschreibt, wie in Zeiten von Unsicherheit und Ungleichheit durch Kollaboration von Individuen in einem Coworking Space eine Community wächst, die wiederum gemeinsam zu sozialen Innovationen führen kann.
- Brinks (2012) schreibt über „Netzwerke(n) und Nestwärme im Coworking Space – Arbeiten zwischen Digitalisierung und Re-Lokalisierung". Sie thematisiert die „Kultur des Teilens" beim gemeinsamen Nutzen solcher Coworking Spaces, dabei würden nicht nur Raum und Infrastruktur geteilt, sondern auch Wissen und Ideen.

Allein dieser kurze Anriss der Literaturquellen zum Themenbereich „Coworking Spaces" zeigt die Vielschichtigkeit der Perspektiven und die diversen Gestaltungsmöglichkeiten, die man bei einem Coworking Space in Betracht ziehen kann.

16.4 Fazit

Die europäischen Unternehmen stehen unter Druck. Asien und die USA entwickeln sich mit hohem Tempo weiter und eine stärkere Dominanz dieser ist in Zukunft zu erwarten. Dem muss der europäische Wirtschaftsraum entgegentreten, u. a. durch die Schaffung von Innovationsumgebungen, die zur Unternehmensgründung animieren und diese Personengruppe unterstützten.

Die Vorstellung der Studie, bei der die Unternehmensgründungsbereitschaft europäischer und asiatischer MINT-Austauschstudenten abgefragt wurde, zeigte, dass Europäer einen hohen Wert auf Work-Life-Balance legen, und in einzelnen persönlichen Gesprächen klang an, dass die Risiken als hoch eingeschätzt werden.

Diese verhältnismäßig zurückhaltende Bereitschaft, innovative Unternehmen zu gründen, wird durch die Berücksichtigung des Themenbereiches der Resilienz erweitert. Die Resilienz, als Zeichen der psychologischen Widerstandsfähigkeit eines Individuums gegen Druck, Stress und Misserfolge (auch über eine lange Zeitperiode), stellt eine weitere Hürde bei Unternehmensgründungen dar, die bis zum erfolgreichen überlebensfähigen Unternehmen geführt werden müssen.

Als ein möglicher Lösungsansatz dafür, die Unternehmensgründungsbereitschaft zu erhöhen und Individuen parallel in ihrer Resilienz zu trainieren und zu stärken, kann man Coworking Spaces betrachten. Diese können sehr unterschiedlich gestaltet werden, sind jedoch im Kern darauf ausgerichtet, eine positiv denkende Community von innovativen Unternehmensgründern zusammenzuführen und letztlich eine ideale Innovationsumgebung zu schaffen.

Dabei werden neue Coworking Spaces auch einen erweiterten Gerätepark mit 3D-Druckern, Lasern oder anderen innovativen Geräten anbieten können, um neben dem Austausch von Wissen und Ideen auch die gemeinsame Erstellung von ersten Prototypen zu ermöglichen.

Literatur

Berndt C (2013) Resilienz: Das Geheimnis der psychischen Widerstandskraft. Was uns stark macht gegen Stress, Depressionen und Burnout. Deutscher Taschenbuch Verlag, München

Brinks V (2012) Netzwerke(n) und Nestwärme im Coworking Space – Arbeiten zwischen Digitalisierung und Re-Lokalisierung. Geogr Z 100(3):129–145

Deutsche Gesellschaft für Psychiatrie und Psychotherapie, Psychosomatik und Nervenheilkunde (2016) https://www.dgppn.de/dgppn-akademie/hauptstadtsymposien.html. Zugegriffen: 6. Apr. 2018

Drath K (2016) Resilienz in der Unternehmensführung – und Arbeitshilfen online: Was Manager und ihre Teams stark macht (Bd 1069). Haufe-Lexware, München

Düben A (2016) Rückwanderung und Unternehmensgründung: Die Wege der Wendekinder zwischen Ost und West – Planwirtschaft und Selbstständigkeit. Die Generation der Wendekinder. Springer Fachmedien, Wiesbaden, S 167–194

Endres H, Weber K, Helm R (2015) Resilienz-Management in Zeiten von Industrie 4.0. IM+io: Das Magazin für Innovation, Organisation und Management, 30. März, S 28–31

Fost D (2008) They're working on their own, just side by side. New York Times, 20. Februar

Gerber M (2011) Mentale Toughness im Sport. Sportwissenschaft 41(4):283–299

Goethe J (2013) Resilienz und Effizienz – Architektur für nachhaltigen Unternehmenserfolg. In: Landes M, Steiner E (Hrsg) Psychologie der Wirtschaft. Springer Fachmedien, Wiesbaden, S 801–822

Hohm E, Laucht M, Zohsel K, Schmidt MH, Esser G, Brandeis D, Banaschewski T (2017) Resilienz und Ressourcen im Verlauf der Entwicklung: Von der frühen Kindheit bis zum Erwachsenenalter. Kindh Entwickl 26(4):230–239

Ineichen T (2018) Aus der inneren Kraft heraus: Wie etablierte Unternehmen Stabilität und Innovation mit Resilienz, Respekt und Resonanz vereinen. In: Au C von (Hrsg) Führen in der vernetzten virtuellen und realen Welt. Springer, Wiesbaden, S 19–36

Juffernbruch K (2018) Resilienz-Training in einem internationalen Unternehmen für Informations- und Kommunikationstechnologie. Digitales Betriebliches Gesundheitsmanagement. Springer Gabler, Wiesbaden, S 359–368

Klein S (2011) Resilienz im Führungscoaching. In: Birgmeier B (Hrsg) Coachingwissen. VS Verlag, Wiesbaden, S 357–364

Kuhlmann H, Horn S (2016) Linien–Entwicklungspotenziale spezifizieren. In: Kuhlmann H, Horn S (Hrsg) Integrale Führung. Springer Fachmedien, Wiesbaden, S 25–47

Mourlane D, Hollmann D (2016) Führung, Gesundheit und Resilienz. In: Hänsel M, Kaz K (Hrsg) CSR und gesunde Führung. Springer, Berlin, S 121–135

Petermann F, Smolenski UC (2017) Medizinische Rehabilitation aus Patientensicht: Depression, Erschöpfungssyndrom und Return-to-work. Phys Med Rehabilitationsmed Kurortmed 27(6):327–328

Plugmann P (2017) Ideen- und Innovationsmanagement. Ausgabe 3/2017: Einfluss von Sporterfahrungen aus der Jugendzeit auf Unternehmensgründer innovativer KMU in der Medizinprodukte- und Medizintechnik-Industrie – unter besonderer Berücksichtigung des Themenkomplexes der Resilienz. Schmidt, Berlin, S 88–92

Pohler N (2012) Neue Arbeitsräume für neue Arbeitsformen: coworking spaces. Österr Z Soziol 37(1):65–78

Potthast J (2011) Innovationskulturanalyse in Kalifornien. Z Kulturwiss 5(1):19–34

Rieger H (2016) Individuelle Resilienz und Vulnerabilität in High Reliability Organisationen – Vorläufige Ergebnisse einer Studie in der Luftfahrtindustrie. SFU Forschungsbull 4(2):1–16

Roederer JD (2011). Konzeptionelle Grundlagen und Entwicklung des Untersuchungsmodells zum Einfluss der Topmanagerpersönlichkeit auf den Unternehmenserfolg (Studie 1). In: Stock-Homburg R, Wieseke J (Hrsg) Der Einfluss der Persönlichkeit von Topmanagern und der Unternehmenskultur auf den Unternehmenserfolg. Gabler, Wiesbaden, S 17–64

Semling C, Ellwart T (2016) Entwicklung eines Modells zur Teamresilienz in kritischen Ausnahmesituationen. Gruppe. Interaktion. Organisation. Zeitschrift für Angewandte Organisationspsychologie (GIO) 47(2):119–129

Spinuzzi C (2012) Working alone together: coworking as emergent collaborative activity. J Bus Tech Commun 26(4):399–441

Surman, T (2013) Building social entrepreneurship through the power of coworking. Innovations 8(3–4):189–195

Tewes R (2015) Führen will gelernt sein! Führungskompetenz ist lernbar. Springer, Berlin, S 83–97

Werner E (1989) High-risk children in young adulthood: a longitudinal study from birth to 32 years. Am J Orthopsychiatry 59(1):72–81

Herr Dr. Dr. Philipp Plugmann ist Zahnmediziner mit einer eigenen Praxis in Leverkusen, mehrfacher Unternehmensgründer und Fortbildungsreferent für die Medizintechnikindustrie. Parallel dazu hat er eine wissenschaftliche Laufbahn eingeschlagen. Er unterrichtet seit 2017 an der Hochschule Fresenius Köln. Davor lehrte er von 2007 bis 2016 an der Hochschule Karlsruhe „Innovationsmanagement for technical products" und wurde vom Rektor für herausragende Lehre ausgezeichnet. Zusätzlich ist er seit 2013 Research Fellow an der Universitätszahnklinik Marburg.

Im Zuge seiner akademischen Laufbahn präsentierte er Forschungsergebnisse im Bereich Innovationen auch in den USA und Asien. Business Model Design und Innovationsmanagement sind seine Kernthemen. Sein Buch „Zukunftstrends und Marktpotentiale in der Medizintechnik" wurde 2012 vom NASDAQ gelisteten Global Player CISCO positiv reviewt. Seine Kenntnisse gibt er als Advisor weiter.

Expatriates – im Ökosystem zu Hause in der Ferne

17

Alexander Ruthemeier

Inhaltsverzeichnis

17.1	Expatriates – Auswandern für den Job		256
	17.1.1	Definition	256
	17.1.2	Geschichte der Expatriierung – von der Kolonialisierung bis zur Beat Generation	257
	17.1.3	Drei Gründe der Expatriierung – persönlich, beruflich und finanziell	257
	17.1.4	Trends der Expatriation – selbst initiiert, kurz und flexibel	258
	17.1.5	Expatriate Charaktere – vom „Grüne Weiden"-Expat bis zum „Ex-Studenten"	259
	17.1.6	Globale Verteilung von Expatriates – Saudi-Arabien vorn, Schweden weit zurück	260
	17.1.7	Expatriates-Länderranking – Bahrain löst Mexiko ab	260
	17.1.8	Ökonomische Bedeutung von Expatriates – Chancen und Herausforderungen	261
	17.1.9	Relevanz für Steuer- und Sozialsysteme – Expats sind „Nettobeitragszahler"	261
17.2	Expatriates-Ökosystem – jeder ist Teil des Ganzen		262
	17.2.1	Definition Ökosystem – Individuum, Population und Gesellschaft	262
	17.2.2	Definition Expat-Ökosystem – online und offline verbunden	262
	17.2.3	Vorteile des Expat-Ökosystems – ankommen und gemeinsam lernen	262
	17.2.4	Nachteile des Expat-Ökosystems – integrieren oder abschotten	263
17.3	Deutschland – gelobtes Expatriates-Land		263
	17.3.1	Vorteile des Standortes Deutschland – Bildung, Sicherheit und gute Perspektiven	263
	17.3.2	Kritik und Verbesserungspotenziale – Distanz, Konkurrenz und Sprache	264
	17.3.3	International gefragt: Das Expat-Ökosystem in Berlin	265
17.4	Zusammenfassung und Ausblick		265
Literatur			266

A. Ruthemeier (✉)
Berlin, Deutschland
E-Mail: alex@ruthemeier.com

© Springer Fachmedien Wiesbaden GmbH, ein Teil von Springer Nature 2018
P. Plugmann (Hrsg.), *Innovationsumgebungen gestalten*,
https://doi.org/10.1007/978-3-658-22127-0_17

17.1 Expatriates – Auswandern für den Job

17.1.1 Definition

Das gewohnte Umfeld für einen Job verlassen: Ein Expatriate[1], kurz Expat, macht genau das und lebt temporär oder permanent in einem Land, das nicht sein oder ihr Heimatland ist (Selmer 2007). Am besten lässt sich der englische Begriff Expatriate mit dem Wort „Auswanderer" übersetzen. Daher wird dieser Begriff auch in diesem Kapitel gleichbedeutend verwendet. Als weitere vermeintliche Synonyme gelten „Migrant" oder „Immigrant". Doch schaut man genauer hin, lassen sich bei diesen Begriffen schnell feine Bedeutungsunterschiede erkennen. Ein Migrant ist ein Individuum, das häufig von einem Ort zum anderen zieht, auf der Suche nach besseren Arbeits- und Lebensumständen. Im Unterschied dazu verbleibt ein Immigrant länger oder auch für immer im jeweiligen Gastland (Selmer 2007). Die Bandbreite der Begriffe zur Differenzierung zeigt ganz deutlich: Die gewählte Bezeichnung unterscheidet sich von der jeweils anderen häufig nur in Nuancen – Determinanten sind etwa die voraussichtliche Verweildauer im Gastland, Motive zur Umsiedlung sowie Nationalität oder Wohlstand.

Historisch betrachtet wird der Begriff Expatriate insbesondere im Zusammenhang mit den Begriffen „Exil" und „Verbannung" verwendet – vor allem im Mittelalter. Er beschreibt seither jene Personen, die durch äußere Umstände dazu gezwungen wurden, in anderen Ländern oder Regionen zu leben. Im Hinblick auf die Neuzeit soll im vorliegenden Artikel ein Expatriate von dieser Gruppe der Auswanderer abgegrenzt werden, zu der auch Aussiedler, Asylbewerber und Flüchtlinge zählen.

Im Fokus soll vielmehr die von Cligiury genannte Definition stehen, nach der Expats qualifizierte Arbeitnehmer sind, die von ihren Firmen, Nichtregierungsorganisationen (NGOs) oder Regierungsbehörden ins Ausland geschickt werden. Ihr Ziel ist, nach dem Verlassen ihrer Heimat nur für eine gewisse Zeit im Ausland zu leben. Viele Expats kehren jedoch nicht im vorhergesehenen Zeitraum zurück oder sogar nie. Die Gründe: Häufig sind ihr Verdienst, ihre paritätische Kaufkraft, die Lebensqualität oder der Lebensstandard höher – oder ihr aktueller „Expat Lifestyle" erscheint ihnen attraktiver (Cligiury 1997).

Eine weitere Variante von Expatriates ist die Gruppe der so genannten „Selbst-Initiierten-Expatriates" (SIE). Diese Personen kümmern sich komplett eigenständig um ihre Auswanderung, unternehmen das Projekt ihres Lebens also „auf eigene Faust".

---

[1] Aus Gründen der Lesbarkeit wurde im Text die männliche Form gewählt, nichtsdestoweniger beziehen sich die Angaben auf Angehörige aller Geschlechter.

17.1.2 Geschichte der Expatriierung – von der Kolonialisierung bis zur Beat Generation

Ein Blick in die Geschichte zeigt: Der Begriff Expatriates besitzt eine lange Tradition. Vereinfacht gesagt verlassen Menschen weltweit seit Jahrhunderten ihre Heimat aus unterschiedlichsten Gründen – unter anderem als Missionare, Diplomaten, Händler, Krieger und Reisende. Vor allem nach dem 15. Jahrhundert stieg die Anzahl der Auswanderer durch die Kolonialisierung deutlich an (Inkson et al. 1997). Es kam zu imposanten Strömen – so wanderten ab 1721 etwa tausende Menschen wie die British Raj von Großbritannien nach Princely States in Indien aus. Ein aktuelleres Beispiel ist die Expatriierung von Prominenten aus unterschiedlichen Ländern an den Genfer See, die im 19. Jahrhundert stattfand. Hinzu kommen technische Entwicklungen wie die Erfindung der Dampflok und des Dampfschiffes zur etwa gleichen Zeit: Sie veränderten das Reisen mit der Folge, dass nun breiten Bevölkerungsschichten die Möglichkeit offenstand, weite Strecken zurückzulegen und auf dem eigenen Kontinent oder darüber hinaus umzusiedeln. Mit dem Ende des Zweiten Weltkriegs begann eine beschleunigte Dekolonialisierung, wobei der Einfluss der Kolonialzeit in den ehemaligen Kolonien häufig erhalten blieb. Das ist auch die Zeit, in der viele Autoren und Anhänger der amerikanischen Beat Generation nach Marokko oder Frankreich auswanderten.

17.1.3 Drei Gründe der Expatriierung – persönlich, beruflich und finanziell

Die Gründe der Expatriierung waren und sind heute noch sehr vielfältig. Sie lassen sich jedoch zu drei übergreifenden Motiven zusammenfassen: „Persönliche Motive", „Berufliche Motive" und „Finanzielle Motive" (Caigiuri 2007).[2]

1. **Persönliche Motive**
   Im Zentrum der persönlichen Motive stehen für die Expatriates häufig Neugierde und der Reiz des Unbekannten. Expatriates stellen sich der Herausforderung des Neuen und profitieren im Gegenzug von interkulturellen Erfahrungen, neuen Freundschaften, erweiterten Sprachkenntnissen und Entwicklung der eigenen Persönlichkeit.
2. **Berufliche Motive**
   Multinationale Unternehmen nutzen Entsendungsprogramme für ihre Mitarbeiter, um eigene Ziele wie Expansion, Qualitätssicherung und Wissenstransfers voranzutreiben. Die entsandten Mitarbeiter gehören häufig zu einer höheren hierarchischen Ebene und verdienen mehr als lokale Arbeitnehmer. Zudem können sie ihr Einkommen durch

---

[2]Der Fokus Caigiuris liegt insbesondere auf entsandten Mitarbeitern und weniger auf „Freemovern".

Spesen sowie weitere Auslandszuwendungen steigern – und erhalten beispielsweise Unterstützung in den Bereichen Wohnen, Kranken- und Sozialversicherung sowie Familiennachzug.

3. **Finanzielle Motive**
Durch die genannten beruflichen Motive ergeben sich häufig deutlich höhere Einkommen, verglichen mit denen, die Expatriates im Herkunftsland erzielen könnten. Insbesondere spezielle Auslandszuwendungen ermöglichen einen größeren Sparanteil, sodass viele Expatriates durch den Auslandsaufenthalt die Möglichkeit haben, ein Vermögen aufzubauen und es zu steigern.

17.1.4 Trends der Expatriation – selbst initiiert, kurz und flexibel

Die Globalisierung, Verbesserungen im Transportwesen sowie höhere Standards in den Bereichen Kommunikation, Wissenschaft und Technologie haben die Rahmenbedingungen für die Auswanderung von Expatriates in den vergangenen Dekaden verbessert. Nach Puccino (2007) zeichnen sich in unserer Zeit folgende Trends ab.

Selbst-Initiierte-Expatriation
Wie oben definiert organisieren Self-Initiated-Expatriates (SIE) ihre Auswanderung komplett alleine. Sie entscheiden sich für ein Land und kümmern sich selbst um die Arbeitsplatzsuche, die Vorbereitung inklusive des Visumsantrages, den Sozial- und Krankenversicherungsschutz und vieles mehr. Diese SIE besitzen häufig ein individuelleres Naturell im Vergleich mit Arbeitnehmern, die durch Unternehmen in das Ausland entsandt werden. Dafür genießen SIE allerdings häufig auch nicht die organisatorischen und finanziellen Vorteile sowie die Sicherheitsnetze der Firmen-Entsandten.

Kurzzeit-Auslandsaufenthalt
In den vergangenen zwanzig Jahren ließ sich vermehrt beobachten, dass sich viele Mitarbeiter und SIE nur für kurze Zeit ins Ausland begeben – häufig für Zeiträume zwischen einem halben und einem Jahr. Diese kurzfristigen Aufenthalte werden begünstigt durch frühere Erfahrungen wie ein Auslandssemester in Studienzeiten.

Flex-Patriates
Dieser Trend ist die schwächste Form der Auswanderung. Ein Flex-Patriate wandert im Grunde nicht aus, er wohnt nur ständig im Ausland und pendelt zwischen Heimat und Arbeitsort – etwa um dort an Konferenzen, Weiterbildungen, Meetings und Verhandlungen teilzunehmen.

Westlicher Manager
Ein abnehmender und dennoch relevanter Trend ist die Einstellung von Managern aus hoch industrialisierten Ländern in Entwicklungsländer. Diese Manager bleiben zumeist

für einen längeren Zeitraum, da ihre individuellen Anreizsysteme mit längerfristigen Zielen verknüpft sind.

17.1.5 Expatriate Charaktere – vom „Grüne Weiden"-Expat bis zum „Ex-Studenten"

Doch nicht nur die Gründe für die Auswanderung sowie aktuelle Trends beeinflussen die Motive der Expatriates, sondern auch unterschiedliche Charaktereigenschaften. Sie werden nachfolgend vorgestellt und zur Vereinfachung zu vier Typen zusammengefasst. Grundlegend für die Einordnung sind Erkenntnisse des Expat Insider 2017 (Internations 2018):

1. Der „Grüne Weiden"-Expat
   Die größte Gruppe von Expatriates folgt dem Trend nach mehr Individualismus. Jeder fünfte Expat (21 %) zählt zu dieser Gruppe. Ein „Grüne Weiden"-Expat zieht in andere Länder, um die eigene Lebensqualität nachhaltig zu verbessern. Innerhalb dieser Gruppe sind 16 % Unternehmer und 12 % arbeiten als Freelancer beziehungsweise Selbstständige. Im Jahr 2017 haben sich die meisten dieser Charaktere in Israel, Panama, Costa Rica und Ecuador niedergelassen.
2. Der „Karriere-Expat"
   Der „Karriere-Expat" geht zumeist für eine unselbstständige Arbeit ins Ausland. Neun Prozent aller Expatriates handeln nach diesem Motiv. Die durchschnittliche Arbeitszeit beträgt mit 43 h weniger als im Heimatland, das Einkommen hat sich bei mehr als jedem Zweiten (59 %) verbessert. Die meisten dieser Karriere-Expats sprechen die lokale Sprache nicht. 46 % geben an, dass soziale Kontakte größtenteils innerhalb einer Expat-Community stattfinden. Typische Zielländer für diesen Typ sind Belgien, Oman, Luxemburg und Bahrain.
3. „Der Rekrutierte"
   Diese Gruppe von Expats wurde aus dem Heimatland für das Gastland rekrutiert. Die Gruppe der „Rekrutierten" macht sechs Prozent aller Expats aus. Sie arbeiten durchschnittlich 44 h pro Woche – 60 % haben ihr Einkommen gegenüber dem Heimatland verbessert. Die meisten der Rekrutierten sprechen nicht die lokale Sprache. In 2017 haben sich diese Charaktere auffällig häufig in arabischen Ländern wie Saudi-Arabien, Kuwait, Katar und Bahrain niedergelassen.
4. „Der Ex-Student"
   Sechs Prozent der Expat-Population gehört zur Gruppe der „Ex-Studenten". Mehr als zwei Drittel (68 %) davon bleiben nach ihrer Graduierung im Gastland, 32 % immatrikulieren sich für weiterführende Studiengänge. Die Hälfte dieser Studenten (49 %) spricht die lokale Sprache auf passablem Niveau, 14 % sprechen sogar mehr als fünf Sprachen. 30 % der Ex-Studenten haben eine Partnerschaft mit einem Inländer. Diese Charaktere kommen am häufigsten in Frankreich, Deutschland, den USA, Argentinien und Dänemark vor.

17.1.6 Globale Verteilung von Expatriates – Saudi-Arabien vorn, Schweden weit zurück

Was lässt sich zur Verteilung der Expats auf der Welt sagen? Ein Blick auf die Zahlen zeigt: Expatriation ist ein globales Phänomen – weltweit gibt es rund 50,53 Mio. Expats (Finaccord.com 2014). Zwischen 2009 und 2013 ist diese Anzahl jährlich um 2,4 % gestiegen. Zusammen mit anderen Gruppen von Auswanderern, die nicht Gegenstand dieses Artikels sind, lebten insgesamt rund 232 Mio. Menschen in einem Gastland. Dies entspricht 3,2 % der Weltbevölkerung.

Saudi-Arabien ist das Land, in dem aktuell die meisten Expats leben. Dicht dahinter folgen die Vereinigten Arabischen Emirate und die USA. Polen, Portugal und Schweden beherbergen hingegen die wenigsten Expats (Finacord.com 2014). Das Land mit den meisten ausgewanderten Expats ist Indien, gefolgt von China und dem Vereinigten Königreich. Die Europäische Union hat in den letzten Jahren nicht nur eine „Flüchtlingswelle" erlebt, sondern auch die steigende Zuwanderung von Expats in Ballungszentren wie Berlin. Darauf wird später noch im Detail eingegangen.

17.1.7 Expatriates-Länderranking – Bahrain löst Mexiko ab

Bereits das Expat Insider Ranking 2016 von Internations bietet Einsichten darüber, welche Länder Expatriates rund um den Globus bevorzugen und aus welchen Gründen. Dabei lieferte die Befragung von Expatriates Daten zu Einflussfaktoren wie Finanzen, Lebensqualität, Lebenshaltungskosten, Einfachheit der Einwanderung, Familienleben und Arbeitsumfeld – am besten Schnitt hierbei insgesamt Mexiko ab. Im Folgejahr wurde im Expat Insider Ranking ein stärkerer Fokus auf die Einfachheit der Einwanderung gelegt sowie auf das Gefühl, „Willkommen geheißen zu werden". Hier zeigte sich ein eindeutiges Bild: Der Gewinner des Landerrankings 2017 ist Bahrain, das im Vorjahr noch den siebzehnten Platz belegt hatte. Den zweiten Platz belegt Vorjahressieger Mexiko vor Costa Rica. Kuwait, Griechenland und Nigeria belegen die letzten Plätze. Expatriates schätzen an Bahrain vor allem die englische Sprache sowie die besonders offene Willkommenskultur. Neben den Länderrankings wurden auch Städterankings durchgeführt. Hier sind zentrale Entscheidungsfaktoren vor allem der lokale Wohnungsmarkt, die urbane Lebensqualität sowie die Eingewöhnungszeit. In diesem Ranking belegt die Hauptstadt von Bahrain, Manama, den ersten Platz, gefolgt von Prag und Madrid. Die letzten Plätze belegen Lagos, Jeddah und Paris.

Dem Expat Explorer Survey der HSBC Bank zufolge sind die Vereinigten Arabischen Emirate, Singapur, Österreich, Neuseeland, Norwegen, Schweden, die Niederlande, Australien, Kanada und Deutschland die besten und bevorzugten Länder für Expatriates.

An den unterschiedlichen Resultaten der beiden vorgestellten Rankings lässt sich deutlich die unterschiedliche Bewertung erkennen. Dennoch zeigen sich klare Trends wie die deutliche Verbesserung der Positionen in westlich orientierten arabischen Ländern. Jedes Ranking ist jedoch so individuell wie jeder Expatriate selbst – eine Verallgemeinerung daher schwierig bis unmöglich. So dürfte wohl auch künftig jedes neue Ranking bei einigen Lesern für große Zustimmung und bei anderen für Kopfschütteln sorgen.

17.1.8 Ökonomische Bedeutung von Expatriates – Chancen und Herausforderungen

Die Globalisierung bietet Menschen vielfältige Chancen, sich für die Arbeit an einem anderen Ort der Erde niederzulassen. Die Tatsache, dass heute so viele Menschen diese Möglichkeit nutzen, hat direkte und indirekte ökonomische Folgen.

Expatriates erhöhen die Zahl der Beschäftigten und haben somit Einfluss auf ein steigendes Bruttoinlandsprodukt (BIP). Die Expats bringen in vielen Fällen ein diverses Repertoire an Fähigkeiten mit, das gut zu den Fähigkeiten der lokalen Arbeitskräfte passt. So betrug die Zuwanderung in OECD-Staaten in 2010/2011 circa 30 Mio. Menschen (Dumont und Lemaître 2005). Das auf diese Weise wachsende Humankapital kommt dem Gastland zugute. Ein Beispiel für diese Entwicklung sind die USA, wo Expatriates einen hohen Beitrag zu der wachsenden Forschung und Entwicklung beigetragen haben (Hunt 2010). Zudem verändern die zumeist jungen Expatriates die Alterspyramide des Gastlandes – das hat Auswirkungen auf die Gesellschaft und die Sozialsysteme.

17.1.9 Relevanz für Steuer- und Sozialsysteme – Expats sind „Nettobeitragszahler"

Expatriates zahlen in vielen Fällen mehr in die Systeme des Gastlandes ein, als sie an Bezügen erhalten. Dies gilt vor allem in sozialdemokratischen Ländern, die vielfach mit umlagefinanzierten Systemen arbeiten. In diesem Fall wird durch die Abgaben von Expatriates zum Beispiel der Ausbau von Infrastruktur gefördert. Profitieren können sie von diesen Langfristinvestition jedoch selten, da sie häufig noch vor der Fertigstellung von Straßen oder U-Bahn-Linien das Land wieder verlassen haben. In den meisten Fällen kommen Expatriates nicht in das Gastland, um von den sozialen Systemen Gebrauch zu machen, somit werden die Sozialkassen eher begünstigt als belastet.

17.2 Expatriates-Ökosystem – jeder ist Teil des Ganzen

17.2.1 Definition Ökosystem – Individuum, Population und Gesellschaft

Ein Ökosystem ist eine ökologische Einheit, die mit ihrer Umgebung in Interaktion tritt (Tansley 1935). Eine weitere Definition sieht darin eine Gruppe oder ein System von verbundenen Elementen, die/das durch die Interaktion der Organismen mit ihrer/seiner Umgebung geformt wird (Fisher et al. 2009). Der Begriff Ökosystem wird demnach in unterschiedlichen Zusammenhängen genutzt. Dabei hat jedes Ökosystem unterschiedliche Stufen der Organisation. Die einfachste Form des Systems ist das Individuum. Ein Zusammenschluss von Individuen formt eine Gruppe oder Population. Die unterschiedlichen Populationen formen eine Gesellschaft, in der wiederum jede Gruppe und jedes Individuum eine besondere Rolle spielt.

17.2.2 Definition Expat-Ökosystem – online und offline verbunden

Auf Basis der vorangegangenen Definition ist ein Expat-Ökosystem folglich jene Gesellschaftsschicht, die aus unterschiedlichen Populationen besteht, zu denen sich Expatriates zusammengeschlossen haben. Ein Expatriat-Ökosystem beschreibt also eine Gruppe von Expatriates, die sich als solche so eng zusammenschließt, dass sie als ein eigenes Ökosystem betrachtet werden kann.

Beispiele für Expat-Ökosysteme sind in Offline- und Online-Kanälen zu finden. Offline finden sich Expatriates häufig über die gemeinsame Arbeitsstelle, Wohngemeinschaften und zielgruppenspezifische Angebote wie Sportveranstaltungen zusammen. Ein besonderes Beispiel für ein Online-Expat-Ökosystem ist die Firma Internations. Internations hilft Expats auf einer Online-Plattform, andere Expats zu finden – und organisiert diese Communitys in den jeweiligen Städten rund um den Globus. Dabei unterstützen die Mitglieder einer Städtegruppe neue Mitglieder in unterschiedlichen Belangen.

17.2.3 Vorteile des Expat-Ökosystems – ankommen und gemeinsam lernen

Durch das Expat-Ökosystem finden die jeweiligen Anhänger dieser Gruppe schnell eine Zugehörigkeit im fremden Gastland. Dies erleichtert den Einstieg und begünstigt das Gefühl des „Ankommens". Zudem befinden sich die anderen Expatriates des Ökosystems in der gleichen Lage wie die Neuzugänge – oder erinnern sich zumindest noch an ihre eigenen Anfänge. Diese Erfahrung fördert die Empathie und die Offenheit gegenüber anderen und die Bereitschaft, in unterschiedlichen Belangen zu unterstützen. Ein weiterer Vorteil des Ökosystems ist die Überwindung der Sprachbarriere. Haben die

Expatriates im Gastland häufig keine ausreichenden Kenntnisse der Landessprache, so ist die bevorzugte Sprache innerhalb des Ökosystems meist für alle oder einen Großteil eine Fremdsprache. Dadurch sinken auch eventuell vorhandene Hemmungen.

17.2.4 Nachteile des Expat-Ökosystems – integrieren oder abschotten

Es gibt zwei grundsätzliche Verhaltensweisen, zu denen Expatriates im Gastland tendieren. Zur ersten Verhaltensweise zählt, sich möglichst vollständig zu integrieren, schnell lokale Freundschaften zu schließen sowie die Kultur und Sprache kennenzulernen – was gemeinhin als positiv gewertet wird. Im Kontrast dazu äußert sich die zweite Verhaltensweise besonders durch die Abschottung gegenüber dem Gastland. So entsteht durch das Expat-Ökosystem eine Sub-Kultur. Besonders häufig wird dabei versucht, im Gastland das Gefühl und die Lebensumstände des Heimatlandes zu kopieren. Zudem sind Vertreter dieser Verhaltensweise unzufrieden und besitzen eine negative Einstellung gegenüber dem Gastland. Untersuchungen zeigen, dass dieser Zustand häufiger als der erste vorkommt (Selmer und Lauring 2012).

17.3 Deutschland – gelobtes Expatriates-Land

17.3.1 Vorteile des Standortes Deutschland – Bildung, Sicherheit und gute Perspektiven

Seit jeher ist Deutschland eines der beliebtesten Länder für Auswanderer von überall auf der Welt. Die steigende Anzahl qualifizierter Arbeitnehmer und Studenten, die sich für Deutschland entschieden haben, unterstreichen dies. Das durchschnittliche Alter der nach Deutschland eingewanderten Expatriates ist auf 37 Jahre gesunken (Stand 2016). Es besteht ein fast ausgewogenes Verhältnis zwischen männlichen und weiblichen Expats (Expat Explorer Survey 2018).

Deutschland ist Europas Powerhaus – auch dank der in den vergangenen Jahren guten wirtschaftlichen Situation. Diese besitzt für viele Expatriates einen besonderen Reiz. Expats finden in einem von acht Fällen einfach einen Job (Selmer 2007). Darüber hinaus bietet Deutschland gute Karriereperspektiven und sichere Beschäftigungen. Im Working Abroad Index aus dem Expat Insider (2017) liegt Deutschland auf dem siebten Platz. Zudem geben viele Expatriates an, dass Deutschland eine gute Work-Life-Balance bietet. Hinzu kommt: Deutschland gilt international noch immer als das Land der Dichter und Denker. Sieben Prozent der hier lebenden Expats kommen wegen der guten Bildung nach Deutschland, häufig als Studenten. Deutschland belegt im internationalen Vergleich Platz vier im Bildungsmarkt – nach der Schweiz, Singapur und Belgien. Gründe für die

Spitzenplatzierung sind unter anderem die flächendeckende Abschaffung der Studiengebühren sowie die gehobene Ausstattung der Universitäten (Expat Insider 2017).

Neben den vorherrschenden ökonomischen und akademischen Vorzügen ist Deutschland ein besonders sicheres Land – im Hinblick auf die persönliche Sicherheit und die politische Stabilität. Auch das medizinische System ist etabliert, bietet einen exzellenten Standard und ein ausgewogenes Kosten-Nutzen-Verhältnis (Puccino 2007). Viele der medizinischen Leistungen sind zudem durch das gesetzliche Kranken- und Pflegeversicherungssystem abgedeckt.

Weitere positive Aspekte sind die soziale und kulturelle Szene. Deutschland ist ein Magnet für internationale Artisten, Künstler und Musiker. Die kreative Szene – besonders von Berlin – ist weltberühmt.

17.3.2 Kritik und Verbesserungspotenziale – Distanz, Konkurrenz und Sprache

Neben all den Vorteilen gibt es auch kritische Anmerkungen zu Deutschland: So gelten Deutsche mitunter als kalt, distanziert und in der Kommunikation rau. Der komplizierten Sprache sind Expatriates häufig nicht mächtig, vor allem nicht, wenn sie erst seit kurzer Zeit im Land leben. Auf der anderen Seite ist das Englisch-Niveau abseits der urbanen Zentren nicht besonders hoch, sodass eine natürliche Distanz zwischen den Deutschen und den Expatriates besteht. Daher sehen die meisten Expatriates die Sprachbarriere als einen der größten Nachteile bei der Einreise nach Deutschland (Andresen et al. 2012).

Neben den persönlichen und sprachlichen Aspekten gilt die Konkurrenz auf dem Arbeitsmarkt als ein weiterer Nachteil bei der Einwanderung. Deutschland bietet zwar einen attraktiven Arbeitsmarkt und es ist möglich, direkt oder nach kurzer Suche einen geeigneten Job zu finden. Jedoch sind diese häufig nicht besonders gut bezahlt, wodurch Frustration entstehen kann, gerade wenn der Expatriat eine Arbeitsstelle antritt, die unter seiner Qualifikation und seinem Marktwert liegt.

Die umfangreiche Bürokratie sowie der wenig digitalisierte öffentliche Sektor erschweren die Einreise zusätzlich. Viele Expatriates monieren zudem ein umständliches Visumverfahren, bei dem finanzielle Mittel als Beleg für die Finanzierbarkeit des Lebensunterhaltes nachgewiesen werden müssen, sowie den zwingenden Krankenversicherungsschutz. Sobald Expatriates in Deutschland ankommen, erwartet sie eine Flut von Dokumenten, die ausgefüllt, und zahlreiche Behördengänge, die erledigt werden müssen. In jüngerer Zeit haben es sich unternehmen wie X-patrio zur Aufgabe gemacht, den gesamten Einreiseprozess zu aggregieren, zu standardisieren und zu digitalisieren, um die Attraktivität des Standorts Deutschland auch im Bereich der administrativen Angelegenheiten zu steigern.

17.3.3 International gefragt: Das Expat-Ökosystem in Berlin

In den vergangenen Jahren erlebte Berlin einen enormen Zulauf von ausländischen Arbeitnehmern und Selbstständigen. Die Stadt hat sich zu einem kulturellen und kreativen Hotspot entwickelt und zu einem dynamischen Motor innerhalb der Technologie-Szene. Berlin ist national und international anerkannt als Deutschlands unbestrittene Hauptstadt der Start-ups. Im globalen Ranking des Start-up Genome Reports landete Berlin auf Platz sieben (Max Marmer et al. 2011). Aber warum hat sich die Stadt, die nach Meinung des ehemaligen Bürgermeisters Klaus Wowereit „arm aber sexy" ist, zu solch einem Expatriates-Magneten entwickelt? Die Antwort findet sich auch in den attraktiven Rahmenbedingungen: Niedrige Lebenshaltungskosten, das weltberühmte Nachtleben und die gute Infrastruktur haben dafür gesorgt, dass eine Vielzahl junger Talente in die Stadt gekommen ist, die sich vor allem in der kreativen und unternehmerischen Szene tummeln. Dementsprechend hat sich ein Expat-Ökosystem entwickelt, das sich insbesondere der Innovation und Disruption verschrieben hat. Die allgegenwärtige Präsenz von Individualität – oder wie CDU-Politiker Jens Spahn (MdB) es jüngst formulierte: der „elitäre Hipster" – prägt das neue Stadtbild. Berlin wird als das Deutsche Silicon Valley gehandelt und das Start-up-Ökosystem mit all den qualifizierten ausländischen Arbeitnehmern kreiert das „Expatriat-Innovation-Ökosystem", dessen weitere Entwicklung auch in den kommenden Jahren weiterhin für Furore sorgen wird.

17.4 Zusammenfassung und Ausblick

Der Beitrag hat gezeigt: Expatriieren ist ein weltweites Phänomen. Die unterschiedlichen Motivlagen der Vergangenheit, das eigene Land zu verlassen, sind bis heute aktuell. Ein steigender Individualismus zeichnet zudem verantwortlich für den Trend der Selbst-Initiierten-Expatriates. So ist auch in den kommenden Jahren weltweit mit einem Anstieg der Zahlen gerade in diesem Bereich zu rechnen.

Die entsprechenden sozioökonomischen Faktoren bedürfen dabei einer gründlichen Untersuchung. Denn der Einfluss auf die Gesellschaft des Heimatlandes durch den „Verlust" der häufig hoch qualifizierten jungen Menschen und die Auswirkungen auf die Gesellschaft des Gastlandes sind teilweise ungeklärt. Die globalen Entwicklungen lassen sich in vergleichbarer Form auch auf nationaler Ebene in Deutschland ablesen: Junge, qualifizierte Menschen aus dem EU- und nicht-EU-Ausland strömten ins Land – ein bemerkenswerter „Expats-Zulauf", völlig losgelöst von anderen Entwicklungen, wie sie im Rahmen der sogenannten „Flüchtlingskrise" zu beobachten waren.

Gerade in urbanen Ballungsräumen steigen die Expats-Zahlen rasant. Es verwundert nicht, dass Berlin in dieser Hinsicht eine Vorreiterrolle einnimmt. Der Status als Stadt der Kunst und Kultur, gepaart mit einer einzigartigen Start-up- und Technologieszene, lässt im „Europan Silicon Valley" eine besondere Atmosphäre und ein einzigartiges „Expatriat-Innovation-Ökosystem" entstehen. Dies führt zu zahlreichen positiven Einflüssen auf das Stadtleben und die internationale Positionierung der Stadt. Bei aller Begeisterung dafür ist allerdings darauf zu achten, dass durch die bewusste oder unbewusste Abschottung einzelner Gruppen – auch der Expats in ihren eigenen Ökosystemen – keine Spaltung der Gesellschaft und des friedlichen Zusammenlebens stattfindet und dadurch nicht eine unsichtbare Grenze durch die Stadt gezogen wird. Denn die Geschichte zeigt: Mit Mauern, ob aus Stein oder Vorurteilen, haben bislang wenige Städte wirklich gute Erfahrungen gemacht. Wer wüsste das besser als Berlin?

Literatur

Andresen M, Bergdolt F, Margenfeld J (2012) What distinguishes self-initiated expatriates from assigned expatriates and migrants. In: Andresen M, Al Ariss A, Walther M (Hrsg) Self-initiated expatriation: individual, organizational and national perspectives. Routledge, New York, S 166–194

Caligiuri PM (1997) Assessing expatriate success: beyond just. Being there. In: Saunders M, Aycan Z (Hrsg) New approaches to employment management. JAI Press, London, S 117–140

Dumont JC, Lemaître G (2005) Counting immigrants and expatriates in OECD countries

Expatexplorer.hsbc.com (2018) Expat explorer survey – how countries compare: HSBC expat. https://www.expatexplorer.hsbc.com/survey/. Zugegriffen: 20. Jan. 2018

Finaccord.com (2014) Global expatriates: size, segmentation and forecast for the worldwide market. http://finaccord.com/documents/rp_2013/report_prospectus_global_expatriates_size_segmentation_forecasts_worldwide_market.pdf. Zugegriffen: 19. Jan. 2018

Fisher B, Turner RK, Morling P (2009) Defining and classifying ecosystem services for decision making. Ecol Econ 68(3):643–653

Hunt J (2010) Skilled immigrants' contribution to innovation and entrepreneurship in the United States. In: Open for Business, S 257

Inkson K, Arthur MB, Pringle J, Barry S (1997) Expatriate assignment versus overseas experience: contrasting models of international human resource development. J World Bus 32(4):351–368

Internations.org (2018) Expat insider 2017. https://www.internations.org/expat-insider/. Zugegriffen: 20. Jan. 2018

Marmer M, Herrmann L, Dogrultan E, Berman R (2011) Startup genome report: a new framework for understanding why startups succeed. https://s3.amazonaws.com/startupcompass-public/StartupGenomeReport1_Why_Startups_Succeed_v2.pdf. Zugegriffen: 20. Jan. 2018

Puccino S (2007) Worldwide practices and trends in expatriate compensation and benefits. Benefits Compens Dig 44(1):34–38

Selmer J (2007) Which is easier, adjusting to a similar or to a dissimilar culture? American business expatriates in Canada and Germany. Int J Cross Cult Manag 7(2):185–201

Selmer J, Lauring J (2012) Reasons to expatriate and work outcomes of self-initiated expatriates. Pers Rev 41(5):665–684

Tansley AG (1935) The use and abuse of vegetational concepts and terms. Ecology 16(3):284–307

Worldpopulationreview.com (2018) World population review. http://worldpopulationreview.com/countries/germany-population/. Zugegriffen: 20. Jan. 2018

Alexander Ruthemeier ist ein international erfahrener Unternehmer, studierter Betriebswirt und Certified Financial Planner (CFP®). Nach der Tätigkeit als Unternehmensberater liegt sein Schwerpunkt seit vielen Jahren in der Gründung von Unternehmen im Allgemeinen und Finanztechnologieunternehmen im Speziellen. Dem Engagement bei Rocket internet folgend ist er gegenwärtig Mitgründer und Chief Operating Officer (COO) bei Deutschlands erster voll-digitalen Sachversicherung ONE Versicherungen AG, sowie Gründungsinvestor von Expatrio Global Services GmbH (X-patrio), einer Online-Plattform zur Entbürokratisierung der Einreise nach Deutschland. In beiden Unternehmen steht die Entwicklung von disruptiven Technologien im Vordergrund; Kunden sind vor allem im Fall von X-patrio oft in ihrem eigenem Ökosystem zu finden, aus dem Innovationen entspringen, das „Expat Innovation Ecosystem".

Zusammenfassung und Ausblick

18

Philipp Plugmann

Inhaltsverzeichnis

18.1 Implementierung der sozialen Werte 271
18.2 Neue Spielregeln um technologische Dominanz 273
18.3 Überlebensstrategie „Innovationskultur" 274
18.4 Cyberkriminalität 275
Literatur 277

Nun haben Sie, geehrte Leserin, geehrter Leser, es fast geschafft. Zusammenfassend über alle Kapitel hinweg ist die Kernbotschaft dieses Buches: Welche Innovationsumgebung auch gerade vorherrscht in Ihrem Unternehmen, Start-up oder ihrer akademischen Organisation – es ist keine Innovationsumgebung mit der anderen vergleichbar. Natürlich gibt es die zahlreichen Modelle aus der wirtschaftswissenschaftlichen Literatur, die als Grundmuster sehr hilfreich sind. Doch ist jede Unternehmensorganisation, von der Keimzelle in Form einer Idee bis hin zum etablierten Großunternehmen, in der Gestaltung ihrer Innovationsumgebung innerhalb und teilweise außerhalb ihrer Organisationsgrenzen frei und einzigartig.

Das spiegelt sich in den Kapiteln wieder, die auf einer wissenschaftlich-analytischen, historischen oder erzählerischen, auf Erfahrungen basierenden Grundlage beruhen. Und wie ich bereits in der Einleitung empfohlen habe: Nutzen Sie die Möglichkeit, mit Unternehmern oder in Innovationsprozesse integrierten Mitarbeitern zu sprechen. Sie werden feststellen, dass die Erzählungen spannend und im Vergleich miteinander völlig

P. Plugmann (✉)
Dr. Dr. Plugmann Consulting, Leverkusen, Deutschland
E-Mail: plugmann@gmx.de

© Springer Fachmedien Wiesbaden GmbH, ein Teil von Springer Nature 2018
P. Plugmann (Hrsg.), *Innovationsumgebungen gestalten*,
https://doi.org/10.1007/978-3-658-22127-0_18

unterschiedlich sein können. Dieses Element der Gestaltungs- und Organisationsfreiheit ist auch ein Teil des unternehmerischen Risikos. Denn dort, wo gestaltet wird, wird auch gleichzeitig Verantwortung übernommen. Nach diesem Prinzip der Freiheit und Eigenverantwortung haben alle beteiligten Autoren ihren Input gegeben und somit dem Leser eine anwendungsorientierte Basis geliefert.

Deutlich sollte nach Lesen der Kapitel auch geworden sein, dass das Zeitalter der digitalen Transformation geprägt ist von hoher Geschwindigkeit. Alles hat gleichzeitig höchste Priorität, betrifft viele Fachdisziplinen und ohne autodidaktisches Engagement, auch als angestellter Mitarbeiter, ist ein Überleben in der digitalen Wissenslandschaft nicht möglich. Des Weiteren ist festzuhalten, dass Akteure, die meinen, sich erst in einigen Jahren mit der Thematik von Innovation, digitaler Transformation und den gesellschaftlichen Umwälzungen beschäftigen zu müssen, den Rückstand kaum wieder werden aufholen können, weil das Wissen aufeinander aufbaut und die Halbwertszeit des Wissens den Rückstand potenziert. Das Multiprojektmanagement ist somit jetzt wichtiger und aktueller als je zuvor, denn man muss individuell und in der Organisation eben multiple Projekte verzahnen.

Ein gutes Bespiel, mit Studenten die interdisziplinäre Problemlösung zu trainieren, ist z. B. die architektonische Gestaltung von Lagerhäusern für Bauern in einem südamerikanischen Land. Der Student der Architektur muss sich damit auseinandersetzen, welche Getreidesorten es gibt, welche Sorten in welchem Land oder Landesteil wie häufig angebaut werden, ob der Bauer die Anbausorte gelegentlich ändert, welche Umweltbedingungen in diesem Landesteil herrschen und welche Lagerungsanforderungen erwartet werden. Auch die Arbeitsmittel des Bauers und die Wohnsituation der gesamten das Feld bewirtschaftenden Familie haben Einfluss auf den Lösungsansatz, genauso wie kulturelle Merkmale.

Diese Kompetenz, an einem Problem zu arbeiten, das viele Facetten hat, beinhaltet auch die Kommunikationskompetenz, mit externen Experten in Kontakt zu treten, wenn sich zu einer bestimmten Unterfrage im Laufe des Projektes Fragen eröffnen, die vom Team selbst nicht gelöst werden können. Dabei ist es wichtig, das Wissensfeld nicht dem Experten alleine zu überlassen und sich nur auf seine Antwort zu verlassen, sondern es ist sinnvoll, sich durch autodidaktische Vorarbeit auf das Gespräch mit dem externen Experten vorzubereiten. Die autodidaktischen Vorarbeiten können heutzutage mit Videos auf YouTube, mit der Suche im Internet oder in einer Bibliothek durchgeführt werden. Danach kann man Fragen stellen, die dem Experten signalisieren, man habe sich vorbereitet. Das führt in der Regel zu einer effizienteren Besprechung mit dem Experten.

Wenn ich von Bibliotheken spreche, meine ich nicht die digitale Suche in einem Bibliotheksarchiv, sondern die aktive physische Suche in einer Stadt- oder Universitätsbibliothek. Und an diesem Punkt wird deutlich, dass der Prozess des Erlernens im Umgang mit digitalen Technologien auch die klassischen Fähigkeiten einbeziehen sollte, die gerne als „alte Dinge" abgetan werden – so wie es für die älteren Leser selbstverständlich ist, das Kopfrechnen zu beherrschen, bevor man sich vollends auf den Taschenrechner verlässt. Jeder kennt das Phänomen, dass man mit dem Taschenrechner rechnet

18 Zusammenfassung und Ausblick

und als Back-up im Kopf das Ergebnis ausrechnet, und sei es nur ein Schätzwert. Das ermöglicht eine Kontrolle, welche mehr ein Gefühl ist, als die genaue Berechnung eines Endergebnisses im Kopf. Dieses Gefühl ist eine menschliche Eigenschaft, die kein Roboter und kein Supercomputer der Welt aktuell leisten kann. Um das zu bewahren, sollten Schüler immer beide Strategien beherrschen lernen, den Umgang mit digitalen Technologien und die Nutzung von Lösungsansätzen außerhalb der digitalen Welt.

Zum Abschluss dieses Buches möchte ich folgende vier Punkte aufführen, die mir wichtig erscheinen und die Basis für weitere Publikationen sein können:

1. Implementierung der sozialen Werte,
2. neue Spielregeln um technologische Dominanz,
3. Überlebensstrategie „Innovationskultur" und
4. Cyberkriminalität.

18.1 Implementierung der sozialen Werte

Das erfolgreiche Multiprojektmanagement im Innovationsprozess erfordert vorausschauende Planung, Verteilung von Ressourcen (Zeit, Geld, Personal) und eine hohe Leistungs- und Belastungsbereitschaft der „Workforce". Das Wort „Workforce" (engl. Belegschaft, Arbeitnehmerschaft) beinhaltet das Wort „Force" (engl. Gewalt, Macht, Wucht, Antriebskraft) und da sind wir schon bei den Autoren D. McIlwain (2003) und J. Schumpeter (1942), denn global herrscht ein sehr aggressiver und schnell agierender wirtschaftlicher Wettbewerb.

Niccolo Machiaveli (lebte 1469–1527) hat einige Jahre vor seinem Tod 1519/1520 mit dem Werk „Die Kunst des Krieges" das Spannungsfeld der Strategie, der Macht und des Militärs bearbeitet und den Wettbewerb auf wirtschaftlicher Ebene mit kriegerischen Handlungen verglichen. Kombiniert man dieses 500 Jahre alte Werk mit der Theorie Schumpeters (1942), bei der im Prozess der kreativen Zerstörung sinngemäß zuerst das Alte zerstört werden muss, um Platz für das Neue zu schaffen, muss man den Eindruck gewinnen, dass neben Business Model Design, Share Holder Value und Wachstumszielen der soziale und emotionale Kern des Menschseins keine nennenswerte Berücksichtigung findet.

Es sind eben nicht nur der Kundennutzen, der Markt oder die Eigenkapitalverzinsung ein Erfolgsfaktor für uns als Leistungsgesellschaft, sondern die soziale Perspektive muss immer wieder überprüft und gegebenenfalls stärker implementiert werden. Des Weiteren ist das Alte immer integraler Bestandteil des Neuen, aus dem es sich ableitet oder in das es implementiert wird. So ist also nicht von einer kreativen Zerstörung, sondern mehr von einer kreativen Transformation zu sprechen. Das sog. Alte sollte daher eine viel höhere Wertschätzung erfahren, da es zu seiner Zeit die Innovation darstellte, sich lange bewährte und Fundament des Neuen ist. Diese kulturell-soziale Dimension müssten auch die Schüler frühzeitig verstehen lernen.

Da freue ich mich jetzt schon auf die zukünftigen Gründer, die die „Social Innovation" in den Mittelpunkt ihrer innovativen Produkte und Dienstleistungen stellen werden. Gerade im Gesundheitswesen, in dem ich seit dem Jahr 2000 tätig bin und in dem ich bereits während des Studiums als studentische Pflegekraft in der Abteilung für Mund-, Kiefer- und Gesichtschirurgie und der Hals-, Nasen- und Ohren-Abteilung Erfahrungen sammeln konnte, stehen unserer Gesellschaft enorme Herausforderungen bevor. Der Mangel an Pflegekräften, Krankenschwestern und Ärzten kombiniert mit einer sehr hohen steuerlichen Belastung und Bürokratiekomplexität von innovativen Unternehmen, auch in der Medizinprodukte- und Medizintechnikindustrie, wird uns alle früher oder später betreffen. Als alternde Bevölkerung mit einem hohen Anspruch bei der Gesundheitsversorgung und einer ausgeprägten Erwartungshaltung für den Ruhestand müssen wir parallel zur digitalen Transformation die sozialen Werte stärker implementieren. Zu den sozialen Werten, die wir Schülern schon früh beibringen müssten, gehören auch, wie der Gründer des chinesischen Unternehmens ALIBABA, Jack Ma, kürzlich auf dem World Economic Forum 2018 in Davos sagte, „Kompetenzen wie Sport, Musik, Malen, Teamwork und sich umeinander zu kümmern". Diese Kompetenzen würden, so Jack Ma, „uns von Maschinen und Robotern unterscheiden", darin haben wir einen Vorsprung und das zeichnet u. a. das Menschsein aus.

Innovationsumgebungen und Innovationsprojekte, die zu neuen innovativen Dienstleistungen und Produkten führen, sind nicht nur wichtig, um Unternehmen wettbewerbsfähig im globalen Wettbewerb zu halten. Diese innovativen Produkte verbessern unser aller Leben und dies ist eben auch ein direkter sozialer Faktor. Seien es digitale soziale Medien, die Menschen auf der ganzen Welt miteinander in Kontakt treten lassen, neue Materialien oder Wirkstoffe in der Medizin, die die Therapieverfahren und Überlebensraten verbessern, Mobilitätssysteme, die Individuen Transportmöglichkeiten bieten und Zeitressourcen erschaffen, indem man zukünftig bei der Fahrt anderen Dingen nachgehen kann, oder erneuerbare Energietechnologien, die die Umwelt der Erde schonen und bei der Expansion in den Weltraum unterstützend wirken können.

Innovationen sind ein sozialer Faktor, indem einerseits neue Technologien, spätestens wenn sie nach einer Markteintrittsphase mit hohen Preisen den Massenmarkt erreichen, für die meisten Bürger erschwinglich werden und andererseits wird dem Individuum, welches sich regelmäßig mit Innovationsprozessen und den Outcomes beschäftigt, klar, dass Vielfalt in Teams, Problemlösungen über Grenzen hinweg und gegenseitige Unterstützung Erfolgsfaktoren sind, die alle Länder und Menschen betreffen. Aus den vorgenannten Gründen muss der Staat ein großes Interesse daran haben, Innovationsumgebungen und Innovationsprojekte nachhaltig zu fördern. Und das beginnt in der Schule.

18.2 Neue Spielregeln um technologische Dominanz

Gerne denke ich an ein Gedankenspiel über Mozart und die hypothetische Überlegung, in seinem Umfeld wäre kein Zugang zu einem Klavier möglich gewesen. Die ganzen genialen Symphonien, die Träume beim Zuhören dieser Musik und die daraus geschöpfte Energie, auch für viele spätere Dichter, Maler und Literaten, wären nicht erschaffen worden. Das bedeutet im Umkehrschluss, die äußeren sozialen Rahmenbedingungen, die lokale Infrastruktur und das Netzwerk waren für Mozart mathematisch betrachtet ein statistischer Zufallstreffer, bei dem Potenzial und Potenzialaktivator zusammenstießen und eine Kettenreaktion auslösten.

Heute ist durch die digitale Transformation, mit Milliarden von vernetzen Individuen, Sprachenübersetzungsapplikationen und dem World Wide Web, mathematisch eine viel höhere Wahrscheinlichkeit gegeben, dass Individuen durch spielerisches Ausprobieren (eine Form von Gamification) ihre Gaben herausfinden und schnell entfalten können. Da wundert es nicht, dass als Zukunftsszenario Länder wie Brasilien, Russland, Indien und China (sog. BRIC-Staaten) schon aufgrund der absolut deutlich höheren Bevölkerungszahl im Vergleich zu uns in den nächsten Jahrzehnten innovative Produkte und Dienstleistungen in Maßen auf den Markt bringen können. Die Einstiegsbarrieren sind kontinuierlich gesunken und bei der enormen Vernetzung können schnell und günstig virtuelle Teams aufgebaut werden, unabhängig davon, wo die Individuen sitzen, und auch irgendwann unabhängig von den Sprachkenntnissen.

Diese Kompetenzen der Multi- und Interdisziplinarität gehören bereits in die Schulausbildung, denn man wird nie wieder so viel Zeit haben wie während der Schulzeit, um zu lernen. Joichi Ito, Direktor des weltbekannten MIT Media Lab in Cambridge/USA, sagte 2014 in einem TED-Talks-Video: „Education is what people do to you, Learning is what you do to yourself" (TED 2014). Das deutet schon die Richtung des zukünftigen Selbstverständnisses unserer Spezies an, nämlich lebenslanges Lernen, in allen Disziplinen, problemorientiert, zum Wohle der Menschheit und mit einer großen Freude am Lernen und daran, neue Erkenntnisse zu erfahren. Dies ist historisch betrachtet nichts Neues und doch geht es weit über das Humboldtsche Bildungsideal hinaus. Es gibt auch nicht den Versuch, Individuen in technisch, musikalisch oder sportlich begabt zu separieren, um sie einer Funktion der Gesellschaft zuzuführen, sondern es geht um den Versuch, alles erfassen und lernen zu wollen in demnächst 120 oder 150 Jahren Menschenleben.

Wissensmanagement in Gesellschaften oder innerhalb unserer Spezies wird auch mit der Expansion in den Weltraum eine Rolle spielen. Deshalb wird auch die Langlebigkeit ein Schlüsselfaktor werden, denn der Kostenfaktor, eine Wissenslernkurve von 50 Jahren oder mehr aufzubauen, ist enorm, im Vergleich zu einem auf bestehendes Wissen aufbauendes Lernen.

Bei der Frage nach der Konsequenz technologischer Dominanz ist dies ähnlich zu sehen wie in einem biologisch-evolutionären Prozess: Es wird Gewinner und Verlierer geben. Das kann szenariotechnisch betrachtet unterschiedliche Auswirkungen haben, wie den Wegzug besonders leistungsfähiger, anpassungsfähiger oder qualifizierter Individuen in andere Länder. Die Auswirkungen an den Börsen könnten zu Akquisitionen zurückfallender Unternehmen führen und dem direkten Verlust von Arbeitsplätzen. Die daraus erzeugten Rückkopplungsreaktionen führen auch zu geringeren finanziellen Ressourcen, die das Gemeinwohl treffen. Es bleiben als Investitionsalternativen nur zwei Möglichkeiten: Entweder investieren wir in der Gegenwart deutlich mehr und entlasten die Unternehmen oder wir tun dies nicht und bezahlen in der Zukunft durch die Verlagerung der technologischen Dominanz in andere Länder.

18.3 Überlebensstrategie „Innovationskultur"

Oft höre ich den Spruch: „Da wo ein Ingenieur ein Problem löst, entstehen zwei neue Probleme." In der Tat wird die Menschheit immer produktiver und innovativer. Die bevorstehende Überbevölkerung des Planeten mit 10 Mrd. Bewohnern bei steigender durchschnittlicher Lebenserwartung bedeutet eine Belastung für die Umwelt, eine zu erwartende soziale Schieflache mit Konflikten weltweit und ein Versorgungsproblem mit Nahrung und Wasser. Die Bevölkerung wächst weiter und so sind Szenarien mit 12, 15 oder 20 Mrd. Erdbewohnern, auch wenn sie erst in ferner Zukunft eintreten, denkbar.

Die Frage ist, ob wir schnell genug mit unserer Innovationsstärke und Effizienzsteigerung sind, um die natürlichen Folgen, die aus dieser Entwicklung der Überbevölkerung entstehen, abzupuffern. Die Vorstellung, man könnte die Erdbevölkerung einfach auf einen anderen Planeten transportieren, weil die Menschheit auf dem Mond oder dem Mars Außenposten aufgebaut hat, ist sehr optimistisch, denn Millionen Menschen durch den Weltraum zu transportieren und auf anderen Planeten zu versorgen, ist noch ferne Zukunftsmusik.

Es ist also schon alleine aus diesem Grund, der langfristigen Überlebensstrategie unserer Spezies, wichtig, eine Innovationskultur als essenziellen Bestandteil unseres Gedankengutes zu etablieren. Gegenwärtig ist das Zeitalter der digitalen Transformation, aber auch der gesellschaftlichen Transformation, bei der wir uns und unsere Mitbürger zukunftsfähig machen müssen.

Für Führungskräfte im Innovationsbereich bedeutet das auch, sich neuen Denkmustern und Arbeitsabläufen zu öffnen. Eine organisatorische Flexibilität, ungebunden von hierarchischem Status und Vorqualifikation, erst recht unabhängig von der Jahreszahl der Betriebszugehörigkeit, ist erforderlich. Das betrifft auch die oft angesprochene Innovationskultur, die auch damit was zu tun hat, den anderen Menschen im Unternehmen unabhängig von seinem Ausbildungsstand und seiner Berufserfahrung zu schätzen und in Innovationsprozesse aktiv miteinzubeziehen.

Diese gemeinsamen, alle Menschen betreffenden Probleme können die Spezies an sich auf eine neue höhere Ebene führen, indem im Bewusstsein deutlich wird, dass alle an einem gemeinsamen Ziel arbeiten, wobei die Aufgaben nach den jeweiligen Möglichkeiten verteilt sind. Dafür müssen unterschiedliche Maßnahmen durchgeführt werden und die digitale Transformation ist das Momentum, in dem es realistischer als je zuvor erscheint, solche hohen Ziele aus dem Wunschdenken in den Bereich der Realität zu überführen. Da sind Facebook, Amazon und Tesla erst der Anfang, so wie die Luftfahrt vor über 100 Jahren. Alles ist dem Ziel des Überlebens unserer Spezies untergeordnet, denn aus Erfahrung wissen wir, dass bereits zahlreiche Spezies auf unserem Planeten ausgestorben sind.

18.4 Cyberkriminalität

Cyberkriminalitätsattacken gehören inzwischen für kleine, mittlere und große Unternehmen zum Alltag. Dies betrifft auch staatliche Institutionen, wie man in den vergangenen Jahren in den Fernsehnachrichten hören konnte. Dabei erfolgen die Cyberangriffe in unterschiedlicher Art, mal werden Daten gestohlen, mal werden Daten für den Dateninhaber gesperrt und unlesbar gemacht. Dabei entsteht entweder ein Schaden durch das unerlaubte Abgreifen der Daten oder man sieht sich einem Erpressungsversuch ausgesetzt.

Stellen Sie sich vor, was beispielsweise in einem Krankenhaus oder einer Arztpraxis im Falle eines solchen Angriffes die Konsequenzen wären. Alle Daten wären weg und somit nicht mehr zugänglich. Das betrifft die digitale Patientenakte, die Röntgenbilder, alle Medikamentenlisten der einzelnen Patienten und deren Unverträglichkeiten. Das Thema „Digital Health Transformation" ist in aller Munde, doch während sich schwerpunktmäßig auf die Effizienzsteigerung im Gesundheitswesen durch die Digitalisierung konzentriert wird, ist bei der IT-Sicherheit scheinbar eine enorme Sicherheitslücke vorhanden. Natürlich sind tägliche Datensicherungen, Software-Updates und Legitimationsmaßnahmen in Unternehmen, die bestimmen, wer wann zu welchen Daten Zugang hat, Methoden, um die IT-Sicherheit zu erhöhen. Aber wenn staatliche Stellen oder milliardenschwere Weltunternehmen regelmäßig ihre Schutzlosigkeit in Fragen der Datensicherheit demonstrieren, wie sicher sind dann Daten von KMU, die im Rahmen der Entwicklung innovativer Produkte und Dienstleistungen Forschungs- und Entwicklungsergebnisse auf ihren Rechnern speichern?

Es ist zeit- und finanzintensiv, sich im Unternehmen im Zuge des „Internet of Things (IoT)" mit diesen IT-Szenarien zu beschäftigen. Was machen wir, wenn die Server durchbrennen? Was, wenn ein Virus einen Teil der Daten sperrt? Sind alle USB-Zugänge offen andockbar oder brauchen wir Server ohne USB-Zugänge? Haben wir eine Legitimationsliste oder sind wir so familiär aufgestellt, dass jeder Mitarbeiter jederzeit überall ran darf? Welche Software- Pakete haben wir? Wie oft führen wir ein Update durch? Wie ist die Fachqualifikation unseres IT-Beauftragten? Prüft jemand die Internet-Aktivitätsprotokolle unserer Mitarbeiter? Wie ist die Rechtslage bei all diesen IT-Sicherheitsvorkehrungen? Was machen unsere Vertragspartner für ihre IT-Sicherheit? Liegen Zertifizierungen vor?

Die Notwendigkeit, sich digital zu schützen, ist enorm. Während in früheren Jahren ein Einbrecher mit einem LKW und fünf Helfern über Stunden Kunden- oder Patientenakten physisch aus einem Gebäude hätte stehlen müssen, mit dem Risiko, von Kameras, Wachleuten oder schweren Türen behindert zu werden, kommt die Cyberkriminalität heute leise und zuerst völlig unbemerkt. Es kracht nicht, es gibt keinen Knall und keine Schreie. Alles ist ruhig und unauffällig. Diese neue Form der Kriminalität erfordert Schutzmaßnahmen und dazu gehört auch die Schulung der Mitarbeiter und Geschäftsführer. Es ist wahrscheinlich, dass viele Unternehmen die Verletzung ihrer Datenhoheit gar nicht bemerken, weil Daten einfach abgegriffen und an Dritte weiterverkauft werden. Das können Einkaufskonditionen, Forschungsergebnisse oder Kundenbestandsdaten sein. Da weder ein Sachschaden noch eine Körperverletzung vorliegt, kommt es erst gar nicht zur Anzeige und somit ist das Problem empirisch nicht auf dem Radar. Daher ist eine präventive Strategie die beste Maßnahme.

Neben den Cyberkriminalitätsangriffen von extern in Form von IT-Trojanern, IT-Viren oder Festplattenspiegelungen durch Dritte, möchte ich auch die IT-Angriffe von intern beleuchten. Ähnlich den gestohlenen Kundendaten von Schweizer Banken, die später als CD am Markt angeboten wurden, muss man sich vor Augen halten, dass die eigenen Mitarbeiter eine IT-Schwachstelle darstellen können. Das muss nicht mal vorsätzlich geschehen, ein Mitarbeiter möchte während der Arbeitszeit mal schnell etwas im Internet nachschauen, dann wird versehentlich eine Webseite angeklickt oder ein Programm downgeloadet. Schon ist das eigene Netzwerk in Gefahr. Oder eine als Terminanfrage getarnte E-Mail bittet um das Anklicken einer Visitenkarte des neuen Kunden und schon ist ein Trojaner im System. Auch USB-Zugänge und das CD-Brennen an wichtigen Servern kann manche auf komische Ideen bringen. Daher liegt es ausschließlich in der Verantwortung der Geschäftsführung, die Ablaufprozesse und die Organisationsstruktur im Unternehmen zu definieren und alle Maßnahmen einzuleiten, die gewährleisten, dass diese Strukturen umgesetzt werden. Schulungen der Mitarbeiter gehören genauso dazu, wie Sicherheitsprotokolle und technische Prüfungen.

Die Selektion des richtigen IT-Partners für das eigene Unternehmen stellt heutzutage bereits einen Erfolgsfaktor dar. Wie gut ist die Qualifikation des IT-Dienstleisters, wie kann er mir im Notfall bei einem schwerwiegenden IT-Angriff helfen und werde ich regelmäßig über Neuigkeiten in der IT-Landschaft informiert, weil sich die Dienstleister selber ständig fortbilden? Denn eines ist klar, auch die Welt der Cyberkriminalität zeichnet sich durch Innovationsstärke und eine hohe Transformationsgeschwindigkeit aus.

Abschließend hoffe ich, Sie hatten Spaß beim Lesen und haben Impulse für die eigenen Innovationsprozesse und Ihre Innovationsumgebung mitnehmen können. Es ist ein komplexes Thema mit zahlreichen Herausforderungen und dennoch sollen Spaß und Motivation beim Entwickeln innovativer Produkte und Dienstleistungen im Mittelpunkt stehen.

Literatur

McIlwain D (2003) Bypassing empathy: a Machiavellian theory of mind and sneaky power. Psychology Press, New York

Schumpeter J (1942) Creative destruction. Capitalism, socialism and democracy. Routledge, London, S 825

TED (2014) Joi Ito: Möchten Sie innovativ sein? Werden Sie ein "Now-ist"! https://www.youtube.com/watch?v=VsjTVGIw4z8. Zugegriffen: 2. März 2018

Herr Dr. Dr. Philipp Plugmann ist Zahnmediziner mit einer eigenen Praxis in Leverkusen, mehrfacher Unternehmensgründer und Fortbildungsreferent für die Medizintechnikindustrie. Parallel dazu hat er eine wissenschaftliche Laufbahn eingeschlagen. Er unterrichtet seit 2017 an der Hochschule Fresenius Köln. Davor lehrte er von 2007 bis 2016 an der Hochschule Karlsruhe „Innovationsmanagement for technical products" und wurde vom Rektor für herausragende Lehre ausgezeichnet. Zusätzlich ist er seit 2013 Research Fellow an der Universitätszahnklinik Marburg.

Im Zuge seiner akademischen Laufbahn präsentierte er Forschungsergebnisse im Bereich Innovationen auch in den USA und Asien. Business Model Design und Innovationsmanagement sind seine Kernthemen. Sein Buch „Zukunftstrends und Marktpotentiale in der Medizintechnik" wurde 2012 vom NASDAQ gelisteten Global Player CISCO positiv reviewt. Seine Kenntnisse gibt er als Advisor weiter.

Printed in Poland
by Amazon Fulfillment
Poland Sp. z o.o., Wrocław